国家文化产业资金支持媒体融合重大项目

21世纪新概念教材：多元整合型一体化·“传承-创新”系列
高等院校经管类专业基础课教材新系

公共关系学

Gonggong Guanxixue

（第三版）

荣晓华 张燕 编著

东北财经大学出版社
Dongbei University of Finance & Economics Press
大连

图书在版编目（CIP）数据

公共关系学 / 荣晓华，张燕编著 . —3 版 . —大连 ：东北财经大学出版社，2022.2（2023.11 重印）

（高等院校经管类专业基础课教材新系）

ISBN 978-7-5654-4406-7

Ⅰ.公… Ⅱ.①荣… ②张… Ⅲ.公共关系学-高等学校-教材 Ⅳ.C912.31

中国版本图书馆 CIP 数据核字（2021）第 261327 号

东北财经大学出版社出版

（大连市黑石礁尖山街 217 号 邮政编码 116025）

网 址：http：//www.dufep.cn

读者信箱：dufep@dufe.edu.cn

大连图腾彩色印刷有限公司印刷 东北财经大学出版社发行

幅面尺寸：185mm×260mm 字数：455 千字 印张：21.75

2022 年 2 月第 3 版 2023 年 11 月第 2 次印刷

责任编辑：许景行 周 晗 责任校对：蔡 丽

封面设计：冀贵收 版式设计：钟福建

定价：55.00 元

教学支持 售后服务 联系电话：（0411）84710309

如有印装质量问题，请联系营销部：（0411）84710711

总序

“整体课程观”指导下的中国高校课程及其教材建设

“整体课程观”是反映当代世界特别是美欧发达国家高等教育课程观综合化趋势，通过博采诸多课程观之所长、避其所短而产生的一种课程理论取向，也是面向未来的中国高校课程及其教材建设的指导性理念。这种取向有着充分的历史依据、坚实的现实基础与深刻的逻辑反思背景。

一、当代美欧大学高校课程改革

（一）社会背景

当代美欧大学课程观及其指导下的高校课改，与时代发展、世界政治格局变化、科学文化走向、社会经济结构和职业结构转型等“社会背景”要素密切相关。

1.恢复与发展经济，打赢“冷战”

第二次世界大战（以下简称“二战”）后初期，世界政治格局发生变化，进入“冷战”时期。美欧主要发达国家面临两大任务：一是由战时经济转向战后经济的恢复与发展；二是使国家发展服务于美苏“冷战”需要。

战后经济恢复与发展需要培养大批高等专业人才，“专业化”“职业化”一度引领美欧高校的办学方向，并推进了高校建设的数量增长与规模扩张；“冷战”对抗的加剧，使以“提高科技竞争力”和“强化西方价值观”为内涵的“普通教育”被视为战胜苏联的手段。

2.关注“职业流动性”

20世纪70—80年代以来，以原子能、计算机、微电子技术、生物工程技术和空间技术广泛应用为标志的第三次科学技术革命席卷美欧，传统工业时代的产业结构、市场需求结构和职业结构发生改变，行业内乃至跨行业的职业流动渐成常态。

联合国教科文组织国际教育发展委员会在《学会生存——教育世界的今天与明天》（1972）报告中，最早提醒包括高等教育在内的世界各国教育要关注“职业流动性”。

进入21世纪，随着以物联网、大数据、机器人及人工智能等技术为驱动力的第四次工业革命席卷全球，职业及就业结构转型愈演愈烈，职业能力中的“通能”特别是“4C”[①]重要性日益受到各国教育专家的关注，针对特定技能的“专能”职业教育，越来越让位于兼顾“专能”与“通能”的职业教育。

3.转变国家发展战略

美欧主要国家发展战略经历了从“争办世界工厂”的“贸易战略”（1757年至第一次世界大战），到“争夺投资场所”的“资本战略”（两次世界大战期间），再到立足“科技创新”的“技术战略”（20世纪50年代以后）的转变。

依据美国熊彼特“创新理论”（20世纪初）和英国学者弗里曼“国家创新体系理论”（20世纪80年代），将“技术创新”作为经济社会发展的核心驱动力，建立创新型国家，是新时期美欧国家发展战略的选择；为国家培养和输送高等“创新型人才”，是20世纪下半叶该战略向美欧国家高校提出的要求。

4.应对“知识流变性”

联合国教科文组织的研究表明：19世纪到20世纪初，知识更新周期为30年；20世纪六七十年代，一般学科的知识更新周期为5～10年；到了20世纪八九十年代，许多学科的知识更新周期缩短为5年；进入21世纪，不少学科知识更新周期已缩短至2～3年。这意味着相当多在校学习的知识毕业后已经过时。

统计资料还显示，不同层次的知识，其更新周期是不同的：深层知识（哲学和人文层面的知识）更新周期最长；中层知识（科学基础理论知识）更新周期居中；表层知识（专业知识）更新周期最短。

作为迎接上述挑战的对策：美欧高校通过导入“通识课程”，以具有普遍性的“不变”或“缓变”知识，应对“知识流变”；通过导入“学习策略”和“学习方法”知识，培养学生的“自主学习”能力。

5.高技术产业崛起

20世纪90年代，美国进入了以信息和网络技术为基础，以高技术产业为支撑，以生产率增长和结构转换为特征，以“科学、技术与生产一体化”为发展趋势的二战后经济增长期。

为提升高等人才的国际竞争力，美国政府通过制订相应计划，在大学建立研究中心，从事高新技术基础研究；在高等职业教育中倡导“职业性”与“学术性”并重。

6.欧洲“一体化”与“碎片化”

1965年组建的“欧洲共同体”，到1993年发展成“政治经济一体化”的“欧洲政治经济联盟”（“欧盟”）。接下来的任务是在继续发展欧盟新成员国的同时，启动与“政治经济一体化”相协调的“欧洲高等教育一体化”进程。

然而，欧洲一些国家在20世纪末已经进入了经济低速甚至负增长的阶段。先前的“福利国家”模式所推高的财政开支与日益衰减的财政收入形成了巨大反差。随着“一体化”边际效益递减，欧盟的认同感和凝聚力不断下降，分离主义不断高涨。时至今日，欧洲已经走到了“推进一体化”和“地缘政治碎片化”的十字路口。

7.现代科学发展趋势

现代科学发展呈现两方面趋势：一方面是学科的不断分化；另一方面是学科的交

---

① 所谓“4C”，即批判性思考（critical thinking）、沟通（communication）、合作（collaboration）和创意（creativity）。

叉和渗透。分化导致学科数量的增长；学科的交叉、渗透导致学科综合化、整体化。学科的分化与综合，使现代科学技术形成一个多层结构、纵横联系、动态发展、综合一致的整体网络。

当代人类还面临诸多现实问题，如科学技术问题、环境问题、社会问题、经济问题等，也都具有综合性质，这些问题的解决都超出了单一科学领域的范围，需要综合运用自然科学、社会科学和人文科学知识去研究解决。

研究对象的高度综合性决定了研究主体知识结构的高度综合性：作为未来研究主体的大学生，既需要具有基于现代科学技术整体网络的综合知识，又需要具有必要的自然科学、人文科学和社会科学素养。这一切赋予美国高校的“通识教育”以新的历史特定性。

8. 全球化与国际化

“全球化”和“国际化”是20世纪80年代以来世界发展的两个新趋势。“全球化”是指以经济联系为核心的全球联系不断增强，国与国之间在政治、经济贸易上互相依存，人类生活在全球范围内的发展和全球意识的崛起。“国际化”是指“全球化”内涵在国际范围内的流动。

“旧全球化”由美国主导，其指导思想是20世纪80年代美国里根政府和英国撒切尔政府奉为准则的新自由主义经济政策，该政策宣扬“自由化”、“私有化”和“市场化”，奉行“弱肉强食”的“丛林法则”和“你输我赢”的“零和博弈”。

“新自由主义”泛滥引发了2008年金融危机，加剧了劳资收入差距和就业困难，促使贸易保护主义、民粹主义抬头，“反全球化”思潮暗流涌动。世界发展需要新一轮全球化。

“新全球化”由中国主导，以“一带一路”沿线国家和地区为主体，以推动基础设施建设、制造业为核心的工业化和发展中国家合作为主要内容，其指导理念是“人类命运共同体”，基本价值观是相互依存的国际权力观、共同利益观、可持续发展观和全球治理观。

可以把“新全球化”视为对“反全球化”或“逆全球化”的否定，“旧全球化”的“否定之否定”。

“全球化”不仅塑造着世界经济和文化的新模式，也影响着高等教育向“国际化”方向发展。越来越多的高校把高等教育国际化作为学校建设理念和强校战略，要求课程建设与国际接轨。

9. 社会转型

工业经济时代的“价值链”是“开采→制造→装配→销售→配送→产品（和服务）”；知识经济时代的“价值链”是“数据→信息→知识→专长→销售→服务（和产品）”。

上述“社会转型”使单纯生产性劳动持续减少，基于知识的服务持续增加，对能胜任知识性工作的劳动者需求剧增；在工作方式上，要求“日常操作”和“常规认知”的传统工作，越来越让位于“包含高层次知识及其应用技能的工作”（如“专家思维”和“复杂沟通”等）；工作性质也由“基于规则的、程序的、操作的、普通环境适应性和人际适应性”（如流水线工人、图书管理员、司机、服务员等），逐渐向

“抽象解决问题”和“思考灵活性”（如科学家、程序员、设计者、经理等）转换。

“价值链”和“工作方式”的变化，迫使“转型”中的国家变革高等教育体制，导入“新平衡学习”。

（二）当代美欧高校课改历程

二战后到21世纪初，美欧主要发达国家高校课程改革分为两大层次：职业高校课改经历了由“‘知识本位’的‘学术性课改’”到“‘能力本位’的‘职业性课改’”，再到“‘学术性’与‘职业性’整合课改”的三阶段发展过程；本科以上高校课改经历了由“多种课程思想纷争”，进向两种“融合统一”的发展过程。

1.职业高校课改

（1）“学术性”课改

二战后初期，随着美苏“冷战”对抗的加剧，科技竞争成为人们关注的焦点。美国把强化“普通教育”视为战胜苏联的手段；欧洲主要发达国家的高职院校也普遍重视“普通教育”。

在总体上由“学术性”向“职业性”转变的继起阶段，“学术课程”在美国社区学院的“转学教育”、英国第三级学院、德国完全中学和其他学术性高校等教育机构或职能中得以延续。

（2）“职业性”课改

20世纪60年代，美国经济发展迅速，技能型人才供不应求，高职教育朝着职业化、大众化和规模化方向发展。《职业教育法》（1963）出台后，初级学院规模迅速扩大，其功能由“转学教育”为主转向“职业教育”为主，“非学术课程改革运动”取代“学科结构运动”成为主流，培训与企业岗位对接的技能成为人们关注的重点，并催生了DACUM模式的CBE课程开发与推广。

20世纪70—80年代新技术革命席卷美欧国家，传统工业时代的产业结构、市场需求结构和职业结构发生改变，行业内乃至跨行业的职业流动渐成常态。为满足新时期职业需求，美国“职业群集课程”、德国“双元制”和英国BTEC等课程模式，通过导入“关键能力”或“通用能力”，将“能力本位”由“专能”提升为“‘专能’与‘通能’并重”。

20世纪90年代以来，德国不来梅大学技术与教育研究所（ITB）以菲利克斯·劳耐尔（Felix Rauner）教授为首的研究团队与德国大众汽车公司合作，提出并推广了一种“基于工作过程”的“学习领域”职业教育课程模式。

（3）“整合性”课改

从20世纪90年代起，美国“非学术课程改革运动”所导致的过度“职业化”和教育质量下降问题受到关注，一种倡导“职业教育与学术教育有机结合”的职业教育观（AOI）应运而生。

在AOI和相关立法的推动下，美国各州社区学院进行了整合“学术课程”与“职业课程”的多种尝试。

进入21世纪后，在延续“整合性”课改策略的同时，着眼可持续发展，“从学校到工作”的课改主题被“从学校到生涯”的主题取代，“职业技术教育”更名为“生涯与技术教育”。

英国于21世纪初颁布实施了以整合“学术教育”与“职业教育”为特色的“基础学位”，该学位具有独立高等教育资格。新课程体系还把原为GNVQ体系的“关键能力”训练，扩展到Alevel各门课程的具体设计中。

2.本科以上高校课改

（1）美国大学课改

①多种课程思想竞争

二战后初期，受哈佛大学《自由社会的普通教育》报告书（1945）和美国总统高等教育委员会《美国民主社会中的高等教育》报告（1947—1948）的影响，经历了自19世纪以来第三次也是规模最大的普通教育思想运动。这次运动致力于把博雅和人文传统注入大学的教育体制，为造就共同的美国公民而传递共同的文化传统与“民主”价值观，借以挽救普通教育，纠正大学本科过度专业化的偏向。

20世纪50年代末至60年代初，美国大学课程改革受国家功利主义和科学主义课程思想左右，将重点移至加强科学基础教育，课程设置向“科学中心”的方向发展，旨在造就足够多的科学家和工程师。

20世纪60年代末到70年代中期，美国大学教育规模迅速扩张。社会动荡和反“越战”“柬战”所引发的学生运动相互交织，出现了冲击“普通教育”的反主流文化运动，大学课改一度转向“以学生为中心”，更多地关注与社会问题相关的知识需求，并向市场化、多元化、专业化方向发展。

20世纪70年代后期，强调大学“普通教育”课程思想的浪潮在美国高校重现。哈佛大学提出了强化“普通教育”课程思想的“核心课程计划”（1975—1978），推动了包括“分布必修型”“核心课程型”“名著课程型”“自由选修型”等美国大学“通识”课程体系的研发。

②“整体知识观”指导下的课改

20世纪80年代至90年代，美国大学课改从“规模速度型”向“质量效率型”转变，致力于通过整合“普通教育”与“专业教育”，解决大学规模过度扩张和多种教育思想无序竞争导致的教育质量下降问题。其总体特征是：在“整体知识观”的指导下，通过建立融“‘普通教育课程’（通识课程）和‘专业教育课程’（专识课程）的平衡”、“自然科学课程、社会科学课程和人文科学课程的平衡”（“三种文化的平衡”）、“国际化课程的设置”、“理论与实践的统合”、“道德与伦理知识的渗透”，以及“批判思维与创新能力的培养”于一体的大学本科课程体系。

20世纪90年代以后，美国高校通过倡导自主学习、合作学习、实践学习（体验学习）和以研究为基础的学习（探究式学习），进行了与上述改革相配套的教学方法改革。

③从“研究型”向“创业型”转型

自20世纪末以来，美国一些研究型大学凭借“知识创新”优势，投入“知识生产”浪潮，从“学术型共同体”进向“创业型共同体”，向“以创新性知识生产、应用和成果转让为中心”的“创业型大学”转型。这些“创业型大学”集“知识传承”、“科学研究”和“创新创业”三大任务于一体，依托大学内部的跨学科组织（研究中心、孵化器、科技园等），通过“大学、企业和政府的‘三螺旋’”结构，在培养

"高等'创新-创业型'人才"的同时，为国家经济发展服务。

（2）欧洲各国大学课改

①多样纷呈的课程改革

A.英国。二战后初期，英国高校致力于发展科技教育。1961年对原有高等教育模式进行调整，提出高等教育目的是"传授工作技能，发展一般智力，增进学问知识，传授共同文化和共同公民准则"。其后，经历了10年的再调整与收缩期，转向课程设置现代化，提高教学与科研的质量和效率，要求大学密切与企业之间的联系，并将市场机制引入高等教育。20世纪90年代，受同期美国大学课改影响，英国新型大学对课程设置进行了再调整：打破了传统单学科分系制，设置学科群，开设相关学科；避免过早专业化，强化低年级的普通教育；设置文、理、工课程交叉渗透的跨学科综合课程或学科群；扩大专业选修课程比例；强调课程与"工作世界"之间的联系，将"核心能力"融入大学专业课程中。

B.法国。20世纪60年代起，法国大学一改二战后初期对规模、数量的追求，进行了三次改革。1968年改革规定：高等教育的"基本任务是传授知识，发展研究，培养人才"，高等教育要贯彻"自治"、"参与"和"多学科"三原则。1984年颁布《高等教育法》，致力于解决"招生与就业"的矛盾，规定了高等教育的总体目标：开放、教学改革和职业化。1986年颁布《高等教育改革法》，以"竞争、创造性和责任感"取代先前"现代化、职业化和民主化"的提法。20世纪90年代，受同期美国大学课改的影响，对课程设置进行了调整：一方面，通过基础科学与技术、工程相结合，人文科学、社会科学和自然科学相互渗透，从先前注重"专业教育"转向兼顾"通才教育"；另一方面，突出课程设置的"职业性"和"应用性"，强调大学培养目标的"职业化"方向。

C.德国。二战后，由于德国大学精英严重外流，其高等教育失去了国际领跑地位。大学改革分两个阶段进行：20世纪60—70年代致力于建立新高校、扩大招生规模，满足社会日益增长的人才需要；20世纪80年代，"以提高教育质量为中心"，致力于"应用教育与学术教育并存"的高等教育多层次化。两德统一后，德国着手对东部大学进行改造，于1993年初步完成高等教育一体化进程。

②"整体能力观"指导下的"欧洲一体化"课改

A."博洛尼亚进程"（以下简称"进程"）下的欧洲大学课程改革

1999年，欧洲29个国家在意大利博洛尼亚举行会议，签署了博洛尼亚宣言，确定到2010年建立包括"容易理解和可以比较的学位体系"、"一个以本硕连读为基础的高等教育体系"和"欧洲学分转换体系"在内的"欧洲高等教育一体化"发展目标。

与侧重"学术性"的"'通识'与'专识'融合"的美国大学课改不同，"进程"下的欧洲各国大学课改轻"学术性"而重"职业性"，致力于通过整合"通能教育"与"专能教育"，建立"整体能力观"指导下的"模块化"课程体系。

B.以德国课改为例

德国应用技术大学先于综合大学完成了向欧洲"新体制"的转型：其专业设置面向行业；培养目标以行业需要为依据；课程设置模块化，每个模块由主题相互关联的几种课程组成；“关键能力”和“统整能力”作为“通能”被导入所有学士和硕士课程教学中；教学理念从“讲授导向”转向“自主学习导向”。

“进程”启动五年后，德国意识到“一体化”导致与美国大学的差距增大，提出“精英大学计划”，力图通过财力资助，把从全国遴选出来的五所大学打造成世界一流大学。该计划出台后，引发了德国各层面的批评，诸如“不切实际”（大学层面）、“瞒天过海”、“把视线从致命的德国财政困难上引开”（政党层面）、“拆东墙补西墙”和“有违公正”（同行层面）等。

C.“进程”的得与失

“进程”是1968年以来欧洲最重要、范围最广的一次高等教育改革。一方面，它解决了欧洲高等教育的“高度异质性”问题，实现了欧洲各国高等教育体制的协调一致；另一方面，也存在种种缺陷，如“教育均质化”“急功近利”“浓重的商业化倾向”“学制过短”“学生就业能力下降”等。

（三）理论反思

与美欧职业高校“转学教育”和“学术性课改”、本科以上高校“普通教育”思想运动和“‘整体知识观’指导下的‘专识’与‘通识’融合”课改相对应的课程理论，是“知识本位”课程理论；与美欧职业高校“职业性课改”和“‘整体能力观’指导下的‘专能’与‘通能’整合”课改相对应的课程理论，是“能力本位”课程理论；介于两者之间的课程理论，是“两极互渗”中的理论探索；与美欧职业高校“‘学术性’与‘职业性’整合课改”相对应的课程理论，是课程社会学中的“辩证课程理论”；超越“知识本位”与“能力本位”的理论尝试，是“21世纪教育基本要求”和“21世纪学习框架”。

对这些课程理论及其利弊得失进行必要反思，有助于我们在借鉴中扬长避短，为面向未来的中国高校课程与教材建设提供参照。

1.“知识本位”课程理论

（1）代表性理论

“知识本位”的代表性课程理论有布鲁纳（J.S.Bruner）的“结构主义课程理论（20世纪50年代）”、皮亚杰（Jean Piaget）的“双向建构理论”（20世纪60年代）、维果斯基（Lev Vygotsky）的“最近发展区理论”（20世纪20—30年代）、冯·格拉塞斯菲尔德（Von Glasersfeld）的“概念框架理论”（20世纪80年代）、维特罗克（M.C. Wittrock）的“生成过程理论”（1983）和斯皮罗（R.J.Spiro）与乔纳生（D.H.Jonassen）的“认知灵活性理论”（1991），以及融合“专识”与“通识”的“整体知识观”（欧内斯特·博耶、克拉克·克尔、德里克·博克和小贝诺·施密德特等，20世纪90年代以来）。

（2）可取之处

“知识本位”课程理论的可取之处主要有三：其一，将“学会认知”作为课程教学的宗旨，依照“学会认知”有赖“知识迁移”，“知识迁移”有赖“知识学习”，“知识学习”有赖“课程设计”的基本思路进行课程建设。这样的宗旨和思路在今天也有生命力。其二，“学科导向”所坚持的课程设计“纵向组织”原则，即要求在课程设计中依照逻辑次序循序渐进地展开知识内容。比起“工作过程”和人类知识产生的

“时间次序”，这个“逻辑次序”更接近“学生认知的心理发展次序”。其三，作为“知识本位”最高存在形式的“整体知识观”反映了当代科学发展“分化与综合并行”的总趋势，实现了由“专识”到“‘通识’与‘专识’融合”的提升，这是二战以来美国高等教育课改中最重要的指导性理念。

（3）主要局限性

“知识本位”课程理论的主要局限性涉及五个层面：其一，“知识本位”教育是人类历史上“体力劳动”与“脑力劳动”分工加剧时代的产物，反映了工业时代和后工业时代职业结构的特定需求，其课程适用于该时段的基础教育、美国社区学院的转学教育和大学的“精英”教育，服务于少数高端学术人才培养。这是它的历史局限性。其二，“知识本位”侧重于“学会认知”，相对忽视“学会做事”和“学会做人”。如果用于造就今日高等人才，不仅存在“行为自律”欠缺问题，其多数还将面临结构性失业。这是它的现实局限性。其三，在“知识本位”课程理论的建构主义早期代表那里，未能完全摆脱经验主义影响①。这是它的哲学基础局限性。其四，“知识本位”诉诸的“学科导向”，主张依照学科的“纵向并行结构”或学者建构知识体系的“逻辑结构”展开教学内容，这个“纵向并行结构”和“逻辑结构”与“发生学”意义上的“学生认知心理发展次序”是有区别的。这是它的课程理论局限性。其五，“整体知识观”轻视“整体能力观”。这是它最新存在形式的局限性。

2.“能力本位”课程理论

（1）代表性理论

在高职院校中，北美早期CBE课程理论以“学会在企业特定职业岗位做事”为宗旨，其“教学计划开发”着眼于“特殊技能培训与迁移”；美英德中期“能力本位”课程理论以“学会在行业职业群综合岗位做事”为宗旨，其“课程开发”着眼于“综合技能培训与迁移”；德国后期“学习领域”课程理论以“学会在行业职业群系统工作岗位做事”为宗旨，其课程设计着眼于“系统技能培训与迁移”；“进程”中的欧洲各国大学以满足欧洲“社会需要”为宗旨，其课程设置着眼于“整合‘专能’与‘通能’”的“整体能力”迁移。

（2）可取之处

“能力本位”课程理论主要可取之处有四：其一，将“学会做事”作为课程教学宗旨，依照“学会做事”有赖“技能迁移”，“技能迁移”有赖“技能训练”，“技能训练”有赖“课程设计”的基本思路进行课程建设。在优化其课程设计原则的前提下，这样的宗旨和思路有可取之处。其二，着眼于企业对“技术技能型”人才的需求，发掘被“学科导向”课程忽视的“职业工作要素”，有助于克服传统“学科导向”课程观的片面性，历史上功不可没，现实中有借鉴价值。其三，通过导入“横向组织”原则，将“工作要素”融入课程设计是其亮点。在面向未来的高等教育课程改革中，“横向组织”是课程设计中一个不可或缺的维度，而应否“横向为主”则需研究。其四，“整体能力观”反映了新技术革命以来当代职业结构变化及其流动性加剧的发展

① 皮亚杰对于儿童认知发生的研究专注于个体的“结构-建构”经验，而忽视“社会化”过程中的“文化觅母”表达作用；布鲁纳要求学生通过“发现学习”体验科学家发现过程，既无视教师在课程教学中的诱导作用，又混淆了中小学生“认知发育”与“科学家成体活动”的原则区别。

趋势，堪称二战后欧洲职业教育课改指导性理念的最重要提升。

（3）主要局限性

“能力本位”课程理论的主要局限性涉及更多层面：其一，该理论也产生于“脑力劳动”与“体力劳动”社会分工加剧的时代，在一定程度上满足了特定时期企业对“工匠”和“工程师”的规模化需求。随着世界由后工业时代进入知识经济时代，反映旧有产业结构和职业需求的“能力本位”课程观渐失根基，其历史局限性也越来越明显。其二，该理论侧重“学会做事”，忽视“学会认知”和“学会做人”，与21世纪的职业需求不符。这是它的现实局限性。其三，该理论主张学校复制企业，教学模仿工作，学生模仿工匠或工程师，反过来又向企业输送“克隆工匠”或“克隆工程师”。其所陷入的“克隆”怪圈，有导致产业结构落后和人才结构僵化之风险。这是它的模式局限性。其四，该理论倡导的“横向串行”建构原则，是将“高等职业个体发生机制”嫁接于“高等职业成体行动机制”，其做法有如生物学领域将“胚胎发育机制”嫁接于“成体生理活动机制”；而其要求学员通过“从生手到专家”的“工作情境”进行技能建构，又将“发生中的职业个体”混同于“职业成体”[①]。这是其理论局限性。其五，该理论在后期发展中，尽管立足于整体论反对CBE还原论，立足于格式塔心理学[②]反对构造主义和行为主义心理学，但未与经验主义彻底划清界限。这是其哲学与心理学基础局限性。其六，在该理论中，学员只扮演“工具理性”的角色，重“功利”而轻“人本”。不仅如此，将“工匠或工程师行动能力”作为目标，让学员围绕“工作过程”旋转，还会导致主体的缺失。这是其人才目标局限性。其七，“整体能力观”无视“整体知识观”的积极作用，舍弃“通识教育”，所培养的人才文化底蕴单薄，发展后劲不足。这是“能力本位”最新存在形式的局限性。

3.“两极互渗”中的理论探索

（1）从“学术性”向“职业性”延伸

综观当代“知识本位”课程观发展，可发现其呈现一种趋势，即：其“学习迁移”理论内涵经历了由E.L.桑代克的“文化共同要素”和“经验类化”、布鲁纳“学科的基本结构”和D.P.奥苏贝尔的“认知结构”等迁移，进向J.安德森“产生式迁移”和弗拉威尔“认知策略迁移”的发展；其“学习理论”指向的“知识”，经历了由概念原理知识、策略性知识和图式知识（鲁梅尔哈特，1977；威多森，1983；汤姆斯·迪瓦恩，1987）等“结构良好领域知识”，进向“结构不良领域”的“情境知识”“从生手到专家”的业务知识（斯皮罗和乔纳森，1990）的发展；其研究重心经历了由一般性的“学术认知”进向较具体的“职业认知”的发展。

这种趋势表明：传统“知识本位”课程观在发展过程中，出于“突破自身发展瓶颈”的内在需要，已通过“职业性”要素的导入而渗入另一极，即“能力本位”的世袭领域。

（2）在“职业性”中导入“学术性”

当代“能力本位”课程观发展呈现的则是相反趋势，即：由北美CBE模式关注

① 不言而喻，“生手”也是职业成体，只不过是刚走上工作岗位的职业成体罢了。

② 格式塔理论自诩秉承了康德先验论，然而它至多接受了康德的整体论，却始终未将整体论提升到先验论高度。

的“特殊技能迁移”，经过美国“职业群课程”、英国BTEC和德国“双元制”课程关注的“综合技能迁移”，进向德国“学习领域”理论关注的“系统技能迁移”和“能力导向新制”关注的“统整能力迁移”。这种由“特殊性”到“综合性”、“系统性”和“统整性”的发展，显示了“能力一般化”的倾向。应当指出的是：在“系统”与“一般”之间尚存有质的差异，这个差异不可能在“能力本位”范围内消除。要将“系统技能”和“统整能力”提升到“一般能力”，须借助于“学术性”的“一般性认知要素”或“普遍性认知要素”，无论这种“一般性认知要素”或“普遍性认识要素”是“抽象的一般性”、“自身特殊化的一般性”还是“重建自身的一般性”。

上述趋势表明：由关注“特殊技能”进向关注“综合技能”、“系统技能”和“统整能力”的“能力本位”课程观，要“突破自身发展瓶颈”，也不得不考虑导入“学术性”或“普遍性”的认知要素，从而指向另一极，即“知识本位”的世袭领域。

4.课程社会学中的“辩证课程理论”

课程社会学中“辩证课程理论”的代表是麦克·扬（Michael Young），他在1998年出版的专著——《未来的课程》中，对这一理论做了系统阐述。

该理论揭示了教育和课程模式转换与时代、社会及其经济结构变化的密切联系，剖析了二战以来美欧特别是英国职业院校课程发展中“学术课程”与“职业课程”的分离过程及相关课程理论的局限性，并着眼于后工业时代的经济变革及由此引起的职业结构变化，指明其未来课程发展的总趋势是“学术课程”与“职业课程”的整合。

麦克·扬关于课程模式转换与社会经济结构变化相关的研究，对于“学术学习与职业学习”“作为事实课程与作为实践课程”等片面观点的批判，对于“以结果定义课程方式”和“模块化课程方式”利弊的分析，对于从“分化的专业化”“总和的专业化”向“联系的专业化”发展趋势的描述，以及将“联系的策略”作为未来课程内容组织的新方式，特别是将“辩证形式”作为未来课程原则的主张，既是对美英职业院校“整合性”课改的理论总结，也是对其未来发展的指导性建议。

5.超越“知识本位”与“能力本位”的尝试

联合国教科文组织提出的“21世纪教育基本要求”和“美国21世纪技能联盟”制定的“21世纪学习框架”，是超越“知识本位”与“能力本位”的理论尝试。

（1）“21世纪教育基本要求”

1996年，由雅克·德格尔任主席的国际21世纪教育委员会在其向联合国教科文组织提交的《教育——财富蕴藏其中》报告中，对21世纪教育提出了四个“基本要求”，即：使学生“学会认知、学会做事、学会共同生活、学会生存”。它们合起来构成了未来人才的四大支柱。“学会共同生活”强调的是“与人合作”、“与人交流”和“团队精神”等社会协调能力，可并入“学会做事”；“学会生存”的核心是“学会做人”。

四个“基本要求”是在总结“整合”阶段世界特别是美欧发达国家教育和课改经验的基础上提出的前瞻性要求，是对“知识本位”与“能力本位”教育观的超越。

（2）“21世纪学习框架”

成立于2002年的“美国21世纪技能联盟”经过10年研究，提出了“21世纪学习框架”（以下简称“框架”）。根据该“框架”，“21世纪的学习”正在由“师本教学、直接讲解、聚集知识、覆盖内容、基本技能、事实与原理、掌握理论、设置课程、相互竞争、局限课堂、基于文本、总结性考试、为就业而学”等，加速转向由前者与“生本教学、互动交流、重视能力、落实过程、应用技能、设问与问题、重视实践、项目学习（或探究式学习）、彼此合作、放眼全球、基于网络、形成性评估、为生活而学”等携手并进的一种新平衡。

“框架”倡导的不是在诸多对立环节中做“非此即彼”的选择，而是要求这些对立环节“携手并进”、建立一系列“新的平衡”，诸如“师本教学与生本教学”的“新平衡”、“直接讲解与互动交流”的“新平衡”、“聚集知识与重视能力”的“新平衡”、“覆盖内容与落实过程”的“新平衡”、“基本技能与应用技能”的“新平衡”、“‘事实与原理’同‘设问与问题’”的“新平衡”、“掌握理论与重视实践”的“新平衡”、“设置课程与项目学习”的“新平衡”、“相互竞争与彼此合作”的“新平衡”、“局限课堂与放眼全球”的“新平衡”、“基于文本与基于网络”的“新平衡”、“总结性考试与形成性评估”的“新平衡”，以及“‘为就业而学’与‘为生活（生涯）而学’”的“新平衡”等等。

“框架”体现了美国高校课程和教学设计理论发展研究的最新成果。“新平衡”就是“新整合”。如果说在20世纪末，美国综合大学的课程改革侧重的是“通识”与“专识”的“整合”（“融合”），欧洲新制下的大学课改侧重的是“通能”与“专能”的“整合”，那么“框架”已开始关注“知识”与“能力”的全面整合，可视为超越“整体知识观”与“整体能力观”的尝试。

二、“改革开放”以来中国高校课程改革

（一）现实背景

“改革开放”以来，中国高校的课程改革是在如下“现实背景”中进行的。

1.“总依据”、“总布局”和“总任务”

党的十八大强调，建设中国特色社会主义，“总依据”是社会主义初级阶段，“总布局”是经济建设、政治建设、文化建设、社会建设、生态文明建设“五位一体”，“总任务”是实现社会主义现代化和中华民族伟大复兴。

要推进包括高等教育与课程改革在内的中国任何改革发展，都要立足于“总依据”这个当代中国最现实的国情和最大实际，都要服务于“总布局”的“五位一体”全面建设，都要聚焦于“总任务”的完成。

2.“创新驱动”发展战略

中国通过“跨越式发展”，只用30多年就完成了由“世界工厂”到“境外投资”再到“创新驱动”的发展战略转变。

党的十七大报告提出“建设创新型国家”，十八大报告正式提出“实施创新驱动发展战略”。《国家创新指数报告2013》显示：中国的国家创新指数排名在全球40个主要国家中已位居第19位；知识创造分指数排名第18位。报告同时指出，中国创新基础仍比较薄弱，提升创新能力仍需长期持续努力。

提升国家创新能力的责任在教育，特别是高等教育。通过“教育创新”提升“国家创新能力”，是“创新驱动”发展战略向中国高校提出的新要求。

3.“科技大众化时代”

以《国家中长期科学和技术发展规划纲要》(2006—2020)和《全民科学素质行动规划纲要》(2006—2010—2020)颁布为标志，中国已进入“科技大众化”时代。在这一时段，以科学知识为基础，以提高全社会科技认知和科学素养为目的，推进自然科学和工程技术成果的普及应用，引导公众进入对科技从“知”到“用”的过程，是国家的战略选择；超越“知识本位”与“能力本位”的“两极对峙”，是高校课改的大势所趋。

4.“两化融合”与“两性整合”

在经济全球化大背景下，中国产业价值链正在由中低端向中高端提升，产业结构将沿着后工业化和信息化“两化融合”的道路发展：其结构重心在由一、二次产业向三次产业转移的同时，将与信息化同步推进，各次产业结构将日趋“软化”。产业结构的这种“两化融合”将导致科学、技术与生产朝着“一体化”方向发展。“一体化”的内涵之一是“科学技术化与技术科学化”：一方面，高新技术是知识密集型技术，其发展离不开科学的突破与指导；另一方面，科学的深化需要得到各种技术的支持和保证，更离不开各种类型技术人员的合作。科学与技术相互依赖、促进与融合，导致了技术科学化和科学技术化的发展。“一体化”的内涵之二是“产业科技化与科技产业化”：产业结构升级是通过科学技术向生产的高度渗透实现的；这种渗透反过来又使现代生产日益成为科技化的生产。

与产业结构“两化融合”和科学、技术与生产“一体化”的发展趋势相伴随，中国职业结构将沿着“‘职业性’和‘学术性’两性整合”的道路发展：其结构重心在由农业、制造业向服务业转移的同时，将与科技化同步推进，科学技术将日趋“产业化”，各次产业的生产性职业将日趋“科技化”“知识化”。

受中国产业结构“两化融合”和职业结构“两性整合”发展总趋势影响，中国高等教育的人才培养目标将沿着“‘知识’与‘能力’并重”的“复合型”道路发展。

5.“刘易斯拐点”和“库兹涅茨拐点”

中国经济发展正处于“刘易斯拐点”和“库兹涅茨拐点”：一方面，农业富余劳动力向非农产业转移正在逐渐减少，直至达到瓶颈状态；另一方面，随着收入差距的逐步缩小，经济发展的关注点将从“注重效率”向“注重公平”转化。两个“拐点”的到来，预示着中国剩余劳动力无限供给时代结束，面临“中等收入陷阱”。

通过“创新红利”和“人才红利”，在“创新驱动”中实现产业结构升级和经济转型，是“经济新常态”下超越两个“拐点”对策的重要选项。

6.其他“背景”要素

“当代美欧国家高校课程改革”之“社会背景”中的如下要素，也是今日中国高校课改不得不面对的：“关注‘职业流动性’”、“应对‘知识流变性’”、“现代科学发展趋势”、“‘全球化’与‘国际化’”和“社会转型”等。

（二）中国高校课改历程

1.高职高专层次课改

(1) 作为“本科压缩”的专科

“文革”后初期，中国高职教育部分受苏联影响，部分受普通本科教育影响，“知识本位”一度占主导地位。高职院校的主要类型是“高等专科学校”，而专科学校早在“文革”前就已存在，其中有不少是借鉴20世纪50年代苏联模式建立起来的。“专科”被理解为“专门学科”，教学理论尚未完全摆脱凯洛夫“三中心”框架，开设的课程大都是“学科导向”。在这里，“专科”与“普通本科”的区别被理解为“‘专科’是简化和压缩的‘本科’”。

（2）对“工作导向课程”的诉求

20世纪80年代中期起，中国职教界借鉴美欧模式，进入了类似20世纪60—80年代美欧高职“职业性课改”的发展阶段，由“学科导向”的“知识本位”向“工作导向”的“能力本位”转变，致力于培养“高端技能型人才”，其中包括20世纪80年代中期借鉴德国“双元制”模式，20世纪90年代借鉴北美-加拿大CBE模式和英国BTEC课程模式，20世纪90年代末借鉴德国“双元制”模式，21世纪初借鉴德国“学习领域”课程模式等。

目前，我国关于高职高专层次课改取向的较为流行主张是：建构与“‘知识本位’学科体系”相对峙的“‘能力本位’行动体系”。

2.本科及以上层次的课改

（1）高等教育和学位新类型的推出

近年来，在教育部“就业导向”口号的感召下，国内外职业教育课程改革的这股浪潮也波及我国普通高等教育本科及以上层次，冲击了“研究型课程”或“学术型课程”及其教学资源建设。我国本科和研究生教育正在部分地融入“高等职业教育”范畴。更受职场欢迎的区别于“研究型本科”的“应用型本科”的推出，区别于“学术型研究生”的面向应用的“专业型研究生”的出台等等，便是此种融入的证明。在这里，如何摆正“学科导向课程”与“工作导向课程”的关系，是继续搞“学科导向”的一统天下，还是应当借鉴“工作导向”的某些要素，或者在更高的框架中整合这两种课程模式，既是广大高校教育工作者不得不面对的理论热点问题，也是其亟待解决的重大课改实践难题。

（2）普通高校的课改

改革开放以来，中国普通高校本科及以上层次课改的总趋势是告别“文革”前的“苏联模式”，转而学习和借鉴发达国家特别是“美国模式”。

“文革”后头几年，中国本科以上普通高校课改朝着“宽专业，窄方向”进行，拓宽了专业课程口径，细化了方向课程。

20世纪90年代以来，中国首先规划和启动了研究型重点大学建设，实施了旨在提高教学质量的一系列工程和计划（“211工程”，1995；“985工程”，1999）；随后，又将“质量工程”向1 000所本科高校整体推进（2007）。

在此期间，部分中国普通高校学习和借鉴发达国家特别是美国大学20世纪90年代以来的课改模式，探讨“素质教育”框架下的“通识课程”加“专业课程”的课程体系建设。教育部发布文件对包括“人才培养”、“教学理念”、“课程体系”和“教学方法”在内的普通高校教育教学改革，提出了许多重要意见和要求，诸如：“加强实践教学，注重学生创新精神和实践能力的培养”（教高〔2001〕4号）；“积极推进研究型教学、讨论式教学、案例教学等教学方法和合作式学习方式，引导大学生了解多种学术观点并开展讨论、追踪本学科领域最新进展，提高自主学习和独立研究能力”（教高〔2005〕1号）；“推进高等学校在教学内容、课程体系、实践环节等方面进行人才培养模式的综合改革，以倡导启发式教学和研究性学习为核心，探索教学理念、培养模式和管理机制的全方位创新”，“激发大学生的兴趣和潜能，培养大学生的团队协作意识、创新精神和创新能力”（教高〔2007〕1号和2号）等。

进入21世纪第二个十年，中国普通高校在坚持“走以质量提升为核心的内涵式发展道路”的同时，开始探索旨在“克服同质化倾向的高校分类体系”，确定“特色鲜明的办学定位和人才培养规格”：研究型大学继续实施“985工程”、“211工程”和优势学科创新平台，“探索拔尖创新人才培养模式”，启动“以人才、学科、科研三位一体的创新能力提升为核心任务，以高校、科研机构、企业协同创新中心为载体，以创新发展方式转变为主线”的“211计划”，向“创业型大学”转型；普通高校经管类本科探索“科学基础、人文素养、创新能力和实践能力融合发展”、专业特色鲜明的“应用型”“复合型”人才培养模式，其课改进入美国20世纪90年代以来的“整体知识观”发展阶段；行业高校或与新兴产业相关专业从“学术型”向“应用技术型”转型，“探索‘应用技术型’或‘技术技能型’人才培养模式”（《关于全面提高高等教育质量的若干意见》（2012）、《关于加快发展现代职业教育的决定》（2014）），其课改进入21世纪初以来“博洛尼亚进程”下的欧洲大学课改阶段。上述类型不同“定位各有侧重”（以下简称“类型不同各有侧重”）的高校皆通过倡导启发式、探究式、讨论式、参与式教学，促进科研与教学互动；并通过注重“学习过程考查”和“学生能力评价”等途径或措施，继续探索“教学方法”和“考核方法”创新。

（三）思考差距，研究问题，全面推进

1.高职高专层面

与美欧职业院校20世纪90年代以来的课改相比，目前中国高职课改的主要差距是缺少“整合”环节，这个差距体现在许多层面，诸如：“‘专能’与‘通能’的整合”仅限于个别院校探索；“‘学术性课程’与‘职业性课程’整合”试验正在起步；其他方面的“整合”未曾顾及；“整合性”课程理论研究相当薄弱等等。尝试第一种“整合”，将第二种“整合”作为高职课改重点，研究与落实其他层面的“整合”，全面推进“整合型”高职课程建设及其理论研究，是有待完成的任务。

2.本科以上高校层面

当前，本科以上“类型不同各有侧重”的中国高校课改面临如下问题：是否需要在“专业课程”中融入“通识课程”要素？对于美国大学“‘整体知识观’指导下的‘通识’与‘专识’融合”和“博洛尼亚进程”下欧洲大学“‘整体能力观’指导下的‘通能’与‘专能’整合”，类型不同的中国高校是应当对其各取所需，还是立足“整体课程观”，各有侧重地对其兼收并蓄[①]？

单就中国行业高校或与新兴产业相关专业课改来说，其面临的问题是：应当“由

① 美国大学不搞“通能教育”，嫌其档次不高，视之为“新体制”下欧洲高等教育“量化宽松政策”（旨在以最少投入、最短学制取得可“流通和国际化”的学士/硕士学位）的产物，这是因小失大；欧洲大学不搞“通识教育”，是因为它在“一体化”超短学制下无法实施，实为望尘莫及。对中国大学来说，两种做法显然都不可取。

‘学术性’向‘职业性’转型”，还是应当“在‘学术性’中导入‘职业性’”？本科与高专课程体系的主要区别是否在于设不设置“通识课程”？“‘工作过程导向’的‘行动体系’课程”行得通吗？其理论误区在哪里？

3.共性问题

中国各类高校课改需要研究解决的共性问题主要有：

为了破解“钱学森之问”，改变“大学以‘严进宽出’承接中学‘应试教育’”的旧常态，课改层面上应采取哪些配合措施？

教育部近年文件中关于高校“人才培养”、“教学理念”、“课程体系”、“教学方法”和“考核方法”等方面的创新要求，还有哪些没有落到实处？如何落实？

在改革基本取向上，是坚持“就业导向”，还是借鉴美欧高校20世纪90年代以来的做法，将“就业导向”提升为“创业与就业并重”，将“从学校到工作”提升为“从学校到生涯”？“两种提升”向大学课改提出的要求是什么？

在课程类型上，如何解决好“多与一”的关系？各类高校在“克服同质化倾向”的同时，应以何种更具创新性的“课程理念”为指导？

在课程目标上，如何以更高的“学力框架”来整合“知识”、“能力”、“道德”与“价值观”诸多内涵？

在课程方法上，是应当像传统做法那样，在“学科中心”与“工作中心”、“知识中心”与“活动中心”、“教师中心”与“学生中心”等“两极对立”之间做“非此即彼”的选择，还是以某种方式扬弃这些对立？

在课程组织上，如何扬弃“‘知识本位’的‘学科体系’”与“‘能力本位’的‘行动体系’”、“课程的‘纵向组织’与‘横向组织’”、“知识展开的逻辑顺序”与“大学生心理发展顺序”等“两极对立”？其理论依据是什么？

在教学方法上，同美国20世纪90年代后的“教学方法改革”和“21世纪技能联盟”倡导的“新平衡学习”相比，还存在哪些差距？

4.因势利导，全面推进

解决中国高校课改面临的上述问题，需要立足中国国情，在充分反思“现实背景”的基础上，以《国家中长期教育改革和发展规划纲要（2010—2020年）》、党的十八大精神和教育部近年发布的相关文件为指导，扬美欧“整体知识观”和“整体能力观”之所长，发掘其“两极互渗”趋势中的积极要素，吸收“辩证课程观”、“21世纪教育基本要求”和“21世纪学习框架”的合理内核，深化课程理论研究，推进有中国特色的“整体课程观”指导下的课程与教材建设。

三、深化课程理论研究，推进面向未来的中国高校课程与教材建设

（一）建构“信息层面”的课程理论

深化课程理论研究，需要从“高等职业个体发生机制”的研究入手，探索“信息层面”的课程理论建设。

1.区别“两类高等职业个体”

所谓“两类高等职业个体”，是指“发生中的高等职业个体”和“高等职业成体”。前者指以“基础教育”阶段“学力结构”为“原格局”、接受高校学历教育的在校生；后者指高等职业岗位中“从生手到专家”的各级在职人员。高校学历教育的对

象不是“高等职业成体”，而是“发生中的高等职业个体”。“高等教育过程”是后基础教育阶段“发生中的高等职业个体”向“高等职业成体”一系列有序的变化发展过程。就像高等动物个体的“发育过程”不同于其成体的“活动过程”一样，“发生中的高等职业个体”之“教育过程”也不同于“高等职业成体”的“工作过程”。

2.从“文化信息”层面切入的必要性

布鲁纳的“结构课程理论”和始于皮亚杰的建构主义课程理论已在个体层面，分别将“学科知识结构”和心理发展的“结构-建构”活动置于课程中心地位；面向未来的中国高校课程理论建设需要从“文化信息”层面，将“教育过程”中的“人类职业文化信息传递”置于课程中心地位。

从“文化信息”层面研究“高等职业个体发生”机制，就是研究与“课程觅母”、“觅母表达”以及“觅母突变”相关、“纵向为主、纵横交错”的“高等学力”建构规律或法则。

3.需要导入的基本概念与原理

（1）“课程觅母”

道金斯（Richard Dawkins，1941—）在其开山之作《自私的基因》中，比照生物基因，将通过教育过程传递的人类“文化编码结构”称为“觅母”（meme）。表征“高等职业个体发生”机制时有必要借用这一术语[①]。

我们用“课程觅母”指谓以教材为载体、教师为实现课程目标在教学活动中引导学生建构“学力”的“职业文化信息编码系统”，这个编码系统凝结着人类职业活动的历史积淀与现实发展各种要素之精华。“发生中的高等职业个体”之“高等学力”建构过程，应理解为“课程觅母”逻辑结构在高级阶段的程序化表达过程。

（2）“觅母表达”

在“高等职业个体发生”中，“觅母表达”起决定作用。所谓“觅母表达”，是指浓缩在高校教材的“课程觅母”中被编码的“人类高等职业文化信息”，通过教师（相当于高等职业文化“信使RNA”）备课与授课（相当于高等职业文化“激活”与“转录”）和学生的学习与训练（相当于高等职业文化“翻译”），到学生“高等职业胜任力”建构（相当于高等职业文化“蛋白”）的信息流动过程。

比照分子生物学的“中心法则”（Francis C.Crick，1958，1970），可以把这种“觅母表达”机制称为现代教育学的“中心法则”。

（3）“觅母表达”的特异性、纽带和关键

人类的“觅母表达”在儿童接受早期教育时就开始了，贯穿于从那时起到高等教育乃至终生教育的始终。在所有各阶段，“中心法则”对于文化层面的人类“个体发生”都起决定性作用。“高等职业个体”的“学力建构”发生于“觅母表达”的高级阶段，即“后基础教育”阶段。通过“觅母表达”，课程教材中关于“高等职业活动文化信息”的编码程序，一方面转化为具有时间特异性的“高等学力”结构发展，另一方面转化为具有逻辑特异性的“高等学力”结构形态。

① 在科学发展史上，不同领域（特别是层次相近领域）的学术研究相互借鉴并有所成就的例子屡见不鲜：康德借鉴比较解剖学创立了精神解剖学；皮亚杰借鉴胚胎学创立了“发生认识论”；道金斯借鉴“基因”学说创立了“觅母”学说；如此等等。笔者认为，在“高等职业个体发生机制”研究上，有必要借鉴分子生物学的“基因表达”理论。

在这一过程中：个体层面以“同化”“顺应”“平衡”为主要机制的“高等学力”之“结构-建构”活动，是“文化信息”层面连接“课程觅母”与“教学诱导”的纽带；教师对“人类高等职业文化信息”传递的有组织的“教学诱导”与调控，是学生“高等学力”之“结构-建构”水平发展的关键。

(4)“觅母表达”与“环境要素”的关系

“觅母表达”主导的“高等学力”建构，不是在一个自我封闭的系统中进行的，而是在与高等教育环境要素相互作用的开放系统中进行的。

高等教育的环境要素包括实体环境与虚拟环境。实体环境又包括内环境与外环境：前者指由课堂、学校及其规章制度、教育技术、设备设施等构成的要素；后者指由家庭、社区、社会（特别是由国家发展战略、现实产业结构与职业结构决定的高等职业需求，以及体现于国家教育体制、方针、政策、规划与机构中的“高等教育导向”）和世界（特别是其政治、经济、科技、教育等现实发展态势）构成的要素。虚拟环境指以图书馆和互联网为载体和中介的人类科技文化信息要素。

着眼于“开放系统”，可以将“发生中的高等职业个体”之“高等学力”建构过程，更具体地表述为“以高校教学活动为中介，受制于内外高等教育环境要素并与之非线性互动的‘觅母表达’过程”。这个过程决定个体“高等学力”结构的最终形态。

(5)“觅母突变”

“课程觅母”在“自我复制”过程中，通过内因（课程与教材设计、师生互动、自主性选择等要素）与外因（各种教育环境要素）的交互作用，会发生结构性改变，包括组成、排序、量的变化与质的“创新”等，这种改变可称为课程的“觅母突变”。

导入“觅母突变”可以使“高等职业个体发生机制”进一步具体化，即：一方面承认“觅母表达”在高等教育过程中的“中心地位”，从而与过分强调“自我活动”的自然主义、过分强调“从做中学”的经验主义乃至过分强调师生“主观目的”和“行为作用”的激进建构主义划清界限；另一方面承认“创新型教学”“研究性学习”和实践（个体的与社会的）在高等教育过程中的“主动性”“否定性”作用，从而同将高校课程视为一成不变的单纯“知识传承”、“社会化”和“心理转录”的保守建构主义划清界限。

从本质上看，现代课程论中的保守建构主义和激进建构主义分别立足于人类职业文化的历史积淀和每一代人对职业文化的现实创新：两种观点各有片面性，又各有合理内核；全盘否定其一，也就否定了其他。

（二）推进“整体课程观”指导下的中国高校课程及其教材建设

面向未来的中国本科及以上高校课程及其教材建设，应当在贯彻落实教育部关于《普通高等学校教材管理办法》（教材〔2019〕3号）文件精神与要求的同时，把“整体课程观”作为一个指导性理念来定位，其中包括课程类型、课程目标、课程方法、课程设计、课程组织、教学途径、教学方法及训练与考核等层面的“多元整合”取向。

1.课程类型取向

在课程类型上，应当着眼于“从学校到生涯”，与时俱进地从“觅母库”中有选择地提取“人类高等职业活动的历史积淀与现实发展各种要素之精华”，扬弃传统高校课程中“整体知识观”与“整体能力观”、“学术性”与“职业性”、“人本主义”与

“工具主义”、“道德主义”与“功利主义”等“两极对立”，推进以“课程觅母”建构为信息基础，以“整体课程观”为指导，“类型不同各有侧重”的“多元整合型”高校课程及其教材建设。

扬弃传统高校课程类型中“整体知识观”与“整体能力观”的“两极对立”，就是既吸收20世纪90年代以来美国大学“‘整体知识观’指导下‘专识’与‘通识’融合”的基本内核，也吸收“博洛尼亚进程”下欧洲大学“‘整体能力观’指导下‘专能’与‘通能’整合”的合理内核，把整合“整体知识观”、“整体能力观”与“整体道德观”的“整体课程观”作为有中国特色高校课程与教材建设的“指导性理念”，并强化作为其重要组分的当代中国“核心价值观”建构。

扬弃传统高校课程类型中“学术性”与“职业性”的“两极对立”，就是“类型不同各有侧重”地使传统“学术性”课程“职业化”，使传统“职业性”课程“学术化”。其中：“学术化”要兼顾“科学化”与“技术化”、“核心化”与“专业化”；“职业化”要兼顾“类化”与“群化”、“全球化”与“本土化”。

扬弃传统高校课程类型中“人本主义”与“工具主义”的“两极对立”，就是使其兼具“人本属性”与“工具属性”：课程的“人本属性”是指坚持“以人为本”，把全面提高学生的教育水平、文化品位、价值追求和道德修养作为课程的根本；课程的“工具属性”是指把树立大学生的“服务意识”作为课程的宗旨。

扬弃传统高校课程类型中的“道德主义”与“功利主义”的“两极对立”，就是使其兼具“道德属性”与“功利属性”：课程的“道德属性”是指把“社会公德”和“职业道德”作为课程价值的主导取向；课程的“功利属性”是指把“为社会、为国家、为人民谋利益”作为课程价值的基本取向，把“三个有利于”作为判断课程的最终标准。

2.课程目标取向

在课程目标上，应当借鉴“21世纪教育‘基本要求’”，扬弃传统高校课程中“重认知轻做事”与“重做事轻认知”的“两极对立”，推进以“健全人格”为“高等学力”框架、兼顾学生发展后劲、“不同类型各有侧重”的“多元整合型”高校课程及其教材建设。

扬弃传统课程目标中的“两极对立”，就是在兼顾“整体知识”与“整体能力”目标的同时导入“伦理道德”与“价值观”目标，借以克服传统高校课程目标中“重成才轻成人”“重文凭轻人品”的通病，用“健全人格”的“高等学力”框架来整合“整体知识”、“整体能力”、“伦理道德”与“价值观”等基本内涵，向培养“既会认知，也能做事，更懂做人”，兼备“通识”与“专识”、“通能”与“专能”、“社会公德”与“职业道德”和“核心价值观”的“健全型高等职业人”目标转型。

兼顾大学生发展后劲，就是兼顾其“高等学力”建构中的“通层”和“专层”，并用“与生涯对接”扬弃相对狭隘的“与工作对接”。

3.课程方法取向

在课程方法上，应当扬弃传统课程模式“学科中心”与“工作中心”、“知识中心”与“活动中心”、“教师中心”与“学生中心”等“两极对立”，推进以“觅母表达”为中心、“类型不同各有侧重”的“多元整合型”高校课程及其教材建设。

扬弃上述“两极对立”，就是将教材、教师与学生组成的“整合系统”作为高校课程主体，用“觅母表达中心”取代传统课程方法中的诸多“中心”。其中：“课程觅母”是人类文化传递的信息基础；教师具有“文化信使RNA”的地位，其“备课”与“授课”相当于对“课程觅母”的“激活”与“转录”，“教学诱导”（而非“主导”）与“调控”对学生学习水平的发展起关键作用；学生的“学习活动”是连接“课程觅母”与教师“教学诱导”的纽带；“中心法则”在“觅母表达”过程中起决定作用。

4.课程设计取向

在课程设计上，应当通过借鉴“21世纪学习框架”，扬弃传统高校课程“目标模式”（Ralph Taylor）与“‘实践-历程’模式”（Joseph Schwab，Lawrence Stenhouse）的“两极对立”，推进兼顾“情境模式”（M.Skilbelk，D.Lawton）、“类型不同各有侧重”的“多元整合型”高校课程及其教材建设。

扬弃“目标模式”与“‘实践-过程’模式”中的“两极对立”，就是既承认基于“觅母表达”的“传承型”课程目标的中心地位，也承认基于教师和学生“问题思维”、“研究探索”和“实践活动”（个体的与社会的）等“创新型”“创业型”课程目标的“否定性”作用；兼顾“情境模式”，就是兼顾课程设计对诸多“内外情境”要素的“高等文化选择”。

5.课程组织取向

高校课程的组织取向包括“要素组织取向”与“结构组织取向”。

（1）要素组织取向

在课程的“要素组织”上，应当扬弃传统高校课程中“纵向组织”与“横向组织”、“逻辑顺序”与“心理顺序”、“直线式”与“螺旋式”等“两极对立”，推进立足于“高等职业个体发生机制”“类型不同各有侧重”的“多元整合型”高校课程及其教材建设。

扬弃“纵向组织”与“横向组织”的“两极对立”，就是用“纵向为主、横向为辅、纵横交错”的基本原则取代传统“知识本位”课程的“纵向组织”与传统“能力本位”的“横向组织”基本原则；扬弃“逻辑顺序”与“心理顺序”的“两极对立”，就是通过导入“高等职业个体发生机制”，将两者统一于“觅母表达顺序”中，借以清除传统“学科导向”与“工作导向”课程模式中的经验主义残余；摒弃“直线式”与“螺旋式”的“两极对立”，就是通过将“通用层面”的“道德要素”按照“顺从级、认同级和内化级”，“通用层面”的“知识要素”与“能力要素”按照“初级、中级和高级”分阶段螺旋式地融入课程中，将“专业”层面的“知识要素”与“能力要素”在课程教学中直线式展开，使其各得其所。

（2）结构组织取向

“结构组织”包括“层次结构组织”与“内容结构组织”。为从容应对不断加速的“知识更新”、“技术更新”和“生产更新”挑战，应当探索使知识“层次结构合理化”“内容结构无限化”“类型不同各有侧重”的“多元整合型”高校课程及其教材建设，借以克服现行高校课程中知识“层次结构单一”“内容结构有限”的片面性。

①层次结构合理化

使高校课程中知识“层次结构合理化”，就是合理配置“深层”“中层”“浅层”

知识，通过深层知识对中层知识、中层知识对浅层知识的“一般性”、“稳定性”和“指导性”作用，赋予课程以应对“知识流变”的必要弹性。

②内容结构无限化

使高校课程中知识“内容结构无限化”，就是在“授之以鱼”的同时“授之以渔”，通过“学会学习”，导入关于“学习理论”、“学习方法”与“学习策略”等“否定性”的“自主学习”机制，赋予课程以应对“从学校到生涯”的“知识流变”（=“重建自身的一般性”）之无限潜力。

6.教学途径取向

在教学途径上，应当借鉴认知心理学和建构主义学习理论中的合理内核，克服传统高校课程模式中各教学环节相互脱节的弊端，推进“原理居先、实务跟进、案例同步、训练到位”、“类型不同各有侧重”的“多元整合型”高校课程及其教材建设。

借鉴认知心理学和建构主义学习理论中的合理内核，就是借鉴J.安德森“产生式迁移理论”关于“‘产生式规则’的获得必须先经历一个‘陈述性阶段’”、弗拉威尔“认知策略迁移理论”关于“‘反省认知过程’是在新的情境下使用‘认知过程’的前提”、斯皮罗（R.J.Spiro）和乔纳生（D.H.Jonassen）“认知灵活性理论”关于“‘高级学习’以‘初级学习’为前提”等研究成果，将各阶段“程序性知识”教学置于“陈述性知识”教学之后，将“认知策略知识”教学置于“反省认知过程”教学之后，将“结构不良领域知识”教学置于“结构良好领域知识”教学之后，将“实践教学”置于以之为据的“陈述性知识”、“程序性知识”和“结构不良知识”教学之后，将“创新型训练”置于“传承型训练”之后，围绕“觅母表达”这个“中心”，进行以“整体知识”、“整体能力”和“整体道德”为基本内涵的系列阶段性建构，将“高等学力”最终打造成各类“学习迁移”由以出发的结构中心与枢纽。

7.教学方法取向

在教学方法上，应当着眼每种方法的特定适用性，推进将各种方法“兼收并蓄”“类型不同各有侧重”的“多元整合型”高校课程及其教材建设。

将各种方法“兼收并蓄”，就是将“学导教学法”、“互动教学法”、“案例教学法”、“讨论教学法”和“项目教学法”等诸多教学法，以及“自主学习”、“合作学习”、“实践学习”和“探究式学习”等学习方式有针对性地运用于相应教学环节，使其相辅相成、相得益彰，借以克服教学“重鱼”“轻渔”，教师“一言堂”“满堂灌”，以及学生“轻交流”“少体验”等传统教学方法的弊端。

8.训练与考核取向

在训练与考核上，应当扬弃传统课程模式中的各种片面性，推进“融多种训练与考核方式于一体”“类型不同各有侧重”的“多元整合型”高校课程及其教材建设。

“融多种训练与考核方式于一体”，就是在实施“教学途径取向”各环节的训练时，融“传承型训练与考核”和“创新型训练与考核”、“过程性训练与考核”和“成果性训练与考核”于一体。

（三）概括性表述

一位伟人说过：“把抽象的观念生硬地应用于现实，就是破坏了现实。”在世界教育领域，历史上的“抽象观念”，部分是“分化现实”的反映，部分是“认识局限性”

的反映。

就前者而言，“知识本位”与“能力本位”两种“抽象观念”，是工业时代和后工业时代早期“脑力劳动”与“体力劳动”社会分工“两极对立”的反映。在这个可以称为“分化的现实”的历史阶段，人们在“理论的态度”中一面提炼出反映“脑力劳动”的“学术性结晶”，一面提炼出反映“体力劳动”的“职业性结晶”；在“实践的态度”中分别实施了“知识本位”与“能力本位”教育。两种做法因受制于那个时代产业结构与职业结构的“分化的现实”，皆属“历史性”无奈。

就后者而言，无论是“知识本位”与“能力本位”教育之理论与哲学基础局限性，还是体现于其课程类型、课程目标、课程方法、课程设计、课程组织、教学途径、教学方法等诸多传统观念的对立，都带有人类认识发展的阶段性烙印，皆属“认识性”无奈。

在今日中国，随着经济全球化、产业结构“两化融合”、职业结构“两性整合”和“‘科学、技术与生产’一体化”纷至沓来，“脑力劳动”与“体力劳动”已由传统的“两极对立”转化为“两极互渗”和“两极相通”；“现实”正在由“分化的现实”转化为“联系的现实”。

在今日世界，以数字化、网络化、信息化为标志的信息革命已为人类认识“从抽象上升到具体”提供了方便、及时的信息共享平台，条件性“无知”再不能被用作“充足理由”。

在这种情况下，如果在“理论的态度”中仍止步于各种“分离的观念”之“两极对立”，在“实践的态度”中仍把这些“分离的观念”生硬地应用于“联系的、具体的现实”，就是破坏了现实。

从哲学层面概括以上阐述，可以将“‘整体课程观’指导下的中国高校课程及其教材建设”简要地表述为：在“理论的态度”中，深入探索、研究与建构“反映联系的、具体的现实”之中国高校课程改革的各种“具体观念”；在“实践的态度”中，能动地将其运用于中国高等教育“联系的、具体的现实”，借以贯彻落实国家新时期发展战略，顺应并助推中国经济转型、产业升级与职业结构同步发展，服务中华民族伟大复兴。

许景行

2015年1月初稿

2022年2月第三次修订

第三版前言

公共关系学是一门发端于美国，并在近百年内得以迅速发展的新兴学科。作为社会组织经营管理的一项重要职能，公共关系日益受到世界各国政界、工商界和其他社会各界的广泛重视。经过百年的理论探索与实践，公共关系学显示出极强的生命力。同时，随着社会环境的日益复杂尤其是新媒体的挑战，公共关系学科也必须跟上时代的变化，不断进行调整与重构。

本教材以建立社会组织与公众之间良好的沟通关系为基础，以在公众心目中树立社会组织的良好形象为核心，本次修订在此原则指导下对教材原有内容体系进行了调整。具体地说，全书由原来的10章缩减为9章，把原来第7章“公共关系新闻传播与广告策划”的内容进行了合并或删除，同时增加了“新冠肺炎疫情下中国公关业的现状与发展趋势”、社交媒体传播等内容。

此外，第三版在第二版的基础上又做了进一步的修改与完善，具体如下：

（1）更新了每一章的章前引例、课后案例和部分章内案例。这些新的案例力图融入中华优秀传统文化、法治意识和民族团结以及新冠肺炎疫情中我国政府与企业的表现与担当等内容，比如“从《觉醒年代》热播看主旋律剧的传播价值”“《我的年代照》项目策划与实施”“恒源祥赞助奥运难民代表团”“耐克与‘新疆棉’事件”“‘抗疫’中主流媒体的责任与担当”“我国政府面对新冠肺炎疫情的危机管理”“疫情面前人民需要什么，五菱就造什么”等。

（2）为了贯彻落实习近平总书记关于“使各类课程与思想政治理论课同向同行，形成协同效应”的要求，每章章内和章后特设了“课程思政”栏目，以引导学生树立正确的世界观、人生观和价值观。目前许多高校已经启动“课程思政”建设，这个栏目可以为教师在讲课过程中融入相关思政内容提供参考。

（3）为迎合“互联网+教育”的发展趋势，与新媒体相融合，设计了数字资源，并将这些内容制作成二维码放在相应章节中，读者扫码即可阅读或观看。

（4）整合了“学导式教学法”“互动式教学法”“案例教学法”“讨论教学法”等教学方法，各章设计了“引例”“同步案例”“同步思考”“深度思考”“深度剖析”“教学互动”“课程思政”等功能性专栏，力求体现“生动活泼、形式多样的教学方法创新”等教学过程规范。为方便教学，上述专栏的各类提示、要点和参考答案等，均被移到三版“教学资源包”中的‘电子教案’中。

（5）“附录”配有“职业核心能力强化训练‘知识准备’参照范围”等各种参照

规范和“课业范例”，并制作了与主教材相配套的“教学资源包”。使用本教材的教师可登录东北财经大学出版社网站下载使用“教学资源包”中的教学大纲、教学日历、电子教案、PPT电子课件、“‘单元训练’参考答案与提示”和“试题题库”。

本教材第三版由大连交通大学荣晓华与辽宁师范大学张燕编著，其中第1～8章由荣晓华教授编写，第9章由张燕编写。“总序”和书后五个“附录”由东北财经大学出版社许景行编审编写和修订。

在本书的修订过程中，编者查阅、参考了大量文章和信息资料，在此对所有的作者一并致谢。由于编者的学识有限，书中肯定还存在着不少纰漏甚至差错，恳请各位同仁、读者谅解并不吝赐教。

作　者

2021年11月

第二版前言

作为一门新兴的应用社会科学，现代公共关系学历经百年理性的思考与实践，终于发展为一门经世致用的“显学”。随着移动互联网的蓬勃发展，公共关系此前从未在社会中具有如此重要的影响力，也从未在组织的声誉中成为如此有价值的因素。今天，公关危机和机遇几乎每天都会出现在各种媒体的头条。因此，越来越多的社会组织开始重视公共关系，这些社会组织不仅包括企业、政府，也包括非营利机构甚至宗教团体等。

公共关系学是一门实践性、应用性很强的学科，而且公共关系面临的是不断变化的问题和机遇。因此，公共关系学教科书必须通过公关领域最新的案例来跟上时代的变化，这些案例包括成功的，也包括失败的。本教材第二版更新了每一章（除第6章外）的章前引例、课后案例及道德研判案例。这些更新的案例都是近几年人们普遍关注的一些热点事件——从反腐电视剧《人民的名义》的热播到主旋律电影《战狼2》的火爆；从鸿茅药酒跨省追捕中公权力的滥用到雪乡宰客背后监管者的不作为；从海底捞危机时刻企业的担当到顺丰小哥挨打时老板的力挺；从美联航的暴力驱客引发的品牌危机到苹果故意让手机系统变慢导致的对消费者的欺骗……

本教材是为满足中国经济结构升级对经管类专业高级管理人才的需要，研究和开发集“传承型”和“创新型”于一体的新型专业课程教材而编写的。教材建构以“职业知识”、“职业能力”和“职业道德”为“三重本位”，以“健全职业人格”为最高整合框架的经管类高等“职业学力”。

本教材依照“原理先行、实务跟进、案例同步”的原则，循序渐进地展开教材内容。在训练模式上，秉承“传承型训练”与“创新型训练”并重、“学术型训练”与“应用型训练”并重的原则。在教学法上，整合了“学导式教学法”“互动式教学法”“案例教学法”“讨论教学法”等教学方法，设计了“引例”“同步案例”“同步思考”“深度思考”“深度剖析”“教学互动”等功能性专栏，力求体现“生动活泼、形式多样的教学方法创新”等教学过程规范（《普通高等学校本科专业类教学质量国家标准》（2018））。

关于第二版教材的特色，还有两点需要特别说明：第一，为阶段性落实“以深化课堂教学革命为着力点”，“推进教育教学与信息技术深度融合”（《教育部高等教育司2018年工作要点》）和“鼓励使用先进信息技术和教学手段”（《普通高等学校本科专业类教学质量国家标准》（2018））等要求，增加学习的趣味性，扩展学生的知识面，我们在每章都设置了两个以上的“学习微平台”栏目，以二维码的方式呈现，其链接内容主要是一些与教材主要内容相关的拓展知识，学生在学习时通过智能手机扫码就可以阅读；第二，探索性落实教育部关于“要创新‘课程思政’‘专业思政’”的要求（《教育部高等教育司2018年工作要点》），我们在各章正文部分都设置了“职业道德与营销伦理”专栏，章后“单元训练”专设了“善恶研判”题型训练等。

为方便教学，本书“附录”配有“职业核心能力强化训练‘知识准备’参照范围”等各种参照规范和“课业范例”，并制作了与主教材相配套的“教学资源包”。使用本教材的教师可登录东北财经大学出版社网站下载使用“教学资源包”中的教学大纲、教学日历、电子教案、PPT电子课件、“单元训练参考答案与提示”和“试题题库”。

本教材第二版由大连交通大学荣晓华教授编著，“总序”和书后五个“附录”由东北财经大学出版社许景行编审编写。

本教材广泛吸取并引用或参考了近年来国内外有关研究成果，摘用了相关案例和文献，在此对有关著作和文章的原作者表示最诚挚的谢意！

由于编者水平有限，书中难免存在错误，欢迎广大同仁及读者批评指正。

作 者

2018年6月

第一版前言

公共关系作为一种新兴职业和一门新兴的学科，诞生于19世纪末20世纪初的美国。随着传播媒体的蓬勃发展和企业国际化、集团化的加速，学界对于公共关系理论的研究和实务的运用越来越重视。如今，各种类型的公司和组织，都在有意识或无意识地从事着公共关系工作，公共关系已经成为他们工作的重要组成部分。可以说，公共关系此前从未在社会中有如此重要的影响力，也从未在组织的声誉中成为如此有价值的因素。

公共关系是社会组织为了塑造良好的组织形象，综合运用各种传播、沟通手段，使自己与公众之间相互了解、相互合作的一种管理职能。它是一门正在发展中的新兴学科，而且涉及不同的学科领域和不同的实践领域。因而，对于公共关系从业人员来说，不仅要掌握相关的管理学、新闻学、心理学、社会学以及市场营销学等学科的理论知识，而且要掌握专业的传播技能，并具有帮助组织不断调整、适应环境变化的敏感度。

公共关系学是一门实践性、应用性很强的学科，而且公共关系面临的是不断变化的问题和机遇。因此，公关教科书必须通过公关领域最新的案例来跟上时代的变化，这些案例包括成功的，也包括失败的。本教材收录了大量近几年人们普遍关注的一些热点事件的公关案例——从“3·15”晚会曝光的苹果手机的傲慢到尼康相机的黑斑；从失联马航的无能到福喜门中遭难的肯德基、麦当劳的危机公关撞脸；从《爸爸去哪儿》的明星真人秀到微信“抢红包”的网民盛宴。同时，经典诠释永恒。本书中也收录了历史上非常著名的案例——从罗斯福的“炉边谈话”到伯内斯纪念爱迪生的“灯光佳节”活动；从白兰地进军美国市场到IBM的人机大战……

随着中国越过“刘易斯拐点”，经济发展进入“新常态”，其产业价值链、工作方式及类型都将发生变化，中国高等教育应转变课程理念和教学范式，以培养适应社会转型的新工作者。

本书根据“整合‘整体知识观’与‘整体能力观’”的“整体课程观”最新课程理念设计，依照“原理先行、实务跟进、案例同步、训练到位”的原则，循序渐进地展开教学内容，探索高校课程教学中多重要素的“再平衡”，着力打造以“‘传承’与‘创新’并重”为基点，以“知识”、“能力”和“道德”为“三重本位”，以“健全人格”为最高整合框架的经管类“高等学力”的教材赋型机制。

在教学目标上，本教材把“知识传承”与“自主学习”、“知识应用”与“实践体验”、“问题思维”与“拓展创新”、“能力培养”与“道德养成”等多重目标结合起来，旨在克服传统课程教学目标的单一性。

在教学法上，本教材整合了“学导教学法”“互动教学法”“案例教学法”“讨论教学法”“实践教学法”等方法，使其在教材设计中相得益彰。

本教材的特色还表现在栏目设计的创新性与实用性，设计了诸如“引例”“同步案例”“同步思考”“深度思考”“业务链接”“深度剖析”“教学互动”“职业道德与企业伦理”等功能性栏目。

在课程训练上，本教材各章的“单元训练”与其章首的“学习目标”相对应，其主要特色在于：将传统的习题纳入“传承型训练”，并将其细化为“理论题”、“实务题”、“案例题”和“实践题”，新增“创新型训练”，分“拓展创新”、“决策设计”和“自主学习”三种题型。鉴于“实践题”、“拓展创新”、“决策设计”和“自主学习”各题型均要求书面报告或论文，本教材将这四种题型分别压缩至总章数的三分之一，即每章的“创新型训练”只设置三种题型中的一种，以确保在本课程教学课时内有质量地完成全面训练任务。

最后，为方便教学，本书在“附录”中设计了“职业核心能力强化训练‘知识准备’参照范围”等各种参照规范，为各章“单元训练”的课业提供了“课业范例”，还制作了与主教材相配套的“教学资源包”。使用本教材的教师可登录东北财经大学出版社网站使用或下载“教学资源包”中的教学大纲、教学日历、电子教案、PPT电子课件、“单元训练参考答案与提示”和“试题题库”。

本书编写以“总序”阐明的“整体课程观”理念为基础，教材设计遵循了“多元整合型一体化：‘传承-创新’系列”的统一布局。阅读“总序”，借以了解“整体课程观”指导下的课程建设要求，有助于更好地把握和使用本教材。

本书由大连交通大学荣晓华教授编著，“总序”和书后的五个“附录”由东北财经大学出版社许景行编审撰写。

本书可作为普通高等学校经管类专业的通识课程或专业基础课程的创新型教材。

本教材广泛吸取并引用或参考了近年来国内外有关研究成果，摘用了相关案例和文献，在此对有关著作和文章的原作者表示最诚挚的谢意！

由于编者水平有限，加之公共关系学科本身的许多理论和实践问题都有待进一步研究和探讨，书中难免存在错误，欢迎广大同仁及读者批评指正。

作　者

2015年1月

目录

第1章
公共关系概述

学习目标

传承型学习

通过以下目标，建构以“公共关系概论”为阶段性内涵的“传承型”学力：

理论目标：学习和把握公共关系的含义与特征、公共关系的职能、公共关系在我国的发展阶段等陈述性知识；用其指导“同步思考”、“深度思考”和相关题型的“单元训练”；体验“公共关系概论”中“理论知识”的“传承型学习”及其迁移。

实务目标：学习和把握“公共关系的原则”等知识；能用其规范“同步案例”和相关题型的“单元训练”；体验“公共关系概论”中“实务知识”的“传承型学习”及其迁移。

案例目标：运用本章知识研究相关案例，对“同步案例1-1”至“同步案例1-2”和“一夜爆火的鸿星尔克”等情境进行多元表征，体验“结构不良知识”的传承型学习及其迁移；依照相关规范或要求，对“课程思政1-1”“雷人广告几时休”等案例中的企业或其从业人员行为进行思政研判，培养高尚的道德情操，树立社会主义核心价值观。

引例 波司登："疫"无反顾，温暖全世界

背景与情境：2020年初，一场突如其来的新型冠状病毒肺炎疫情牵动亿万国人的心。作为中国服装领域的标杆品牌，波司登积极践行社会责任，第一时间将保暖物资送达面临倒春寒的一线抗疫英雄们的手中，体现了身为中国企业的责任与担当。据波司登官方公告，从疫情暴发至3月18日，波司登已向全国438家医院及单位驰援捐赠羽绒服共计151 368件，总价值为300 056 116.8元。

此次捐赠，为了确保在第一时间把羽绒服送到医护工作人员手中，波司登直接对接需求单位，捐赠物资通过自有物流直送一线。但由于正值春节，再加上疫情期间的交通管控，人员、物流运输、车辆调配等都面临巨大困难。为了第一时间送达，波司登迅速将全国九大仓库物流零售体系全部调动起来，克服重重阻碍，向一线医护人员运送羽绒服。地方政府在了解波司登的公益行动后，也给予了很大的帮助，高效解决了车辆通行证等问题。

众志成城，共度时艰。波司登积极的捐赠行为和责任担当，收获了社会各界的好评与肯定，很多医生护士在微信、微博等社交平台对波司登表示感谢，受捐单位也纷纷回函致谢。正如黄冈市黄州总医院的感谢信中所写的：波司登的爱心"极大地鼓舞了广大医务工作者抗击疫情的信心和士气"。在疫情防控的关键时刻，波司登第一时间送达的羽绒服，切实有力地成为一线工作人员的温暖保障。对波司登而言，这既是民族品牌应有的责任担当，也是对"波司登温暖全世界"这一企业使命的忠实践行。

此外，波司登还代表中国时尚力量登上伦敦时装周，让国际时尚界见证了中国品牌的信心和决心，向世界传递中国正能量。由于疫情，很多中国服装品牌取消了行程，波司登认为在疫情笼罩之下绝不能"消极等待"，而是要做得更好。这次大秀现场，波司登将国际化的时尚设计、匠心的产品品质完美融合，精彩大秀震撼全场，展现了中国品牌在国际时尚舞台的自信与自强，赢得全场观众欢呼，大家齐喊"中国加油"。

一直以来，波司登坚持以温暖回报社会，以产品暖人、以慈善暖心，积极传递作为中国民族企业的社会责任感。如今，波司登已累计向社会捐款捐物超过12亿元。在积极践行企业社会责任的同时，波司登正以"温暖全世界"的品牌力量，面向社会弘扬中国正能量，彰显民族精神。

资料来源　佚名.波司登温暖驰援使命必达，超3亿羽绒服助力抗疫英雄凯旋［EB/OL］.［2020-03-23］. http：//www.ce.cn/xwzx/gnsz/gdxw/202003/23/t20200323_34544147.shtml.

上述案例表明，当国家处于危难之时，有责任的人、有担当的企业汇聚力量铸成一道铜墙铁壁，才能取得积极的效果。与此同时，企业要想取得竞争优势，不仅要产品本身过硬，而且要有良好的企业形象，有较高的品牌知名度与美誉度，以赢得公众的信任与赞赏。这种通过信息传播企业组织形象的过程，就是企业公共关系的精髓。

那么，什么是公共关系？它的基本原则是什么？它有哪些职能？公共关系产生的条件是什么？在本书的第1章，我们将详细地阐述这些问题。

1.1　公共关系的含义与特征

公共关系作为人类各种社会关系中的一种特殊形态，可以说是人类社会与生俱来的。但是，在漫长的历史过程中，由于各种条件的限制，它一直处于一种自然的、原始的状态。只是到了20世纪初，随着商品经济和传播技术的发展，公共关系才有了顺利成长和发展的土壤，作为一门学科的公共关系才成为现代社会科学中的一门新兴学科。

1.1.1　公共关系的含义

公共关系一词源于美国，是英文“Public Relations”（PR）的汉语译称。Public意为“公共的”“公开的”“公众的”，Relations即“关系”，两词合起来用中文表述便是“公共关系”，有时候又称“公众关系”。译作“公众关系”在含义上更为直接，因为这个词的本义就是指一个组织与公众之间的关系。但“公共关系”一词已经在国内广为流传，为大多数人所接受，而且“公共”一词与“私人”一词相对应，准确地表达了“公共关系”与“私人关系”的不同性质，因此用“公共关系”的译法更为准确。

“Public Relations”在英文中有多种含义，今天人们常说的“公共关系”，主要包含以下几方面的意思：社会组织与其公众之间客观存在的关系；专门为协调这些关系而进行的活动与工作；由此而形成的一种现代社会意识；以这些关系及其沟通协调为对象所进行的科学研究。可见，公共关系一词包括四个方面的含义：公共关系状态、公共关系活动、公共关系意识和公共关系学。

1）公共关系状态

公共关系状态即一个组织与其公众之间客观上存在的关系状况和舆论状况。公共关系状态是客观存在的，任何组织或个人都处在一定的公共关系状态之中。它既是组织公共关系活动的基础，也是组织公共关系活动的结果。换言之，公共关系状态即社会组织在公众心目中的形象状态。比如，社会组织在公众心目中的知名度是否高，美誉度怎么样，组织与组织相互间的关系是否亲密，是相互合作还是彼此对抗等等。

2）公共关系活动

公共关系活动是社会组织以创造良好的公共关系状态（或树立良好的组织形象）为目的而开展的各种协调、沟通、传播活动。

公共关系活动可以细分为日常的公关活动与专门的公关活动。日常的公关活动是指那些为与公众建立良好关系而做出的一般活动，这种活动一般不需要周密的策划，不需拨给专门经费就可以完成。专门的公关活动是指通过专门人员，拨给一定经费，有计划地运用公共关系的相关理论与方法去实现特定公关目标的活动。如对组织形象进行调查，筹划组织的庆典活动等。

公共关系状态与公共关系活动之间存在着密切的联系。一方面，公共关系状态既是组织开展公共关系活动的基础，也是组织的公共关系活动形成的结果。一个组织总是在特定的公共关系状态中开始自己的公共关系活动的，任何公共关系活动都不能脱离特定的公众背景，必须以现存的关系状态和舆论状态为基础，针对现存的关系状态和舆论状态去进行。另一方面，组织的公共关系活动又以形成、维持或改变特定的公共关系状态为目标，以适应和影响自己的公众环境为任务，因此公共关系活动的结果便形成特定的公共关系状态。

3）公共关系意识

公共关系意识属于一种现代经营管理和行政管理的思想、观念和原则，它是在总结现代经营管理和行政管理经验的基础上，用以指导社会组织自身行为、树立组织良好形象、处理好组织内部和外部各种关系的一整套具有哲学意义的指导思想。

现代公共关系意识主要包括形象意识、公众意识、沟通意识、协调意识、互惠意识等。这是公共关系从业人员乃至社会组织的每个成员都应该具有的意识。

4）公共关系学

公共关系学是以公共关系的客观状态和活动规律为研究对象的一门综合性的应用学科，是研究组织与公众之间传播与沟通的行为、规律和方法的一门学科。

作为一门应用性很强的学科，公共关系学有着完整的研究对象和研究方法。公共关系学的研究对象包括相关理论研究、发展历史研究、实际运作研究、组织形象研究、组织与各种公众之间的关系协调研究以及公关社交与礼仪研究等。

公共关系学的研究方法主要有经验的方法、实验的方法和测验的方法等。通过对这些方法的研究，探讨公共关系活动的内在规律。

1.1.2　公共关系的定义

迄今为止，国内外有众多专家、学者对公共关系的概念进行了界定。由于每个人的认识角度不同，对公共关系内涵的理解也各异，于是就形成了许许多多的公共关系定义。因此，有人不无幽默地说，有多少公共关系学者，便有多少种公共关系的定义。

这里介绍一些有代表性的定义。

1976年版的《韦伯斯特20世纪新辞典》是这样定义的：公共关系是通过宣传与一般公众建立的关系；是公司、组织或军事机构向公众报告它们的活动、政策等情况，企图建立有利的公众舆论的职能。

美国公共关系研究和教育基金会的雷克斯·哈洛博士，搜集了从20世纪初到1976年之间所出现的有关定义，确定每个定义里的主要要素，并把核心的观念进行了分类，在分析了数百个定义之后，他提出："公共关系是一种独特的管理功能，它能帮助建立和维护一个组织与各类公众之间传播、理解、接受和合作的相互联系；参与问题或事件的管理；帮助管理层及时了解舆论并且做出反应；界定和强调管理层服务于公共利益的责任；帮助管理层及时了解和有效地利用变化，以便作为一个早期警报，帮助预测发展趋势，并且利用研究和健全的、符合职业道德的传播作为其主要手段。"

1978年，在墨西哥城举行的第一次世界公共关系大会上，对公共关系概括的定义是：公共关系是一门艺术和社会科学。它分析发展趋势，预测结果，为组织领导者提供咨询服务，提供计划的行动方案，这种行动方案将服务于该组织和公众的共同利益。

1982年11月，美国公共关系学会的由一流成员组成的专家小组提出了"关于公共关系的官方陈述”：公共关系通过在团体和机构中提供相互理解，帮助我们这个复杂、多元的社会更有效地做出决定和发挥作用。它的服务使得私营的和公共的政策趋于和谐。

国际公共关系协会提出的定义是：公共关系是一种管理职能，属于一种经常性与计划性的工作，不论公私机构或组织，均通过它来保持相关公众的了解、同情和支持，即审度公众的意见，使本机构的政策与措施尽量与之配合，再运用大量资料，争取建设性的合作，以获得共同的利益。

美国著名公共关系学专家卡特利普和森特在《有效公共关系》中对公共关系的定义为：“公共关系是一种管理职能，它确定、建立和维持某个组织与决定其成败的各类公众之间的互利关系。”

我国从事公共关系教学、研究、实践的专家或学者也对公共关系定义做了许多解释，其理解也是各不相同的。

王乐夫、廖为建：公共关系是一种内求团结完善、外求和谐发展的经营管理艺术。

余明阳：公共关系是社会组织为了塑造组织形象，通过传播、沟通手段来影响公众的科学和艺术。

明安香：所谓公共关系，就是一个企业或组织，为了增进内部及社会公众的信任与支持，为自身事业发展创造最佳的社会环境，在分析和处理自身面临的各种内部外部关系时，采取的一系列政策与行动。

居延安：公共关系是一个社会组织在运行中，为使自己与公众相互了解、相互合作而进行的传播活动和采取的行为规范。

中国台湾学者李茂政：公共关系是一项管理职能，它评估公众态度，企求个人或组织的政策和程序与公众利益趋于一致，并且规划及执行有关争取公众了解和被公众接纳的行动方案。

此外，还有一些从事公共关系工作的专业人员，一般根据自己的经验，对公共关系进行了通俗解释。这些解释虽然五花八门，但言简意赅，均侧重于突出公共关系的某种功能。比如：

公共关系是“旨在影响特殊公众的说服性传播”。

公共关系是“争取对你有用的朋友”。

公共关系是“一门研究如何建立信誉，从而使事业获得成功的学问”。

公共关系是“百分之九十靠自己做得对，百分之十靠宣传”。

公共关系是“通过建立良好的人际关系来辅助事业的成功”。

公共关系是“一个建立公众信任、增进公众了解的计划方案”。

公共关系是“要大家爱我”。

以上各种公共关系的定义或解释从不同的角度说明公共关系的本质属性，都有其合理性。实际上各种定义之间并不矛盾，只是侧重点不同。这些定义都有助于我们把握公共关系的本质属性。本教材在综合以上各个定义与解释的基础上，给出如下定义：**公共关系**就是社会组织为了塑造良好的组织形象，综合运用各种传播、沟通手段，使自己与公众之间相互了解、相互合作的一种管理职能。

以上定义揭示了公共关系的本质属性，具体包括：

1）公共关系的主体是社会组织

公共关系是一种组织的活动，它涉及的是组织的目标、战略等诸要素，追求的是整体的公关效应和组织的社会形象。把公共关系和人际关系相混淆，是主体定位的偏差。不是说公共关系和个人无关，公共关系中也包括很多人际关系，但是它的主体定位不应在个人的层面上，而应在组织的层面上。因此，公共关系是一种组织活动，而不是个人行为。

2）公共关系的工作对象是社会公众

公众总是与某个组织相关，他们的观点、态度和行为决定了这个组织的成败，组织必须和他们建立有效的沟通，争取他们对自己的了解、理解、信任、合作和支持。开展公共关系工作必须搞清楚谁是你的公众，谁对你的目标和利益具有直接的或间接的、现实的或潜在的影响力和制约力。公共关系活动的策划者和实施者均应始终确认公众是自己的工作对象。

3）公共关系的工作方式是传播沟通

公共关系必须借助各种现代的传播技术、信息载体和沟通方法来实现组织和公众之间的有效传播。在知识经济时代，在信息爆炸的环境中，在全球经济一体化的条件下，组织和公众之间的传播沟通业务越来越频繁，掌握各种传播手段，强化组织的传播沟通能力非常重要。一个现代管理者不仅要懂经济、懂技术、懂行政，还要懂得如何沟通。只有以传播沟通作为工作方法或手段，在组织与公众之间达成有效的双向沟通，才能使组织与公众增进了解、理解和合作。

4）公共关系的工作目标是塑造组织形象

塑造形象是公共关系的核心问题，组织应通过各种公共关系活动，有效地提高自身的知名度和美誉度。

5）公共关系的工作性质是一种管理职能

公共关系的实施首先要调查、评价公众态度，分析形势，预测后果；其次要制订周密的计划和方案；然后审时度势，进行传播沟通；最后要评价效果。因此，公共关系的工作性质是一种管理职能。国外学者将以计算机技术为代表的科学技术水平，以旅游业为代表的生活富裕程度，以公共关系为代表的经营管理效能，并列为衡量一个国家发达程度的三大标志。可见，公共关系作为一种管理职能，在现代企业经营管理中得到了普遍的应用和重视。

同步思考1-1

问题：在公共关系的定义中，可以看出公共关系的三大要素分别是什么？

1.1.3　公共关系的特征

公共关系是社会关系的一种表现形态，科学形态的公共关系与其他任何关系都不同，有其独特的性质，了解这些特征有助于我们加深对公共关系概念的理解。

1）广泛性

公共关系的广泛性包含两层意思：一层意思是公共关系存在于主体的任何行为和过程中，即公共关系无处不在、无时不在，贯穿于主体的整个生存和发展过程中；另一层意思指的是其涉及的公众的广泛性，因为公共关系的对象可以是任何个人、群体和组织，既可以是已经与主体发生关系的任何公众，也可以是将要或有可能发生关系的任何暂时无关的人们。

2）整体性

公共关系的宗旨是使公众全面地了解自己，从而树立起自己的声誉和知名度。它侧重于一个组织机构或个人在社会中的竞争地位和整体形象，以使人们对自己产生整体性的认识。它并不是要单纯地传递信息，宣传自己的地位和社会威望，而是要使人们对自己各方面都有所了解。

3）双向性

公共关系是以事实为基础的双向沟通，而不是单向的公众传达或对公众舆论进行调查、监控，它是主体与公众之间的双向信息系统。组织一方面要吸取社情民意以调整决策，改善自身；另一方面又要对外传播，使公众认识和了解自己，达成有效的双向意见沟通。

4）情感性

公共关系是一种创造美好形象的艺术，它强调的是和谐的人际关系、良好的社会舆论，以赢得社会各界的了解、好感、信任与合作。我国古人办事讲究“天时、地利、人和”，把“人和”作为事业成功的重要条件。公共关系就是要追求“人和”的境界，为组织的生存、发展或个人的活动创造最佳的软环境。

5）长期性

公共关系的实践告诉我们，不能把公共关系人员当作“救火队”，而应把他们当作“常备军”。公共关系的管理职能应该是经常性与计划性的，这就是说公共关系不是水龙头，想开就开，想关就关，它是一种长期性的工作。

同步案例1-1

公共关系的作用

背景与情境：美国一家古玩商店在圣诞节前做了一个试验，从老主顾中随意抽出100人，分成A、B两组，分别给他们打电话祝圣诞节快乐。在给A组的电话中只讲：“值此圣诞节来临之际，我店对您过去曾给予我们的支持表示感谢，祝您圣诞快乐！”在给B组的电话中，除了照样讲了A组的那些话外，又讲道：“另外告诉您一个好消息，圣诞节前我店要举办一次商品优惠展销，欢迎您再次光临。”打完电话后，商店对A、B两组顾客来商店的情况做了记录。结果发现，接到A组电话的顾客，不少人再次来到这家商店，而接到B组电话的顾客则很少有人重返这家商店。

问题：分析上述现象的原因。

1.2　公共关系的职能与原则

公共关系既是一门科学，又是一门艺术。因此，成功地开展公共关系活动不仅要掌握一定的公共关系原理、方法和技巧，而且必须遵循一定的基本原则。

1.2.1　公共关系的职能

公共关系的职能是指公共关系作为一种管理活动对于社会组织所担负的职责和所

发挥的功能。公共关系的主要职能包括以下几个方面：

1）信息搜集

在现代社会，随着知识经济的崛起，信息已日益成为经济发展不可或缺的重要战略资源。组织的生存和发展离不开特定的环境，而环境是由一切与组织有关的信息因素所构成的。公共关系在组织的经营管理活动中，首先要发挥信息情报的搜集、整理、分析、评估的作用，充当组织的耳目，“眼观六路，耳听八方”，作为组织的预警系统，对于与组织有关的社会环境和公众舆论环境保持高度的敏感性，特别是对环境中的潜在问题和危机及时发出预警，以便组织能及时调整自己的策略和行为。

公共关系信息搜集的主要内容，从总体上讲就是一切影响组织的内外环境信息。这些信息包括：

①组织形象信息。公众对社会组织在运行中所展示的行为特征和精神面貌的反应就是组织形象信息。组织形象信息包括：公众对本组织机构的评价，如机构是否健全、设置是否合理、人员是否精简、运转是否灵活、办事效率如何等；公众对组织管理水平的评价，如对经营决策的评价、生产管理的评价、市场营销管理的评价、人事管理的评价等；公众对组织人员素质的评价，如对决策者的战略眼光、决策能力、创新精神等方面的评价；公众对组织服务质量的评价，包括对服务态度、对顾客的责任感的评价等。

②产品形象信息。产品是社会组织运行的最重要的一环，也是组织与消费公众之间发生关系的最根本原因。产品形象与社会组织生存发展直接相关，所以，公关人员要十分注意了解本组织的产品在公众心目中的形象。这方面的信息包括消费公众对产品（服务）的价格、质量、性能、品种、款式、商标、包装、用途等方面的反应，以及对围绕产品所进行的服务时间、服务方式和服务质量的反应。

③组织运行状况及其发展趋势信息。组织运行状况及发展趋势的信息，对于组织及时调整运行机制极为重要。社会组织的运行是在一定的现实环境中进行的，其运行过程就是它不断地与现实环境诸因素发生种种关系的过程，关系的变化必然引起社会组织自身形象的变化，而自身形象的变化又对社会组织的运行，甚至社会组织的生存产生影响。

④各类公众信息，如本组织的职工、股东、消费者，以及政府、社区、媒体、竞争者、协作者及有关各社会团体方面的信息。

⑤社会环境信息，就是与本组织生存发展有关的政治、法律、文化、社会舆论等方面的状况及其变化、发展趋势的信息。社会环境信息包括：财政政策、货币政策、国家经济发展战略、国际经济大趋势等宏观经济信息；与企业行业特点密切相关的法律法规、政府机构发布的各种行政管理规定；与企业有关的各种舆论信息等。

2）协调沟通

在现代社会，社会组织与公众打交道，实际上是通过信息双向交流和沟通来实现的。正是通过这种双向交流和信息共享过程，才形成了组织与公众之间的共同利益和互动关系。这是公共关系区别于法律、道德和制度等意识形态的方面，组织和公众之间可以进行平等自愿的、充分的信息交流和反馈，没有任何强制力量，双方都可畅所欲言，因而能最大限度地减少副作用。

(1) 内部关系的协调沟通

首先，充当管理层与员工关系的中间人：管理层的目标是否为员工所认同，员工的行为是否与管理层的目标保持一致；通过与员工细致的、持之以恒的有效沟通，在组织与员工之间搭起相互理解和沟通的桥梁。其次，在部门与部门的关系协调中充当管理的接口：在不同的部门之间出现“权力真空”的情况下，依靠良好的公共关系补位，这是“全员公关”的一个重要组成部分；在“权力重叠”的情况下，则要依靠良好的公共关系理顺关系，化解矛盾。

(2) 外部关系的协调沟通

外部公众类型不一，成分来源复杂，这就使组织不可避免地要与外部公众发生程度不同的利益关联和冲突，一旦发生了冲突和纠纷，则应积极与各方面取得联系，进行协调磋商，消除疑虑，缓解矛盾，不断维持和巩固彼此间的合作关系，促进良好的外部环境的形成。

3) 塑造形象

在公众中塑造、建立和维护组织的良好形象是公共关系活动的根本目的，而这种形象既与组织的总体有关，也与公众的状态和变化趋势直接相连。这就要求组织必须有合理的经营决策机制、正确的经营理念和创新精神，并根据公众、社会的需要及其变化，及时调整和修正自己的行为，不断地改进产品和服务，以便树立良好的形象。可以这么说，良好的形象是组织最大的财富，是组织生存和发展的出发点和归宿，企业的一切工作都是围绕顾客而展开的，失去了社会公众的支持和理解，组织也就没有存在的必要了。

4) 决策咨询

现代组织的决策不能局限于组织本身的利益取舍，而须从全局的、长期的和社会的角度考虑决策所可能导致的社会后果。这就需要公共关系部门站在公众和社会的角度来评价这些决策，依据公众利益和社会价值标准来修正可能造成不良后果的决策，使其不仅能反映本组织发展的要求，也反映公众的要求，达到平衡组织部门利益与整体利益、近期目标与长远目标、组织利益与公众利益以及经济利益与社会利益的统一、和谐。

组织决策人员更多的是考虑组织自身的利益与行为，其公众意识不如专业公关人员强烈。这需要公共关系人员应从公众利益角度对组织决策行为进行咨询，以保证组织行为与公众利益的一致性。

从另一方面看，公共关系工作对组织主体作用的最大限度发挥也在于能否进入决策咨询，曾有公共关系专家说过：“公共关系的首要和持续的任务就是赢得和保持高级管理层的支持，这种支持与了解会随着时间的推移和公共关系工作为组织的成功所做出的贡献而发展起来。”

5) 危机处理

在社会组织的各类活动中，难免会发生一些突发事件或者各种事故。对处于动态环境之中的社会组织来讲，危机是不可避免的，可以说蕴藏着爆发危机的可能性。一旦处于危机事件之中，若处理不当，就会给组织造成不同程度的损害；如果处理得当，则可以有效预防，转危为安，甚至化害为利。所以，危机处理是组织公共关系的重要职能。关于危机处理的具体内容，本书第8章将专门论述。

1.2.2 公共关系的原则

公共关系的原则是指社会组织在开展公共关系活动中必须遵循的指导思想和行为准则，它对于公共关系工作具有宏观的指导意义。

1）实事求是的原则

公共关系作为一种客观存在，必须以事实为基础，没有事实，公共关系就无法开展，先有事实，后有公共关系。实事求是是公共关系最基本的、首要的原则。

在公共关系活动中，掌握客观、真实的事实是进行预测、决策的关键，全面、客观地掌握有关事实对公共关系活动的开展具有决定性的作用。客观地掌握事实，要求公关人员在调查、了解有关事实时，既不能文过饰非，报喜不报忧，也不能偏听偏信，抱有先入之见，必须尊重事实，如实报告；必须杜绝主观随意性，力求实施的公正性与真实性，以避免将不准确的信息传递到决策层，导致决策偏差。所以，公关人员必须从事实的广度、深度全面把握客观事实。

实事求是的原则就是要根据客观存在的事实说话，让公众知晓真实情况。追求真实是现代公共关系工作的基本原则，自从"现代公关之父"艾维·李提出讲真话的原则以来，告诉公众真相便一直是公关工作的不二信条。尤其是现代社会，信息及传媒手段空前发达，这使得任何组织都无法长期封锁消息、控制消息，从而无法隐瞒真相，欺骗公众。正如美国前总统林肯所说："你可以在某一时刻欺骗所有人，也可以在所有时刻欺骗某些人，但你绝对不能在所有时刻欺骗所有人。"真相总会被人知道，因此公共关系强调真实原则，要求公关人员实事求是地向公众提供真实信息，从而取得公众的信任和理解。当然，我们强调在信息传播时应遵循实事求是的原则，并不是要人们机械、呆板地执行，而应灵活、辩证地掌握它、贯彻它，这就要求公共关系人员不仅要有高尚的职业道德情操，同时也要具备相应的传播技术水平，才能真正做到实事求是。

同步案例1-2

"这是公共关系的失策"

背景与情境： 多年前，美国爆出了令人瞠目的政治丑闻——水门事件。在强大的舆论压力之下，尼克松总统被迫于1974年8月8日宣布辞职。尼克松下台后，在总结水门事件的教训时，意味深长地说道："这是公共关系的失策！"

1972年6月17日，尼克松总统连任委员会的5名共和党成员潜入民主党位于华盛顿水门大厦的全国总部，偷拍文件并安装窃听器，刺探民主党的竞选策略和活动情况，结果当场被捕。

水门事件开始被《华盛顿邮报》的记者披露于报端。美国国内舆论哗然，社会上关于尼克松政府采取了不道德做法的传闻广为传播。

尼克松对此保持沉默，奉行"鸵鸟策略"。他还试图控制政府方面的新闻发布，以控制新闻界的消息来源，但新闻媒体拒绝停止调查。两位记者充分运用了"让事实来说话"的策略，把有关水门事件的信息由外向内一层层地报道给读者。

7月24日，最高法院表决要求尼克松交出64盘秘密录音带。这些录音带上可能有关于水门事件的证据，尼克松拒绝交出。

1974年7月末，尼克松以“妨碍司法程序，滥用职权，以及因不肯交出录音带犯了蔑视国会罪”而受到弹劾。

8月8日，尼克松宣布辞职，第二天生效。

问题：你如何理解尼克松所说的“这是公共关系的失策”？

2）互惠互利的原则

对于一个社会组织而言，当然应该追求自身利益的最大化，但很多组织在这一过程中却迷失了方向。有的为求得一时之利，却失去更多，有的甚至什么也没得到。造成这种现象的根本原因就在于：利益从来都是相互的，从来没有只偏于一方的利益。人际交往中人们常说：与人方便就是与己方便；而对社会组织而言，只有在互惠互利的情况下，才能真正达到自身利益的最大化。

苹果和IBM曾经在PC时代成为你死我活的竞争对手，但随着IBM剥离硬件业务，苹果专注消费类市场，两家企业井水不犯河水，并分别成为企业级和消费类领域第一的科技类厂商，为了共同的利益，抛却成见，成为战略组合。目前，苹果与IBM正式达成了排他性的合作关系，将把IBM的大数据和分析能力引入苹果的iPhone和iPad等移动设备。在利益面前，苹果与IBM这对多年的老冤家走到了一起。

3）全员公关的原则

所谓**全员公关**，是指通过对全体成员的公共关系教育和培训，提高公共关系意识，使组织全体成员积极参加公共关系活动，并按照公共关系的要求开展工作。美国的一位公共关系顾问曾说过：“什么是公共关系呢？公共关系是推销员皮鞋上的亮光、脸上的微笑、握手时的力量；是你参观公司办公室时笑盈盈走过来的服务员；是迅速为你接通电话的接线员；是你收到的由总经理亲笔签名的热情洋溢的慰问信……任何在公司工作的人都是公共关系人员——上自公司总经理，下至新来的办事员，概莫能外。”

全员公关原则是公共关系的基本原则之一，其主要内容包括以下几个方面：

（1）以塑造和维护组织良好形象为基本出发点，并以此观念为指导来整合组织的生产、经营、管理全过程和每一个员工的行为。

（2）参与公共关系实践的人员应该是组织各个环节和各个部门的全体人员，上自最高领导，下至一线工人，甚至临时聘用人员都应积极行动起来，以优良的工作质量和服务质量去影响他们可能接触到的每一个公众，从而树立良好的组织形象。

（3）组织形象与组织的每一件工作、每一个环节都高度相关。在维护和塑造组织形象方面，每一个部门、每一件工作都拥有同等的责任，组织应该形成一个综合性的组织形象管理和保障体系以及公关危机预警体系，把每一次公关危机消灭于萌芽之中，随时保证组织呈现良好的公共关系状态。

总之，全员公关原则要求组织全体员工及所有部门同心协力，把专业技术、经营管理、科学方法和组织文化结合起来，形成人人关心组织形象、事事有利组织形象的公关氛围，从而建立、塑造和维护组织的良好形象。

4）开拓创新的原则

任何一个社会组织，只有在激烈的市场竞争中不断开拓创新，才能使自己立于不败之地。公共关系工作面临的是多层次、多变化的公众，如何适应多种变化，不断调整或变更有关工作项目内容，也是公共关系的一个重要课题。创新的出发点与归宿点是满足公众的需求。随着人们生活水平的日益提高，人们已经不满足于基本的衣、食、住、行的需求，情感需求、精神需求成为主流。公共关系活动内容只有适应公众需求的变化，反映出社会变化发展的时代特征，公共关系才有活力，才能取得一个又一个的成功。

5）立足长远的原则

对一个组织而言，公共关系活动不是某一项具体的工作任务和工作目标，而是一个长期的、有计划的、充满艰辛与坎坷的系统性工程。公共关系是协调沟通、树立组织形象、建立互惠互利关系的过程，这个过程既包括向公众传递信息的过程，也包括影响并改变公众态度的过程，甚至还包括组织转型，如改变现有形象、塑造新的形象的过程。所有这一切，都不是一朝一夕就能完成的，必须经过长期艰苦的努力。因此，在公共关系工作中，公共关系组织和公关人员不应计较眼前得失，而要着眼于长远利益，只要持续不断地努力，付出总有回报。正如英国公共关系学界权威萨姆·布莱克所说的，公关需要精心的策划和持续的努力。

6）科学性和艺术性相结合的原则

组织公共关系活动的开展必须借助现代科学理论，同时在实践过程中又必须讲究艺术性，做到科学性和艺术性的结合。首先，公共关系是一项专业化程度很高的工作，它必须在科学理论的指导下进行。公共关系是一门边缘学科，是在管理学、社会学、心理学、传播学、广告学等学科的基础上建立起来的。因此，公共关系工作要接受很多学科的理论指导。其次，公共关系又是一门艺术，是缓解矛盾、树立形象、联络感情的艺术。可见，科学性是开展公共关系工作的理论前提，而艺术性则是公共关系取得成功的重要条件。只有把科学性和艺术性结合起来，才能使公共关系工作取得有效的成果。

课程思政 1-1

海信电视被商业诋毁的背后

背景与情境：2021年8月2日，山东省高级人民法院对TCL在其官方抖音、微博上，利用短视频商业诋毁海信激光电视一案做出终审判决：确认一审法院认定的TCL王牌电器公司商业诋毁海信激光电视成立，并认定TCL王牌电器在被诉侵权视频中假借消费者名义对海信激光电视进行商业诋毁，主观恶意明显，侵权情节严重，将一审法院确定的TCL王牌电器赔偿海信50万元依法调整为200万元，并判决TCL王牌电器在其官方微博置顶位置连续15日刊登声明以消除影响。

涉诉的短视频主要讲述了“小情侣购买海信激光电视受骗上当”的故事。视频中，男主角被激光电视的安装过程难倒，说安装根本“无从下手”，女朋友指责他“SJB（网络用语：神经病）啊，买这么奇怪的电视”，然后男主角去朋友家看了TCL的大屏电视，果然“100分”“够大够气派”。

后经调查发现：TCL官方抖音发布的多个视频中，该自称消费者的男主角多次出现且扮演不同的角色，这名年轻男子实际上是专门拍摄短视频的演员而并非真实消费者。

同时，海信一直为激光电视提供免费的售后安装服务，无须用户自己安装，视频中却显示用户必须自己安装激光电视，与实际不符。视频还针对激光电视亮度、观看效果等进行了捏造，并夸TCL自己的电视为“100分”电视。

资料来源 佚名.TCL被判商业诋毁的背后这几个常识公关人最应该反思［EB/OL］.［2021-08-04］. https: //www.163.com/dy/article/GGJ13L850544VBEJ.html.

问题：从课程思政的角度研判此案例。

1.3 公共关系的产生与发展

公共关系作为一种客观存在的社会关系和社会现象有着久远的历史，不过，作为一种专门化的社会职业，成为一门较为系统和完整的学科体系，至今只有百年左右的时间。

1.3.1 公共关系溯源

公共关系的源头可追溯到古代社会人类文明开始的地方——古埃及、古巴比伦、波斯和中国等。当时的统治者虽然更多的是依靠国家机器——军队、监狱等暴力工具来维护他们的统治，但舆论手段的运用在处理与民众的关系上仍然处于很重要的地位，“水能载舟，亦能覆舟”就是当时的统治方式的反映。虽然“公共关系”这个名词几千年前根本没有出现，但在当时，它作为人类的一种实践活动却已有之。

考古学家发现，早在公元前1800年，古巴比伦官员就发布农业公告，告诉农民如何播种灌溉、如何对付地里的老鼠、如何收获庄稼等，这与现代社会中某些农业组织公关部的宣传材料很相似。古希腊的民主政治使公众代表会议和陪审团制度形成，它为公众表达自己的意见提供了一个舞台，而这种变化所产生的舆论导向在当时有着非常大的影响。

公元前4世纪，古希腊出现了一批从事法、道德、宗教哲学研究与演讲的教师和演说家，他们在当时被称为诡辩家，他们的演讲技巧被称为诡辩术，苏格拉底、柏拉图和亚里士多德是其中的代表。亚里士多德运用严谨的思维逻辑和科学的方法写出《修辞学》，强调语言修辞在人际交往和演讲中的重要性。他认为，修辞是沟通政治家、艺术家和社会公众相互关系的重要手段与工具，是寻求相互了解与信任的艺术；他还提出在交往沟通中，要用情感的呼唤去获取公众的了解与信任，要从情感方面入手去增强演讲和劝服艺术的感召力和真切可靠性。为此，西方的一些公共关系学者视亚里士多德的《修辞学》为人类历史上最早的公共关系著作。当然，这个观点从某种程度上来说是夸张的，但又从一定程度上说明公共关系作为一门实践性艺术，从人类文明社会一开始就放射出自己灿烂的光芒。

古罗马时代，人们更加重视民意，并提出“公众的声音就是上帝的声音”。整个社会都推崇沟通技术，一些精通沟通技术的演说家往往因此被推选为首领。据记载，古罗马的独裁统治者恺撒就精通沟通技术。面对即将来临的战争，他通过散发各种传单来展开大规模的宣传活动，以便获得人民的支持。他甚至为此还专门写了一本记录他功绩的纪实性著作——《高卢战记》，后来该书成为一部纪实性的经典之作广为流传。这些活动堪称古代社会公共关系实践活动的典范。

1.3.2 现代公共关系的产生与发展

公共关系作为一门新兴学科，始于19世纪末20世纪初的美国。它的发展经历了四个阶段。

1）巴纳姆时期——自我吹嘘式的公共关系

学界公认的观点是，自觉的、有序的现代公共关系肇端于19世纪中叶风行的美国报刊宣传活动。19世纪30年代，美国的不少财团、公司专门聘请人员制造具有煽动作用的新闻、舆论，以美化自己的形象、夸大自己的实力，大量印发以大众为对象、适合普通读者的“便士报”（即一便士买一份报纸），不失时机地进行吹捧、宣传，这也正迎合了中下层读者的心理需要。

其中最具代表性的报刊代理人菲尔斯·巴纳姆，便是以善于制造舆论、推动马路演出而路人皆知。巴纳姆主要从事马戏团事业，他经营的“巴纳姆与百利马戏团”是19世纪美国最受欢迎的马戏团，巅峰时期这个马戏团共有3个演出场、2个表演台、800名员工，号称“全球最大的马戏表演团”。在马戏团里，巴纳姆充分发挥表演天赋，让搞笑的新发现、新故事充满报纸的版面，为了达到目的，他几乎无时不在编造谎言，隐瞒消息来源。这个马戏团的老板把报纸作为最佳宣传手段而四处散发经大力渲染过的马戏神话：马戏团中有一个矮小的“汤姆将军”，曾在多年前率领一群侏儒赶着马车去拜见维多利亚女皇；马戏团的一个黑人女奴海斯，曾在100年前养育过美国第一位总统乔治·华盛顿将军；等等。巴纳姆因此大发横财，每周竟然获得1 500美元的门票收入。一年后，海斯不幸病逝，好奇的人们对她进行了尸体解剖，结果发现海斯只不过80岁左右，并非巴纳姆所说的161岁。骗局被揭穿，巴纳姆竟然表示震惊，一再辩称自己也“受了骗”。一时舆论哗然，人们纷纷谴责巴纳姆是个骗子，可巴纳姆声称“凡宣传皆是好事”，只要别把他的名字拼错了。当大众在一阵失望后清醒过来时，各种批评指责都扑向了报刊宣传活动。

从“巴纳姆神话”可以看出，在报刊宣传运动时代，每个报刊宣传员在争取公众的关注时，都是不择手段地制造“神话”，甚至不惜愚弄公众。他们只顾为企业赚钱，完全不顾公众的利益，甚至公开嘲笑、谩骂公众。美国铁路大王范德比尔特一次在接见记者时竟说：“让公众见鬼去吧！”这话在很大程度上代表了那个时代资产者及其代理人的心态。

不过，当时巴纳姆等人运用报刊等大众传播媒介为组织进行宣传，从反面印证了宣传的巨大威力，也警示后人以此为鉴，在公共关系活动中，必须奉行诚实、公正和维护公众利益的原则。

深度思考1-1

问题：后人为什么称“巴纳姆时期”是“反公共关系时期”或者“公共关系最黑暗的时期”？

2）艾维·李时期——单向传播式的公共关系

19世纪末至20世纪初，以美国为首的西方资本主义国家相继进入了垄断阶段。以美国为例，占人口1%的资本家控制了国家全部财富的54%。垄断资本家的强取豪夺极大地激化了劳资关系和社会矛盾，社会危机日益加深。一方面表现为一浪高过一浪的工人运动；另一方面则是促使大批具有社会良知的知识分子利用新闻媒体对垄断资本家进行强烈的抨击，掀起了一场旷日持久的“揭丑运动”（又称“扒粪运动”“清垃圾运动”）。

20世纪初，美国相继出现了几家新闻宣传公司。1900年，乔治·米凯利斯、赫伯特·斯莫尔和托马斯·马文在波士顿创办了一家新闻宣传办事处，专为企业进行形象宣传。1902年，威廉·沃尔夫·史密斯辞去了《纽约太阳报》和《辛辛那提问询者报》记者的职务，在华盛顿创办了第二家新闻宣传公司。这些人从事的活动，都可以看成是早期的公共关系活动。但很遗憾，他们都没有将这些活动坚持到底，更没有提出现代公共关系的理念，使它发展成为一门独立的学科。而完成这一历史使命的是被尊为“公共关系之父”的艾维·李。艾维·李曾是《纽约日报》、《纽约时报》和《纽约世界报》的一位记者。艾维·李以“说真话”的基本思想，提出了“公众必须被告知”的公共关系基本原则。他身体力行，1903年和朋友派克合作成立了第一家真正向顾客提供劳务并收取费用的公关公司——新闻宣传事务所，成为第一位职业公关人。从此，公共关系进入了一个飞速发展的崭新阶段。

艾维·李说，一个集体、一个组织、一个企业若想获得良好的名声和影响，唯有把实情公之于众，把与公共利益相关的一切情况都亮相给公众，而不是通过说假话愚弄公众或者对公众封锁消息等手段，来赢得公众对组织的信任。假如把真实情况公之于众的确不利于组织，那么就应该积极调整公司和组织的行动，同时还要向公众解释，而不是去隐瞒真相。

学习微平台

延伸阅读1-1

在实际的公共关系运作中，他向洛克菲勒财团建议请出劳工领袖解决劳资纠纷，大量从事公共慈善事业，成功地改善了洛克菲勒财团面临公共关系极端恶化而声名狼藉的不良形象。当时，洛克菲勒因公然下令在科罗拉多残杀罢工的工人而一度声名狼藉，被称为“强盗大王”，与公众之间的矛盾十分尖锐。为平息工人的罢工怒潮，改变自身的形象，洛克菲勒聘请艾维·李处理劳资纠纷及其与新闻媒体的关系。艾维·李果敢地采取了一系列的措施：聘请有威望的劳资关系专家来核实与确定导致这次事故的具体原因，并公布于众；邀请劳工领袖参与解决这次劳资纠纷；建议洛克菲勒广泛进行慈善捐赠；增加工资、方便儿童度假、救贫济困。这就使工人对洛克菲勒的看法有了微妙的变化，为洛克菲勒财团在内外公众中树立了较好的形象。

他在处理宾夕法尼亚州铁路公司发生的伤亡事故中，通过公开事故真相、为受伤人员支付医疗费、向遇难者家属提供赔偿、向社会各方公开诚挚道歉等，再次取得了良好效果。由此，他赢得了“公共关系之父”的美誉。但由于时代的局限，艾维·李的咨询指导主要还是凭经验和直觉而进行的，缺乏对公众舆论的严密、大量的科学调查。因此，有人批评艾维·李的公关咨询只有艺术性而无科学性。

3）伯内斯时期——双向沟通式的公共关系

爱德华·伯内斯1912年大学毕业后从事新闻工作，1913年他21岁时受聘担任福特汽车公司公关部经理；1919年他和夫人在纽约开办了一家正式的公共关系公司；1923年，他以教授的身份首次在纽约大学讲授公共关系课程，同年出版了被称为公共关系理论发展史上“第一个里程碑”的专著——《公众舆论的形成》。在书中，爱德华·伯内斯详细地阐述了“公共关系咨询”这一概念，并提出了公共关系的原则、实务方法和职业道德守则等。1928年，他写出了《舆论》一书；1952年，他又写出了《公共关系学》教科书。爱德华·伯内斯在其将近60年的公关生涯中撰写的公共关系书籍达16部之多，他的主要贡献就在于，他一生都致力于公共关系学的学科化建设；他把公共关系学理论从新闻传播领域中分离出来，并对公共关系的原理与方法进行较系统的研究，使之系统化、完整化，最终成为一门相对独立完整的新兴学科。

伯内斯公关理论的核心是明确提出了“投公众所好”的公关原则，即：一个组织在决策之前，应先去了解公众的需求和兴趣，然后有针对性地展开有科学理论指导的说服性宣传，在迎合公众的要求中争取其支持。这被称为**“双向沟通”的公共关系模式**。

爱德华·伯内斯不仅是一位公共关系理论家，而且是一位公共关系的实践家。他与妻子合作进行公共关系咨询，接受过多位美国总统和实业界巨头的委托，运用公共关系实务成功地帮助他们塑造了良好的社会形象。他也成功地策划过很多著名的公共关系活动。例如，为提高美国的全民素质而倡导的“读书运动”；为美国P&G公司的“象牙”牌香皂策划的赞助广播轻喜剧的活动——这种轻喜剧后来被人们称为“肥皂剧”；为纪念爱迪生发明灯泡15周年组织策划的“灯光佳节”活动等。

如果说艾维·李成功地使公共关系成为一种专门职业，那么是伯内斯把公共关系引向了科学研究，使公共关系在20世纪20年代成为一门学科，使公共关系科学化、职业化，并将其纳入高等学校专业教育的轨道。鉴于他对公共关系事业的贡献，1990年，美国《生活》杂志把他列为影响20世纪社会进程的100个重要人物之一，盛赞他“构想并设计了现代公关业”。

4）卡特李普时期——双向对称式的公共关系

第二次世界大战以后，国际经济、技术和劳务合作日趋频繁和紧密。社会组织要想在世界范围内有所发展，必须要和对方相互了解、相互信任、相互支持，最终才能共同发展。

在这样的社会背景条件下，美国著名的公共关系专家卡特利普和森特在他们的代表作《有效公共关系》中提出了“双向对称”的公共关系模式，成为当代公共关系的重要标志。此书不断再版，成为畅销书，被誉为“公共关系的圣经”。所谓**“双向对称”的公共关系模式**，就是在公关的目标上将组织和公众的利益置于同等重要的位置上，在方法上坚持组织与公众之间的双向传播与沟通。这种公关理论比伯内斯又前进了一步，因为它把公共关系看成组织与公众之间的一个互动的过程，这才是现代公共关系的真正本质。《有效公共关系》一书提出了“四步工作法”，给出了公共关系活动的一般程序和过程，成为公共关系工作中最重要的工作流程，其内容是公关调查、公关策划、公关实施和公关评估。至此，现代公共关系学的理论框架基本构成，公共关系正式进入科学化阶段。一门充满时代特征的、具有强大实用性的新兴学科以其崭新的身姿崛起于学科之林中。

1.3.3 现代公共关系产生的条件

现代公共关系的产生与发展是有着丰厚的社会历史条件的，它绝不是自发产生的，而是特定社会历史条件下的必然产物。

1）社会政治条件

在人类社会发展的数千年历史中，绝大部分时间是处于专制制度统治之下的。在这种制度下，专制制度的代表——君主利用手中掌握的军队、监狱等国家机器，推行符合他个人意志的统治，他掌握着民众生死予夺的大权，可以说他的话便是法律、是圣旨，任何人都不得违抗。在这种制度统治下，人们只有服从，没有对等的交流，他们也无权进行选择，所以不可能产生真正意义上的公共关系。在民主政治的社会氛围中，政府机关、社会公共组织与其公众之间，除了服从外，还有民主协商、民主对话、民主监督。民主政治取代专制政治，必然促进公共关系的产生。

2）社会经济条件

市场经济是一种以社会分工为基础、以交换为目的、以市场为导向、以消费为结果的社会经济形态。在人类社会发展史中，从奴隶社会到封建社会，都是一种小农经济。小农经济是一种自给自足的经济形态，它基本上都是以家庭为生产单位，家庭几乎可以生产满足自家生活的全部产品。所以，他们对社会和他人的依赖性相对较小，人与人之间关系的维系主要是靠血缘、地缘关系，靠传统的伦理观念和义务。

在商品经济的发展过程中，市场形成了由“卖方市场”向“买方市场”的逐步转变，在市场经济的背景下，能否争取市场、争取顾客、争取公众支持成了组织兴衰成败的关键，这就直接促成了公共关系的兴起。

3）物质技术条件

随着经济的发展和社会政治的变革，人们交往的空间不断扩大，人们需要了解的信息量也越来越大。这种客观需求促进了交通运输和信息传播技术的飞速发展，从火车、汽车、飞机、人造卫星的出现到电报、电话、广播、电视以及光导通信的普及推广，各种信息在一瞬间就可以传遍世界的每一个角落，且具有高保真和费用低廉的特点。正是由于传播技术的发展，人们之间的交往愈来愈广泛，联系也更加方便，使一个多空间、多层次、多文化的传播体制逐渐在全世界形成，使得言论自由、新闻自由的理想能进一步地实现，使得社会舆论力量、公众意见的表达越来越具有影响力，公众对社会组织的干预能力日渐增强。同时，社会组织应能有效地驾驭传播手段，和公众进行积极的沟通、交流，才能取得公众的信任，协调好和公众的关系，树立起有利于自身发展的良好形象。由此可见，传播技术和与传播有关的信息通信技术、控制技术的出现，为现代公共关系的形成与发展提供了重要的物质技术支持。

4）社会文化条件

公共关系作为一种管理活动，必然以管理理论的发展为文化背景。在近代管理理论中最早创立的科学管理学派的研究重点是企业的基层作业管理和工人工作效率的提高。其理论特征是在把劳动者视为“机器人”、“经济人”和“完全理性的人”的基础上建立技术管理模式。它把人看作机器的一个部分，颠倒了人与机器的关系，这虽然在一定时期提高了工作效率，但也促使阶级矛盾和劳资矛盾日趋激化。

在严峻的社会现实面前，人们逐渐认识到纯理性文化的局限，人文主义重新抬头，在管理中注重人性、注重个人的文化观念迅速获得人们的认同。20世纪20年代以后产生的“人际关系学理论”“行为科学理论”“社会系统学理论”“社会学”“心理学”“传播学”“舆论学”都为公共关系的产生提供了助推力，这些学科的内容影响使社会生活、社会交往更加开明化、开放化。这种尊重人性的、尊重个人感情和尊严的、人文的、开放的文化正是公共关系得以产生的土壤。

总之，由于20世纪初人性文化的兴起、民主政治的深入发展、商品经济的高度发达和大众传播技术的日趋普及与提高等诸方面因素的影响，才使公共关系这门崭新的学科脱颖而出，以令人耳目一新的崭新面貌自立于新学科之林。

1.3.4 公共关系在中国

中国的公共关系走过了一段从无到有、从弱到强、从不自觉到自觉、从分散发展到逐步规范、从曲解到理解的曲折历程。

1）中国古代的公共关系意识

中国是世界四大文明古国之一，无论是准公共关系活动，还是零星的公共关系意识，在中国古代的政治、经济等各个方面都有所体现。

在中国古代，自发的公关活动也是广泛存在的。《后汉书·杨震传》载：“臣闻尧舜之世，谏鼓谤木，立之于朝。”这可能是古代政府征求民意的最初设施。战国时期，商鞅在秦国推行变法，为了取信于民，就在都城的南门街竖了一根三丈长的木头，声称谁能把它搬到北门去就赏给十金。老百姓对这件事感到奇怪，都不敢搬。后来又说：谁能搬给五十金。有一个人来搬了，真的给了他五十金。因商鞅“言必信，行必果”，在民众心目中树立了政府说话算话、值得信赖的形象，为变法成功铺路。这可以看成是一次成功的公关策划，史称“徙木立信”。

此外，像历史上的刘备“三顾茅庐”、子产“不毁乡校”、李信宣传的“迎闯王、不纳粮”、孔子提倡的“仁义礼信”、孟子提出的“天时不如地利，地利不如人和”等思想，都说明了在中国古代确有公共关系的活动及意识。

2）中国现代公共关系的历史沿革

我国现代公共关系的发展始于20世纪80年代初。由于对外开放政策的实行，中国先后创办了深圳等7个经济特区，开放了14个沿海城市。随着外商对华的投资和贸易，西方先进的科学技术与管理方法逐渐被引入。经济特区及沿海开放城市直接从国外引进了公共关系这种新的经营管理职能。它以实践的形态传入我国后，很快引起企业界的兴趣和重视，在市场经营与企业管理实践中进行模仿和探索，从客观上推动了公共关系学理论研究与教育的发展。

（1）引进与阐释时期（20世纪80年代）

20世纪80年代初，公共关系在我国出现萌芽，率先出现在改革开放最早的深圳特区的一些外商独资或中外合资公司中，开始了早期的公共关系业务。如广州的白天鹅宾馆、中国大酒店、北京长城饭店等可以说是20世纪80年代我国公关的典范。

1984年11月，中国社会科学院新闻研究所开始了中国社会主义公共关系学的前瞻性研究。原国务委员张劲夫为此题词：“研究社会主义公共关系，为四化建设服务。”1985年2月，著名经济学家于光远在广州青年经济研究协会成立会上呼吁：“发展第三产业中，特别要注意发展公共关系方面的业务，我们要提倡对公共关系的研究，重视发展公共关系学。”下半年，中山大学成立了国内第一个公共关系研究会。同年8月，我国第一家官方的公关研究机构——珠海市应用传播学研究所创立，下设公共关系等三个研究室。1986年1月，中山大学公共关系研究会、广州青年经济研究协会、广州财贸管理干部学院共同发起成立了国内第一个公共关系俱乐部，同年珠海市应用传播学研究所编印《公共关系学辑刊》第一辑，并同广州《南风窗》杂志社、广东玻璃厂联合出版《实用公共关系手册》。这些都对推动中国公关理论研究的起步产生了巨大的影响。

到20世纪80年代中后期，我国公关事业已蔚然成风、遍地开花，在大变革社会背景下，有效地促进了公关事业的职业化、公关研究的学科化。这期间，专业公共关系公司、公共关系协会、公共关系教育和公共关系研究迅速发展。

1985年，博雅公司与中国新闻发展公司达成协议，成立我国第一家公共关系公司——中国环球公共关系公司。

1986年12月，上海成立全国第一家省级公共关系协会。

1987年5月，全国权威性的公共关系社团组织——中国公共关系协会在北京正式成立。

1987年，国家教委正式把公共关系列入行政管理、工业经济、企业管理、旅游经济、市场营销、广告学、新闻学等专业的必修课。

1988年1月，中国第一家公共关系专业报纸《公共关系报》在杭州创刊，向全国发行。

1989年1月，中国第一份国内外公开发行的公共关系杂志《公共关系》在西安创刊。

1989年6月，黑龙江省公共关系协会成立，同年9月，该协会创办的我国第一所公共关系学院——黑龙江省公共关系专科学校正式开学。

这一时期还出版了一系列优秀的公共关系教科书。例如，国内最早的一部全面系统论述公共关系理论和实践的专著《公共关系——塑造形象的艺术》（中国社会科学院新闻研究所明安香等编著），复旦大学居延安等编著的《公共关系学》（当时共发行约60万册，为国内公关书籍发行量之最），中山大学王乐夫、廖为建等编著的《公共关系学简明教程》，熊源伟等编著的《公共关系学教程》（安徽人民出版社出版），郭惠民等编著的《当代国际公共关系》，纪华强等编著的《公共关系的基本原理与实务》等。这些代表性著作有的获得省部级优秀社科成果奖励，有的被列入教育部规划教材或高等教育精品教程，发行广、影响大，为我国公共关系学科研究的起步奠定了基础。

（2）探索和发展时期（20世纪90年代）

以1990年中国公共关系学研究所在北京举办首届全国公共关系理论研讨会为标志，国内的公共关系研究进入以“探索和发展”为主要特征的新阶段，主要表现在公共关系学术研究活动正常有序开展、公共关系中国化取得进展、公共关系教育不断完善、公共关系实践日益成熟及公共关系的职业化。

1990—1996年，由中国公共关系协会主持召开的历次公共关系理论研讨会，主要是围绕当时出现的公共关系问题、公共关系如何为现实社会发展服务等来展开研讨。从提交的论文内容看，其研讨已涉及公共关系应用的社会各领域和公共关系理论、实务研究的各个层面。

1994年，中山大学创办了我国第一个公共关系本科专业，同时在行政管理专业的硕士点招收公共关系研究方向的硕士研究生，从而使我国公共关系的学科化建设迈上了一个新的台阶。

这一阶段的研究成果主要集中体现在公共关系理论研讨会后出版的论文集：《公关与社会发展》（1990年），《公关与改革开放》（1991年），《公关与经济建设》《中国公关特色初探》（1992年），《公关与市场经济》《中国公关特色再探》（1993年），《公关与市场文化》（1994年），《公关策划之道》（1995年），《品牌竞争的公关战略》（1996年），《第三代CI：企业形象的战略管理》（1998年）等。从前五次的理论研讨会的议题看，着重解决的是中国公关发展的大方向、中国公关特色等重大的理论问题，探讨西方公共关系理论与中国传统文化融合的基础，挖掘、整理在中国的传统文化中蕴藏的公共关系管理思想元素和实践经验等问题。此后的理论探讨，逐步从宏观理论转向实际应用领域、咨询策划专业领域、管理实务操作层面，以及公共关系与产品品牌、企业形象、城市形象等方面，促进了中国公关理论研究进一步与中国具体实际相结合。

但从总体上看，这一阶段理论研究的视野基本上仍集中于国内问题，研究方法基本上是传统的文献研究的方法，局限于对问题性质的分析与观点的阐述。

（3）开拓与创新时期（2000年以来）

世纪之交，经过近20年的发展，在公共关系学术领域里，中国的学者几乎与国际同步，探索整合传播战略、策略性传播战略、战略性公共关系管理、公共关系与品牌价值创造等公共关系的前沿理论研究课题。随着我国国际影响力的提升，公共关系研究正进入一个以“开拓与创新”为主要特征的新发展阶段。创新的标志是公关向策划业的进军。公关策划的提出，打开了公关理论建设的新视角，既深化了公关理论的内涵，又扩展了公关学科的外延，开拓了公关发展的空间。在策划理论的指导下，公关策划从单一的活动策划到CI策划，公关策划人才不断涌现。

中国国际公共关系协会主持的“抗击非典危机管理”、北京“申奥”、上海“申博”、“国际贸易与公共关系高层论坛”等研讨活动均得到国家有关部委的肯定和企业界的高度评价，在国内外产生了较大影响。复旦大学和清华大学的“政府新闻发布会效果评估研究项目”，从理论与实践的层面对政府公共关系发展提供实质性支持。上海外国语大学吴友富教授领衔策划的“中国国家形象塑造”系列项目，复旦大学孟建教授主持的“2008奥运会：中国对外形象传播战略研究”“2010世博会：上海形象传播战略研究”等，都表明我国公共关系研究正由初期的引介阐释、探索发展走向独立创新研究的新阶段。

教学互动1-1

互动问题：现代公共关系为什么会先在美国产生？中国古代为什么就有类似于现代的公共关系？

要求：（1）教师不直接提供上述问题的答案，而引导学生结合本节教学内容就这一问题进行独立思考，自由发表见解，组织课堂讨论。

（2）教师把握好讨论节奏，对学生提出的典型见解进行点评。

3）新冠肺炎疫情下中国公关业的现状与发展趋势

2020年，突如其来的新冠肺炎疫情给中国公共关系市场带来较大影响，尤其是以线下业务为主的公司，受影响的程度更大。尽管如此，2020年中国公共关系市场依然呈现增长态势，表明市场对公关的需求仍在不断增加。调查显示，2020年整个公关市场的年营业规模约为688.7亿元人民币，年营业额增长率为3.1%，略高于全年GDP 2.3%的增幅，利润增长率为1.2%。受疫情和整体经济形势的影响，行业收入与上一年度相比，增幅有较大的回落。

中国公共关系行业进入市场以来已经取得了突飞猛进的发展，全球顶尖十大公关公司的蜂拥而至和各行业国内公关公司的相约而至，使公关业的市场竞争越来越激烈。一方面，公关行业发展迅猛。我国公关市场的客户群主体是以全球500强为代表的跨国公司和一小部分市场化程度比较高的本国企业。它们对于公共关系的要求是一流的认知和专业，代表着世界先进水平。在严要求、高标准下，公关企业的专业服务能力要不断地自我完善。另一方面，业内竞争日趋猛烈。国内外公关公司的迅速发展，在带来商业契机的同时，蜂拥而来的是更多的竞争。大小企业陆续成立，各行各业也频频效仿，公关行业的营业额从2000年的15亿元增长到2020年的688亿元，企业数量从2004年的2000家到现在的数不胜数，我国的公关市场发生了翻天覆地的变化。

目前，中国公关业逐渐呈现出市场、产业和职业齐头并进之势。中国公关业未来的发展趋势将是怎样的呢？

（1）企业高层将越来越重视公共关系

中国市场经济的发展，社会的急剧变化，尤其是风险和危机频现，使得企业决策层越发重视公关的作用和价值，真正具有企业管理职能的公关部门日渐增多，而非中国公关起步阶段的那些公关接待部。

（2）线上服务助力公关是大势所趋

因为疫情的影响，线上业务需求激增，比如视频传播、直播带货、网上教学等相关业务需求不断增加。后疫情时代，通过线上服务助力公关是大势所趋。科技与公关的融合让一些公关公司成功转型，不仅创造出有价值的内容，更让品牌和消费者能够进行良好的沟通和互动，在拓展业务范围的同时也提升了客户的满意度。

（3）疫情暴发凸显企业内部公关的重要性

企业成本管理、裁员与增效、公司信誉与社会责任再次受到关注。新冠肺炎疫情的冲击前所未有，许多企业面临困难局面。一些优秀的企业领导人会把保住员工的就业机会当成优先考虑因素，这样的内部公关也是企业品牌形象的重要体现。做好了内部公关的企业，其未来发展将更有竞争力、更具爆发力。

（4）公共关系实务将更为专业化

随着中外公共关系市场的逐步接轨，市场运作的规则将更加健全规范，专业服务将进一步细分，专业服务将更加到位。具体表现为：

首先，公关实务从内容到形式将得到极大丰富。公关从企业公关、政府公关发展到各行各业公关；公关手段和技巧更为丰富多彩，从一般的新闻发布、媒介宣传、市场推广的营销公关，发展到政府关系协调、大型活动策划等。

其次，专业服务进一步细分，专业服务更加到位。公关公司将从简单项目执行发展到向高层次整合策划和顾问咨询方面转变。公关公司的业务操作规范更加国际化、标准化，服务水准将纳入国际统一的标准体系中。

最后，专门化的公关公司将备受各级组织青睐，针对不同行业组织的专门化公关公司将层出不穷，如金融公关公司、通信公关公司、旅游公关公司等。这种专门化的公关服务公司将给组织带来更为详尽的全方位服务。

（5）公共关系活动技术手段的现代化

随着国际互联网、多媒体时代的到来，电脑新技术的应用，使公关传播更为现代化。目前，公关传播已经得到多种电脑技术的服务性支持。

受疫情相关政策的影响，很多线下活动大多被取消或者延迟，公众的消费习惯也随之发生了巨大的变化，企业纷纷瞄准了线上发展的契机，电商直播等新型的销售模式得以迅速成长，数字经济获得了新的增长生机。与此同时，公关行业更多使用了大数据分析等新技术，开展更精准的传播，满足企业“一人一面”甚至“一人多面”的传播需求。特别是社会化媒体的兴起，网络公关凭借着高度精准和有效互动的特性，在传播企业形象、提升品牌知名度、建立和完善客户沟通渠道等方面表现突出，越来越多的企业开始重视新兴媒体的运用。

（6）全球疫情背景下的国家形象传播成为一个崭新课题

伴随“一带一路”倡议与公关全球化趋势的深入推进，中国国家形象面临新的挑战和机遇。疫情让中国的国家形象传播难度进一步加大，公关行业如何利用自身优势，通过创新手段，帮助中国企业走出去，如何在“一带一路”沿线国家和地区讲好中国故事，成为一个崭新的课题。

中国公共关系行业虽然只有三四十年的历程，但已经成为仅次于美国市场的全球第二大公关市场，为树立企业品牌、促进社会创新、引导社会责任、传播国家形象，做出了积极的贡献。

本章概要

主要概念

公共关系　全员公关　“双向沟通”的公共关系模式　“双向对称”的公共关系模式

内容提要

- 本章主要介绍了公共关系的含义与特征、公共关系的职能与原则、公共关系的产生与发展以及公共关系与若干概念的辨析。
- 公共关系就是社会组织为了塑造良好的组织形象，综合运用各种传播、沟通手段，使自己与公众之间相互了解、相互合作的一种管理职能。
- 公共关系的特征有：广泛性、整体性、双向性、情感性、长期性。
- 公共关系的主要职能包括以下几个方面：信息搜集、协调沟通、塑造形象、决策咨询、危机处理。
- 公共关系的原则有：实事求是的原则、互惠互利的原则、全员公关的原则、开拓创新的原则、立足长远的原则、科学性和艺术性相结合的原则。

• 现代公共关系的产生与发展经历了四个阶段：巴纳姆时期——自我吹嘘式的公共关系；艾维·李时期——单向传播式的公共关系；伯内斯时期——双向沟通式的公共关系；卡特李普时期——双向对称式的公共关系。

• 现代公共关系产生的条件有：社会政治条件——民主政治取代专制政治；社会经济条件——市场经济取代小农经济；物质技术条件——大众传播超越个体传播；社会文化条件——管理学的核心由“理性”转向“人性”。

• 中国公关业未来发展趋势：企业高层将越来越重视公共关系；线上服务助力公关是大势所趋；疫情暴发凸显企业内部公关的重要性；公共关系实务将更为专业化；公共关系活动技术手段的现代化；全球疫情背景下的国家形象传播成为一个崭新课题。

内容结构

本章内容结构如图1-1所示。

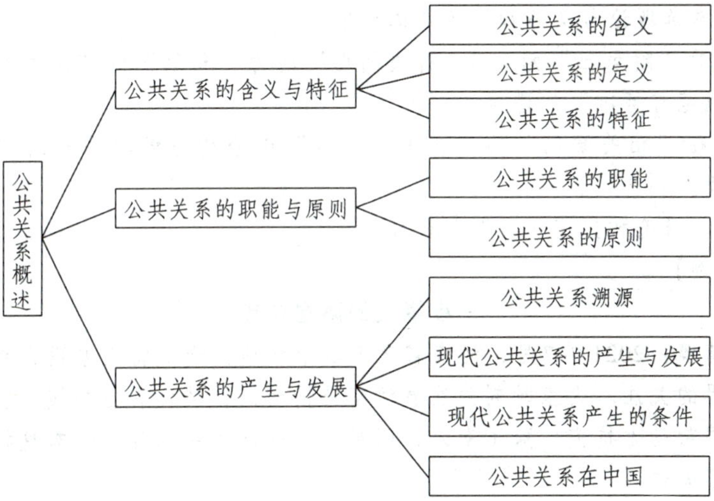

图1-1　本章内容结构

单元训练

传承型训练

▲ 理论题

△ 简答题

1）简述公共关系的特征。

2）简述公共关系的职能。

3）简述中国公关业未来发展趋势。

△ 讨论题

1）你如何理解公共关系的本质属性？

2）从历史的观点看，应该如何评价巴纳姆？

3）为什么说爱德华·伯内斯的公关思想比艾维·李又前进了一步？

▲ 实务题

△ 规则复习

公共关系有哪些原则？

△ 业务解析

点评“学习微平台之延伸阅读1-1”的《原则宣言》。

▲ 案例题

△ 案例分析

【训练目的】

见本章“学习目标”中的“案例目标”。

【教学方法】

采用“案例教学法”。

【训练任务】

1）体验本章理论与实务知识的具体运用。

2）体验对“附录三”附表3“解决问题”能力“初级”的“基本要求”和各技能点“参照规范与标准”的遵循。

3）体验在“相关案例”的“背景与情境”中分析与解决问题的“结构不良知识”学习过程。

4）撰写、讨论和交流《案例分析报告》。

【相关案例】

一夜爆火的鸿星尔克

背景与情境：2021年7月，河南省多个城市和地区遭遇特大暴雨，受灾严重，引起了社会各界的关注。大家时刻关注着河南灾情动态，转发官方救援、官方慈善募捐渠道，自发捐款助力抗灾。除了素人、明星、互联网巨头以外，还有这样一个群体由于捐款引起了关注。

汇源果汁宣布破产仍捐款100万元；蜜雪冰城总部受灾严重也拿出了2 200万元支援；鸿星尔克近年来业绩不佳却捐出了5 000万元物资。此外，还有奇瑞汽车、贵人鸟等等。这些企业或是受损严重，或是业绩差自身难保，却仍在遭遇天灾时伸出援手，不但体现了中国本土企业的品质，也赢得了消费者的好感。其中，鸿星尔克由于此次支援事件成为一段时间内最火的品牌。

据悉，鸿星尔克连官博会员都舍不得开。因此，当人们知道这样的企业却拿出了5 000万元物资支援河南的时候，鸿星尔克就被热情的网友们送上了微博热搜，无数网友加入了拯救鸿星尔克的阵营，给了它一场购买盛宴。一夜之间，鸿星尔克从不温不火的运动品牌，成了炙手可热的“网红”品牌。有网友自发地把鸿星尔克的微博会员充到了100年之后，让鸿星尔克不得不“立志”成为一家百年企业；人们还涌进直播间疯狂购买，即使主播和老板吴荣照劝大家理性消费，结果网友们压根“不买账”，网友还让他们“别多管闲事”；有网友还编造各种段子表达对鸿星尔克的支持：“我要买到你们的缝纫机都冒烟！”“不合适是我的问题，我去医院修脚。”“别说有线头了，鞋底子掉了都不会找主播……”当长期的情绪积累转化为购买力后，让鸿星尔克实实在在地体验了一把当“网红”的感觉。无疑，鸿星尔克由于低调捐款而意外走红也成功让鸿星尔克成了当下最火爆的品牌之一，也是消费者对于有社会责任感的企业做出的一种反馈。

资料来源　GOFE.鸿星尔克捐献巨款，国人纷纷助长销量，一夜爆火的鸿星尔克还差点什么?[EB/OL].[2021-07-30]. https：//zhuanlan.zhihu.com/p/394719400.

问题：

（1）你如何评价鸿星尔克的意外走红?

（2）你对鸿星尔克的公共关系有什么建议?

分析要求：

1）形成性要求

（1）学生分析案例提出的问题，拟出《案例分析提纲》；小组讨论，形成小组《案例分析报告》；班级交流、相互点评和修订各组的《案例分析报告》。

（2）了解本教材“附录二”的附表2中“形成性训练与考核”的“参照指标”与“训练考核点”。

2）成果性要求

（1）成果形式：以经过班级交流、相互点评和教师点评的《案例分析报告》为最终成果，将《案例分析提纲》作为《案例分析报告》的附件。

（2）在校园网的本课程平台上展示经过教师点评的班级优秀《案例分析报告》，并将其纳入本课程的教学资源库。

3）其他要求

（1）“形成性要求”和“成果性要求”的指标与内容参见本教材“附录一”附表1的“考核指标”与“考核内容”。

（2）《案例分析报告》结构与体例参照本教材“课业范例”中的范例-1。

△课程思政

【训练目的】

见本章“学习目标”中的“案例目标”。

【教学方法】

采用“案例教学法”。

【训练任务】

1）体验对本章理论与实务知识的具体运用。

2）体验对“附录三”附表3“解决问题”能力“初级”各技能点“基本要求”和“参照规范与标准”，以及“附录四”附表4“职业道德”道德领域选项“参照规范与标准”的遵循。

3）体验在“相关案例”的“背景与情境”中进行思政研判的“结构不良知识”学习过程。

4）撰写、讨论和交流《思政研判报告》。

【相关案例】

雷人广告几时休

背景与情境：全棉时代的一则广告引起了众人的争论。广告中，一个女孩独自走夜路时被黑衣男子尾随。女孩发现后神情慌张，皱眉思索如何脱身。突然，她停下脚步，从包里拿出一盒卸妆湿巾。这时，尾随男子正好碰到她的肩膀，女孩回头，已经瞬间卸妆“变丑”，尾随男子吓得发出呕吐声，女孩脱离危险。

全棉时代将广告创意建立在女性的恐惧之上，鼓吹“颜值原罪论”的举动，引起网友的强烈指责和抵制。处在舆论漩涡中的全棉时代，先后两次发文致歉。在一封20%是道歉、80%是自夸的声明中，全棉时代将危机公关当作广告商机，可谓是开创了“道歉的新流派”。随后，全棉时代官方微博回应，称视频为广告创意，是为了突出商品的清洁功能，目前已经将此视频下架，对此深感抱歉。

拍短视频广告惹争议，全棉时代并不是个例。京东金融的一则“土味”借贷广告就曾遭网友吐槽。视频中，一个农民工因母亲坐飞机恶心向空姐求助开窗户，受到前排乘客鄙视。空姐建议升舱，农民工因余额不足放弃。这时，后排的大哥说升舱的钱他出，随后拿农民工的手机开通网贷，借了15万元备用金。

这则广告也被网友称为“迷之逻辑”，“升舱就能开窗户了吗？”“不是说升舱的钱你出吗？”

京东金融也发布致歉信，称该短视频传播系因团队管理不善、审查不严，导致违规上线。之后，京东发言人再次发表道歉声明，表示这次事件不仅仅是管理审核的问题，更是操作团队的导向、文化和价值观出了问题，公司已成立专门调查小组调查此事。

这类广告频频引发众怒，表面上是因为“土味”“奇葩”“审丑”等原因。实际上，更深层次的原因在于，内容价值观扭曲，突破了广大公众的底线。“金钱至上”的原则潜藏在广告中，主人公有钱就有了一切。不过，也有人认为进入舆论中心的“雷人”广告还是会受到较大的关注，不管怎样都赚到了一波流量，“凡宣传皆是好事”“黑红也是红”。

资料来源 袁秀月.全棉时代广告涉嫌侮辱女性 雷人广告切莫迷信“黑红”[EB/OL].[2021-01-09]. https://finance.eastmoney.com/a/202101091768338189.html.

问题：

1）本案例中存在哪些思政问题？结合案例谈谈你对巴纳姆的“凡宣传皆是好事”的看法。

2）试对上述问题做出你的思政研判。

3）对照本教材“附录三”的附表3和网上调研资料，说明你的思政研判所依据的行业规范。

研判要求：

1）形成性要求

（1）学生分析案例提出的问题，拟出《思政研判提纲》；小组讨论，撰写小组《思政研判报告》；班级交流、相互点评和修订各组的《思政研判报告》。

（2）了解本教材“附录二”的附表2中“形成性训练与考核”的“参照指标”与“训练考核点”。

2）成果性要求

（1）成果形式：以经过班级交流、相互点评和教师点评的《思政研判报告》为最终成果，将《思政研判提纲》作为《思政研判报告》的附件。

（2）在校园网的本课程平台上展示经过教师点评的班级优秀《思政研判报告》，并将其纳入本课程的教学资源库。

3）其他要求

（1）“形成性要求”和“成果性要求”的指标与内容参见本教材“附录一”附表1的“考核指标”与“考核内容”。

（2）《思政研判报告》结构与体例参照本教材“课业范例”中的范例-2。

第2章
公共关系主体和客体

学习目标

传承型学习

通过以下目标，建构以“公共关系主体和客体”为阶段性内涵的“传承型”学力：

理论目标： 学习和把握社会组织的含义与类型，公众的含义、特点与分类；用其指导“同步思考”、“深度思考”和相关题型的“单元训练”；体验“公共关系主体和客体”中“理论知识”的“传承型学习”及其迁移。

实务目标： 学习和把握公关部的设置原则、公关公司的工作范围与经营形式、公关人员应具备的素质及公众舆论的形成过程等知识，用其规范“深度剖析”和相关题型的“单元训练”；体验“公共关系主体和客体”中“实务知识”的“传承型学习”及其迁移。

案例目标： 运用本章知识研究相关案例，对“同步案例2-1”至“同步案例2-3”和“钉钉：趣味求饶带来口碑反转”等情境进行多元表征，体验“结构不良知识”的传承型学习及其迁移；依照相关规范或要求，对“课程思政2-1”和“拼多多公关的‘神操作’”等案例中的企业或其从业人员行为进行思政研判，培养高尚的道德情操，树立社会主义核心价值观。

创新型学习

通过以下目标，建构以“公共关系的主体与客体”为阶段性内涵的“创新型”学力：

决策设计： 参加“决策设计-Ⅰ”训练。学习和应用其“知识准备”所列知识，研究“一次公关部长聘任考试”案例，通过相关《决策设计方案》的撰写、讨论与交流活动，撰写《“决策设计-Ⅰ”训练报告》，体验“结构不良知识”的决策学习及其迁移。

引例 特斯拉需要什么样的公关

背景与情境：以前，特斯拉给人的整体印象就是，特斯拉靠产品，不靠公关。不过，特斯拉近期正在加强其在中国的公关团队。2021年2月，特斯拉中国的公关团队加入了4名新员工，主要负责公关工作。可是2021年上海国际车展的第一天，特斯拉以一种“不体面”的方式刷屏，让人们质疑特斯拉中国公关团队的工作能力。

在网传的视频中，一名女子身穿印有“刹车失灵”字样的白色T恤，站上特斯拉展车车顶不停高喊“特斯拉刹车失灵”。整个过程大约持续了两分钟，随后该女子便被保安和工作人员强行拉开。随后，一位在现场的新闻记者还在朋友圈爆料了特斯拉对自己的粗暴行为：“自己拍摄维权车主的手机被特斯拉工作人员摔了，衣服也被撕烂了。”

随着事件的传播不断扩大，很快汹涌而来的舆论就把特斯拉送上了热搜。

尽管特斯拉负责公关的高管当天下午对维权事件做出了回应——“近期的负面都是她（维权女）贡献的”“我们没有办法妥协，就是一个新产品发展必经的一个过程”“我们自己的调研显示，90%的客户都愿意再次选择特斯拉”。但这种缺乏诚意的应付言论，字里行间都带着“甩锅”的傲慢，却更加激怒了愤怒的网友。于是社交平台上，又上演了一场针对特斯拉的舆论“猎杀”。

从4月19日、20日的三条官微，到副总裁的“不妥协”“我没错”的回应，乃至最后马斯克轻描淡写的推特“没有启用自动辅助驾驶功能”，特斯拉的公关还是一副“我没错，错的是这个世界”的态度。一直以来特斯拉惯用的公关路数就是如此。比如，一位南昌的特斯拉Model 3车主，新车刚买了才5天的时间，结果在第二次充电的时候突然断电无法启动。当时，车主打电话询问特斯拉官方，而官方草草地给出由于供电公司电流不稳定导致故障的解释。随后，国家电网南昌供电公司表示不存在电压不稳这样的问题。无独有偶，一位南京的车主遇到了类似的问题。他的特斯拉汽车充电速度非常慢，而特斯拉给出的解释依然是供电局电压不稳。但是车主在更换了充电桩又多次尝试充电之后，问题还是存在，并没有缓解。于是特斯拉工作人员又说可能是充电桩坏了。随后车主甚至把车开到了特斯拉服务中心的充电桩又试了一次，还是显示充电慢。

除了拼多多拒绝交付事件、频繁“甩锅”问题之外，特斯拉还有取消信心保障计划、不再支持7天无理由退货这种损伤消费者权益的事。特斯拉不重视消费者，好像成了近期国内公众对特斯拉汽车的整体印象。

资料来源 佚名.特斯拉需要公关吗？[EB/OL]. [2021-03-02]. https://www.lanjinger.com/d/153797.

上述案例表明，在质量问题频发、产品遭到消费者怀疑时，特斯拉除了扩充公关团队，还是需要解决自身的产品质量问题，避免在产品上出错。产品出现了问题，特斯拉中国公关团队不应把推卸责任当成惯性操作。因为，水能载舟，亦能覆舟，不正视消费者的声音，最终自己的声音也必定会被消费者所淹没。通过此事，特斯拉的公关团队应该好好反省一下，多听听公众的心声，不然还会发生舆论危机。

本章介绍公共关系的主体——社会组织、公关机构以及公关从业人员和公共关系客体——公众。

2.1 公共关系主体

所谓公共关系主体，是指具有公共关系意识的公关工作的承担者，是公共关系活动的发动者，包括开展公共关系工作的实质主体——社会组织以及实施主体——公共关系专门机构和公共关系工作人员。

2.1.1 社会组织

社会组织是指为了执行一定的社会职能，完成特定的社会目标，具有明确规章制度的社会群体。

组织的生存和发展与很多因素有关，自身的实力、良好的管理、适宜的环境是组织成功的基础。公共关系作为一种管理职能，则是从如何建立和维护组织与公众之间的互利互惠关系、树立组织良好形象的角度来促进组织的发展。

在公共关系学中，一般把组织分成四种类型：

1）营利性组织

这些组织以营利为目的，追求经济利益的最大化，如工商企业、旅游服务企业、保险公司、金融机构等。

2）服务性组织

这类组织不以营利为目的，而以服务对象的利益为目标，包括学校、医院、慈善机构、社会公用事业机构等。它们的特点是以服务对象的利益为目标，因而，它们的公共关系工作对象主要是各类特定的服务对象。如学校的首要公众是学生，其目的则是教书育人；慈善基金会的宗旨就是更好地为社会弱势群体或那些需要帮助的特定公众提供服务。

3）公共性组织

其通常是指为整个社会和一般公众服务的组织，如政府、军队、消防部门、公安机关等。这类组织的特点是以国家和公众利益为首要目标，其目标是保证社会安定，不受内部不良因素的影响和外来干涉。因此，它们的公共关系工作对象是辖区内整个的社会公众。

4）互利性组织

这是一种以组织内部成员间互获利益为目标的组织，这类组织追求的是组织内部成员之间的互惠互利，如政党、工会组织、职业团体（学会、协会、研究会等）、宗教团体。它们的特点是十分重视组织内各成员的利益，因此，这类组织的公共关系工作对象包括组织内部成员之间的关系和同一系统组织之间的纵横关系。

2.1.2 公共关系机构

公共关系机构是专门执行公关任务、实现公关功能的行为主体，是公共关系工作的专业职能机构。公共关系机构主要分为三种：一是组织内部的公共关系部门，即公共关系部；二是不从属于任何组织的专业性社会机构，即公共关系公司；三是公共关系行业组织，即公共关系协会。

1）公共关系部

公共关系部即通常所说的公关部（以下统称公关部），是公共关系组织机构的一种，是组织内部的公共关系部门。

（1）公关部的作用

组织内部的公关部是组织为开展公共关系活动而配备的专业公共关系人员组成的专门机构。公关部的作用主要应该表现在以下几个方面：

①信息搜集和处理

公关部的首要职能就是采集存储信息，任何关系到组织生存发展的信息都是公关部搜集的对象。公关部通过与组织内各部门、各方面保持接触和联系，对组织外公众进行调研、搜集信息并汇总，做出分析和处理，掌握组织内外公众的要求和倾向，为最高领导层进行决策提供参考。

②新闻传播

一个组织要获得公众的了解、理解和支持，就要不断地向公众宣传组织的政策，解释组织的行为，增加组织的透明度。因此，公关部要根据组织的决策，适时地对内外公众进行宣传、阐释、传递信息；编制刊物、画册等宣传品；直接与社会媒体沟通，并提供相关新闻资料；负责其他对内外公众施加影响的广告设计和信息传播。

③处理突发事件

突发事件可能给组织的形象与发展带来影响，公关部要及时协助组织最高管理层，迅速客观地调查处理，包括与媒体积极接触，传播真相，与公众沟通及对公众进行安抚、释疑，与法律部门打交道等。

④公众接待

公关部是组织与公众之间的桥梁和纽带。在现代社会，组织和公众之间的交往越来越多，二者的摩擦和纠纷也越来越多。因此，公关部的主要日常工作包括接待组织内外公众的来访、来信、投诉等。

⑤举办专门活动

为使组织形象发展有利于预期目标，公关部门要适时地策划举办各种专门活动，如展览、参观访问、新闻发布会、记者招待会、交流会、联谊会等，有效塑造组织的良好形象，营造有利于组织生存发展的环境。

学习微平台

延伸阅读2-1

（2）公关部的设置原则

公共关系工作在现代社会组织中的作用越来越被人们所认识。为了做好这方面的工作，使组织处于一个良好的公共关系状态，一些组织设置了专门的公关部。一般来说，公关部的设置应遵循以下几条原则：

①规模适应性原则

这是组建一个机构的基本原则，在组建组织内部的公关部时首先要考虑的也是这一原则。这意味着公关部不要臃肿，公关部的人员岗位和编制要精简，不要因人设岗而导致人浮于事。

组织的公关部的规模可大可小，大者几千人甚至上万人，小者3～5人甚至只有1人。在确定公关部的规模时，一般要考虑组织本身的规模、组织内部各职能部门的职能分配、组织对公关部的要求、组织的公众特点等情况。

一般来说，公关部的规模与组织规模呈现一种正相关态势。美国公关学者经过调查发现：年产值超过10亿美元的大型企业，公关部平均人数为44人；一般的大中型企业，公关部平均人数为10人；其他文教、医疗、基金会等组织的公关部为6～7人。

②权威性原则

组织内部公共关系工作机构应当具有与其职能得到充分发挥相适应的权威性。对于组织内部，它应有代表最高决策层发表意见、做出某些决定的权力；对于组织外部，它应是组织的“代言人”，有代表组织发布信息和处理某些业务的权力。公共关系工作机构的这种权威性是在公共关系实践中逐步树立起来的，是否具有这种权威性将会对公共关系工作能否顺利开展并取得成效产生明显影响。

③必要性原则

任何组织都不可避免地遇到各种各样的公共关系问题，但不是所有的组织都一定要在组织内部设置一个公共关系机构，这取决于组织的实际情况。如果一个组织对公共关系机构的职能与作用认识充分，有主持这项工作的恰当人选，并能被内外部公众所接受等，则可能具备了设置公关部的必要条件；否则的话，组织的公共关系工作可以暂时由其他部门负责，而一些大型的公共关系活动也可委托给社会上的公共关系公司来做。

④专业化原则

公关部是专门开展公共关系工作的机构，在组织上和工作内容上都要保证其正规性，同时还要做到队伍的专业化。也就是说，在组织上必须以具有一定的专业素养、有强烈的公关意识、受过一定的专业训练的公共关系专业人员为骨干，组成专业、高效的专业化工作班子。在工作内容上，公关部必须将全部精力集中在与组织的公共关系目标有关的事务上。

同步案例2-1

公关不是背锅侠

背景与情境：2018年11月，微博大V“花总丢了金箍棒”（以下简称“花总”）发布了一段视频，曝光了在北京、上海、南京等城市14家五星级酒店客房里拍摄到的卫生乱象，国内星级酒店行业又一次遭遇声誉危机。这些动辄好几千元房费的高端酒店，刷杯子的用具也用于擦马桶、刷洗手池。

几天之内，花总发布的视频在微博上已播放3 000多万次，舆论沸腾。面对如此情况，酒店是怎么做的呢？

据统计，14家被曝光的酒店中，有12家在第一时间把回应推给了公关部。“公关部门已经下班，明天上班后会尽快给出回复”“我们的公关部会查证后给出正式回应”“不做任何回应，等明天公关部回复”。

第二天中午，酒店的公关们陆续给了说法。多家酒店表态高度一致，切割、甩锅、欢迎监督，好似出自同一份公告模板。处理套路也无外乎以下几种——暂不回应、仍在调查、道歉认错、立志整改等。后来“花总”以真容接受CCTV的采访，揭露了当事酒店的不作为，事态进一步恶化。

酒店行业的卫生诚信一直是痛点，国外也有这样的情况。对于“花总”暗访曝光的做法，美国的媒体也有类似的操作。从结果看，美国酒店也有不换床单、潦草打扫的情况，但事件曝出来后，国内外的公关处理却有差异，美国酒店认错认罚、赔礼道歉，国内同业却套路满满，公关操作颟顸傲慢。

资料来源　白杨.【行业】曝光酒店后的那些事［EB/OL］.［2018-11-22］. https：//www.sohu.com/a/277094269_810340.

问题：联系此案例，谈谈你对公关职能的理解。

（3）公关部的组织类型

组织内部的公关部可以用不同标准来进行分类。

首先，按公关部在组织内部的位置来分类，可以分为最高领导直接负责型、部门并列型、部门附属型。其中，最高领导直接负责型是一种比较理想的模式，对公共关系工作的开展最有利。公关经理直接向总经理报告工作，对总经理负责；也有的由最高领导（总经理）直接兼任公关经理。其组织结构如图2-1所示。

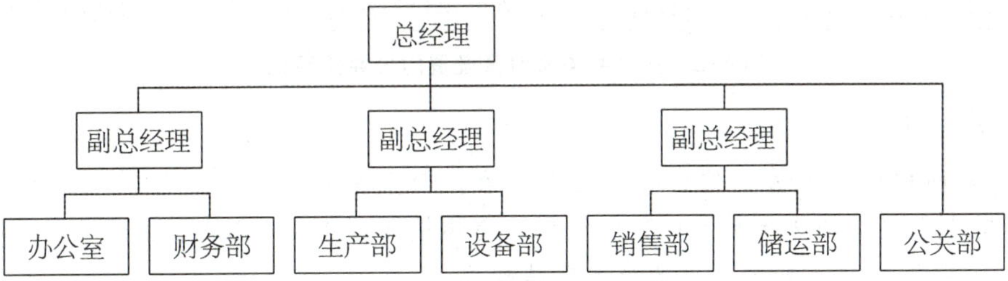

图2-1　最高领导直接负责型

在部门并列型这种模式中，公关部是组织的一个二级职能部门，与生产部、财务部等业务部门处于并列地位，公关经理向其主管领导报告工作。其组织结构如图2-2所示。

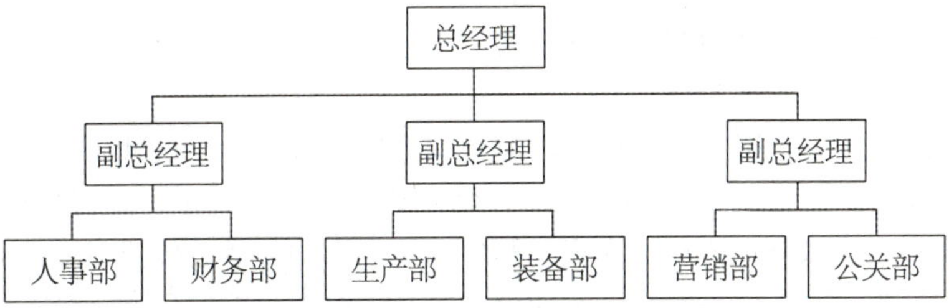

图2-2　部门并列型

在部门附属型这种模式下，公关部只是组织二级部门下的一个附属机构，即组织的三级机构。公关部可能隶属于营销部、广告宣传部、外事部或办公室。其组织结构如图2-3所示。

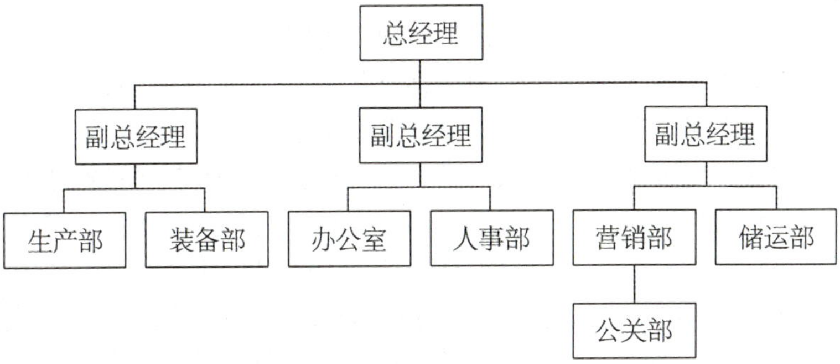

图2-3　部门附属型

其次，按公关部的内在结构来分类，可以分为过程型（如图2–4所示）、对象型（如图2–5所示）。

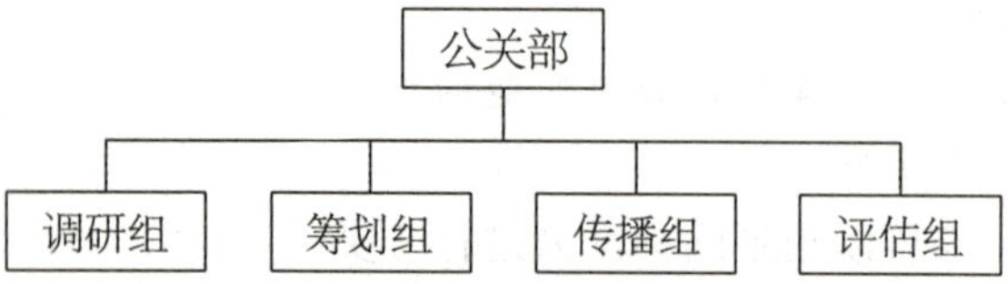

图2–4　按公共关系过程设置的公共关系机构

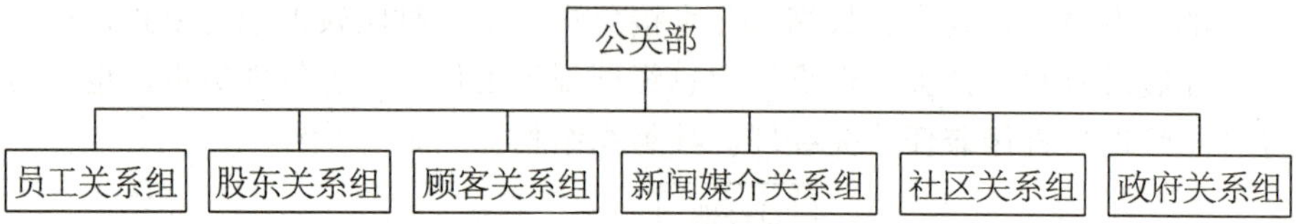

图2–5　按公共关系对象设置的公共关系机构

教学互动2–1

互动问题： 按公关部的内在结构来分类，公关部可以分为过程型（如图2–4所示）、对象型（如图2–5所示）和职能型。请你按照图2–4和图2–5这两个图的模式，设计一个按公共关系职能设置的公关部结构图。

要求： 同“教学互动1–1”的“要求”。

2）公共关系公司

公共关系公司（以下简称“公关公司”）是由职业公共关系专家和各类公关专业人员组成的，专门为社会组织提供公共关系咨询或受理委托为客户开展公共关系活动的信息型、智力型、传播型的服务性机构。

（1）公关公司的业务范围

公关公司的业务范围主要包括：为客户做形象调查分析，设计公关规划，提供公关建议；协助客户与社会公众沟通联络，建立和维护良好关系；为客户搜集、整理、分析、汇编公关信息情报资料；为客户制作公关广告和音像宣传资料，策划各种公关专题活动；为客户撰写公关稿件，选择公关媒介，组织公关信息发布会；为客户培训和考核公关人员等。

（2）公关公司的类型

首先，公关公司按内部业务划分为专项服务型公关公司、综合服务型公关公司和顾问型公关公司。

专项服务型公关公司仅为客户提供特定项目的服务，其服务项目限于一种，或专为客户进行市场调查，或专为客户组织某种公共关系活动。综合服务型公关公司可以提供多种公共关系服务，公司拥有先进的信息搜集系统和信息储存与分析系统，可以通过各种渠道搜集各方面的信息。顾问型公关公司也是一种专项服务型公关公司，但它所开展的服务一般仅限于为客户提供咨询，为其公共关系活动提出建议。

其次，公关公司按经营方式划分为合作型公关公司和独立型公关公司。合作型公关公司是与广告公司等合作经营的公司。独立型公关公司是坚持自身经营的独特性，不论经营单项、专项、多项或综合性业务，都不与广告公司或其他部门合作。

（3）公关公司的组织结构

一般来说，公关公司的内部构成主要有以下几个方面：

①行政部门。其包括公司总经理、副总经理和一定数量的业务经理人员。业务经理人员的主要工作是具体组织、制定和实施为委托人服务的公共关系项目。

②审计部门。这个部门通常由业务经理人员、业务部门负责人和高级公共关系专家组成。它的任务是在公司承办的各项业务开始时或在实施过程中，审查项目的可行性和监督实施情况，并负责统筹安排人力、物力和财力，及时为各个项目提供指导和咨询，避免发生事故，保证公共关系项目的质量。

③专业部门。大中型公关公司，一般都根据自己的业务范围和专业特色来设置相关的专门业务部门。每个部门都配备一定数量精通本部门业务的公共关系专家。业务部门一般不直接对外承揽业务，而是听从业务经理人员的安排。例如，某一业务经理承担某一企业的公关项目，召开一次大型记者招待会，于是他请公司新闻部专家出面筹划。当这位业务经理同时又承办了一项为某企业进行一次消费者调查的公关项目时，他又可以请民意测验方面的专家去具体实施。这样，每个业务部门实际上可以同时为许多委托人服务。

④外国和地区部门。在一些大型公关公司，尤其是国际性公关公司中，还特设有地区部门和国际部门，这也是为了适应其广泛的工作需要，从它们工作的性质和范围来讲，设置这样的机构不仅使其业务归口明确，而且使业务水准提高，具有相当高的办事效率。

这是公关公司内部的一般构成情况。当然它只是对一般大中型公司而言的。事实上，一些规模巨大的国际性公司，如伟达公司，它的机构要比上面所归纳的庞大、复杂得多。而对于一些只有几个人或十几个人的小型公司来说，其内部机构又相应简略一些，人员分工没有那么细密，工作人员多为一身二任，甚或数任，往往既是业务经理，又是具体专业操作人员。

目前，国内一些本土公关公司通常按职能设置客户小组，包括媒介、文案、客服和咨询等，而多数跨国公关公司和有些本土公司则按客户助理、客户主管、客户经理、客户总监、咨询顾问等划分不同职务。这些职务都是根据员工的教育背景、从业经验和工作能力等进行综合评估后来设置的。很多时候每一个职能都是集文案、策划、媒介和客户服务为一体的。

（4）公关公司的经营形式

目前，国际上公关公司的经营大体有三种形式：与广告公司合营；单独经营综合咨询服务；单独经营专项咨询服务。

①与广告公司合营

公关公司与广告公司合并的趋势，是20世纪70年代末期以来在国际上出现的。美国十大公关公司中有六家是广告公司的分公司或一个部门。公关公司与广告公司靠拢的主要原因是，商业广告在发达国家的经济生活中一直占有重要和稳固的位置，而公关公司无论在职业水准还是在经营经验上，都难以与老牌广告公司相比，加上两种公司在其性质上具有相通之处，这样就导致了合营的趋势。从中国的情况看，公关公司是近年来才兴起的企业，而各地广告公司尽管经营历史不长，但毕竟积累了一些经验，同时也具有比较丰厚的资金和较为固定、广泛的客户，与本地和外地的各类组织和传播媒介又有密切的联系，加之公关公司成立伊始，难免情况不熟、经验不足，业务也比较生疏，如果能利用与广告公司合营的优势，则可减少很多困难，所以这种方法也不无可取之处。

②单独经营综合咨询服务

公关公司单独经营有两种方式：一种是提供综合咨询服务；另一种是提供单项（或称专项）咨询服务。一般来说，前者在工作难度上大于后者。从公关业务角度看，综合服务的公关公司需要有两类人才：一类是擅长公共关系分类的专家；另一类是公共关系技术专家。分类公共关系专家包括媒介关系专家、消费者关系专家、社区关系专家、政府关系专家、职工关系专家等。公共关系技术专家包括宣传资料专家、新闻公报专家、资料分析专家、年报专家、出版物专家、演说专家、民意测验专家等。

③单独经营专项咨询服务

这类公司在规模上要比综合公司小得多，因此在筹建上比较方便。第一，资金需要较少；第二，专业人员要求比较单一。比如，有的公关公司专为客户设计各种宣传资料，其他项目则一概不涉及，这样其只要有几个能文善画、专于宣传资料设计的专门人才便可能获得成功。

（5）公关公司的收费方式

公关公司在向委托人收取费用时，应该平等待客，控制成本，并把握合理的收费标准。公关公司的收费方式主要有两种：一种是项目收费；另一种是计时收费。

项目收费主要有以下几方面内容：

①咨询服务费。它包括委托项目期间工作小组全体成员的工资和与项目有关的高级管理人员、专家和文秘人员的工资。

②顾问的行政管理费。它包括公关公司在承担项目期间所需的房租、水电、电话等费用。

③顾问的报酬。它指扣除各种税费之后，公关公司应得的纯利润。

④顾问的项目开支。这是指承担项目期间所需要的印刷费、邮费、差旅费等。

计时收费即按参加工作的各级各类人员的不同标准，按工作时间计算收费。一般来说，每小时收费标准是该人员每小时基本工资的2.5～3倍。有的公司为了方便起见，常常采用每小时收取固定费用的方法，如美国一些公司的收费标准为每小时35～50美元。

（6）公关公司与公关部的优劣势比较

第一，对组织的熟悉程度不同。公关部的工作人员都是组织成员，他们对组织内部的各种情况比较熟悉。同时，他们在组织内拥有良好的人际关系，能及时获取比较可靠的、新的信息，因此，在开展工作时，他们容易抓住问题的症结，可以对症下药，提高公关工作的有效性。由于公关公司是组织外的机构，因而对客户的情况了解不深，而客户有时也不便或不愿意把一些内部的有关情报透露给公关公司，这就增加了公关公司人员了解情况的困难，难免会影响工作质量。

第二，看问题的主客观性强弱不同。公关部以当事者身份看问题，往往带有较浓厚的主观感情色彩，因而看问题的客观性弱于公关公司。公关公司以第三者的身份看待某些单位的公关问题，客观性较强，而且公关公司的专家和工作人员不是组织内成员，不受组织内各种人事关系的影响，也不必听命于客户的某位领导，俗话说：旁观者清。

第三，信息资源深广度不同。公关部掌握社会信息的广度比公关公司小，对本单位信息的了解深度比公关公司大。公关公司同社会各界有着广泛联系，因此它的社会信息资源深广度大，信息灵敏而丰富。公关公司的第一项任务就是搜集和提供信息，其所有的咨询工作都是在对信息分析的基础上进行的，因此，信息是公关公司的最大优势之一。

第四，建议受重视的程度不同。与公关部相比，公关公司提出的建议更容易被组织的领导所接受。其原因是：一方面，公关公司派出的专家，经验比较丰富，技术水平比较高，能提出有价值的建议和方案；另一方面，由于其是组织专门聘请的，深受组织领导的信赖，在组织领导的心目中有良好的形象和较高的威望，因而公关公司提出的建议和方案更具有说服力和影响力，更容易引起重视，更易为组织采纳和实行。

第五，服务的及时性、稳定性不同。由于组织内的公关部对本组织情况比较了解，可以随时为组织的领导层提供业务咨询和建议，特别是在发生突发性事件时，公关部就可以快速做出决定，并及时提出对策，发布新闻，协调关系。而公关公司服务的及时性、稳定性不及公关部。

深度思考2-1

资料：1989年播出的电视连续剧《公关小姐》使很多人以为公关就等于“漂亮的脸蛋加时髦的打扮”，说什么“公关就是交际，公关就是美女加金钱”，等等。如今，这些认识修正为“公关就是写稿、发稿、开开新闻发布会”，甚至有的企业把公关公司看成是“发稿机器”。

问题：公关公司就是“发稿机器”吗？

3）公共关系协会

公共关系协会也称公共关系社团，是指社会上自发组织起来的、非营利性的从事公共关系理论研究和实务活动的群众组织或群众团体。行业性协会的建立和发展，是公共关系成熟程度的一个标志。国际公共关系协会成立于1955年。随着公共关系的发展，公共关系协会也在我国各地广泛出现。1986年11月，上海市公共关系协会成立。1987年6月，中国公共关系协会成立以后，各省、自治区、直辖市乃至地县和乡镇都出现了公共关系协会。

（1）公共关系协会的任务

公共关系协会的基本任务包括：加强从业人员之间的交流、协调与合作；维护本行业专业人士的基本权利；推动公共关系学术理论的发展，编辑出版会刊和专业资料，传播公共关系学知识；规范本行业的职业道德和行为准则，维护本行业的形象和声誉；培养和训练公共关系从业人员，不断提高业内人士的专业水准；为会员及各界人士提供公共关系专业方面的咨询服务；建立和发展本行业与社会各界及国外同行之间的联系与合作。

（2）公共关系协会的主要活动

公共关系协会的主要活动有：

①联络和发展成员，把公关社团办成“公关人员之家”。

②研究公关理论和公关人员职业道德，主办和出版公关刊物，发表高水平的公关学术性论文，积极推动公关事业发展。

③举办公关培训学校（培训班），对公关人员进行培训和考核，为社会各界培养推荐公关人员，提供公关咨询服务。

2.1.3 公共关系人员

我国对公关人员的职业定义是：专门从事组织机构公众信息传播、关系协调与形象管理事务的调查、咨询、策划和实施的人员。任何公共关系活动都需要由人来组织，而公共关系人员正是公共关系活动的直接组织者，一切公共关系工作的有效性和创新性在很大程度上取决于公共关系人员的素质。只有提高公共关系人员的素质，才能提高公共关系活动的层次和水平。

所谓**公关人员的素质**，就是以公关意识为核心，以自信、热情、开放的职业心理为基础，配以公关专业知识结构和能力结构的一种整体职业素质。

公关人员应该具备以下三大方面的基本素质：

1）公关人员的公关意识

公关意识是公关人员最重要的职业意识，是公关人员基本素质的核心，它有以下几个方面的内容。

（1）塑造形象的意识

因为组织的良好形象是组织的无形资产和无价之宝，所以塑造良好形象，珍惜信誉，是公关人员首要的公关意识。为了组织的生存和发展，公关人员必须时刻注意提高组织的知名度和美誉度，精心塑造组织的良好形象。

（2）服务公众的意识

为了赢得公众的赞同，提高本组织的知名度和美誉度，公关人员必须服务于社会公众。如果离开了公众，忽视了公众利益，组织的生存就会受到威胁，就谈不上继续发展。

（3）真诚互惠的意识

公关人员要有正确的市场观念，反对不正当竞争，在公关工作中既竞争又合作，要具备平等互利、真诚互惠的意识。

（4）沟通交流的意识

公关人员为了塑造本组织的良好形象，实现其目标，就必须构建一个信息网络，倾听社会公众对本组织的各种批评和建议，必须掌握环境的变化，更好地为社会公众服务，改进宣传沟通和信息交流工作，促进本组织的生存和进一步发展。

（5）创新审美的意识

社会生活证明唯有美的形象，才能为人们所欣赏、所接受；唯有美的活动，才能让人们参与、投入；唯有创造性的艺术，才具有审美价值。公关人员要为本组织塑造美好的形象，必须有创新审美的意识，才能有创新突破，既超越自己，又超越别人。

2）公关人员的知识结构

公关人员的知识结构是公关人员基本素质的重要组成部分，直接影响到公关人员业务水平和心理素质的发挥。公关人员的知识结构是公关人员融会贯通的专业知识系统，包括四个方面：

（1）公共关系的专业知识，主要指的是公共关系的基本理论与实务知识。

（2）与公共关系密切相关的多学科知识，主要有以下三类：管理类学科知识，包括管理学、行为学、市场学、营销学的知识；传播类学科知识，包括传播学、新闻学、广告学的知识；社会心理类学科知识，包括社会学、心理学、社会心理学的知识。

（3）操作性学科知识，如广告、演讲、写作、社会调查、计算机应用等方面的知识。

（4）方针政策知识，公关人员应熟知政府的有关政策、法令、法规。

3）公关人员的能力结构

公关人员的能力结构也是公关人员基本素质的重要组成部分，至少应该包括以下几个方面：

（1）表达能力

表达能力是公关业中至为重要的一种能力。作为一名公关从业人员，每天都需要与不同的人员进行交流和沟通。如何同媒体建立良好的关系，如何将客户一系列要求清楚准确地传达给其他人员，这些都是公关从业者面对的现实需求。流畅的表达能力无疑是成为一名优秀公关人员的基本素质。作为与公关行业密不可分的一些工作内容，如撰写公关稿件、项目提案以及日常与客户、媒体和第三方的邮件联系都是公关行业中的重要“功课”，需要从业人员具有良好的书面表达能力，能够完整清晰地表达，抓住重点和核心内容进行分析。

（2）管理能力

一名公关从业人员的“管理能力指数”体现在他对公关活动的管理和进度掌控能力上，体现在他对目标群体的管理效果上，更体现在他对客户的经营管理能力上。公关活动总是千变万化的，时有意外发生，具备在第一时间迅速做出反应并且采取正确行动的应变能力，是对公关从业人员的基本要求。尤其在企业信用危机等状况频频发生的时候，良好的应变能力能够最大限度地降低对企业形象的危害。

（3）谋划能力

谋则变，不谋则不得变；凡事预则立，不预则废。公关活动是智力活动，需要谋，需要预。要想搞好公关工作，公关人员必须具备较强的思维判断能力和出谋划策能力，以便对公关工作进行分析研究，找出问题的症结，从而有针对性地全面安排事务，达到预想的效果。

（4）社交能力

衡量一名公关人员能否适应现代社会的标准之一，是看他是否具备良好的社交能力。公关人员只有具备较强的社交能力，才能在任何场合都应付自如、左右逢源、广交朋友。由于工作需要，公关人员经常参加各种交际活动，如迎送客人，参加各种商务洽谈会、宴会和舞会等。所以，应了解并遵循在各种场合下的礼节要求，尤其是在涉外公共关系活动中，既要遵循国际惯例，又要根据本国特点和风俗习惯以及特殊的需要灵活变通。公关人员必须懂得、通晓和遵守一定的社交礼仪，这既是对自己和他人的尊重，也是一种有教养的体现。

（5）良好的学习能力

公关人员专门从事组织机构公众信息传播、关系协调与形象管理事务的咨询、策划、实施和服务，因此必须具备很强的学习能力，除了广泛了解各个行业的发展之外，还要力求成为某些领域的专家。同时，拥有良好的学习能力也是成为复合型公关人才的重要素质。

4）公关人员的心理素质

公关人员要和社会上各种各样的人打交道，常常需要面对各种难题、矛盾和困境，需要自身具备良好的心理素质，包括：

（1）心理承受能力。无论是成功还是失败，顺境还是逆境，都要善于控制自己的情绪和行为，理智地对待问题、解决问题。

（2）坚强的意志。其主要是指应具有很强的事业心和进取心，对工作满腔热情，不畏艰难，勇于负责，持之以恒。

（3）成熟的思维方式。公关状态复杂多变，要求公关人员应有较高的智商，遇事冷静思考，有严密的逻辑思维能力和综合分析问题的能力，有丰富的想象力和创造思维能力，使组织在激烈的竞争中立于不败之地。

（4）开朗的性格。开朗乐观是公关人员必备的性格特征。因为公关工作是开放型工作，所以公关人员应有外向型性格，勇于并善于跟各界不同类型的公众打交道，建立良好关系。有开放心理的公关人员能不断接受新的事物、新的知识、新的观念，能以高姿态冷静地对待公关中所遇到的困难和挫折，能在工作中大胆创新，为塑造组织美好形象做出较大的贡献。

（5）广泛的兴趣爱好。公关人员要与各行各业的人打交道，广泛的兴趣会给公关人员的社会交往带来更多的机会，结交更多的朋友。公关人员为了工作的需要，应培养自己的多方面兴趣。

（6）良好的气质。公关人员的气质最好是活泼型，对工作热情而稳重，善交际而不急躁。兴奋型的人也可以从事公关职业，但工作中要注意不要感情用事。

课程思政2-1

哪吒汽车要请吴亦凡代言？

背景与情境：2021年8月3日，一张微信聊天截图在营销圈炸开了锅！一个名为“【哪吒】品牌中心管理群”的14人微信群内，一位昵称为“彭某”的群成员提议：“是不是要给吴亦凡一个机会，官宣请他做代言人，告诉大家还是要给他一个机会，坏人也需要机会。”彭某还表示：“这事5分钟出圈，其实可以试试，大不了，回头官方道歉开除相关人员。”他还补充道：“哪吒精神就是给所有人重新做人的机会。”群里有人附和道：“学习了。就是要不断地制造热点。做错了也可以成为热点，道歉还是热点。”

吴亦凡的恶劣行径已经激起了全社会的公愤，这些人竟然视而不见。在数十家品牌纷纷解约，庆幸甩掉这个品牌“核弹级雷点”的时候，作为一个有着多年营销和广告业从业经历的广告公司高级管理人员，竟然想出了这么个恶俗至极的营销方式。

好在没等网友吐槽，哪吒汽车官方已经忍无可忍了。8月3日深夜，哪吒汽车官博发布声明，言辞十分激烈，表示“现决定立刻开除市场部负责人彭某，群里所有发表不当言论的人员同时开除！”并向大众道歉。随后，公司联合创始人兼首席执行官张勇也发声：“这帮人觉得瞎炒作的代价无非就是开除一个临时工，我们的回应是把出这个主意的市场部负责人和参与谈论并发表不当言论的半个品牌公关团队开除掉！让他们为自己的言论付出代价！”

公众方面，很多网友已经表示出了对哪吒品牌的反感。毕竟负面就是负面，再完美的事后公关都会招致质疑，哪吒汽车当然也不例外。

资料来源　付玉梅．“5分钟出圈”的哪吒汽车：半个公关团队被深夜开除，车企营销底线在哪？[EB/OL]．[2021-08-05]．http：//auto.china.com.cn/roll/20210805/713519.shtml.

问题：从课程思政的角度研判该案例。

2.2　公共关系客体

公共关系的客体是指公关活动的对象，即公众。公众不同于一般意义上的群众、大众等概念，而是指与特定的公关主体相互联系和相互影响的个人、群体或组织的总和。

公众是组织赖以生存并发展的重要社会环境。加强组织与公众的沟通，协调组织与公众的关系，创造一个和谐、有序、高效、文明的社会环境，是现代社会组织生存与发展的前提及保证。社会组织也正是在提供公众所需要的各种服务、满足公众的各种需求的过程中，求得了自身的生存与发展。

2.2.1　公众的含义与特征

正确认识公众的含义与特征，准确进行公众的分类，深入分析基本目标公众的特点与意义，是组织有目的、有计划地开展公共关系工作的重要依据。

1）公众的含义

所谓**公众**，是指因面临某个共同问题而形成并与社会组织的运行发生一定联系的社会群体。它是与特定组织发生联系且相互作用的社会成员客观形成的社会集合体，是构成公共关系的客体因素，是组织开展公共关系工作的重要对象。

“公众”一词在社会科学和日常生活中使用得很广泛，但它在公共关系学中的含义不同于在其他学科中的含义，也不同于在日常生活中的含义。在社会学中，公众即大众，指社会上大多数人；而在公共关系学中，公众这个词特指任何被共同利益或共同关心的问题联结在一起的群体，这种群体对组织有着重要的影响，因此成为组织传播交流信息的对象。

美国社会学教授唐纳德·格伦勃格（Donald Grunberg）曾举例说明了大众与公众的区别。他说，地铁突然停电，有50人被困，当这50人各自找出路时，他们是大众；当他们彼此发现遭遇同样的困境后，共同设法求救时，即为公众。虽然每个人提出的求救方法不同，甚至相互冲突，可他们求救的意愿和设法摆脱困境的意见是一致的。简言之，公众有共同的目标，共同目标是通过共同讨论形成的，是一种理性行为，而大众则缺乏这种理性。

综上所述，我们可以看出，公众至少包含以下几项基本含义：

（1）公众是相对于特定组织而存在的。

（2）公众是因共同的利益、问题等而联结起来并与特定组织发生联系或相互作用的个人、群体或组织的总和。

（3）公众是客观存在的，不以主体的主观意志为转移的。

2）公众的特征

任何组织都有其特定公众，而公共关系便是组织主动地与公众建立和维护良好关系的过程，但这并不意味着作为客体和对象的公众是完全被动的、随意受摆布的，公众随时都可以表达自己的意志和要求，主动地对公关主体的政策和行为做出积极反应，从而对公关主体形成舆论压力和外部动力。公众的特征主要有以下几个方面：

（1）相关性

相关性，指公众与特定组织相互联系、相互作用，互为依存条件，这是公众得以形成的根本原因。任何组织的生存与发展都离不开特定的公众，而任何公众离开了特定的组织也就失去了原来的特定公众的意义。例如，一个企业要有自己的员工和顾客，一个学校要有自己的学生与教师，否则这个企业或学校就无法存在；而一个顾客如果中止了与某企业的联系，一位教师离开了原来的学校，那么这个顾客或教师作为某企业或学校的特定公众的身份随之就会发生消退性的变化。

（2）同质性

所谓同质性，是指公众的某种共同的性质，具体表现为某种共同的利益、共同的需求、共同的联系、共同的目的等。尽管许多社会成员互不相识，但他们在某个组织中发生了共同的联系，或者在某种联系中具有某种共同的利益等，这就使他们成为具有某种共同特征的公众。如商店里的顾客、火车上的乘客、医院中的病人等，这些都是有关组织的主要服务对象，是有关组织的首要公众。这许许多多相互交叉的共同点，即同质性，就使得存在于组织内外的、表面上分散无关的公众产生了内在的、动态的结构关系，形成了各具特征的公众类型。

（3）整体性

公众不是单一的群体，而是与某一组织运行有关的整体环境。任何组织的生存和发展都离不开一定的公众环境。组织在开展公共关系时，要用全面、系统的观点去分析组织的所有公众，而不能忽略其中的某一部分公众。因为如果忽视其中的任何一种公众，就有可能导致整个组织公众环境的恶化，而公众环境的恶化必然影响组织的生存和发展。

（4）多样性

多样性是公众的外部结构特征。在与特定组织的相互交往中，公众的表现形式是多种多样的。例如，有个体公众、群体公众、组织公众，个体公众中有男性或女性，群体公众中有不同年龄层次，组织公众中有城市和农村之别，等等。公众结构形式上的多样性正是组织与社会环境联系的广泛性的必然表现。

（5）动态性

动态性是公众的发展特征。公众是一个开放的、动态的集合体，它会随着内外因素的变化而变化。组织的具体公众对象并非一成不变，组织与公众的关系也是处于不断发展变化中的。创造性地适应公众的变化，引导公众朝着有利于公众、有利于组织、有利于社会的方向发展，正是组织公共关系工作的出发点和立足点。

2.2.2　公众的分类

一个组织面对的公众是很多的。公共关系公众是与本组织生存和发展有关的各方面的公众，这些公众之间互相直接或间接地联系在一起，是由各种规模和类型的公众所组成的集合体，是一个复杂的公众网络系统。在这个系统中的公众，其数量、范围、性质、态度是随时间变化而不断变化的。可见，公众的构成因素是各种各样的，我们从不同的角度可以进行不同的分类。

1）按照公众与组织有无归属关系，可以将公众划分为内部公众与外部公众

（1）内部公众

这类公众是组织的构成部分，和该组织机构构成最直接、最密切的利害关系。内部公众主要指组织内部的员工及股东等。内部公众是公共关系要协调的最重要的公众之一，也是公共关系“内求团结”的主要对象。

（2）外部公众

外部公众是指和某一特定组织机构不存在直接的利害关系但有着利益关系的外部组织机构或个人，如新闻媒体、政府机构、服务对象、社区、顾客、教育界等社会群体。在国外公共关系界划分的24类公众中，除了员工和股东两类属于内部公众之外，其余22类都可列入外部公众，包括顾客、社区、一般公众、消费者、竞争者、原料供应商、批发商、代销商、经销商、公务员、金融机构、新闻媒体、慈善团体、宗教团体、上级主管、工会、学校、政治团体、政府机构、公共事业团体、行业团体、合作协同者。

2）按照公众的组织状况标准，可以将公众划分为非组织公众和有组织公众

（1）非组织公众

非组织公众是组织公共关系活动中面对的无组织性的公众。其中又可分为：

①流散性公众。这是稳定性程度最差的一种公众，如某一城市流动人口中的外地出差者、探亲访友者、旅游者、流动商贩等。

②临时性公众。其是指由于临时的问题或事件聚集起来的公众。有的学者认为，形成临时性公众的某些问题和事件，如果是政治、经济、社会或民族方面的原因，往往会较严重，而且常常带有突发性质，需要认真对待。但绝大多数情况下，临时性公众是由组织的各种活动召集来的公众，如展销会、运动会或在剧场、影院参加娱乐活动的公众。

③周期性公众。其是指有规律性地聚集起来的公众，一般和季节性、重大纪念日、节假日相联系，如节日购买商品的消费者或一年一度的活动中出现的公众。

④稳定性公众。其是指与组织有业务往来或经常发生联系但不是以有组织的方式出现的公众，如组织或企业较固定的用户和消费者。

（2）有组织公众

有组织公众是组织公共关系活动中的特定社会组织与社会群体。其中又可分为：

①社区性公众。其是指组织机构所在地周围社区内的公众，如组织附近的街道、

居民区、企业、机关团体等。

②环境性公众。其是指与组织相关的内外环境中的公众，如协作部门或企业、新闻单位等。

③管理性公众。其是指上级主管部门和政府机构。

3）按照公众发展的状况标准，可以将公众划分为非公众、潜在公众、知晓公众、行动公众

（1）非公众

从社会学的角度讲，公众始终存在；而从公共关系的角度讲，存在着非公众。非公众指一部分个人、群体和社会团体，在一定时空条件下，既不受这个组织的行为影响，也不对这个组织产生任何影响力或后果。准确确定非公众，有利于把握公共关系工作的主攻方向，减少公共关系工作的盲目性。

（2）潜在公众

在某一特定组织机构所处的环境中，当某个社会群体面临着由该组织机构的行为所引起的共同问题，但他们本身尚未意识到这一问题的存在时，这个社会群体就是该组织的**潜在公众**。

潜在公众是将来可能与某一特定组织机构发生利害关系的公众。由于潜在公众本身并未意识到问题的存在，因此，它不会采取任何行动。在一段时间内，组织不会遇到潜在公众造成的威胁。

（3）知晓公众

这是由潜在公众发展而来的公众。知晓公众不仅面对某一特定组织机构的行为所引起的共同问题，而且本身已明确意识到这一问题的存在。

（4）行动公众

这是由知晓公众发展而来的公众。行动公众不仅面临共同问题，意识到这些问题的存在，而且准备或已经采取行动以解决他们在和某一特定组织机构发生利害关系时出现的某一共同问题。

行动公众的形成可能对组织构成某种威胁，使公共关系工作的任务趋向艰巨。

同步思考2-1

问题：“非公众”即不是公众，那么这里为什么要提出这一概念？

4）按照公众对组织的重要程度标准，可以将公众划分为首要公众、次要公众和边缘公众

（1）首要公众

首要公众指对一个组织机构的生存和发展具有重要影响力和决定性作用的公众。这类公众一般对组织的信誉及各项工作的成败起着举足轻重的作用，是公共关系的重点对象。

（2）次要公众

次要公众是指对一个组织机构的生存和发展虽然具有一定的影响作用，但这一影响作用尚不具有决定性作用的这类公众。当然，首要公众与次要公众是相对的，是处在发展变化中的。

（3）边缘公众

在同一组织机构的各类公众中，重要性最小的那类公众构成这一组织机构的边缘公众。

5）根据公众对组织所持的态度，可以将公众划分为顺意公众、逆意公众和独立公众

（1）顺意公众

顺意公众是指对一个组织机构推行的政策、采取的行为持赞赏、支持、合作态度的公众。保持和扩大组织的顺意公众，做好对他们的公共关系工作，是十分重要的问题。

（2）逆意公众

逆意公众亦称反对公众，是指对某一特定组织机构的政策、行为持反对态度的公众。逆意公众形成的原因通常有两种：一种是在利益上与组织发生了利害冲突；另一种是对组织的政策和行为产生了误解。公共关系工作的一个难点就是如何将逆意公众转变为顺意公众。

（3）独立公众

独立公众亦称中立公众或不确定公众，是指对组织推行的政策和采取的行为持中立态度，或尚未表态、态度还不明朗的公众。这是公共关系工作要重点争取的公众。

2.2.3　公众心理分析

公共关系学也是一种公众管理学，直接对象是公众，因而公众心理的研究在公共关系学中具有重要的地位。

1）公众知觉研究

知觉是人脑对当前直接作用于感觉器官的客观事物的整体反映。知觉之所以在当前能够一下子反映事物的整体，是因为在此前已经历了对该事物各种特性的感觉，并在脑中储存着相应的感觉信息组合。因而，我们可以说，人的知觉是在感觉的基础上产生的需要、动机、兴趣、经验、知识等。

知觉过程是一个复杂的过程，它要经过生理和心理两个历程。当一个人在感知某一事物时，首先要通过感觉器官（如眼、耳等）感知对象（生理历程），然后在头脑中形成一种印象（感觉）。这一印象形成后，又与感知者已有的认识、体验结合起来，结果就形成了一个有意义的心理画面，这个心理画面称为“知觉世界”。可见，世界上没有哪两个人所感知到的世界是一模一样的，因而知觉是因人而异的。

知觉对公众行为的影响，主要表现在以下几个方面：

（1）第一印象

第一印象是在首次接触时所留下的印象。第一次进入一个新环境，第一次和某个人接触，第一次到某商场购物，第一次到某宾馆住宿等，由于双方首次接触，总有一种新鲜感，与人交往时都很注意对方的外表、语言、动作、气质等。因此，第一印象的产生，主要是感知对方的容貌、表情等外在的东西。

第一印象能产生比较持久的影响。然而，在形成第一印象的过程中，知觉者不知道哪个刺激对以后的行为是有影响的、重要的或是具有预见性的。例如，美国一个洗发水广告有效地运用了这样的广告语：“你不可能有第二次机会产生第一印象。”

（2）晕轮效应

晕轮效应是指由对象的某种特征推及对象的总体特征，从而产生美化或丑化对象的现象。

晕轮效应与第一印象一样普遍。它们的主要区别在于：第一印象是从时间上来说的，由于前面的印象深刻，后面的印象往往成为前面印象的补充；而晕轮效应则是从内容上来说的，由于对对象的部分特征印象深刻，使这部分印象泛化为全部印象。所以，晕轮效应的主要特点是以点概面、以偏概全。

在人际交往中，晕轮效应既有美化对象的作用，也有丑化对象的作用。比如，有的商品由于其包装精美、价格偏高，人们往往会认为该产品的质量也会像精美的包装一样好，会和偏高的价格相一致。又如，某演员演技好，表演效果佳，人们就会以为该演员的一切都是美好的，即使有点缺点，也可以忽略不计。同样，晕轮效应也能使人的知觉产生另外一种极端丑化对象的现象。比如，人们常因某人的一点缺点而否认他的其他优点。这种晕轮效应一旦泛化，会产生很大的消极作用。

（3）心理定式

心理定式是指人在认识特定对象时心理上的准备状态。也就是说，人在对他人产生认知之前，就已经将对方的某些特征先入为主地存在于自己的意识中，使知觉者在认识他人时不自主地处于一种有准备的心理状态。这种心理准备状态极大地影响着人们的心理和行为。

心理定式的产生，首先和知觉的理解性有关。在知觉当前事物时，人们总是根据以往的经验来理解它，并为随后要知觉的对象做好准备。比如，在日常生活中，当你觉得某人是个好人，一旦发生了一件好事，你就会把这事和这人联系起来；同样，如果你不喜欢某人，觉得他是个坏人，那么一旦出现一件不好的事，你就又会把这人和这事联系起来。

（4）刻板印象

刻板印象指的是社会上部分人对某类事物或人所持的共同的、笼统的、固定的看法和印象。这种印象不是一种个体印象，而是一种群体印象。例如，人们一般认为青年人有热情、敢创新而易冒进，老年人深沉稳重而倾向于保守；日本人争强好胜、注重礼仪，美国人喜新奇、重实利、随便自由等。

刻板印象一方面有助于人们对众多的人的特征做概括了解，因为每一类人都会有一些共同特征，运用这些共同特征去观察每一类人中的个别人，有时确实是知觉别人的一条有效途径。但是，另一方面，刻板印象具有明显的局限性，能使对人的知觉产生偏差。因为每类人中的每个人的具体情况不尽相同，而且，每类人的情况也会随着社会条件的变化而变化。

（5）期望效应

期望效应也称为“皮格马利翁”效应。皮格马利翁是希腊神话中的塞浦路斯国王，善于雕刻，由于他强烈地热爱上了自己所雕的象牙少女雕像，爱神阿佛洛狄忒见他感情真挚，就赋予雕像以生命，两人最终结为夫妻。期望效应是指在生活中人们的真心期望常常会变成现实的现象。

同步案例2-2

“皮格马利翁”效应

背景与情境：希腊神话中塞浦路斯国王皮格马利翁喜爱雕塑。一天，他成功塑造了一个美女雕像，爱不释手，每天以深情的目光观赏不止，看着看着，美女竟活了。这是一则神话，但心理学家却从中得到很大的启发。

1968年，美国心理学家罗森塔尔和雅各布森来到一所小学，他俩从一至六年级中各选三个班，在这18个班的学生中进行了一次煞有介事的“发展测验”。然后，他俩以赞美的口吻将有优异发展可能的学生名单发给了有关老师。名单中有些学生在老师意料之中，有些则不然，甚至是水平较差的学生。对此，罗森塔尔解释说：“请注意，我讲的是发展，而非现在的情况。”于是老师们从内心接受了这份名单。罗森塔尔叮嘱老师们不要把名单外传，只准老师们自己知道，否则就会影响实验结果的可靠性。8个月后，他俩又来到这所学校，对18个班进行复试，结果他们提供的名单上的学生成绩有了显著进步，而且情感、性格更为开朗，求知欲望强，敢于发表意见，与老师们的关系也特别融洽。

问题：试对上述现象进行分析。

2）公众需要研究

人是自然属性和社会属性的统一体，对其自身和外部生活条件有各种各样的要求。当某种生理或心理因素缺乏时，就会导致生理或心理上的匮乏状态。当这种匮乏状态达到一定程度，必须进行调节时，个体就感到需要的存在，进而产生恢复平衡的要求。可见，需要是个体缺乏某种东西时的一种主观状态，它是客观需求的反映。

美国心理学家马斯洛的“需要层次论”，对揭示需要与公众行为的关系有重要的启发意义。其基本观点如下：

（1）人类有五种基本需要，即生理的需要、安全的需要、归属和爱的需要、尊重的需要和自我实现的需要。

（2）人的需要是有层次的。人类的五种需要由低到高排成一个阶梯，当低层次的需要获得相对满足后，下一层次需要就占据了主导地位，成为驱动行为的主要动力。

（3）优势需要决定人的行为。在同一时间、地点、条件下，人存在多种需要，其中只有一种占优势地位的需要决定着人的行为。当一种优势需要获得满足后，其驱动力逐渐减弱，取而代之的是新的优势需要，由此驱动人的新行为。公共关系活动要注意不断满足公众新的需要。

同步案例2-3

美团上线盲人版

背景与情境：相关统计数据显示，我国约有视力障碍人士1 750万。为助力盲人商户在数字经济时代稳定创业就业，美团于2019年6月19日联合中国盲人协会共同发起“‘看见’数字化”盲人商户关爱行动。截至2021年6月30日，“盲人版商户通”为6 919家盲人合作商户提供了低门槛、零成本、高效率的营销推广渠道，同时对这些商户辅以标准化互联网经营培训，在商户店铺线上化转型、店铺推广效果提升、优质客户沉淀等方面都取得了不错的效果。美团数据显示，尽管受到了新冠肺炎疫情的影响，但从整体来看，获得“盲人版商户通”经营扶持的合作商户，其线上订单量在两年间仍然呈整体上升态势。

2019年10月上线的“美团语音盲人定制应用”，专门服务于盲人群体。美团盲人版的使用方法很简单，用户只需要点击美团APP首页的语音按钮，说出“无障碍外卖”即可使用；或在首页点击“更多”进入更多功能页面，点击页面内的“无障碍外卖”图标进入，然后通过“语音交互”的方式完成外卖下单全流程。美团还将智能语音助手语速分为1～5档，用户可根据习惯自主调节。美团数据显示，通过美团语音点餐，准确率能达到95%。

中国盲人协会主席李庆忠表示：“盲人群体的就业创业是他们提升生活质量和社会参与水平的最重要途径，需要全社会的关心和支持。在数字经济时代，让他们融入数字经济可以帮助他们创业和就业。希望更多的企业关心帮助残疾人特别是盲人群体的就业创业。”

资料来源　永文．“看见”数字化盲人商户关爱行动成果丰硕[EB/OL]．[2021-07-08]．https：//tech.gmw.cn/2021-07/08/content_34980293.htm.

问题：评析上述案例。

3）公众态度研究

态度是指个人对某一对象所持有的评价与行为倾向。态度的对象是多方面的，其中有人、事件、物、团体、制度以及代表具体事物的观念等。

态度属于行为的指导和动力系统，对人的行为有很直接、重要的影响。有关态度与行为之间关系的探讨几乎与对态度本身的研究历史一样长久。大多数学者对态度和行为之间的关系基本上持一致的意见，认为一个人的态度决定了他的行为。

一般来说，态度由认知、情感、意向三个因素构成。态度的这三个因素相互联系、相互制约，形成了一个相对稳定的统一体。但是，研究也表明，态度的三个成分之间也可能存在着不一致的现象。在通常情况下，当态度的三种成分出现冲突的时候，情感成分起主要作用。但是，在实际生活中，由于受到种种因素的影响，人们的认知、情感和行动之间常常表现出很复杂的关系。

态度作为一种心理现象对公众行为有以下影响：

（1）态度通过公众知觉的选择性和判断性影响公众的行为。一般来说，人的行为是由一定的外部或内部刺激引起的，但人并不是消极地接受这种刺激，这种刺激只有经过人类心理上的加工作用后才能为人所接受。人的态度就在人的心理活动中起着“加工作用”。

（2）态度决定着公众的行为方式。态度是一种内在的行为倾向，当这种行为倾向见之于实际活动时，就是完成的行为。因而，在通常情况下，个人的态度和行为是一致的。态度直接影响和决定个人的行为，具有预测行为的能力。

（3）态度决定人的行为效果的差异。不同的人对同一人或事的态度不同，即存在着态度差异，态度差异又影响着人的行为。一般来说，积极的工作态度会产生高效率，消极的工作态度会导致低效率。

公共关系工作需要研究如何通过宣传、教育、引导来影响或转变公众的态度，使之对组织的发展有利。态度的转变一般包括两个方面：一是正向深化，即保持原方向，加大原有态度的强度；二是反向转变，即改变原有态度的方向和性质，如由消极变为积极，由反对变为赞成。前一种变化比较容易，而后一种变化难度较大。

4）社会流行

心理学的研究表明，在分散的社会大众中由于人们之间的相互作用，会出现从众、模仿等现象，从而为社会流行奠定了心理基础。所谓**社会流行**，是指社会上相当多的人在较短时间内，由于追求某种行为方式而愿意一起行动的心理强制。社会流行的范围十分广泛，包括物质产品的流行、语言行动的流行及思想观念的流行等。

社会流行既是一种心理现象，也是一种行为活动。社会流行既体现在人们的物质生活方面，也体现在人们的精神生活方面。

流行作为一种社会现象，它不是凭空产生的，而是有其深刻的社会根源和心理根源的。影响社会流行的因素主要有以下几个方面：

（1）社会生产力发展水平

社会生产力发展水平的高低以及由此决定的人们的物质生活条件的丰裕程度，是影响流行的最基本的因素。因为虽然社会流行在历史上很早就出现了，但由于生产力发展水平低下，流行的发展变化十分缓慢。只有在社会化大生产的条件下，企业能够大规模地组织生产并生产出大批量的产品，使得工业品的价格比较低，才能使普通民众也能消费得起，并加入到流行消费的行列中。

（2）社会文化因素

人们的价值观、宗教信仰、受教育水平的高低以及审美能力等都能影响流行的内容与形式。

（3）社会心理因素

流行是人们追求个性意识的产物，是人们渴求变化、追求新奇的社会表现，同时，流行也与人们的从众心理和模仿心理密切相关。人们为了与众不同、表现自我而去追新猎奇，又为了赶上潮流而去模仿那些比自己更新潮的人。正是这些社会心理因素，才使得流行有了一定的社会基础。

（4）宣传因素

在一定条件下，通过各种媒介的宣传，是产生流行的主要方法之一。特别是大众传播媒介的独特作用，使得有关商品或服务的信息能够在最短的时间内到达目标受众，这就为流行提供了一定的物质条件。

2.2.4 公众舆论

公共关系的任务是保持社会组织与公众之间的相互理解与合作，在公众心目中建立良好的组织形象，在组织内外形成有利于组织的公众舆论环境是完成这一任务的基础。因此，从某种意义上说，公共关系是一门研究如何了解和影响公众舆论的学问。

1）公众舆论的含义

所谓舆论，是指广泛流行的、消除个人观点误差的多数人的共同意见。

在公共关系中，**公众舆论**是指社会公众对组织的决策、行为、人员或产品所形成的看法和意见的总和，是社会大多数人对组织的看法和意见的公开表达。

舆论有三个基本要素：一是舆论的主体。舆论的主体是公众，它是由社会上占大多数的具有独立自我意识的个人组成的。二是舆论的客体，是涉及公众利益的社会公共事务。三是作为舆论现象本身的意见。一个完整的舆论必须三位一体，缺一不可。

2）公众舆论的形成过程

公众舆论的形成因不同的社会环境、公众心理以及舆论客体的差异，不会有标准化的形成公式，但是对舆论形成进行大致的概述，通常有以下几个步骤：

（1）散播舆论阶段。当社会发生较大变动，或者积累了一些问题，大家对周围变化存在的问题议论纷纷时，这时的意见是分散的、多样化的个人意见。

在这一阶段中，出现了几种占主导地位的个人意见，如果其中某个人的意见在一开始就反映了多数人的愿望，维护了多数人的利益，就会逐渐变成多数人的意见。

（2）群体舆论阶段。一定数量的人按照某种聚合方式，在一定场合进行意见传播与交流活动，这种人群作为群体舆论的主体，就产生了舆论群。这种情况下的意见传播，就容易把同一种意见变成广泛的群体舆论。在这一过程中会出现“意见领袖”，他们通常具有一定的威望和责任感，有号召力和影响力，能够获得他人的尊重和信任。

（3）公众舆论阶段。公众舆论的形成有赖于组织传播和大众传播。权力组织及其领导人、大众传媒等通过各种手段促成其所希望的舆论。在这一过程中，大众传媒成为舆论形成的有力工具，被称为“舆论机关”“舆论工厂”。

李普曼在《公众舆论》中提出，公众舆论是非理性的，无法通过公众舆论实现民主政治。他把公众舆论定义为：“在公众意见庞杂、非理性的情况下，作为领导者的人通过制造同意、制造模糊概念、寻找共同情感等一系列手段，将公众的情绪和意见整合起来，形成了所谓的公众舆论。”

他认为，公众舆论是由领导者通过一系列强效手段，将公众情绪和意见整合而成的。作为社会精英的领导人对公众舆论的形成具有重要作用。具有统治和领导能力、引导统一能力的精英群体，可以整合公众庞杂多样的舆论，使之最终合为一股。通过这种能力，能够掌控舆论，稳定形势，取得优势地位。李普曼指出，普通公众难以把握事实真相，并做出正确判断。他把普通公众看成是既不了解情况又无理智的“局外人”，而把那些受过特殊训练、能够通过专门的“情报机构”得到准确的情报、做出正确判断的少数人称为“局内人”。他认为只有这些少数“社会贤能”的局内人才可能在社会上发号施令，决定一切，并通过宣传来左右“局外人”。

此外，德国社会学家诺依曼在《沉默的螺旋：舆论——我们的社会皮肤》一书中指出，一般社会成员对社会上意见的分布处于“多元无知”状态，那么传播媒介根据自己的意志去反映意见分布状况，使媒体提示和强调的即便是少数人的意见也会被人们当作“多数意见”来认知，引起“沉默的螺旋”的始动。

“沉默的螺旋”是指人们在表达自己想法和观点的时候，如果看到自己赞同的观点，并且受到广泛欢迎，就会积极参与进来，这类观点会更快地发表和扩散；而发觉某一观点无人或很少有人理会（有时会有群起而攻之的遭遇），即使自己赞同它，也会保持沉默。意见一方的沉默造成另一方意见的增势，如此循环往复，便形成一方的声音越来越强大，另一方越来越沉默下去的螺旋发展过程。这个理论认为媒体可以镇压公众所持有的、与媒体相悖的意见表达，造成“沉默的螺旋”，直到媒体描述的

“现实”变为事实为止。由此可见，大众传播赋予了舆论的社会控制功能，会产生强大的社会效果和影响。

3）公众舆论的作用

舆论是社会中普遍存在的一种现象，对个人或群体产生一定的影响，它既可以约束个人或群体的行为，也可以鼓励个人或群体的行为。

（1）舆论的制约作用

社会舆论对人们的心理和行为能产生一定的制约与监督作用。个人在社会中总是会发生从众行为。舆论既然是代表大多数人的意见，就可以产生一种社会控制力量，使它对每个人具有一种压力作用，约束每个人的言论和行动。所以，正确的、健康的舆论能够团结公众、鼓舞公众，以阻止不道德的言论和行为在组织中发生。

（2）舆论的鼓动作用

进步舆论往往可以成为社会运动的先导，只有舆论先行，才能发生伟大的社会革命活动。现实生活中的事件，经过许多人对其评论，发表意见，造成舆论，便形成一种社会心理气氛。这种社会心理气氛包围着人们的生活，形成了客观的社会环境，反过来又影响着人们的生活。

4）新媒体时代的公众舆论

在以网络为代表的新媒体时代，传统的新闻舆论的主导作用不再那么绝对与强大。新媒体时代公众的主体意识空前高涨，表达欲望得到充分激发，特别是对于公共事务，网民的参与意识极高。“沉默的螺旋”理论强调的是大众传播的高压环境对现实中个人的影响，在互联网的虚拟环境中，这种机制同样存在，当一个人在受到网络群体的压力、在网络空间中产生社会孤立危机感的时候，微博、微信等新媒体就呈现出强大的舆论力量。

近年来，随着公民权利意识的逐渐增强和互联网的飞速发展，中国公众参与公共事务的热情不断提升，在众多事件中都发挥了重要作用，甚至直接影响了企业或项目的运营，鸿星尔克的一夜爆火、狗不理的“无理取闹”都是例证。

互联网等新兴媒体的发展也使得企业舆论环境变得更加复杂，网络成为公众、媒体表达意见、进行舆论监督的重要场所和渠道，其影响范围在不断扩大。辉瑞制药遭受巨额罚款、丰田汽车隐匿事故信息，这些发生在国外的事件通过互联网传播都引起了国内舆论的关注和讨论。

教学互动 2-2

互动问题：公众舆论一定是正确的吗？

要求：同“教学互动 1-1”的“要求”。

5）社会组织面对公众舆论的对策

公众舆论是社会组织运行是否顺利的晴雨表。任何社会组织如果不顾公众舆论的向背，不但难以与公众形成良好的公共关系，而且会破坏自身的生存环境。

那么社会组织应当如何建立有效的关系管理及沟通机制来面对公众舆论呢？

（1）经常性地进行民意测验工作

尽管民意是公众潜在的共同看法和意见，它却是公众舆论的真正源头和基础。对社会组织而言，民意测验具有三层意义：首先，可以在公众舆论形成之前即予以宏观上的控制，并尽量化解对组织不利的公众舆论，把问题解决在萌芽状态。其次，为理性决策寻找可靠的依据，即借助搜集到的公众意见材料了解公众的意愿，从而及时调整组织的政策。最后，为内外公众的参与提供了一条现实可行的途径，即把民意测验作为一种民主参与形式，促使公众的意愿能真正体现在组织活动和管理工作中。

（2）提高专业化程度

从组织领导人到员工需要树立强烈的公关意识，目前，组织想要闷声发大财，做“隐形冠军”的可能性在互联网时代几乎不再有可能，需要在组织内部设立相关架构或职能，如建立新闻发言人制度，制定危机管理预案，提高与公众沟通的专业化、规范化程度，这样才不会有“媒体恐惧症”或“公众舆论失聪”等问题。

（3）做好议题管理

社会组织要在日常议题管理方面进一步加强预警能力，对舆论环境和舆论趋势进行分析研究。将容易受到质疑和攻击的议题纳入到组织危机管理体系，做好长期跟踪、监测工作；对于可能引发组织危机的重要问题进行定期总结汇报，做到有备无患。

（4）保持畅顺的沟通

社会组织应当定期与投资者、供应商、公众和媒体等利益相关方进行交流，建立良好的沟通渠道，并保持信息的及时与顺畅，采取有效措施保障各利益相关方的经济利益，争取在危机处理中获得舆论的支持。

（5）正确对待公众舆论

公众舆论对公众的行为具有重大的影响力。著名的美国政治家林肯说：“得到民意的支持，任何事情都不会失败；得不到民意的支持，任何事情都不能成功。”因此，对于一个社会组织来说应该做到：

首先，倾听舆论。组织要全面和及时地了解公众对本组织的印象和反映，就必须认真倾听代表大多数公众意愿的舆论，并以此作为自身决策的依据之一。

其次，顺应舆论。组织只有顺应公众舆论，搞好与公众的关系才能建立起自身生存与发展的良好环境，才能够很快地对某种不利于组织的行为起制约作用，对某种有利于组织的行为起促进作用。

最后，引导舆论。组织可以通过宣传、解释和劝导，及时引导公众的舆论，使其朝着有利于组织的目标发展。

本章概要

主要概念

社会组织　公共关系人员的素质　公众　潜在公众　顺意公众　逆意公众　晕轮效应　刻板印象　社会流行　公众舆论

内容提要

- 本章主要介绍了公共关系的两大构成要素：公共关系主体——社会组织和公共关系客体——公众。
- 社会组织是指为了执行一定的社会职能，完成特定的社会目标，具有明确规章制度的社会群体。社会组织的类型包括：营利性组织、服务性组织、公共性组织、互利性组织。

- 公关部是公共关系组织机构的一种，是组织内部的公共关系部门。公关部的作用主要表现在以下几个方面：信息搜集和处理、新闻传播、处理突发事件、公众接待、举办专门活动。公关部的设置原则有：规模适应性原则、必要性原则、权威性原则、专业化原则。
- 组织内部的公关部可以用不同标准来进行分类。首先，按公关部在组织内部的位置来分类，可以分为最高领导直接负责型、部门并列型、部门附属型。其次，按公关部的内在结构来分类，可以分为过程型、对象型。
- 公关公司是由职业公共关系专家和各类公关专业人员组成的，专门为社会组织提供公共关系咨询或受理委托为客户开展公共关系活动的信息型、智力型、传播型的服务性机构。公关公司的经营大体有三种形式：与广告公司合营；单独经营综合咨询服务；单独经营专项咨询服务。
- 公共关系协会是指社会上自发组织起来的、非营利性的从事公共关系理论研究和实务活动的群众组织或群众团体。
- 公关人员的基本素质包括公关人员的公关意识、公关人员的知识结构、公关人员的能力结构、公关人员的心理素质几大方面。
- 所谓公众，是指因面临某个共同问题而形成并与社会组织的运行发生一定联系的社会群体。公众的特征有：相关性、同质性、整体性、多样性、动态性。
- 按照公众发展的状况标准，可以分为非公众、潜在公众、知晓公众、行动公众；按照公众对组织的重要程度标准，可以分为首要公众、次要公众和边缘公众；根据公众对组织所持的态度，可以分为顺意公众、逆意公众和独立公众。
- 知觉对公众行为的影响，主要表现在以下几个方面：第一印象、晕轮效应、心理定式、刻板印象、期望效应。
- 美国心理学家马斯洛的“需要层次论”，对揭示需要与公众行为有重要的启发意义。该理论认为人类有五种基本需要，即生理的需要、安全的需要、归属和爱的需要、尊重的需要和自我实现的需要。
- 态度是指个人对某一对象所持有的评价与行为倾向。态度作为一种心理现象对公众行为有以下影响：通过公众知觉的选择性和判断性影响公众的行为；态度决定着公众的行为方式；态度决定人的行为效果的差异。
- 社会流行，是指社会上相当多的人在较短时间内，由于追求某种行为方式而愿意一起行动的心理强制。影响社会流行的因素主要有以下几个方面：社会生产力发展水平、社会文化因素、社会心理因素、宣传因素。
- 公众舆论是指社会公众对组织的决策、行为、人员或产品所形成的看法和意见的总和，是社会大多数人对组织的看法和意见的公开表达。

内容结构

本章内容结构如图2-6所示。

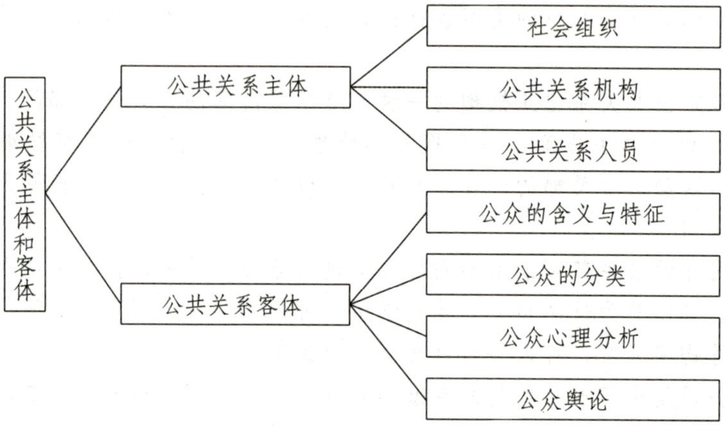

图 2-6　本章内容结构

单元训练

传承型训练

▲ 理论题

△ 简答题

1）公关部的作用包括哪些？

2）公关人员的公关意识包括哪些方面？

3）影响社会流行的因素有哪些？

△ 讨论题

1）公众与大众是一回事吗？举例说明。

2）态度作为一种心理现象对公众行为有哪些影响？

▲ 实务题

△ 规则复习

1）简述公关公司的业务范围。

2）简述公共关系协会的主要活动。

△ 业务解析

1）根据自己的身份、经历，列出你曾经是哪些组织、哪几种类别的公众？

2）简述社会组织面对公众舆论的对策。

▲ 案例题

△ 案例分析

“训练目的”“教学方法”“训练任务”同第1章本题型。

【相关案例】

钉钉：趣味求饶带来口碑反转

背景与情境：用户的负面评价一直是令品牌商头疼的大问题，网络上的差评不仅会让品牌蒙尘，甚至会消磨用户好感，使品牌失去市场竞争力。不过，危机同时也是转机，只要应对妥当，负面评论也能变为正面宣传。

办公软件钉钉被教育部指名为首批通过备案的教育应用。本来是好事一桩，却没想到钉钉的“在线课堂”功能变相增加了学生的课业量，使得学生们在APP评论区进行集体行动，将钉钉的软件评分拉低至1.3分。面对这群“惹不起”的学生用户，钉钉立马“认怂”，推出广告片《钉钉本钉，在线求饶》，吉祥物钉三多开启自黑模式，直呼“少侠们求饶命，被选中我也没办法”“不要再打一星了，不然我只能自刷”。随后钉钉更是乘胜追击，推出了《甩钉歌》《你钉起来真好听》等一系列B站风格的视频。在视频里，钉钉用最软的态度唱出了最硬的事实，构建起了品牌与B站的强关联度，成了B站网红，成功拉升了品牌在年轻人中的好感度，钉钉的评分也就回暖了。

资料来源 佚名.钉钉：趣味求饶带来口碑反转［EB/OL］.［2020-04-15］. https://www.sohu.com/a/388249733_120461338.

问题：

1）该案例涉及本章的哪些知识点？

2）根据本章的相关内容评价钉钉的做法。

分析要求：参照第1章本题型的“分析要求”。

△ 课程思政

“训练目的”“教学方法”“训练任务”同第1章本题型。

【相关案例】

拼多多公关的“神操作”

背景与情境：2021年1月，一则关于“拼多多员工猝死”的消息在社交平台引发热议。2020年12月29日，拼多多一名22岁的多多买菜团队员工，凌晨1点下班路上猝死。拼多多官方知乎账号的冷漠回应，令舆论沸腾。加班、猝死、年轻女性、互联网大厂，这些元素交织在一起，本身就足够引发舆情危机，然而拼多多公关的一番“神操作”，更是将危机扩大。

事件发生以后，引发了舆论的关注，但拼多多的公关可谓一波三折。拼多多先是“挺身而出”，在知乎官号上说：“底层人民拿命换钱是社会问题，不是资本问题，选择安逸，就要承担安逸的后果。”上述言论发出后引发滔天巨浪。拼多多公关部门大概是察觉到了危机，立刻“甩锅”，声称此帖非官号所发。但这一番“誓要将遮掩进行到底”的操作，却被知乎官方打脸。知乎官方不仅声明发帖、删帖都是拼多多官号所为，更标注出了发帖和删帖的具体时间。面对着一波又一波的舆论浪潮，拼多多公关部门有些慌了，于是炮制了一张长图，尝试把事情的“前因后果”交代清楚。这张长图说了三件事：第一，干这事儿的人不是拼多多员工，而是合作公司的员工；第二，这位员工发布信息的时候，并未意识到自己登录的是拼多多官方的账号，意识到这一点之后，便迅速删除；第三，拼多多道歉，并附上发送信息之人的手写证明。

拼多多员工猝死，让仍奔赴在多多买菜的一线员工心惊胆战，再这么疯狂拼下去，下一个倒下的可能是自己。同时，拼多多公关一而再再而三“甩锅”，避重就轻，也让公众寒心，难道拼多多堂堂正正承认错误就这么难？其越想尽快息事宁人，结果却适得其反，反而让公众更加反感。

对此，央视新闻评论称，幸福是奋斗出来的，但奋斗不只靠激情，也要讲效率，切不能演变成“拿命换钱”。让员工少熬夜、不透支，用人单位严格规范劳动保障，相关部门加强监管，保护好奋斗者同样重要！

资料来源 阿求有料到.畸形加班现象必须坚决遏制！新华社评拼多多员工猝死［EB/OL］.［2021-01-06］. http：//news.e23.cn/wanxiang/2021-01-06/2021010600207.html.

问题：

1）本案例中存在哪些思政问题？

2）试对上述问题做出你的思政研判。

3）说明你所做思政研判的依据。

4）请根据本章相关内容对拼多多的做法做出评价。

研判要求：参照第1章本题型的“研判要求”。

创新型训练

▲ 决策设计

“决策设计-Ⅰ”训练

【训练目的】

见本章“学习目标”中“创新型学习”的“决策设计”目标。

【教学方法】

采用“学导式教学法”和“案例教学法”。

【训练准备】

知识准备：

学生自主预习如下知识：

1）本章理论与实务知识。

2）本教材“附录一”附表1“解决问题”（初级）各技能点的“知识准备参照范围”所列知识。

3）决策理论与方法基础知识。

4）本教材“附录三”附表3“解决问题”能力“初级”各技能点“基本要求”和“参照规范与标准”。

指导准备：

1）教师向学生阐明“训练目的”和“训练任务”。

2）教师指导学生结合本项目进行自主性学习。

【训练任务】

1）体验对“知识准备”所列知识的学习和运用。

2）体验对“附录三”附表3“解决问题”能力“初级”各技能点“基本要求”和“参照规范与标准”的遵循。

3）体验在“相关案例”的业务情境中进行决策创新的“结构不良知识学习”过程。

4）撰写、讨论和交流《决策设计报告》。

【相关案例】

一次公关部长聘任考试

背景与情境：一家公司准备聘用一名公关部长，经笔试筛选后，只剩8名应试者等待面试。面试限定他们每人在两分钟内对主考官的提问做出回答。当每位应试者进入考场时，主考官说的是同一句话："请您把大衣放好，在我面前坐下。"

然而，在进行面试的房间中，除了主考官使用的一张桌子和一把椅子外，什么东西也没有。有两名应试者听到主考官的话以后，不知所措，另有两名急得直掉眼泪；还有一名听到提问后，脱下自己的大衣，搁在主考官的桌子上，然后说了句："还有什么问题？"结果，这五名应试者全部被淘汰了。

剩下的三名应试者，一名听到主考官发问后，先是一愣，旋即脱下大衣，往右手上一搭，躬身致礼，轻轻地说道："这里没有椅子，我可以站着回答您的问题吗？"另一名应试者听到问题后，马上回答道："既然没有椅子，就不用坐了。谢谢您的关心，我愿听候下一个问题。"最后一名考生的反应是，听到主考官的发问后，他眼睛一眨，随即出门去，把候考时坐过的椅子搬进来，放在离主考官侧前约一米处，然后脱下自己的大衣，折好后放在椅子背后，自己就在椅子上端坐着。当"时间到"的铃声一响，他马上站起来，欠身一礼，说了声"谢谢"，便退出考试房间，把门轻轻地关上。

资料来源　佚名. 一次公关部长聘任考试［EB/OL］.［2013-06-20］. http：//wenda.so.com/q/1371705951064805.

问题：

1）那几名考生为什么被淘汰了？该案例涉及本章的哪些知识点？

2）假如你是主考官，你会录用哪一位考生？为什么？并评价另两位考生。

3）假如你是考生，你准备把大衣怎么样放？为什么？

设计要求：

1）形成性要求

学生分析相关案例的"背景与情境"及相关问题，运用"知识准备"中列示的知识拟出《"决策设计-I"提纲》；小组讨论，撰写小组《"决策设计-I"方案》；班级交流、相互点评和修订各组的《"决策设计-I"方案》；小组总结本次训练，形成《"决策设计-I"训练报告》。

2）成果性要求

（1）成果形式：以经过班级交流和教师点评的《"决策设计-I"训练报告》为最终成果，将《"决策设计-I"提纲》作为《"决策设计-I"报告》的附件。

（2）结构、格式与体例要求：参照本教材"课业范例"的"范例-5"。

（3）在校园网的本课程平台上展示经过教师点评的班级优秀《"决策设计-I"训练报告》，并将其纳入本课程的教学资源库。

第3章
公共关系传播

学习目标

传承型学习

通过以下目标，建构以“公共关系传播”为阶段性内涵的“传承型”学力：

理论目标：学习和把握公共关系工作传播的概念、含义与特点，几种主要的公共关系模式、主要的公共关系传播媒介和公共关系传播效果等陈述性知识；用其指导“同步思考”、“深度思考”和相关题型的“单元训练”；体验“公共关系传播”中“理论知识”的“传承型学习”及其迁移。

实务目标：学习和把握公共关系传播模式的优缺点、公共关系传播媒介的运用、公共关系传播效果的层次与影响因素等知识；用其规范“深度剖析”和相关题型的“单元训练”；体验“公共关系传播”中“实务知识”的“传承型学习”及其迁移。

案例目标：运用本章理论与实务知识研究相关案例，对“同步案例”及“‘抗疫’中主流媒体的责任与担当”等业务情境进行多元表征，体验“结构不良知识”的传承型学习及其迁移；依照相关规范或要求，对“课程思政3-1”和“泸州老窖赢了官司却惹争议”等案例中的企业或其从业人员行为进行思政研判，培养高尚的道德情操，树立社会主义核心价值观。

创新型学习

通过以下目标，建构以“公共关系传播”为阶段性内涵的“创新型”学力：

自主学习：参加“自主学习-Ⅰ”的训练。在制订和实施《团队自主学习计划》的基础上，通过阶段性学习和应用其“知识准备”所列知识，整理和综合“公关关系传播”前沿知识，撰写、讨论和交流《“社交媒体传播与媒介”最新文献综述》和《“自主学习-Ⅰ”训练报告》等活动，体验自主性学习及其迁移。

引例　从《觉醒年代》热播看主旋律剧的传播价值

背景与情境：2021年2月1日，作为中国共产党成立100周年献礼作品的重大革命历史题材电视剧《觉醒年代》悄然登上电视荧屏，一部描述新旧思潮碰撞、革命先驱求真救国的大戏拉开帷幕。

100年前，军阀连年混战，饿殍横尸街头。在国家至暗时刻，一群志同道合的热血青年为国家的前途艰难求索，舍生忘死。《觉醒年代》聚焦陈独秀、李大钊等思想先驱的人生，围绕《新青年》杂志的创办过程，铺陈从新文化运动到“南陈北李，相约建党”这段波澜壮阔的历史画卷，再现那段追求真理、燃烧理想的岁月。

《觉醒年代》开播后，在观众群体中引起了热议，很多人开始自发了解历史，了解中国共产党的峥嵘岁月。适逢中国共产党建党100周年之际，以《觉醒年代》为代表的一系列主旋律剧起到了强有力的传播作用。

1）传播者决定传播内容

美国学者哈罗德·拉斯韦尔于1948年在一篇名为《社会传播的结构与功能》的论文中，首次提出了构成传播过程的五种基本要素，即“5W”理论，其中第一个要素就是传播者。电视剧的传播，除了内容外，还要考虑拍摄资金、演员素质、拍摄周期、市场评估等各种因素。可以说，一部电视剧的传播者是一个庞大的团队。电视剧是传统媒体中讲故事的佼佼者，也是一种大众喜闻乐见的方式，所以较容易得到良好的传播效果。由于电视剧的载体是传统媒体，因此又具有比新媒体更强的权威性和可靠性。

2）议题设置理论引导传播走向

受众往往关注媒体反复报道的问题。2021年适逢中国共产党建党100周年，涌现出众多优秀的献礼剧，比如《山海情》《大江大河2》等，这些电视剧的热播引起了观众对献礼剧的兴趣。大众传播的这种行为，就是为公众设置“议题”，即利用了大众传播的议题设置功能。电视剧大结局后，《觉醒年代》的热搜居高不下。《觉醒年代》的“出圈”，正是抓住了这一点，在议题设置中，为观众全景式展现中国共产党成立的宏大背景、历史卷轴，艺术再现了众多历史人物为中国寻找出路的种种探索和思想交锋，呈现真实历史，传递爱国情怀，获得不俗口碑。

3）传统文学与新媒体相结合

随着新兴媒体的进步和发展，传统文学已经与新媒体融为一体。文学作品可以改编为电影、电视剧等艺术形式，新媒体的传播手段更加多样、受众规模大、传播速度快。

《觉醒年代》在CCTV-1综合频道等电视屏幕收视稳居高位的同时，在优酷上的视频专辑热度也位列同期上星频道首播剧排行榜第一位。剧集播出期间，在各新媒体平台中，微博相关短视频播放3 157万次，抖音热门话题累计播放7 508.7万次，快手热门短视频播放1 865万次；5 500余家微信公众号刊发文章超9 200篇。剧集播出前后，1 200余家网络媒体持续跟进报道《觉醒年代》，形成了近3万条的报道热点，其中人民网、光明网、新华网等主流权威媒体报道近1 300条。随着剧集的不断升级解锁，《觉醒年代》逐步建立了通往观众内心世界的通道，成为社交平台用户的话题焦点。

4）从受众出发，对受众负责

5W模式中的传播对象就是我们常说的受众。《觉醒年代》就是从受众出发，迎合了受众的审美品位，才受到了广泛的欢迎。为了满足受众的需求，《觉醒年代》在历史的基础上进行文学性改编，比如增加了陈独秀和高君曼、李大钊夫妇、胡适夫妇的感情故事，并大胆为青年一代的代表陈延年搭配"官方搭档"，感情线的融入也吸引了年轻观众的注意力。因此，传播的内容要与受众的需要相契合，才能更好地传播。

5）带动产业链发展，传播大国形象

《觉醒年代》热播，不仅给剧作方带来了良好的反响，也呼应了中国共产党建党100周年的献礼剧热潮，推动了文化产业的发展，同时，在社会的其他方面也产生了广泛影响。不仅带动了相关产业链的发展，也传播了我国的大国形象。

资料来源 佚名.不回避争议的《觉醒年代》，主旋律影视剧的破圈样本［EB/OL］.［2021-03-31］. https://www.163.com/dy/article/G6DOU9O60519DDQ2.html.

本章将主要介绍公共关系传播理论及传播媒介。

3.1 公共关系传播的含义与特点

人类的社会活动是离不开传播的，公关活动也一样。公共关系传播是社会组织与公众之间相互联系的重要手段，它是公共关系的三大要素之一。

3.1.1 公共关系传播的含义

传播是人类发展史上的独特现象。它无时不有，无处不在。它与人类朝夕相处，如影相随。传播是一个古老的概念，通常，"传"是指纵横的传播，"播"是指广泛的传播。"传"与"播"合并为"传播"一词，最早见于《北史·突厥传》一书："宜传播天下，咸使知闻。"

当今对传播的定义有很多种，传播的含义主要有交流、传递、传达、沟通等，它有人际交往、信息交流、思想沟通、物质交换等寓意。简言之，传播就是信息传递和分享的交流过程。

公共关系传播是社会组织为扩大影响、树立形象、实现与社会公众之间的相互沟通和相互协调所开展的传播活动及传播管理。

社会组织通过恰当巧妙的公关信息传播，能够在一定程度上影响公众，获得公众的理解和支持，引发公众行为，所以，有效地传播公共关系信息是公共关系工作成功的关键。

3.1.2 公共关系传播的特点

公共关系传播既有一般传播的特点，也有其本身独特之处。

1）社会性

任何性质、形态的社会组织都是社会的一员，它与其周围的环境是否协调、是否适应，直接决定了它是否能生存和发展。这不仅包括生产与消费、供给与需求的协调一致，还包括与整个社会系统的协调一致，因此，社会组织的公共关系传播要站在社会整体利益的高度去体现它与整个社会多方面的协调一致性。

2）互动性

传播活动是在人与人之间进行的，是一种双向的、相互的过程。在公共关系传播中，组织不仅应该把自己的政策和行动告诉公众，而且应该搜集公众对组织的意见、要求和愿望，听取公众对公关传播的反馈。

3）道德性

道德是人们应当遵循的行动准则和规范。公共关系传播的道德性特点决定了组织在公共关系传播中要严肃地思考、权衡和慎重地选择，不能做虚假的、欺骗性的宣传，不能以不正当的手段进行竞争。

4）情感性

公关传播为达到一定的目标，使公众产生所期望的态度和行为，要非常注重传受双方的接近性，强调情感交流。比如，利益上的接近性，心理上、空间上的接近性，公众传播可以缩短双方的心理距离，在融洽的气氛中达成一致。

5）多样性和针对性

根据不同的传播对象，公关传播媒介方式和渠道的选择可以是有针对性的、多种多样的，甚至可以将不同媒介综合起来达到统一的公关传播目标。

3.1.3 公共关系传播的基本要素

公共关系传播是组织运用传播手段向公众传递信息的过程，它经历了由传播者到受传者的全过程。

1）公共关系传播者

公共关系传播者是组织信息的采集、发布者，是代表组织行使传播职能的人。在协调公众关系、改善周围环境的过程中，在树立自身形象、提高信誉的过程中，在沟通内外联系、谋求支持与合作的过程中，公共关系传播者都居于主导地位，起着控制者与组织者的作用。公共关系传播者的任务是将外部的信息传达给组织内部公众，将有关组织的信息发布出去，传递到目标公众那里。

2）公共关系传播内容

公共关系传播内容是指传播者发出的有关组织的所有信息。它大体上可以分为以下两类：

（1）告知性内容

告知性内容即向公众介绍有关组织的情况，包括目标、宗旨、方针、经营思想、产品和服务质量等。在信息传播过程中，告知性内容往往以动态消息或专题报道的形式出现。

（2）劝导性内容

劝导性内容即号召公众响应一项决议，呼吁公众参与一项社会公益活动，或者劝说人们购买某一种品牌的商品。在利用大众传媒进行宣传的过程中，政党、政府及其他非营利性组织发布的劝导性内容，往往以社论、评论、倡议书的形式出现，而营利性组织发布的此类内容，多以商业广告的形式出现。

3）公共关系传播渠道

所谓传播渠道，是指信息流通的载体，也称媒介或工具。人们通常把用于传播的工具统称为传播媒介，而把公共关系活动中使用的传播媒介称为公共关系媒介。常见的有语言媒介，像演讲、报告、会议、会谈、谈判、电话等；有文字媒介，像报纸、杂志、书籍、纪念刊、海报、传单、组织名片、函件等；有电子媒介，像广播、电视、录音、录像、幻灯和电影等；有图像标识，像图片、商标、徽记、门面、包装、代表色等；还有非语言传播媒介，如表情、体态、目光等。

4）目标公众

目标公众是指那些与组织有着某种利益关系的特定公众。他们是大众传播受传者中的一部分，是组织意欲影响的重点对象。

5）公共关系传播效果

公共关系传播效果，是指目标公众对信息传播的反应，也是公共关系人员对传播对象的影响程度。公共关系人员可以通过各种调查手段（如观察、访问、文献分析、抽样调查等）了解公众对信息的接受程度。此外，在信息传播过程中，还要重视专家、学者、社会名流等“意见领袖”的作用，设法通过他们影响公众。

3.2 公共关系传播理论

公共关系传播，本质上也是一个从传播者到受传者的信息流通过程。公共关系传播理论就是科学地、抽象地在理论上把握公共关系传播的基本结构与过程，描述其中的要素、环节及相关变量的关系。

3.2.1 拉斯韦尔的“5W”模式

1948年，拉斯韦尔发表了《社会传播的结构与功能》一文，使得拉斯韦尔成为传播学的创始人之一。在这篇论文里，拉斯韦尔提出了界定传播研究范畴的经典模式——5W模式。这个模式以一个简便的方法回答下列五个问题：谁传播（Who）；传播什么（Says What）；通过什么渠道（In Which Channel）；向谁传播（To Whom）；传播的效果怎样（What Effects）。

可见，拉斯韦尔把传播学的研究内容分成五个部分，即控制研究、内容分析、媒介分析、受众分析和效果分析，如图3-1所示。

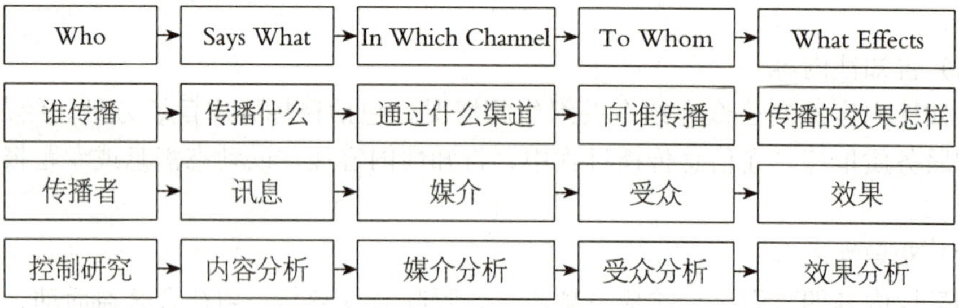

图3-1 拉斯韦尔的“5W”模式

1）传播的控制研究

传播的控制研究主要包括：传播的法规与政策；传播者的社会控制和自我控制；传播者对传播的影响；传播者的社会责任。

2）传播的内容分析

传播的内容分析主要包括：传播的分类；传播的符号；传播的宣传方法等。

3）传播的媒介分析

传播的媒介分析主要包括：传播的媒介环境；传播的媒介特点等。

4）传播的受众分析

传播的受众分析主要包括：传播受众的心理；传播受众的劝服等。

5）传播的效果分析

传播的效果分析主要包括：传播的效果类型；影响传播效果的因素；测定传播效果的定量方法等。

拉斯韦尔的5W模式在大众传播中获得了广泛的应用，率先开创了传播学模式研究方法之先河。该模式把人类传播活动明确概括为由五个环节和要素构成的过程，是传播研究史上的一大创举，为后来研究大众传播过程的结构和特性提供了具体的出发点，大众传播学的五个主要研究领域——“控制研究”、“内容分析”、“媒介分析”、“受众分析”和“效果分析”，也是由这一模式发展而来的。

但是，此模式过于简单，忽略了“反馈”的要素，是一种单向传播模式。

3.2.2 把关人理论

“把关人”又称“守门人”，是指在信息传播过程中，对信息的提供、制作、编辑和报道能够采取“疏导”与“抑制”行为的关键人物。

“把关人”概念最早是美国社会心理学家、传播学的奠基人之一库尔特·卢因在研究群体中信息流通渠道时提出的。1947年，卢因在《群体生活的渠道》一书中系统论述了这个问题，他认为在群体传播过程中存在着一些把关人，只有符合群体规范或把关人价值标准的信息内容才能进入传播的渠道。20世纪50年代，传播学者怀特将这一概念应用于新闻研究，提出了新闻传播的“把关”过程模式。怀特认为，新闻媒体的报道活动不是“有闻必录”，而是对众多的新闻素材进行取舍和加工的过程。在这个过程中，传播媒介形成一道关口，通过这个关口传达给受众的新闻或信息只是少数。

传播学学者十分重视这种信息传播过程的枢纽作用，并认为这是一种信息传播的普遍现象。**把关人理论**认为，在一个传播系统中，信息总是通过某些决策点和关口来完成传递过程的。在信息源与受众之间，存在决定中止或中转信息的把关人。把关人有时指个别人，有时指一个集体。在社会信息的提供、制作、编辑和报道的过程中，就有许多把关人。编辑取舍新闻和传播媒介对制品的审核就是典型的把关行为。

一般来说，把关人的传播行为包括“疏导”与“抑制”两个方面。把关人对某些信息准予流通便是疏导行为，对另一些信息不让其流通或暂时搁置便是抑制行为。

把关人之所以对信息交流采取不同的态度和行为，主要是出于自己的预存立场。预存立场，就是自己原有的意见、经验、兴趣和精神状态的总和，同时，也受到周围信息的影响。

在这一模式中，社会中的一部分信息经过倡导人（包括公司）进入了信息传播渠道：渠道之中的把关人如新闻媒介中的部门工作人员将对此进行必要的审核，由他们决定该信息是否通过传播媒介和何时通过传播媒介。把关人也有权以版面、时间等要求，对信息做更加细致的把关。

经过把关人的“过滤”之后，倡导人所提出的信息才流向受众。

深度剖析 3-1

问题：互联网环境下的“把关人”与传统媒介中的“把关人”有什么不同？

3.2.3　两级传播论

“两级传播论”是由美国著名社会学家拉扎斯菲尔德提出的。拉扎斯菲尔德等人通过调查发现，信息从大众媒介到受众，经过了两个阶段，首先从大众传播到舆论领袖，然后从舆论领袖传到社会公众。他们提出的理论称为**两级传播论**。两级传播论认为人际传播比大众传播在态度改变上更有效。

1940年，拉扎斯菲尔德在美国俄亥俄州开展了一项有关总统选举的社会调查。调查结果显示，只有大约5%的人确认他们是受了大众传媒的影响而决定投票倾向的，而真正影响人们投票行为的仍然是个人之间的接触和方方面面的劝说，于是，他提出了“两级传播”的假设：“观念总是先从广播和报刊传向‘意见领袖’，然后由这些人传到大众中不那么活跃的部分。”也就是说，信息的传递，是按照“媒介—意见领袖—受众”这种两级传播的模式进行的。

这里所提出的中间环节“意见领袖”，其作用与意义举足轻重。**意见领袖**又称“舆论领导者”，指社会活动中能有较多机会接触来自各种渠道的信息的人，或对某一领域有丰富的知识与经验的“权威专家”，其态度和意见对广大公众的影响较大。

哪些人可以做意见领袖呢？

意见领袖也是分很多种的，他们带来的效果是不尽相同的。企业需要根据不同类型的意见领袖制定不同的传播策略，才能更好地发挥他们的作用。

1）名人

名人意见领袖可以是演员、艺术家、运动员甚至“网红”等。名人意见领袖的影响力在于，如果消费者看到一个很有名的人在使用或者称赞某一样东西，他们就会更容易被“安利”，更有兴趣了解甚至购买某个产品。

据统计，全球47%的市场和公关经理们都非常重视名人意见领袖的影响力，而且这一现象在中国更为突出，名人意见领袖的代言是更能触达消费者的“秘密武器”：超过70%的中国公关人士认为，明星意见领袖的重要性堪列前三。

2）主流媒体新闻记者

无论是有意还是无意，记者的一些看法依旧可以让人们对品牌产生相当大的或正面或负面的印象。如果某位记者为一个最新款的智能音箱写了一篇轻松愉快、有理有据，又充满正面评价的深度测评，配上合理的图片与个人观点，那么会提高消费者对这个产品的兴趣。

3）博主

博主一直是很有影响力的意见领袖，他们在社交媒体上写测评文章、晒图、拍短视频，以试用品或礼品的形式吸引更多的粉丝和网友与自己互动。这种形式在各类博主意见领袖中屡见不鲜，据统计，全球40%的品牌会选择与他们合作来进行宣传。比如一位美食达人对一家新餐馆的简单点评，可以明显影响这家餐厅的业绩。

4）企业高管

企业高管在塑造品牌影响力方面也有举足轻重的作用。企业高管们可能是行业的思想领袖，可能会在某些事件中发表看法，更会代表公司，以企业的形象做出重大的商业决策而被大众所认识到，就好比马化腾之于腾讯，董明珠之于格力，因而高管们的思想领导力也是一个企业展示自身的较好突破口。

深度剖析3-2

问题：社会化媒体的传播模式下，意见领袖依然存在吗？

3.2.4　受众选择3S理论

信息传播者往往把一些符合自己意图的信息编成特定的符号，然后通过一定的渠道送达目的地。这个目的地就是传播者企图与之共享信息的接收对象，即受众。但是，时常发生的结果是信息在受众那里受到冷遇——视而不见、充耳不闻。人们可以在阅读报纸、杂志时跳过某些版面的内容，可以随意转动旋钮调换广播波段，也可以随意按动遥控器调换电视的频道。经过长期的观察和研究，传播学者发现受众在接触媒介和接收信息时有很大的选择性，这就是受众心理上的自我选择过程。

这个选择过程表现为三种现象，简称为“3S”：选择性注意（Selective Attention）、选择性理解（Selective Perception）、选择性记忆（Selective Retention）。

1）选择性注意

注意是指心理活动对一定事物或活动的指向和集中。选择性注意就是指在信息接收过程中，人们的感觉器官虽然受到诸多信息的刺激，但是他们不可能对所有的信息刺激一一做出反应，只能是有选择地加以注意的心理状态。

以商业广告为例，一个美国人平均每天会接触3 000多个广告，但他不可能注意到所有这些刺激，其中大部分会被过滤掉。研究发现，影响人们知觉选择的因素主要有以下三个方面：第一，人们可能比较注意与当前需要有关的刺激。比如，王先生打算去外地度假，他会更多地注意有关旅游的广告，而对于轿车降价的广告可能不太关注。第二，人们可能比较注意他们所期盼的刺激。第三，人们可能比较注意超出正常刺激规模的刺激。比如，王先生更可能关注减价1 000元的旅游广告，而不是只减价100元的旅游广告。

2）选择性理解

选择性理解是受众心理选择过程的第二个环节，也就是人们接收信息传播的第二关。

选择性理解，是指不同的人对于同一信息做出不同的意义解释和理解。如果说选择性注意是人们对信息的一些零散捕捉，那么选择性理解是对所关注的信息做有意义的思考。信息以符号为载体表达意义，对信息的理解则是对符号的翻译以还原其本来的意义。也就是说，假如传播者与受众遵循的是同一思维逻辑，编码和译码能力相差无几，那么，理解的结论与信息的意义大体上应该是一致的。但事实上，所传信息常常并不等于公众所受信息，即受传者所理解、还原的意义与传播者意欲传递的本来意义之间往往会有一定差距。

影响受传者的选择性理解的心理因素包括需要、态度和情绪三个方面：

（1）需要。信息受传者对于一条信息的理解往往是为了满足自己的某种需要。

（2）态度。态度表现为对事物的肯定或否定、赞美或批评、爱好或厌恶等心理倾向。对一种信息的理解，必然受到消费者固有观念的影响。

（3）情绪。情绪指那种与人的需要是否获得满足相联系的内心体验。对同一则信息，公众可能因为情绪与心境的不同而产生不同的理解。

3）选择性记忆

记忆是暂时神经联系的形成、巩固和重新激活的过程。如果人们感知过的事物，在事过之后并不消失，在大脑皮层上形成暂时的神经联系，以痕迹形式保留在头脑中，就是记忆。记忆是一种极其主观的脑的活动。人们往往会忘记大多数接触过的信息，而倾向于记住那些符合自己态度与信念的信息。这种记忆上的取舍，就叫选择性记忆。

同步案例3-1

背景与情境：国外学者曾做过这样一个实验：被试者分为A、B、C三个小组。A组有16个小时未进食，B组有4个小时未进食，C组则只有1个小时未进食。实验者拿出一张极为模糊的图片，分别让三组被试者看后说出该图片上的图形。

问题：上述三组被试者分别会有什么样的答案？为什么？

3.2.5　议题设置论

议题设置论最早是美国传播学者麦库姆斯等人于1972年提出的。1968年，他们开始研究总统竞选中的传播问题，后来通过实证研究指出：大众传播对某些议题的强调和这些议题在大众中受重视的程度成正比，大众传播具有选择并突出报道某些问题从而引起大众关注的功能。也就是说，在大众传播中越突出某一事件，多次、大量地报道某一事件，就会使社会中的公众突出地议论这一话题，这便是“议题设置”。

这一理论认为，虽然大众传播不能决定人们怎样思考，但它可以确定哪些问题是最重要的。大众传播只要对某些问题予以重视，为公众安排议事日程，就能影响公众舆论。因此，当大众传播媒介大量、集中报道某些问题或事件时，受众也就会关注或谈论这些问题或事件。

议程设置理论所考察的，不是某个媒介的某次报道活动产生的短期效果，而是作为整体的大众传播在较长时间跨度内的一系列报道活动所产生的中长期的、综合的、宏观的社会效果。

同步案例3-2

生活家地板是如何引爆话题的？

背景与情境：2021年5月22日，生活家地板推出2021全民恋家节重磅福利：在5月22日至6月18日期间，艾克森进球，生活家免单！

5月30日，第一场中国vs关岛的比赛开启，话题直接引爆微博热搜。随着世界杯预选赛的火热进行，话题一路走高，持久霸屏社交媒体圈。自然，也成为营销人会前饭后讨论的话题。

被球迷称为“艾神”的艾克森已经与生活家地板合作数年。艾克森是国足史上第一位无血缘归化球员，在国内有着极高的人气值，尤其是在广州、上海这些他效力过的大型城市，都有着无数的支持者。如今艾克森为国而战，生活家岂有不助威的道理？当然，威要助，势也要借。活动期间购买生活家地板，即有机会抽取10个免单名额。四场出线赛，艾克森每进1球，增加10个免单名额。借势4场国足赛事，让品牌的“自嗨”变成了全民的热议话题，同时大大带动了销量。毕竟，谁不想在世界级赛事中刷一波参与感呢？

营销就是要做那些显性的、可感知的信息。生活家正是如此，把品牌的促销信息转换成了一次未知的竞猜：艾克森会不会进球？如果进球了，生活家会不会信守诺言？话题内容有了，品牌的曝光度自然也就有了。当这条微博被消费者转发、截屏发了朋友圈后，二次传播的目的也就达到了。当公众产生好奇心，就会变身成品牌的传播者，让热度蔓延。各大新闻媒体持续跟进，又为此事件添了一把火，掀起新的讨论热潮。

资料来源 佚名.能想象足球和地板的跨界联动吗？看看生活家是怎么操作的［EB/OL］.［2021-07-07］. https：//www.ijiandao.com/2b/baijia/410937.html.

问题：上述哪个理论能恰当地解释上述案例？并详细分析。

3.3 人际传播与大众传播

公共关系传播是一种综合性的传播行为，研究公共关系传播媒介的不同类型，将有助于公共关系传播活动的开展。

3.3.1 人际传播

人际传播是人与人之间直接的信息交流沟通方式。它是人际关系得以建立、维持和发展的基础，也是构成并维持社会关系的前提。人际传播既包括人们之间面对面的亲身传播，也包括通过书信、电话等媒介进行的中介传播。

在人际传播中，传播者不仅可以使用语言，而且能够运用表情、眼神、动作等多种渠道或手段来传达信息；同样，受传者也可以通过多种渠道来接收信息。这样的话，在多种手段、多种渠道的配合下，人际传播的信息的意义就更为丰富和复杂，特殊的传播情境往往会产生新的意义。

人际传播的限制主要表现在：一方面，发出的信息往往只在瞬间起作用。对于传播双方的观点，如果不借助录制设备，就只能留存在对方的记忆中。另一方面，人际传播的覆盖面小，复制信息的能力不强。人际传播只限一时一地，不如大众传播可跨越时空的障碍，同时向许多地方传播信息。

3.3.2 大众传播

大众传播是指职业的传播者通过大众传播媒介将信息大量地复制传递给分散的大众的传播方式。

大众传播媒介主要是指报纸、杂志、广播、电视等，这些传播媒介传播信息具有速度快、范围广、影响大等特点。

1）报纸传播

报纸的发行量较大，因而是受众面较大的印刷类大众传播媒介，是企业比较青睐的传播工具。报纸有许多优点：

第一，信息较为详细。同电视比较而言，报纸所载信息比较深入、详细、全面，读者可以获得比较系统的信息。

第二，信息具有可选择性。现代生活节奏快、时间紧，报纸虽刊载信息量较大，但读者可以根据自己的需要和爱好，在众多信息中选择自己有兴趣的加以阅读。

第三，信息具有可保留性。遇到好的商品信息，读者可以长期保留下来，以备需要时利用。

第四，信息成本低廉。报纸价格相对较低，不必一次性投入大量资金。

报纸也存在一定的局限性。首先，对读者受教育水平的要求。报纸是以印刷文字的形式向读者传递信息的传媒，这意味着它对读者的文化素质和识字率有一定的要求。其次，报纸传递信息的方式是靠文字和图片，而文字和图片相对于电视的声形并茂来说，就显得过于静态和枯燥，倘若信息量相同，受众自然愿意选择兼具声像的电视传媒。第三，时效性偏弱，传播不够广泛。与广播电台、电视台、互联网的现场直播、实况播映等方式相比，在时效性和传播范围上的优势并不明显。

2）广播传播

广播媒介的优点：

（1）广播的信息传播迅速，时效性强。

（2）广播的信息受众广泛，覆盖面大。由于广播不受时间和空间的限制，只要有收音机就可以收听。

（3）广播的信息传播方便灵活，声情并茂。广播信息传播方便灵活，可以运用语言的特点吸引听众。

（4）广播制作简便，费用低廉。广播广告从写稿到播出制作简易，花费较少，在各种广告媒介中广播广告收费最低，最为经济。

广播媒介的缺点：

（1）对于需要表现外在形象的产品，广播媒介难以适应。

广播毕竟是无形的，听众不能看到产品的外观、色彩和内部结构，难以引起人们对产品的视觉印象。

（2）广播的信息转瞬即逝，不易存查。

广播的传播及时迅速，但稍纵即逝。特别是在听众对广告内容无心理准备的情况下，难以记住广告的内容。

（3）广播的盲目性大，选择性差。

在西方国家的一些传播学和广告著作中，把报纸、杂志等印刷媒介称为“选择性媒介”，把电子传播媒介，如广播、电视，称为“闯入性媒介”。之所以这样称谓，是因为读者一拿到报纸、杂志等印刷媒介，就会尽可能有选择地去阅读自己感兴趣的栏目和内容。

3）杂志传播

杂志传播的优势：

（1）时效长。杂志的阅读有效时间较长，可重复阅读，好的杂志不光为人传阅、借阅，而且在相当一段时间内具有保留价值，因而在某种程度上扩大和深化了广告的传播效果。印刷精美的杂志往往有较长时间的保留价值，并持续不断地发挥其传播效果。

（2）针对性强。每种杂志都有自己的特定读者群，传播者可以面对明确的目标公众制定传播策略，做到“对症下药”，把好“钢”用在“刀刃”上，以节省传播费用。

（3）印刷精美，表现力强。同报纸相比，印刷精美无疑是杂志媒体目前或在以后相当一段时间内的优势。显然，由于印刷精美，杂志会在视觉上给读者带来美的享受，易产生心理上的认同。

杂志传播的劣势：

（1）出版周期长。杂志出版周期大都在一个月以上，因而时效强的公关信息或广告不宜在杂志媒体上刊登；况且杂志媒体的定稿和截稿期限比较严格，面对多变的社会形势和市场行情，不便于组织及时调整传播策略。

（2）声势小。杂志媒体无法像报纸和电视那样造成铺天盖地般的宣传效果。杂志尽管精美，但幅面较小、版面有限，发行量也不大，因而做不出大的宣传气势。

（3）理解能力受限。像报纸一样，杂志不如广播、电视那么形象、生动、直观和口语化，特别是在文化水平低的读者群中，传播的效果受到制约。

4）电视传播

电视是我国发展最快、影响最大、普及最广的大众媒介，也是公共关系传播中最重要的手段之一。电视的特点如下：

（1）直观性强

电视是视听合一的传播，人们能够亲眼见到并亲耳听到如同在自己身边一样的各种活生生的事物，这就是电视视听合一传播的结果。电视的这种直观性，超越了读写障碍，成为一种最大众化的宣传媒介。

（2）有较强的冲击力和感染力

电视是唯一能够进行动态演示的感性型媒体，因此其冲击力、感染力特别强。因为电视媒介是用声波和光波信号直接刺激人们的感官和心理，以取得受众感知经验上的认同，使受众感觉特别真实，因此电视对受众的冲击力和感染力特别强，是其他任何媒体所难以达到的。

（3）受收视环境的影响大，不易把握传播效果

电视机不可能像印刷品一样随身携带，它需要一个适当的收视环境，离开了这个环境，也就根本阻断了电视媒介的传播。

（4）瞬间传达，被动接受

电视传播只能在短短的瞬间之内完成讯息传达的任务，这是极苛刻的先决条件，而且受众又是在完全被动的状态下接受的，这也是电视区别于其他媒介的

特点。

（5）费用昂贵

费用昂贵，一是指电视片本身的制作成本高，周期长；二是指播放费用高。

同步思考3-1

问题：公共关系人员在集会上演讲算不算大众传播？为什么？

3.3.3 人际传播与大众传播的区别

人际传播与大众传播的区别主要表现在以下几个方面：

第一，信息传播的主体不同。大众传播是通过媒介组织向一般大众群体传播信息，这里的媒介组织是一种公共事业单位、一种信息产业机构、一种社会机构。而人际传播则是两个个体之间或者多个个体之间的信息交流活动。

第二，信息传播的途径不同。大众传播是运用先进的传播技术和产业化手段，比如说，使用通信卫星与光纤进行信息的传播，还有通过网络了解时事新闻等。人际传播存在两种方式：一是沟通双方直接面对面地交流，这就是人们平时的交谈；二是间接地通过书信、电话、网络等进行交流沟通。

第三，信息传播的方向不同。大众传播大部分是单向传播及有限的间接反馈，且支持者大都是间接的。人际传播是双向传播，有大量的直接反馈。

第四，信息传播的保密性不同。人际传播的保密性好，它是在个体之间的信息交流，不具有公开性。大众传播的传播方式是公开的，在同一时间内传给很多人。

第五，信息传播的灵活性不同。人际传播较大众传播的灵活性强。前者可以在时间和空间上灵活处理，受到的限制比大众传播少很多，交流的内容可以根据实际情况来及时调整。大众传播具有一定的限制。时间上，视听媒介如电视、印刷媒介如报纸杂志等，它们的播出时间或者发行时间都有一定的限制，否则就失去了其信息的价值；空间上，大众传播也有其限制，不能像人际交流那样方便。

3.4 社交媒体传播

21世纪头十年，社交媒体成为重要的沟通媒介。2008年，美国总统大选引发了一场世界性的媒体革命，社交媒体全面爆发时代到来。奥巴马在参选中展开了一场民意调查，发现18～27岁的年轻人中竟有72%关注大选，奥巴马团队在选举过程中格外重视对社交媒体的应用，运用社交媒体做政治营销。通过一些数据可以看出，奥巴马在社交媒体上，与其对手相比可谓完胜。可以说，奥巴马的胜利是互联网的胜利。2009年，奥巴马创建了白宫第一个官方博客，并任命了美国第一位白宫新媒体主任。2015年，鉴于社交媒体“自拍”的盛行，白宫取消了执行40年之久的禁止游客在参观期间拍照的规定。可见，在21世纪社交媒体成为相当有说服力的社交工具。

3.4.1 互联网传播

互联网作为一项技术，它让全球联网的计算机能够在共同协议的约束下相互交流信息。如今，互联网已经改变了我们生活、购物、娱乐和经商的方式。对于公关人员来说，最重要的是，它改变了人们相互沟通的方式。互联网现象可以说是一场很纯粹的革命。

学习微平台

延伸阅读3-1

1）什么是互联网

互联网（Internet）是指全球最大的、开放的、由众多网络互联而成的主要采用TCP/IP协议的计算机网络，以及这个网络所包含的全世界范围内的巨大信息资源。从网络的角度讲，互联网是一个国际性的计算机网络集合体，它集现代通信技术、现代计算机技术于一体，是一种在计算机之间实现国际信息交流和共享的手段；从信息资源的角度讲，互联网是全球范围内最大的信息资源，该信息资源之大，超过任何一个人的想象力。

Web1.0是互联网兴起的时代，此时各个网站有许多共同的特征，表现在以技术创新为主导模式、以点击量为盈利方式、门户合流、主营兼营的产业结构等方面。这一时期的主要推广平台有企业网站、门户网站、分类目录、网络黄页、搜索引擎、电子邮件、电子商务平台等。

Web2.0是相对于Web1.0而言的新的时代，指的是一种利用Web的平台，由用户主导而生成内容的互联网推广模式。Web2.0更注重用户的交互作用，用户既是网站内容的浏览者，也是网站内容的制造者。随着互联网影响范围的扩大和互联网技术的发展，互联网传播方式发生了翻天覆地的变化。新的传播方式的出现和普及促使网络信息传播路径由网站向用户的单向传播发展到互动性的双向沟通。相对于Web1.0而言，Web2.0最大的不同是社会化媒体的兴起。

2021年8月27日，中国互联网信息中心（CNNIC）发布第48次《中国互联网络发展状况统计报告》。报告显示，截至2021年6月，我国网民规模达10.11亿，较2020年12月增长2 175万，互联网普及率达71.6%。超10亿用户接入互联网，形成了全球最为庞大、生机勃勃的数字社会。

2）互联网传播的优点

信息技术和互联网的普及，为公共关系运作提供了新的传播方式。互联网这种全新的媒介科技，具有与传统的大众媒介和其他电子媒体不同的传播特征，主要表现在下述几个方面：

（1）范围广泛。互联网实际上是一个由无数的局域网（如政府网、企业网、学校网、公众网等）联结起来的世界性的信息传输网络，因此，它又被称为“无边界的媒介”。它通过国际互联网络把信息24小时不间断地传播到世界各地。只要具备上网条件，任何人在任何地点都可以使用互联网。这是传统媒体无法做到的。

（2）容量无限。信息传输的即时性和全球性，使得网络的传播容量可以说是无限的。

（3）受众数量可准确统计。互联网上可通过权威公正的访客流量统计系统精确统计出受众数量，从而有助于企业正确评估传播效果，评价传播策略。

（4）双向互动。互联网成功地融合了大众传播和人际传播的优势，实现了大范围和远距离的双向互动。在互联网上，不仅可以接触到大范围、远距离的受众，而且受众的主动性、选择性和参与性大大加强，使得传播沟通的双向性大大加强。

（5）个性化。在互联网上，受众经历了从“推信息”到“拉信息”的过程，人们完全凭自己的兴趣选择信息。无论信息内容的制作、媒体的运用和控制，还是传播和接收信息的方式、信息的消费行为，都具有鲜明的个性，非常符合信息消费个性化的时代潮流，使人际传播在高科技的基础上重放光彩。

（6）多媒体，超文本。互联网以超文本的形式，使文字、数据、声音、图像等信息均转化为计算机语言进行传递，不同形式的信息可以在同一个网上同时传送，使互联网综合了各种传播媒介（报纸、杂志、书籍、广播、电视、电话、传真等）的特征和优势。

（7）低成本。相对于其强大的功能来说，互联网的使用成本是比较低的。其主要原因是目前Internet充分利用了现成的全球通信网络，无须重新投资建设新的通信线路设施。在通信费用方面，无数局域网分别分担了区域之间的通信费用，而个别用户只需支付区域内的通信费用，因此，即便是进行全球性的联络，也只需支付地方性的费用。

3）互联网传播的缺点

互联网传播的上述优势也是它为人们普遍看好的原因所在。人们似乎有理由相信，网络媒体将会后来居上，在影响力上成为未来的“第一媒体”。然而，至少就目前而言，这一媒体本身还存在一些明显的劣势，可归结为四大不足：

（1）缺乏严谨性

快捷报道、海量信息，自然不可能要求网络传播像传统媒体比如报纸那样字斟句酌，严谨有加。但目前国内网站编辑发布新闻，比较普遍的现象是重数量不重质量，以至于在对导向的把握、对事实的把握和语言文字的运用上谬误连连，屡见网端。久而久之，极易令人对网络新闻的真实性、公信力产生怀疑。

（2）缺乏深刻性

多数网络媒体满足于扮演信息发布平台的角色。类似于中央电视台《焦点访谈》《新闻调查》那样有深度、有力度的报道，在目前的网络媒体中还很少见。

（3）缺乏权威性

媒体权威性的衡量标准就是受众对所发布新闻、发表观点的采信和认同程度。采信度、认同度高，权威性就高；反之，权威性就低。网络媒体在权威性方面似乎存在着先天不足。此外，由于传统意义上的“把关人”在网络环境里发生了重大变化，任何人都可以成为信息的发布者，因此信息的权威性大打折扣。

（4）缺乏规矩

互联网在中国快速发展的过程中发生了许多违规案例，主要有三种：一是侵犯版权，擅自转载其他媒体作品；二是发布虚假消息，在社会上造成不良影响；三是在网上恶意侮辱、诽谤造谣、攻击他人或组织。

尽管如此，互联网还是包含着巨大的信息资源，其双向交互式的信息传达方式与公共关系所倡导的“双向交流与沟通”的观点十分吻合。如今，“网上公关”对大多数组织与公众来讲，已经不再是一个陌生的词语了。作为公共关系从业人员，如果不懂得如何运用互联网的强大功能来从事公共关系活动的话，他就可能成为一个新时代的落伍者。

3.4.2　社交媒体的含义与作用

不管人们是否有准备，社交媒体时代真的已经到来。传统的公关传播链条正在越发失控：主流媒体权威受到挑战，传播渠道的碎片化带来了多元表达，人人掌握了话语权。这种大变局以微博、微信为代表的信息媒介的横空出世，以及智能手机占据人们大部分碎片化时间为背景，在使得社会再次信息爆炸的同时，迅速影响了各个行业与公众。其中，它对传媒与公关行业的影响更是直接而深刻的。

1）社交媒体的含义

所谓**社交媒体**（Social Media），也称新媒体、社会化媒体等，指允许人们撰写、分享、评价、讨论、相互沟通的网站和技术，是人们彼此之间用来分享意见、见解、经验和观点的工具和平台，现阶段主要包括社交网站、微博、微信、博客、论坛等。伴随着互联网发展起来的社交媒体对人类社会活动的方式、效率等产生了深远影响。

2）社交媒体的作用

社会组织运用社交媒体的好处主要表现在以下几个方面：

（1）社交媒体有利于推动企业信息的透明化

社交媒体比以往任何一次技术革新都更能够促进企业的协作精神，从而使得所有的社会组织都能够处于公众的监督之下。例如，沃尔玛等公司邀请客户来撰写博客。在未融入社交媒体之前，大型企业很难与用户进行互动，也就无法获取反馈。融入社交媒体后，用户的反馈信息可以直达企业高层。

（2）社交媒体有助于提升产品质量

社交媒体使得所有消费者都可以针对产品发表评论并提出批评，因此厂商的产品必须有过硬的质量。产品质量不过关的厂商将会被曝光并最终失败。社交媒体的存在使得优秀的产品能够获得用户和“粉丝”的追捧。

（3）社交媒体有助于拉近企业跟用户之间的距离

对于在传统媒体投放的广告，企业根本无法看到用户的反馈，而社交网络使企业有了官方微博、官方公众号，在这些平台上，企业和顾客能更好互动，有助于企业形成良好的品牌形象。此外，微博等社交媒体是一个天然的客户关系管理系统，通过寻找用户对企业品牌或产品的讨论或者意见，可以迅速地做出反馈，解决用户的问题。如果企业官方账号能与顾客或者潜在顾客形成良好的关系，让顾客把企业账号作为一个朋友的账号来对待，那企业获得的价值是难以估量的。

（4）社交媒体有助于企业进行低成本的舆论监控和市场调查

如今，随着社交网络的普及，社交网络的大数据特性得到了很好的体现，而企业如果能做好社交网络的数据分析与处理，也能从中得到很大的好处。首先，通过社交媒体企业可以进行低成本的舆论监控。在社交网络出现以前，企业想对用户进行舆论监控的难度是很大的。而如今，社交媒体在企业危机公关时发挥的作用已经得到了广泛认可，任何一个负面消息都是从小范围开始扩散的，如果企业能随时进行舆论监控，是可以有效地控制企业品牌危机产生和扩散的。其次，通过对社交平台大量数据的分析，或者进行市场调查，企业能有效地挖掘出用户的需求，为产品设计开发提供可靠的市场依据。

（5）社交媒体可以让企业获得低成本组织的力量

通过社交网络，企业可以以很低的成本组织起一个庞大的“粉丝”（爱好者、狂热者）宣传团队，而“粉丝”能带给企业多大的价值呢？比如，小米手机如今有着庞大的“粉丝”团队，数量庞大的“粉丝”成为小米手机崛起的重要因素，每当小米手机有活动或者出新品时，这些“粉丝”就会奔走相告，做足宣传，而这些，几乎是不需要成本的。如果没有社交网络，想要把“粉丝”组织起来为小米做宣传，必然要花费极高的成本。此外，社交媒体的公开信息也可以使企业有效地寻找到意见领袖，通过意见领袖的宣传，自然可以收获比大面积撒网更好的效果。

3.4.3 主要的社交媒体简介

社交媒体发展到今天，从SNS（社交网络服务）、IM（即时通信）、陌生人社交、熟人社交、音频、视频到现在的直播互动等，每种类别的特点不尽相同，各种形式的网络社交缩短了人与人之间的距离，“保持联系”从未如此简单，尤其是远距离的关系维护。同时，人们可以通过网络社交低成本地获得社交激励，更容易维系关系和获取激励（当然也更容易沉迷）。

当前流行的社交媒体软件或平台很多，这里着重介绍影响力较大的几个。

1）微信

微信是腾讯公司于2011年推出的一个为智能终端提供即时通信服务的免费应用程序。微信支持跨通信运营商、跨操作系统平台，可以通过网络快速发送语音、视频、图片和文字等信息。

微信是时下最热门的聊天通信软件，是腾讯移动互联网应用领域的看家产品。腾讯发布的2021年第一季度财报显示，第一季度微信月活跃用户数为12.416亿。从1.0版本到7.0版本，微信界面换了一茬又一茬，各种新功能层出不穷。如今，微信已经有了视频号、小程序、企业微信、微信搜一搜、微信支付、微信小游戏等六大生态领域。

（1）视频号

微信对视频号的定义是：一个人人可以记录和创作的平台，也是一个了解他人、了解世界的窗口。同时，视频号链接微信生态的打通能力，能借助公众号、搜一搜、看一看、小程序等，形成微信生态合力，使优质的内容和服务辐射更多人。视频号创作者产出的优质内容，可以轻松借助朋友圈、微信群等途径持续传播，突破圈层，能让更多人看到。此外，视频号平台推出了原创计划，在鼓励原创、保护原创的同时也降低了创作者的认证门槛。针对抄袭侵权内容，创作者也可通过微信视频号的自助投诉渠道便捷地对侵权内容发起投诉，维护自身利益。

（2）小程序

2020年小程序日活跃用户数超过4亿，人均使用小程序个数同比2019年增长25%，人均小程序交易金额同比增长67%。截至2020年底，小程序的健康码服务了超过8亿的用户，累计展码次数超过200亿次；防疫行程卡服务了超5.5亿用户，累计访问次数为19.4亿次；超过1亿累计用户在购物百货和商场小程序里进行了购物。

（3）企业微信

上线5年多，企业微信上的真实企业与组织数超550万，活跃用户数超1.3亿，企业通过企业微信连接及服务的微信用户数已达4亿；2020年共计发布27个版本，迭代1 128项功能，新增至540个开放接口；合作伙伴增加到8万家，同比2019年增长近4倍；累计接入系统总数1 191万个，同比2019年增长250%。2020年企业微信全面升级客户群能力，人数上限提升至500人，上线客户群红包功能；进一步优化了离职继承、在职继承能力；升级互通开放能力，包括客户获取、沉淀、管理和运营。

（4）微信搜一搜

微信搜一搜采用的是PeopleRank的算法机制，是一种人对内容和服务的满意度的排序，用脱敏的、保护隐私的方式将人的价值附着在排序结果上。微信搜一搜未来的目标是做通用搜索，“只要用户需要就会满足”，目的是让用户更高效地找到更好的搜索结果。官方数据显示，2021年微信搜一搜月活用户数已超5亿。

2）QQ

腾讯QQ是深圳市腾讯计算机系统有限公司开发的一款基于Internet的即时通信软件。腾讯QQ支持在线聊天、视频电话、点对点文件断点续传、共享文件、网络硬盘、自定义面板、QQ邮箱等多种功能。QQ传播主要是通过QQ和QQ群与客户聊天建立信任关系，然后将企业的相关信息介绍给他们。QQ传播的好处是：有效，简便，聊天就可以，不需要什么投资（企业QQ除外）。

腾讯发布的2021年第一季度财报显示，第一季度QQ移动终端月活跃用户数为6.064亿，同比减少12.6%。

微信和QQ都是腾讯的社交软件，QQ相比微信出现得更早，但是用户数却比微信少了许多。目前大部分人的手机里都有微信，而很多人表示没有使用QQ，这是为什么呢？微信和QQ的区别主要表现在以下几方面：首先，QQ是PC时代的即时通信工具，而微信是移动互联网时代的即时通信工具。微信是为移动互联网设计的，没有“在线”这个概念，永远都在线，但是不能保持一个立即回复的状态。手机QQ是PC QQ在移动端上的延伸，而微信是针对智能移动端量身定做的，所以智能移动端的应用属性比较强一些。其次，微信比QQ更加简洁和简单化，这样也适合更多年龄段的人使用。微信的功能以交流为主，所以成年人和老年人使用得较多。再次，微信比QQ更注重隐私，而QQ更适合用来社交。最后，QQ的功能更虚拟，而微信的功能更生活化。我们可以使用微信交水电费、订机票、打车等，而QQ暂时没有这些功能。

3）微博

微博即微型博客，是一种通过关注机制分享简短实时信息的广播式的社交网络平台。微博的具体内容是不被搜索引擎收录的，而且微博具有很强的实时性，一篇好的微博能通过分享被大量转载，从而增强推广效果。

最早也是最著名的微博是美国Twitter。2006年3月，博客技术先驱Blogger创始人伊万·威廉姆斯创建的新兴公司Obvious推出了大微博服务。在最初阶段，这项服务只是用于向好友的手机发送文本信息。2009年8月新浪推出“新浪微博”内测版，成为门户网站中第一家提供微博服务的网站，后更名为“微博”。

相关数据显示，截至2020年12月，微博的月活跃用户数为5.21亿，较上年同期净增约500万，月活跃用户数中约94%为移动端用户。2020年12月，微博平均日活跃用户数为2.25亿，较上年同期净增约300万。

但是，与其他社交媒体相比，微博为什么陷入成长困局?

以2021年的河南暴雨为例，微博发挥了其公共性的一面：互助信息转发平台，无数大V参与，政府机构纷纷接入微博端口。话题 #河南暴雨互助# 下有巨大的讨论量和惊人的传播速度，这是其他平台所不具备的优势，但微博仍是商业价值较低的社交媒体。

微博是个信息集散地，又称信息中转站。社会新闻在微博上率先“破圈”，但只能在其他平台实现“流量变现”。比如，鸿星尔克捐5 000万元物资在微博平台引爆舆论，网友却在淘宝直播间里下单支持。

以私域流量为主的微博，注重个人IP的打造，微博的用户也倾向于关注某个人，而不是某种内容。相比之下，头条系则基于算法实现个性化推送，1 000个用户就有1 000个抖音，这不仅快速提高了用户使用时长，更可以实现广告位的无限扩张。这也是微博广告收入难以激增的重要原因。

此外，虽然依靠明星流量和娱乐营销，微博在孵化短视频应用时有着先天优势，然而，由于微博的商业化水平差、“粉丝”黏性不高，绝大部分网红在成名之后都会想方设法地把流量导向更适合自己长线运营的其他平台。据QuestMobile的报告，2021年1—4月，投放预算最多的美妆护理、食品饮料两大广告主，把近60%的预算砸向了抖音、快手和今日头条，微博占比不足3%。

4）网络视频

互联网时代，网民们越来越趋向于从视频中获取知识，短视频类的APP琳琅满目，比如微视、抖音、快手等，市场一片热闹。

网络视频传播是企业将各种视频短片放到互联网上以达到一定宣传目的的传播手段。网络视频传播是“视频”与“互联网”的结合，让这种传播形式具备了两者的优点。它具有电视短片的种种特征，如感染力强、形式内容多样，又具有互联网传播的优势，如互动性、主动传播性、传播速度快、成本低廉等。从播放时间上看，网络视频分为长视频和短视频。长视频一般指30分钟以上的视频，短视频一般指控制在5秒～30分钟的视频（大多数情况下是在5分钟之内）。相较于传统视频，短视频具有生产成本低、传播和生产碎片化、传播速度快、社交属性强等特点。只要有一台智能手机，就可能成为短视频创作者。

截至2020年12月，我国网络视频用户规模达9.27亿，较2020年3月增长7 633万，占网民整体的93.7%。其中，短视频用户规模为8.73亿，较2020年3月增长1亿，占网民整体的88.3%，短视频已成为新闻报道的新选择、电商平台的新标配。随着移动互联网、大数据、虚拟现实等技术的不断渗透，网络视频通过用户和用户之间、用户和传播者之间的实时互动形成了一种新的网络社交形态。

最先涉足网络视频传播的是互联网企业，包括腾讯、网易、乐视等。它们或开通自己的直播平台，或开始利用微视频平台进行直播带动消费。

与此同时，很多传统企业如小米、宝马等也开始布局微视频。有的企业如饿了么、海底捞等开设微视频官方账号。企业可以每天向用户提供优质的内容，以此来聚集大量“粉丝”，然后在此基础上对品牌、商品资源进行整合、包装，进而进行传播。

同步案例3-3

支付宝的视频广告《第一次》

背景与情境：由于新冠肺炎疫情的发生，2020年的新生开学季比较特殊。支付宝以父母和子女关系为情感切入点，发布视频广告片《第一次》，以成长为主题，将第一次离家上大学作为故事切入点，通过一些生活片段真实再现孩子与父母的心情，精准触动大学生群体的内心情感，同时给学生实实在在的权益，为成长路上的大学新生提供简单又温暖的陪伴。

开学季来临，父母和学子将面临第一次真正分离，即将踏入大学校园的00后，内心必定充满对新鲜校园生活的“小期待”，但真正离开家人“干涉”，也会有些不习惯。

正是洞察到00后学子和父母的微妙情感关系，支付宝从“第一次”热点情感话题切入，精准触动大学生群体的内心情感，引发受众集体情感共鸣。

视频中，先是从分离场景切入，妈妈：“衣服穿好”“到了记得打电话”；爸爸：“路上注意安全”，而孩子一句“好好好……”及不耐烦的表情，道尽了想要脱离爸妈往日唠叨的心情。而后通过“这是我第一次离开家，没想到居然有一点轻松”这句话，将话题引到平日相处的时光：想要睡个懒觉，却被妈妈早早喊起床；享受自己空间时，被一杯牛奶打断；报考自己想学的专业，被骂不懂事……支付宝这支广告片《第一次》将00后孩子和父母之间相处的矛盾表现得淋漓尽致。

转身后的独白“这是我第一次离开家，也是他们第一次离开我”，透露出对离开父母的不舍和不习惯，同时强化了“第一次”的主题。

视频最后通过播放孩子从小到大的成长片段，众多“第一次”组成孩子和父母最珍贵的回忆，将情感升华到“长大，让我们分别；分别，让我们长大”的主题，使得视频传播更具有社会价值意义，同时让话题更具传播属性。支付宝也通过文案“成长的第一次，有彼此，生活的每一次，有我们”，强化了支付宝“将参与学生生活的每一次”的品牌理念。

资料来源　佚名.支付宝开学季：无数个《第一次》，组成了我们的成长［EB/OL］.［2020-09-20］. https：//www.digitaling.com/projects/130458.html.

问题：请评析支付宝的这个短视频广告。

5）知乎

知乎属于北京智者天下科技有限公司旗下品牌，是中文互联网最大的知识社交平台。知乎以知识连接一切为使命，凭借认真、专业和友善的社区氛围及独特的产品机制，聚集了中国互联网上科技、商业、文化等领域具有创造力的人群，将高质量的内容透过人的节点来成规模地生产和分享，构建高价值人际关系网络。用户通过问答等交流方式建立信任和连接，打造和提升个人品牌价值，并发现、获得新机会。

相关数据显示，截至2021年第二季度，知乎平均月活跃用户数为9 430万，同比增长46.2%，其中年轻用户为增长主力。

6）国外有影响力的社交网络简介

（1）Facebook（现已更名为“Meta”）

Facebook是一个在线社交网站，是全球最大的社交网络服务商。Facebook于2004年2月由马克·扎克伯格与他的哈佛大学室友创建。起初，Facebook只限于哈佛学生注册，但过了不久就扩大到波士顿地区、常青藤联盟、斯坦福大学等。Facebook规定年满13周岁的人才能在Facebook上注册会员，用户必须注册后才能浏览Facebook。注册时，Facebook要求创建一个个人档案，并添加其他用户作为朋友和交换信息，当他们更新个人资料时系统会自动通知。

Facebook可以满足公关人员建设多元化社区的目标，其中包括：

- 吸引关注。社会组织可以利用Facebook网页来说明自己是什么，代表了什么。
- 双向沟通。Facebook是把追随者、粉丝、客户和朋友聚集起来，建立第三方信誉的媒介。
- 谈话监控。Facebook允许我们知道谁在跟我们交谈，他们在说什么，他们是根据什么形成自己的论点的。这种监控功能是任何社会组织都应该具备的。
- 内部交流。Facebook可以鼓舞员工士气、创建员工群以及让员工产生归属感。
- 与媒体结成网络。当公关人员与记者有所联系时，Facebook可以发挥最大的作用来使自己成为一个出色的媒介。
- 危机管理。在出现危机时，社会组织使用Facebook来发表声明和后期的更新。

Facebook于2021年4月28日发布了截至3月31日的2021财年第一季度财报。Facebook表示，2021年第一季度，Facebook系应用（包括主要应用程序Facebook、Instagram、Messenger和WhatsApp）的总月活跃用户数达到了34.5亿，而上一季度为33亿。

Instagram是一个提供在线照片共享、视频共享和社交网络服务的应用程序，该程序允许用户拍摄照片和视频并把它们分享在各种社交网络，如Facebook、微博、QQ空间分享和Flickr分享。

（2）Twitter（推特）

Twitter是美国一个在线社交网络服务和微博服务网站。目前，Twitter已经成为互联网上十大最常用的网站之一，并被称为“互联网短信”。

Twitter是一种让你可以“推送”的微博服务。你可以通过它发送告诉朋友和“粉丝”你在干什么的短消息。Twitter类似一个多人的文本信息服务，允许在数十个到上百个甚至上千个手机之间发送和接收信息。

在公共关系方面，Twitter可以说是十分有用的工具，除了它的搜索功能可以被用于参与有关特定主体的对话外，还表现在以下几方面：

- 作为一种新闻来源。Twitter越来越多地被用于新闻快讯。作为新闻周期的一种循环系统，Twitter源源不断地产生一连串需要公关人员留意的评论和信息。

- 提供有价值的内容。Twitter的用户看重的是在其他地方得不到的内幕、见解和消息。
- 建立一个社区。这意味着每天写推特，向“粉丝”展示你的认真和努力。
- 风险管理。这方面也和Facebook一样，在出现危机时，Twitter可以被用来发布声明和随后的更新。

Twitter的财报显示，Twitter2021年第二季度平均日活跃用户数为2.06亿，相比上年同期的1.86亿、上一季度的1.99亿都有所增长。

（3）LinkedIn（领英）

LinkedIn是美国一家职业社交网站，于2002年12月创建，并于2003年5月正式上线，LinkedIn主要用于专业网络。LinkedIn拥有英语、法语、德语、意大利语、葡萄牙语、西班牙语、荷兰语、瑞典语、罗马尼亚语、俄语、土耳其语、日语、韩语等24种语言。

LinkedIn很受公关人员的欢迎。他们可以利用LinkedIn来发现新的业务或就业机会，也可以与志同道合的专业人士建立一个关系网。LinkedIn的另一个很受欢迎的特色服务被称为“答案”，它鼓励用户提出从简历写作技巧到商业软件的建立等业务方面的问题。

截至2020年底，LinkedIn平均每月有6.75亿用户，比2018年底的5.9亿增长了14%。数据显示，27%的美国人使用LinkedIn。虽然美国是LinkedIn最大的市场，但它在世界各地都获得了关注。从全球来看，LinkedIn最大的用户群年龄为25～34岁。它在最年轻和最年长的人群中不那么受欢迎，这并不奇怪。因为LinkedIn是一个专业的社交网络，总的来说，退休人员和学生通常不是这个平台的目标群体。

3.4.4 社交媒体的发展趋势

随着移动互联网的日益普及，社交媒体仅用于社交的日子已经改变。如今，社交媒体的发展速度比以往任何时候都要快，社交媒体成为社会组织的主流传播方式。通过社交媒体识别、发现目标受众，并对其进行营销变得更加容易。社交媒体平台拥有无限的资源，可以进行即时聊天。为了跟上时代的步伐，我们必须了解社交媒体的发展趋势。

1）移动社交市场规模快速增长

移动社交是指用户以手机、平板等移动终端为载体，以在线识别用户及交换信息技术为基础，按照流量计费，通过移动网络来实现社交应用功能。2010年以来，随着移动互联网的高速发展，移动社交凭借更加便捷有效的互动沟通优势，吸引了大批大型社交网站的目光，社交网络的重心慢慢从基于PC端的网络社交向移动社交转移。

2020年，我国移动社交平台用户数已经达到8.9亿，移动社交平台市场规模达到1 162亿元。从移动社交用户年龄分布情况来看，我国移动社交用户年轻人口占比较高。其中95后、00后合计占比达到31.5%，随着95后、00后占比的不断提升，Z世代（指1995—2009年出生的人）用户市场前景看好。从移动社交用户的需求来看，目前熟人通信为用户使用移动社交平台的主要需求。

2）直播和短视频越来越受用户青睐

直播能够帮助品牌更紧密地与用户进行联系，尤其是在特殊的新冠肺炎疫情期间，无论是品牌直播还是名人直播，收看直播的人数都大大增加。

如今，人们的注意力跨度越来越短。许多人根本没有时间或耐心去看一个5～10分钟的视频而不进一步向下滑动。因此，将传播的内容浓缩到90秒或更短的时间，是留住观众注意力的一个好方法，让他们保持足够的兴趣而不会滑动。这也是Instagram和抖音等短视频比较受欢迎的原因。

此外，随着快手、抖音等短视频平台的兴起，视频内容已经成为目前最吸引人的内容形式。许多品牌正在转向视频内容创作，而不是图像和书面内容。视频传播的接受度要显著优于图像内容，因此许多公司也开始通过短视频营销，发布有趣易懂的视频吸引用户关注。

2020年，各类短视频的应用程序下载量激增。人们通过创作和发布音乐、舞蹈、烹饪教学和搞笑等视频，吸引了巨大的网络流量。从分享日常活动到创建有意义的内容，社交媒体大有可为，这已然成为一种趋势。

3）具有社会意识的受众将给社交媒体带来更大的影响

当前，具有社会意识的一代（以及未来的Alpha世代）对品牌、政治及社会都有着越来越重要的影响。今后，社会组织要么不得不更多地参与到如心理健康、包容性和社会正义等方面的话题中来，要么就得面对自己将变得无关紧要、脱离时代的事实。

4）社交媒体快速发展给企业带来巨大商机

社交媒体在消费者的整个购买过程中发挥着巨大的作用。消费者越来越依赖社交媒体进行购买。根据最近的一项研究，约1/4的消费者通过社交广告和推荐来接触新品牌和新产品。

除了被动消费外，消费者还采用主动方式来发现新产品。相关统计数据显示，有43%的消费者通过社交媒体网络在线研究产品。这也有一种年龄趋势：年轻一代比老一代倾向于在社交媒体上查找产品的频率更高。

此外，社交网站快速增长的用户数量和活跃的用户活动，留下了大量的用户行为痕迹，在这些行为痕迹的背后，隐含着巨大的商业价值。未来大数据分析的应用将成为社交网络行业新的发展方向，基于大数据社交网络将产生更多的盈利模式。

5）疫情背景下对社交媒体有新的需求

在美国，近十分之九的社交媒体用户报告说，在新型冠状病毒流行期间，每天至少要在社交媒体上花费半小时。就算疫情在一段时间内能够平息，新冠肺炎疫情带来的阴影很可能会继续存在，人们也难以轻松忘记其后果。企业则需要根据这一点来调整传播方案。疫情环境下的创作内容应该包含4个C：社群（community）、零接触（contactless）、干净（cleanliness）、同情心（compassion）。

此外，社交媒体还是一把双刃剑。尽管越来越多的人以它为新闻来源，但正是这种潜力使它变得更加危险。相关研究表明，自2020年2月以来，社交媒体上的错误信息一直在增加。人们蜂拥到社交媒体上以了解更多信息并获取有关新冠肺炎疫情的最新动态，这就带来了传播假新闻的机会。除了错误信息之外，一些用户甚至传播虚假信息，而这些虚假信息也急剧增加。新冠肺炎疫情危机下，如何杜绝虚假信息的议题已经被推到了首要位置。

教学互动3-1

互动问题：今天，像人民日报这样的媒体是传统媒体还是新媒体？为什么？

要求：同“教学互动1-1”的要求。

课程思政3-1

百万“粉丝”网红售假，直播带货时被抓

背景与情境：不久前，在浙江杭州的某服装公司直播间内，网红主播廖某正在频繁试穿各种女装，有数以万计的“粉丝”在围观这场热闹的带货直播。

但令人出乎意料的是，廖某前一秒还在频繁地试穿衣服，下一秒镜头里就闯进了几名便衣警察，伴随着其错愕的表情，直播也戛然而止了。

据了解，警方最后在浙江查出5个假货制造商，查处窝点8处，当场缴获伪劣奢侈品牌箱包、服饰商品3 000余件，涉及金额高达6 000万元，该主播所属的直播公司团队也全被一锅端。

这名主播在被抓之前，拥有百万“粉丝”群体，每天直播10小时以上，日收入3万～4万元，每场直播的销售额都在百万元以上，是一个实打实的带货主播。

可惜的是，她被一些售假商家盯上，没有禁住巨额出场费和提成的诱惑，做起了“Moncler”“GUCCI”“LV”等品牌的盗版直播带货，这些商品的出售价格是正品店内的几十甚至几百分之一。

这只是奢侈品直播乱象中的一个案例，进入抖音和快手等平台的直播间，以“不到专柜一折”“大牌尾单”“断码清库”等为标题的直播间比比皆是。目前，在天猫投诉和聚投诉等网站上，有大量因“主播隐瞒瑕疵”发起的投诉，涉及的主播或商家有飞鱼、红布林、小花、胖虎、有心人等。

此外，更过分的是，有的黑心商家凭空捏造出一个品牌，通过营销包装成境外大牌，以此来蒙骗顾客。

资料来源　电商零售观察.百万粉丝主播售假被抓！奢侈品直播带货，是怎么套路你的？[EB/OL].[2020-11-13]. https：//www.cmovip.com/detail/6728.html.

问题：你（你的同学或家人）被网络直播“套路”过吗？从课程思政的角度，研判上述案例。

3.5　新闻传播

3.5.1　新闻传播的含义与特点

新闻有广义和狭义两种。广义的新闻指消息、通信、特写等；狭义的新闻特指消息，所以新闻也叫消息。新闻是社会新闻机构（电视、广播、报纸、杂志等）对社会中所发生的重要事实的报道。公共关系新闻特指社会组织为了开展公关活动向公众传递的有关自己组织公开的信息。

新闻报道的是社会中新近发生的事实，它有以下几个特点：

第一，真实性。新闻源于事实，它的基础是事实而不是理论，因此在写作时，必须以事实为基础，不可有任何虚构或模棱两可、含糊其辞的地方。当然新闻报道的事实还要有价值，选择的事实越典型，新闻报道的价值就越高。

第二，时效性。新闻讲究时效性，写作要及时迅速，这样才能有吸引力，起到有效传播信息的作用。新闻的时效性是新闻报道价值的体现。

第三，简洁性。新闻区别于其他体裁文章的最明显的特点就是语言的简洁，即用最简洁的文字写出充实而精彩的内容。

第四，重要性。重要性是指社会生活中出现的那些为许多人所关注、对社会生活影响较大的事件。它要求新闻在社会公众中的影响程度较大，要具有显著特性。这里的显著特性包括人物的著名性、事物的重要性和数量的显赫性。

第五，接近性。接近性包括时间的接近性、空间的接近性（又叫地理上的接近性）、职业的接近性、性别的接近性、年龄的接近性和心理的接近性等。具有接近性事件的报道，易于引起公众的共鸣。

社会组织利用新闻媒介传递信息，就是新闻传播。社会组织进行新闻传播，通常使用三种方式：策划新闻事件、为新闻媒介撰写新闻稿、召开新闻发布会。这里主要介绍新闻稿的写作。

3.5.2 新闻稿写作

新闻稿是公关文稿的一种。公关文稿的种类很多，包括礼仪文稿、简报、公约、新闻稿、广告文稿、调查报告等。本节只介绍新闻稿的写作。

公关人员是职业沟通者，而沟通就离不开写作，所以，具有一定的写作技能是对公关人员的基本要求。

1）新闻稿的结构

一般来讲，新闻稿由五大部分组成：标题、导语、主体、背景、结尾。

（1）标题

标题是新闻的题目。它是新闻内容的概括，是内容的精华。标题拟得好，可以使新闻大为增色，也可以吸引读者。有些好的标题，往往起到画龙点睛的作用。新闻的标题常常由引题、正题和副题多行标题组成，正题就是新闻的主题目，也叫实题。它反映的是新闻的主要事实或中心思想。引题也叫眉题或肩题，标在正题上面，用以引出正题，往往起交代背景、烘托气氛的作用。副题也叫子题或辅题，标在正题下面，它是正题的补充，往往是一则新闻的主要事实或结果的提要。不是所有的新闻都必须由三行标题组成，为了表达新闻主题的需要，有的只有正题，有的只有两行标题，或由引题和正题组成，或由正题和副题组成。

（2）导语

导语是新闻的头一句话或头一段话，主要用简洁的语言概括新闻的主要内容，并指示新闻主题。导语的写法很多，常见的主要为叙述式导语、疑问式导语、评述式导语、摘要式导语、描写式导语。尽管导语有许多类型，但写导语时一定要灵活多变，不能生搬硬套，落入俗套。

（3）主体

主体是新闻的主要部分，进一步报道新闻的具体事实，揭示事实的主题思想，或回答导语提出的问题。由于主体是新闻的中心部分，因此在写作时一定要围绕中心编排材料，做到层次分明。

一般来说，新闻主体应当具备以下两部分内容：一是对导语提出的主要事实、问题或观点进行具体的阐述或回答，使导语部分的内容借助于丰富的材料而得到进一步的说明和解释，使新闻诸要素更为明确和详尽。二是用附加的次要材料来补充导语中没有涉及的新闻内容，提供新闻背景，说明事件的来龙去脉，使新闻内容充实饱满，主题更加突出。

（4）背景

背景材料是新闻所报道的事实发生的环境或条件，背景对于新闻的内容起到烘云托月的作用。背景不是新闻的独立部分，它可以放在导语之后，可以暗含在主题中间，也可以放在结尾部分。

（5）结尾

结尾是新闻的结束语。它可以起到深化主题、发人深省、耐人寻味的作用。新闻的结尾写法通常有小结式、分析式、评论式、号召式等几种。

关于新闻稿的写作，有两点是需要特别注意的：

第一，导语是新闻稿的第一句话或第一个自然段。它是新闻稿中最重要的元素，通常用来回答有关人物、事件、原因、时间和地点等问题。在导语之后，作者必须选择一些相对次要的事实并按照重要性递减的顺序进行排序。

第二，新闻稿一般采用倒金字塔结构进行写作。采用倒金字塔结构进行写作时，更注重的是事实的选择和组织，而不是所谓的创造性写作。

倒金字塔结构的第一层是前一两段，它们包括最重要的事件，此后的段落根据重要性从高到低排序。基本格式（除了标题）是：首先在导语中写一个新闻事件中最有新闻价值的部分（新闻价值通俗来讲就是新闻中那些最突出、最新奇、最能吸引受众的部分）。比如一场球赛刚刚结束，观众、读者、听众们最想知道的是结果，或者是某个球员的发挥情况，就先从这里写起。

其次，在报道主体中按照事件各个要素的重要程度，依次递减写下来，最后面的是最不重要的。同时注意，一个段落只写一个事件要素，不能一段到底。因为这种格式不符合事件发展的基本时间顺序，所以在写作时要尽量从受众的角度出发来构思，按受众对事件重要程度的认识来安排事件要素，因而需要长期的实践经验和对受众的宏观认识。

教学互动3-2

互动问题：新闻稿的结构与小说或短篇故事的结构有什么不同？为什么要有这样的差异？

要求：同“教学互动1-1”的“要求”。

2）新闻稿的构成要素

一篇好的新闻稿应该包括下列要素：

- 发送新闻稿应有明确的原因。
- 每篇新闻稿关注一个中心内容。
- 确保内容是具有新闻价值的，而且与组织、行业、社区相关。
- 要介绍有关产品、服务或者正在讨论的话题的实际情况。
- 提供事实真相，不要欺诈或夸大其词。
- 去掉不必要的行话。
- 引用主要负责人的发言，但要避免只是为了满足管理层自我膨胀需要的过度吹嘘。
- 包括产品说明书、适用性、价格以及其他有关的信息。
- 在新闻稿的结尾附上公司简介，介绍公司的基本情况。

3）新闻稿写作应注意的问题

公关人员虽然不是专职的新闻记者和编辑，但在编写新闻稿件时也要力争达到一定的标准，否则就不能发挥其应有的作用。

（1）明确写作目标

在公关活动进行之前，公关人员要首先确定自己的目标。写新闻稿时，要时刻围绕着这个目标进行，即使写最简单的新闻稿，也要针对目标进行。

（2）最大的客观性

写作的目的是陈述事实，因此应尽量客观，公关人员应力争将自己排除在文章外，不要总是“我认为……”“我看……”，而应该从旁观的角度，客观地陈述事实，由读者自己去评定所描述的事实是好是坏。

（3）准确的信息来源

对外发布的大小新闻都应该经过核实后才能发稿。许多有经验的公关人员都非常清楚这种防患于未然的做法对他们是有百利而无一害的。

（4）注意发稿频率

一家专业的媒体，绝不会把企业新闻稿全文照搬使用，但是新闻稿提到的事件、引用的数据、企业高管说出的有价值的甚至“有争议”的言论，在日后都可能成为记者引用的来源、写稿的线索、做选题的灵感。保持长期的、高质量的、有节奏的发稿频率是关键，有经验的公关人员会让媒体主动找上门。

3.6 公共关系传播的效果

公共关系传播效果是公共关系传播活动的出发点和归宿。要取得良好的公共关系传播效果，不仅取决于传播媒介，还取决于传播者的主体条件、传播技巧、传播内容的组织等。

3.6.1 公共关系传播效果的层次

各类传播者对受众都会产生一定的影响、作用，这就是效果。效果并不都是等值的，它们有作用范围大小与作用程度深浅的区别。对于公共关系工作者来说，由于要使用各类传播形式，更应该了解传播发生作用的不同层次。

公共关系传播效果的层次有以下几方面：

学习微平台

延伸阅读 3-2

1）认知层次

这是最基本的层次，是公共关系活动的基础，是协调组织与公众关系的基本手段。在这一层次，组织将所要传递的信息传到受众处，使之完整、清晰地接收到，并较少产生歧义、含混、缺漏，这是简单的传到、知晓层次，是任何传播行为首先应达到的传播效果层次。

2）情感层次

这是指传播者传出的信息从知晓进而触动受者情感，使受众在感情上与传播内容接近、认同，对这一传播活动感兴趣，从而与传播者接近，这是传播达到的较为理想的效果。但是需要注意的是，情感有正负之分，只有正面情感才是传播者所需要的，负面情感如反感、厌恶等，应尽量避免。

3）态度层次

公共关系传播的一个重要目的就是要影响公众的态度。态度是人对事物或现象认识的程度、情感表达和行为倾向的总和。它已从感性层次进入了理性层次，是在感性认识基础上经过分析判断、理性思考而产生的，一经形成就难以改变。传播如果能达到这一层次，对受众的影响就非常深入了。态度除有正与负——肯定与否定外，也不一定与情感有必然的同方向联系。有些人和事，人们在感性上同情，而在理智上是不赞成的。

4）行为层次

公众对组织的行为，是检验传播效果的最高层次。所谓传播效果的行为层次，是指受众在感性、理性认识之后，行为发生改变，做出与传播者要求目标一致的行为。这样，传播者的目标不仅有了同情者、肯定者，而且有了具体的实施者、执行者。实验研究证明，态度与行为的改变有着较密切的关系。

3.6.2　影响公共关系传播效果的因素

影响公共关系传播效果的因素主要有以下几个方面：

1）传播媒介

不同的传播媒介对受众的影响力是不同的。

首先，要充分了解各类传播媒介的特点。企业公共关系传播要在充分研究和了解人际传播媒介、组织传播媒介、大众传播媒介、网络传播媒介以及其他公共关系传播媒介特点的基础上，考察各类传播媒介的覆盖域（传播发挥影响的区域范围）、触及率（触及传播信息的人数比率）、时效性（传播信息的速度和有效性）、重复率（重复接收信息的次数）、连续性（信息连续传播后所产生的影响和效果）、权威性（媒介的影响力）、效益（传播带来的经济效益）等指标和因素，有针对性地选择传播媒介，使传播更具成效。

其次，要掌握选择传播媒介的基本原则。一是根据公关目标选择传播媒介，每一种传播媒介都有其特定的功能，能够为公共关系的某一目的服务，选择媒介一定要考虑企业的公共关系目标与信息传播目的，选择有利于实现企业公共关系目标和信息传播目的的媒介。二是根据公众对象选择传播媒介，企业公共关系传播实质上是针对目标公众而进行的信息传播活动。公众根据其经济状况、受教育程度、职业习惯、生活方式以及通常接收信息的习惯等，接近不同的媒介，要想将信息有效地传递给目标公众，就要根据具体情况选择适当的传播媒介，使企业传播的信息全部或大部分为目标公众所接收。三是根据传播内容选择传播媒介，将信息内容的特点和各种传播媒介的优缺点结合起来综合考虑。四是根据经济条件选择传播媒介，要根据企业具体的经济能力和经济条件选择适用的传播媒介，即在企业公关预算和传播投资能力允许的条件下，量力而行，争取以最小的投入取得最大的传播效果。

最后，要整合信息传播媒介，优化信息传播效果。按照公关目标、公众特点和信息特性等将媒介进行组合，整合传播媒介，设计传播过程，以达到整合传播的效果。

2）传播技巧

在很多时候，组织与公众之间的误解往往是由于没有掌握适当的信息传播技巧造成的。

（1）“一面提示”与“两面提示”

“一面提示”：仅向说服的对象提示己方观点或对己有利的判断材料。

“两面提示”：在提示己方观点或对己有利材料的同时，也以某种方式提示对立一方的观点或不利于自己的材料。

“一面提示”能够对己方观点做集中阐述，但容易给人一种“咄咄逼人”的印象，使说服对象产生抗拒心理；“两面提示”给人一种“公平”感，可以消除说服对象的反感心理，但由于同时提示对立双方的观点，在提示对方观点之际如果把握不好分寸，反而容易造成为对方做宣传的结果。

（2）“明示结论”与“寓观点于材料之中”

“明示结论”：观点鲜明，读者易于理解作者的意图和立场，但显得比较生硬而容易引起反感。

“寓观点于材料之中”：文中不做明确结论，而将观点寓于材料之中的做法，可使对象在不知不觉中接受作者观点的影响，但有时不容易贯彻作者的意图。

通常情况下，在论题和论旨比较复杂的场合，明示结论比不下结论效果要好；在说服对象的文化水平和理解能力较低的场合，应该明示结论；让说服对象自己得出结论的方法，用于论题简单、论旨明确或说服对象文化水平较高、有能力充分理解论旨的场合较佳。

（3）“诉诸理性”与“诉诸感情”

“诉诸理性”：通过冷静地摆事实、讲道理，运用理性或逻辑的方法来达到说服的目的。

“诉诸感情”：通过营造某种气氛或使用感情色彩强烈的言辞来感染对方，以谋求特定的效果。

每个人的性格、经历、文化水平不同，其行动受理性和感情支配的程度也有明显的差异，有些人易于接受道理的说服，而另一些人更容易受情绪或气氛的感染。因此，无论使用哪种方法，正确把握问题的性质并充分了解说服的对象，才是取得良好效果的基本前提。

3）编制信息符号

编制信息符号是指信息传播者把所要传递的信息编制成信息接收者所能接收和理

解的符号的过程。符号是信息的表现形式，对同一符号，不同的人会有不同的理解和解读。因此，企业公共关系传播在编制信息符号的过程中，应尽可能地理解公众的心理，适应传播对象的要求，避免外界因素的不利影响，使企业的信息传递达到“高保真”的状态。

如何编制最好的信息符号以达到信息的“高保真”状态呢？首先，要使符号形式与信息内容相统一，要按照信息内容选择合适的符号表现形式，不同符号表现形式具有不同的特点，适合表现不同的信息内容，企业公共关系传播在编制信息符号时应选择适宜的符号形式来表现特定的信息内容；其次，要尽可能扩大与公众的共同经验范围，使企业的公共关系信息按公众的兴趣、心理、接收方式、理解方式来传达，以产生共同语言；最后，要高度重视信息内容，针对传播者的特点，将信息内容与公众的实际利益结合起来，以满足特定公众的需求，激发其主动参与信息沟通的积极性。

4）目标受众

目标受众即组织公共关系传播所针对的特定公众，他们是信息内容的接收者，具体包括观众、听众、读者、活动参与者等。目标受众是信息传播的终点或目的地，也是产生传播效果的主体。目标受众在传播过程中并非简单地接收信息，作为独立于企业之外的个人、群体或组织，他们在传播过程中具有主动性和能动性，因此，公共关系传播要重视研究公众接收信息的规律，及时改变和调整传播策略，根据公众的需求来确定传播方法和内容。要想达到较好的传播效果，就需要注意以下几点：第一，分析目标受众的关注点和兴趣点，结合企业公共关系目标，选择、组合信息内容；第二，分析目标受众的认知规律，在此基础上设计出恰当的表达方式；第三，关注目标受众的心理需求，注意拉近彼此之间的心理距离，克服沟通中的情感障碍。

5）受众接收信息的条件

时间、空间对受众接收信息是否有利，对传播效果也有相当大的影响。受众接收信息的环境存在各种干扰或没有足够的时间接收，这些因素都会影响受众接收信息，会使效果大打折扣。

6）传播者的特点

信息传播者是企业公共关系传播行为的起点，选择最佳信息传播者是实现有效传播的首要条件。在制定传播策略的时候，可信、权威、客观的信息是摆在第一位的。要保证企业公共关系传播信息在公众心目中具有可信性、权威性和客观性，被公众认同而产生良好的传播效果，公关人员在开展公共关系传播时就必须选择最佳的信息传播者。

研究表明，信息传播者如具有下列条件之一，有利于实施有效传播：一是权威，公众乐于相信权威们讲的话，对于所传播的信息，由享有盛誉的专家来发表意见，比由一般人发表意见更能获得受众的信任；二是客观，如果信息传播者在公众心目中被认为是态度超然的，不借传播谋利，那就比较容易取得较好的传播效果；三是“自己人”，传播学中的“认同策略”表明，如果受者认为传播者与自己不相上下，把他看作“自己人”，他就比较容易接受传播者的意见。

本章概要

主要概念

公共关系传播　把关人理论　两级传播论　意见领袖　议题设置论　社会媒体

内容提要

• 公共关系传播是社会组织为扩大影响、树立形象、实现与社会公众之间的相互沟通和相互协调所开展的传播活动及传播管理。

• 公共关系传播的特点：社会性、互动性、道德性、情感性、多样性和针对性。

• 公共关系传播的基本要素：公共关系传播者、公共关系传播内容、公共关系传播渠道、目标公众、公共关系传播效果。

• 公共关系传播理论：拉斯韦尔的“5W”模式、把关人理论、两级传播论、受众选择3S理论、议题设置论。

• 大众传播媒介主要是指报纸、杂志、广播、电视等，这些传播媒介传播信息具有速度快、范围广、影响大等特点。

• 人际传播与大众传播的区别主要表现在：信息传播的主体不同、信息传播的途径不同、信息传播的方向不同、信息传播的保密性不同、信息传播的灵活性不同。

• 互联网传播的优点：范围广泛，容量无限，受众数量可准确统计，双向互动，个性化，多媒体、超文本，低成本。

• 互联网传播的缺点：缺乏严谨性、缺乏深刻性、缺乏权威性、缺乏规矩。

• 社会组织运用社交媒体的好处主要表现在以下几个方面：社交媒体有利于推动企业信息的透明化、社交媒体有助于提升产品质量、社交媒体有助于拉近企业跟用户之间的距离、社交媒体有助于企业进行低成本的舆论监控和市场调查、社交媒体可以让企业获得低成本组织的力量。

• 社交媒体的发展趋势：移动社交市场规模快速增长、直播和短视频越来越受用户青睐、具有社会意识的受众将给社交媒体带来更大的影响、社交媒体快速发展给企业带来巨大商机、疫情背景下对社交媒体有新的需求。

• 新闻稿由五大部分组成：标题、导语、主体、背景、结尾。

• 新闻稿写作应注意的问题：明确写作目标、最大的客观性、准确的信息来源、注意发稿频率。

• 公共关系传播效果的层次：认知层次、情感层次、态度层次、行为层次。

• 影响公共关系传播效果的因素：传播媒介、传播技巧、编制信息符号、目标受众、受众接收信息的条件、传播者的特点。

内容结构

本章内容结构如图3-2所示。

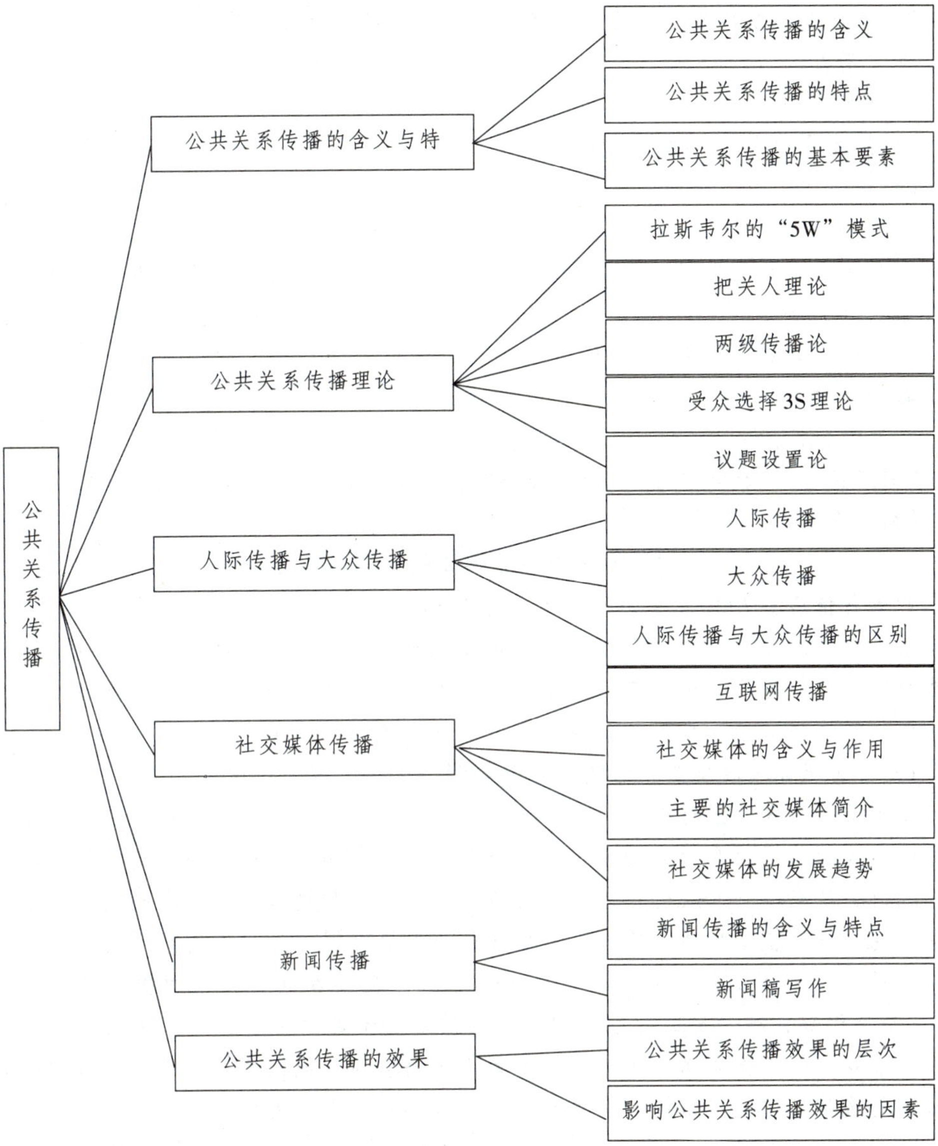

图3-2　本章内容结构

单元训练

传承型训练

▲ 理论题

△ 简答题

1）公共关系传播的基本要素有哪些？

2）互联网传播的优点有哪些？

3）影响公共关系传播效果的因素有哪些？

△ 讨论题

1）人际传播与大众传播的区别主要表现在哪些方面？

2）你如何看待拉斯韦尔的“5W”模式的贡献和局限？

3）为什么两极传播论认为人际传播比大众传播在态度改变上更有效？

▲ 实务题

△ 规则复习

1）简述几种大众传播媒介的优劣势。

2）简述网络新闻媒介的常见工具。

△ 业务解析

你所在学校的学生在一次全国性的科技大赛中获得了全国冠军。为了提高全校师生的士气和荣誉感，学校拟进行一次公共关系宣传活动。假如你是学校的公关部人员，你将怎样策划这次传播活动？

▲ 案例题

△案例分析

“训练目的”“教学方法”“训练任务”同第1章本题型。

【相关案例】

“抗疫”中主流媒体的责任与担当

背景与情境：2020年初新冠肺炎疫情期间，亲赴一线的不只有广大医护工作者，还有众多媒体从业者。中央及地方主流媒体积极跟进，第一时间传递最新疫情信息和权威解读。他们排除万难、勇担使命，始终走在“抗疫防疫”第一线，在疫情动态播报、前线采访报道、防疫科普宣传等方面都发挥了积极作用。

1）传统媒体精准发声，影响各界凝心聚力

疫情就是命令，报道即是使命。各大传统媒体在疫情期间，积极发挥主力军、主渠道、主阵地作用，及时启动重大突发公共事件应急响应机制，全面转入抗疫防疫报道“战时”状态。它们及时报道防控疫情的工作举措和进展成效，准确发布疫情权威信息，深入报道抗击疫情中的先进典型和社会各界支援抗疫一线的感人事迹。

人民日报社牢记职责使命，充分发挥在抗击疫情新闻宣传中的排头兵作用。比如，《基层干部，不一样的春节》中通过四位基层干部的讲述，原汁原味地记录了他们在春节期间的工作点滴。通过这些故事，我们看到了他们的忙碌身影，带领广大群众坚决打赢疫情防控阻击战，需要千千万万这样的“平民英雄”。

新华网《非常“10+1”——武汉春节假期延长第一天扫描》用温情的笔调描述了建筑工人、环卫工人、爱心司机、物业保安……这些职业人所凸显的后盾力量，表达了对他们的尊敬与致敬。让大众看到了他们的辛苦与不易，也坚定了必胜的决心。

在国家广播电视总局的号召下，电视台等传统媒体积极行动起来，凭借其即时性强、传播度广等特有优势，将疫情第一手资料广泛传播，让更多的群众重视这次疫情的严重性并且教会大家如何“自救”。除了新闻节目直播疫情情况之外，各省级卫视也在原有的医疗类节目中增加了有关疫情的特别专题节目，利用节目组固有的丰富的医疗资源，邀请权威专家针对疫情的情况传授正确的防疫知识。

1月24日除夕夜央视春晚，临时增设了抗疫朗诵节目《爱是桥梁》，引发观众强烈反响。次日，东方卫视等省级卫视春晚也纷纷增设了抗疫朗诵节目，用诗歌的感染力向奋战在疫情第一线的白衣英雄们致敬，也提醒观众要对疫情的恶劣传播高度重视。

北京卫视的《养生堂》播出《疫情防控特别节目》，邀请不同的医学权威专家，向观众们准确、及时地传递防疫知识，增强观众的抗疫决心。

2）融媒体产品全覆盖，立体传播形成合力

近年来，主流媒体主动拥抱媒体融合，以技术和产品创新助力全媒体生态和内容产业链，使主流媒体的生产、传播、连接更具移动互联网化的时代特征。在这次疫情报道中，以央视、人民日报为代表的主流媒体相继推出了一些既叫好又叫座的好策划、好产品。

人民日报旗下新媒体（“人民好医生”客户端等）面向全网征集新冠肺炎求助者信息，为感染新型冠状病毒的求助者提供帮助。大众可以将了解到的确诊、疑似、密切接触者以及无法排除的发热者，通过填写求助信息表告知平台，平台将为求助者提供对接协助。

央视网、湖北广播电视台、中国军网联合策划推出“武汉加油！中国加油！”H5产品。这是第一个由央媒、军媒、省媒共同策划开发的新媒体产品，号召网友更换微信头像，表达抗疫决心，并提供了“武汉加油”、“中国加油”、“医护加油”、“我爱口罩”、“拒绝扎堆”、“见屏如面”及“科学就医”等头像模板。

央视频联合中国电信对雷神山和火神山医院的建设现场进行全天24小时直播。一时间，给雷神山和火神山做监工刷爆各大社交平台，成为网络流行话语。在观众评论区中，上千万的网友实时互动，给直播场景中的各色建筑体、施工设备起了各种绰号，为这场工地施工直播增加了更多元化的观看趣味。

资料来源 佚名.做好疫情防控“瞭望哨”主流媒体正向引导显担当［EB/OL］.［2020-02-20］. http：//www.cac.gov.cn/2020-02/20/c_1583740275179193.htm.

问题：该案例涉及本章的哪些知识点？根据相关知识点分析主流媒体在抗疫中的表现与担当。

分析要求：参照第1章本题型的“分析要求”。

△ 课程思政

“训练目的”“教学方法”“训练任务”同第1章本题型。

【相关案例】

泸州老窖赢了官司却惹争议

背景与情境：张女士平时经常在视频网站分享自己和猫咪的相处日常，猫咪非常可爱，张女士获得了非常高的点击率。某日，张女士再一次发布与猫咪的相处日常时，使用了泸州老窖的广告背景音乐。本来使用广告背景音乐，并没有特别大的问题，问题在于小猫咪舔脚的行为。视频前半段里，一只猫在舔裸露的脚指头，并配上文字“你能品味的历史”；后半段，另一只猫先是闻了闻脚，但并未舔脚，配文又改为“436年、国窖1573”，而且配上了国窖1573广告的音乐。这些配文和配乐与泸州老窖旗下白酒品牌“国窖1573”广告完全一致。泸州老窖认为这则视频有可能会影响到泸州老窖的品牌形象，随后便联系了这名女子删除视频，但是这名女子以为是骗子，所以便直接挂掉了电话。为此，泸州老窖起诉了张女士。

起诉后，法院判决认为，张女士所上传视频，侮辱了泸州老窖产品声誉，要求张女士道歉，并赔偿泸州老窖人民币7万元。

张女士随后一方面在个人短视频账号卖惨，说自己生病了，最近都没有钱治病，还表示自己绝对没有要侮辱泸州老窖的意思。她还表示自己因法律意识淡薄，给泸州老窖造成影响，致以诚挚歉意。

事实上，网络上张女士这样的“戏仿”视频并不鲜见。互联网时代，人们已经习惯了观看这类视频，它满足了人们的恶搞、玩梗需求。甚至在电影中，都有不少类似“戏仿”情节，比如，电影《大腕》中，就揶揄了“三六牌香烟”和“彪驴牌运动鞋”。但确定的是，无论如何娱乐、如何批评，都不能越界到侮辱声誉的程度。

当然，网友们并不认为泸州老窖维权有什么不对，而是觉得维权的姿势有些不太对。泸州老窖赢了官司后，许多网友却不买账：“尽管确实是错了，但泸州老窖这么做，显得没有格局、肚量小。”

资料来源 杨明.告赢网友却引争议，泸州老窖维权姿势哪里出了问题？[EB/OL].[2021-08-18]. https://www.sohu.com/a/484186433_114988.

问题：

1）本案例中存在哪些思政问题？

2）试对上述问题做出你的思政研判。

3）说明你所做思政研判的依据。

研判要求：参照第1章本题型的“研判要求”。

创新型训练

▲ 自主学习

自主学习-I

【训练目的】

见本章“学习目标”中“创新型学习”的“自主学习”目标。

【教学方法】

采用“学导教学法”和“研究教学法”。

【训练要求】

1）以班级小组为单位组建学生训练团队，各团队依照本教材“附录三”的附表3“自我学习”（初级）的“基本要求”和各技能点的“参照规范与标准”，制订《团队自主学习计划》。

2）各团队实施《团队自主学习计划》，自主学习本教材“附录一”的附表1“自我学习”（初级）各技能点的“‘知识准备’参照规范”所列知识。

3）各团队以自主学习获得的“学习原理”、“学习策略”与“学习方法”知识为指导，通过校图书馆、院资料室和互联网，查阅和整理近两年以“社交媒体传播与媒介”为主题的国内外学术文献资料。

4）各团队以整理后的文献资料为基础，依照相关规范要求，讨论、撰写和交流《“社交媒体传播与媒介”最新文献综述》。

5）撰写作为“成果形式”的训练课业，总结自主学习和应用“学习原理”、“学习策略”与“学习方法”知识（初级），依照相关规范，准备、讨论、撰写和交流《“社交媒体传播与媒介”最新文献综述》的体验过程。

【成果形式】

训练课业:《“自主学习-I”训练报告》。

课业要求:

1）内容包括：训练团队的成员与分工；训练过程；训练总结（包括对各项操作的成功与不足的简要分析说明）；附件。

2）将《团队自主学习计划》和《“社交媒体传播与媒介”最新文献综述》作为《“自主学习-I”训练报告》的附件。

3）《“社交媒体传播与媒介”最新文献综述》应符合“文献综述”规范要求，做到事实清楚，论据充分，逻辑清晰。

4）结构与体例参照本教材“课业范例”的“范例-4”。

5）在校园网的本课程平台上展示班级优秀训练课业，并将其纳入本课程的教学资源库。

第4章
公共关系的工作程序

学习目标

▷ 传承型学习

通过以下目标，建构以“公共关系的工作程序”为阶段性内涵的“传承型”学力：

理论目标： 学习和把握公共关系工作程序的相关概念，公共关系调查、策划与评估的意义，公共关系实施的活动模式，公共关系调查报告和策划书的结构等陈述性知识；用其指导“同步思考”、“深度思考”和相关题型的“单元训练”；体验“公共关系的工作程序”中“理论知识”的“传承型学习”及其迁移。

实务目标： 学习和把握公共关系调查的内容、一般程序与方法，公共关系策划的原则与程序，公共关系实施的原则，公共关系实施活动中应注意解决的问题，以及公共关系评估的基本内容、程序与方法等知识；用其规范“深度剖析”和相关题型的“单元训练”；体验“公共关系的工作程序”中“实务知识”的“传承型学习”及其迁移。

案例目标： 运用本章理论与实务知识研究相关案例，对本章“同步案例4-1”至“同步案例4-2”及“奥利奥的暖心之举”等业务情境进行多元表征，体验“结构不良知识”的“传承型学习”及其迁移；依照相关规范或要求，对“课程思政4-1”和“索尼为什么被骂滚出中国?”等案例中的企业或其从业人员行为进行思政研判，培养高尚的道德情操，树立社会主义核心价值观。

▷ 创新型学习

通过以下目标，建构以“公共关系的工作程序”为阶段性内涵的“创新型”学力：

拓展创新： 参加“拓展创新-Ⅰ”训练。通过学习和应用其“知识准备”所列知识，系列技能操作的实施，《公关调查结果的有效性》论文和《“拓展创新-Ⅰ”训练报告》的准备、撰写、讨论与交流等活动，体验关于“公共关系的工作程序”的“创新型学习”及其迁移。

引例　《我的年代照》项目策划与实施

背景与情境：2019年中华人民共和国成立70周年之际，腾讯联合央媒通过H5的创意形式来展现建国70周年生活中的点滴变化，以不同年代“名叫建国的人的故事”为切入点，聚焦“40后”到“10后”的不同群体，为全年龄段的用户提供极具代入感的年代照片场景，用心还原“亲历者”时代记忆，弘扬爱国精神，打造一场跨越代际、全民参与的回忆盛宴。

项目背景

在中华人民共和国成立70周年之际，人民群众爱国热情和民族自豪感空前高涨，借此舆论氛围，引发全民参与，是传播品牌正能量的绝佳契机。在洞察到“每个人都是祖国发展的亲历者”这个个体与国家之间最紧密的联系之后，项目便以此为核心进行创意，以无数名叫“建国”的人为触动点，以普通人的故事为切入点，通过不同年代场景和衣着生成照片，触动不同圈层不同年代的用户。

项目策划

项目以“每个人都是中华人民共和国伟大复兴的时代亲历者与见证者”为洞察核心，在情感上与爱国氛围共振；在技术方面，以腾讯云的AI技术为内核，通过怀旧视觉＋人脸识别的创意展现，刺激人们的参与欲望。

项目实施

(1) H5上线：人民网微博和微信首发，朋友圈广告以及闪屏同步投放，涵盖北京、上海等10个城市的重点区域。

(2) 知名微博KOL实力推荐：微博端KOL针对H5进行扩散传播；同时，与微博知名博主“妥拉”合作，进行7天情感故事征集有奖活动，将大国情怀与小家温馨相联系，让每个人都有故事可说，引发了网友的热情互动，在评论转发中收集到了大量优质的用户原创内容（UGC）。

(3) 营销网站案例包装：输出优质营销稿件被广告门+Social Beta收录到案例库，并获得【案例】页面的位置推荐。

(4) 微信自媒体扩散：与微信自媒体账号【病毒先生】合作，针对国庆H5进行盘点总结；与科技唆麻合作，借助内部微视资源，进行二次扩散和发酵。

项目效果

微博平台：微博话题#我是亲历者#阅读量1.6亿，讨论2.4万，在国庆期间荣登话题总榜第一名；次话题#我的年代照#阅读量7 034.9万，讨论1.4万。

第三方KOL共发布13条微博，总“粉丝”覆盖量高达1.3亿，总阅读量超过1 745万。

微信平台+营销网站+其他全平台：科技角度稿件报道1篇；营销角度稿件报道合计2篇，分别投放于营销网站，前者获得【案例】页面位置推荐，后者同时扩散头条、搜狐、百家号等在内的28个平台，累计阅读量9万；与微博KOL妥拉合作，进行情感故事有奖征集活动，并将征集到的优质故事集结成文，阅读量2万+。

网媒+新闻客户端：新闻稿报道共计45篇，其中自主投放20篇，转载25篇，仅客户端阅读量20万+，总曝光量（即推荐量）预计100万+。

《我的年代照》项目让用户在中华人民共和国成立70周年这一特别的时间点，将自身与祖国发展70年的每一个重要时间段相联系，在通过“变脸”增加趣味性的同时，真实回眸历史，“亲历”时代变迁、祖国发展，释放每个人心中的爱国情怀。可以说，《我的年代照》用一个好的技术，讲了一个好故事，从而创造了一批好内容，激发了一串大传播，让原本互相独立的情感产生了新的连接。

资料来源 佚名.腾讯&人民网国庆H5《我的年代照》[EB/OL]. [2021-05-28]. http://www.iaiad.com/cn/award-case/2020/gold-award-20/2272.html.

这个案例告诉我们，社会组织在开展公共关系活动时，必须按照有计划的、有系统的程序，采取科学的研究方法，进行周密的计划、严格的组织和全面的评估。这一程序就是斯科特·卡特利普和森特提出的公共关系的“四步工作法”，即公共关系调查、公共关系策划、公共关系实施、公共关系评估。四步工作法将整个公共关系工作过程划分为四个基本阶段，各个步骤相互衔接、循环往复，形成一个动态的环状模式。本章将分别讨论这四个方面。

4.1 公共关系调查

公共关系调查是公共关系工作程序的第一个步骤。

4.1.1 公共关系调查的含义与意义

公共关系调查指通过运用定性和定量的研究方法，准确地了解公众对组织的意见、态度和反应，并从中分析和确定社会环境状况、组织的公共关系状态及存在的问题，为组织制订切实可行的公共关系方案提供客观依据的实务活动。

公共关系调查是全部公共关系工作的起点，它为公共关系目标的确立和公共关系计划的制订提供了基本依据，也为公共关系方案的实施提供了根本保证。具体地说，公共关系调查的意义包括以下几方面：

1）帮助组织检测环境

社会组织要运行得当，就必须准确地了解自己、了解自己运行的现实环境，尤其是现实环境中的公众。而通过公关获取大量信息，是了解自己与环境及其关系的最有效手段。对外部关系和环境的有效调查监测，无疑是有助于组织提高防御各种风险的能力的。

2）为组织决策提供依据

通过公共关系调查研究，能够及时掌握公众需求的变化特点，为组织制订各项行动计划和进行科学决策提供依据。只有依靠调查研究，才能有效地防止计划的盲目性和决策的任意性，避免主观主义和形而上学，提高组织的公共管理水平。

3）促进组织改善管理，提高社会效益和经济效益

进行公共关系调查能够及时了解组织在市场竞争中的地位，并通过对比调查，反映出综合管理水平上的差距，为提高组织的竞争能力和管理水平指明了方向。特别是经济组织经营管理的好坏，关系到消费者的利益，也直接关系到组织自身的生存和发展，对自身状况和市场环境的调查，无疑能够对生产经营起到监测和预警的作用，促进组织进行改进和调整，进一步提高经济效益。

4）有利于良好组织形象的塑造

组织形象已成为社会组织的重要资源要素，扩大社会组织的知名度，提高社会组织的信誉度，塑造良好社会形象已成为现代组织追求的重要目标，而测定组织形象实际状态的公共关系调查，是形象建设不可或缺的基础工作。公共关系调查进行得愈全面、愈充分，社会组织形象建设工作就愈具针对性，形象建设工作见成效的可能性就愈大。

可见，公共关系调查在整个公共关系活动中起到举足轻重的作用。通过公共关系调查活动，组织能够认识自己，了解公众意愿，把握社会环境的发展趋势，为组织开展公共关系活动提供条件和基础，为组织制订公共关系计划提供科学依据。

但是，我们也应该认识到，公共关系调查不是万能的，它具有不确定性。由于社会环境和组织状态是受众多综合因素影响的变量，公共关系调查有可能只掌握部分信息，其他的信息可能未被认识或者被忽视，或许某些信息资料在当时就根本无法得到。即使搜集到的资料是相对完整的，但是，公共关系调查因为不可避免地会受到一些无法预测因素的影响，而带有某种不确定性。从这个意义上讲，调查结论的准确性都是相对的。况且，公共关系调查并不能确保社会组织的决策就一定会成功，因为有准确的调查结果，并不等于有了正确的决策。

4.1.2 公共关系调查的内容

公共关系调查的内容主要包括以下几个方面：

1）组织自身情况调查

组织自身情况包括组织基本情况和组织实力情况两个方面。

（1）组织基本情况调查

关于组织基本情况的资料是一切公共关系活动的基本资料，是公共关系人员必须掌握的。无论是撰写新闻报道、举行记者招待会、制作公关广告、接待公众来访，还是开展其他公关活动，都离不开组织基本情况的资料。

组织基本情况包括组织的历史与现状、目标与宗旨、经营特色、产品类型以及组织的名称、识别的标志等。

（2）组织实力情况调查

组织的实力情况包括组织的物质基础情况、组织的技术实力情况、组织的财务实力情况、组织的待遇情况等。

2）组织形象的调查

在商品经济充分发展的社会里，企业组织之间的竞争已经主要不是产品和价格的竞争，而是组织形象的竞争。谁能在公众心目中树立起良好的形象，谁就能赢得更多的顾客，赢得更多的投资者，赢得社会各界的合作与支持。

所谓组织形象，就是社会公众对组织的认识、看法和评价，一般包括组织成员形象、组织管理形象、组织实力形象以及组织产品形象等。

3）公众状况调查

公众是公共关系活动的对象，公众对组织的态度和意见是一切公共关系活动的出发点。

（1）公众基本信息调查

掌握公众信息是开展公共关系活动的基础。公众基本信息调查要获取的资料有：

公众的籍贯、住址、文化程度、年龄、性别、家庭状况、经济收入等情况以及公众对社会组织基本职能、产品服务、方针政策知晓的情况。

（2）公众意见调查

公众意见是社会公众对组织有关问题的反应以及形成反应的具体原因。公众意见调查一般包括公众对组织产品的评价、对组织服务质量的评价、对组织管理水平的评价以及对组织人员素质的评价等。

4）组织环境调查

公共关系调查还包括对与社会组织相关的各种社会环境状况进行调查，主要包括以下内容：

（1）法律政策环境调查

法律政策环境调查是指对一切同组织发展有关的中央、地方的各种法律、法规、政策的调查，企业组织应充分掌握诸如《中华人民共和国民法典》《中华人民共和国商标法》《中华人民共和国反不正当竞争法》《中华人民共和国劳动合同法》等法律的内容。

（2）竞争环境调查

竞争环境调查是对竞争对手情况进行调查，了解竞争者的市场占有率、营销策略、市场优势，借鉴同行业各组织的成功经验，加强横向联系。

（3）社会环境调查

社会环境调查是指调查本社区的重大问题，了解社区的文化，包括社区的人口就业、生态环境保护、治安保卫、福利保障以及社区的风俗习惯、社区意识等。

同步案例4-1

“先搞清这些问题”

背景与情境：一家酒店新设了一个公共关系部。开办伊始，该部就配备了豪华的办公室、现代化的通信设备……但该部部长却发现无事可做。后来，部长请来了一位公共关系顾问，向他请教“怎么办”，于是这位顾问一连问了以下几个问题：

“本地共有多少酒店？总床位有多少？”

“旅游旺季时，本地的外国游客每月有多少，我国香港、澳门、台湾的游客有多少？国内的外地游客有多少？”

“贵酒店的知名度如何？在过去三年中，花在宣传上的经费共有多少？”

“贵酒店最大的竞争对手是谁？贵酒店潜在的竞争对手将是谁？”

“去年一年中因服务不周引起房客不满的事件有多少起？服务不周的症结何在？”

对这样一些极其普通而又极为重要的问题，这位公共关系部部长竟张口结舌，无言以对。于是，那位被请来的公共关系顾问这样说道：“先搞清这些问题，然后开始你们的公共关系工作。”

问题：你是如何理解公关顾问“先搞清这些问题，然后开始你们的公共关系工作”这句话的？

4.1.3 公共关系调查的一般程序

公共关系调查是一个程序性、技巧性很强的工作，了解公共关系调查的操作程序及运作策略，是我们提高公共关系调查工作水平的保障。

所谓公共关系调查的程序，一般地讲，指的是对社会组织客观存在的公共关系现象进行科学调查的基本过程，它是调查工作的实施阶段。公共关系调查的一般程序可以分为以下几个基本阶段：

1）调查准备

调查准备阶段的工作内容主要有：确定调查目标、确立调查任务、开展调查设计、准备调查条件。

2）资料搜集

资料搜集阶段是整个公共关系调查过程中最为重要的阶段。资料主要有两类：第二手资料和第一手资料。

（1）第二手资料

从事调查项目，首先应全面搜集与此项目有关的现有资料，即第二手资料。第二手资料又称间接资料，是他人为其他某种目的搜集的已经加工整理过的信息。第二手资料获取的成本低，需要的时间短，但由于是他人为其他目的搜集的，所以适用性较差。

第二手资料的来源多种多样，主要包括：企业内部资料；图书馆、政府部门、市场调查机构、咨询机构、广告公司、行业协会等所公布的资料。

（2）第一手资料

第一手资料又称原始资料，是通过现场实地调查所搜集的资料。在许多情况下，利用第二手资料不能完全满足调查者的需要，因为这些资料不是针对本调查的目的所搜集的。虽然第一手资料的获取要更费时间，投入更多的成本，但有时搜集第一手资料才是解决问题的唯一方法，甚至可以说是不可替代的。获取第一手资料的方法有很多，如观察法、实验法、访谈法等。

3）整理分析

整理分析阶段也称为研究阶段。它是运用科学的方法，对资料搜集阶段搜集得来的各种调查资料进行提炼、整理，并加以分析、研究的信息处理过程。整理分析阶段是公共关系调查从感性认识到理性认识的飞跃阶段。它不仅能为解答社会组织的公共关系问题提供理论认识和客观依据，而且能为公共关系学理论的发展做出贡献。

4）撰写调查报告

在公共关系调查中，当完成了调查资料的整理分析后，一般还要撰写调查报告。所谓调查报告是指用以反映公共关系调查所获得的主要信息成果或初步认识成果的一种书面报告。

公共关系调查报告的结构，是指构成报告文本基本框架的形式。构成公共关系调查报告的主要部分有：标题、导语、目录或索引、正文、结语、附件。

（1）标题

标题是公共关系调查报告本质内容的高度概括。一个好的调查报告标题不仅能直接反映出报告的核心思想和基本内容，还会因为它揭示的深刻内涵引发读者强烈的阅读欲望，所以，标题要开宗明义，做到直接、确切、精炼。

一般来说，公共关系调查报告的标题都要写在报告文本的封面上，当然，在封面上除了报告的题目之外，还应标上调查单位名称和报告日期。

公共关系调查报告的标题可以分为单标题和双标题两种。单标题多为公文式标题，一般是把调查单位、调查内容明确而具体地表现出来。双标题也称为双行标题和主、副标题，一般主标题反映调查的中心思想，是受关注的部分，它揭示的是报告中最主要的事实和思想，副标题则是在时间、范围、内容上对主标题加以限制，或补充主标题之不足。

（2）导语

在调查报告的开头一般是导语，即公共关系调查报告的前言部分，对本次公共关系调查的情况做简明扼要的说明。有的调查报告将这部分内容单独拿出来，放在报告文本的开头，称为“说明”或“概要”部分。

（3）目录或索引

公共关系调查报告如果内容较丰富，页码较多，从方便阅读对象的角度出发，应当使用报告目录或索引，将报告文本的主要章、节、目及附录资料的标题及页码列于报告之前。

（4）正文

正文是调查报告陈述情况、列举调查材料、分析论证的主体部分。在正文部分必须真实、客观地阐明全部有关论据，包括从问题的提出到引出的结论、论证的全部过程，以及与之相联系的各种分析研究的方法。正文部分的结构方式也由于不同的调查报告而多种多样，但基本结构方式主要有三种，即横向结构、纵向结构和交叉结构。

（5）结语

这是公共关系调查报告的结束部分，没有十分固定的格式，写法是根据文本内容而定的。一般来说，这部分是对正文的概括和归纳，是报告主要内容的总结。

（6）附录

附录部分的内容，是指在报告正文中因行文关系没有出现，或正文中提及了但又不完整，它们与调查结果有关，是整个调查结果必不可少的组成部分。附录部分的内容一般都对正文报告有补充作用，比如，数据统计的汇总表、指数平滑分析、回归分析等方法的说明，以及重要的背景材料、公众问卷的设计、样本抽取方案和对企业财务报表的分析报告等。

同步思考4-1

问题： 对于公共关系调查人员来说，第一手资料与第二手资料相比哪个更好？

4.1.4 公共关系调查的方法

公共关系调查经常使用以下几种方法：

1）文献调查法

文献调查法是一种搜集、保存、检索、分析资料的方法，分四步进行。

第一步是搜集资料。通过各种媒介搜集资料，剪裁、复制有关本组织的报道和文件。

第二步是建立文献分类检索系统。按资料的性质并根据一定的规则，将搜集的资料进行分类，以便查找。

第三步是资料存储。将资料进行登记、编目、装订、归档。随着计算机的普及，它已成为存储资料的主要工具。计算机存储容量大、速度快，检索也更加方便。

第四步是资料分析。分析的方法主要有两种：横向分析法和纵向分析法。纵向分析法要回答：问题是怎么产生的？什么时候产生的？横向分析法要回答：问题产生的因素有哪些？它们之间是什么关系？比如，某电子公司公关部搜集到了一些有关公司产品返修率升高的资料。对这些资料进行纵向分析，就要回答：为什么最近公司产品的返修率升高了？是因为质量管理出现问题还是因为出现大量假冒伪劣产品？这种现象是什么时候出现的？持续时间有多久了？如果确定是因为质量管理出现问题，横向分析就要回答究竟是哪些环节或者是哪些工序存在缺陷。

文献调查法具有便于研究人员确定选题、研究范围不受时空限制、研究过程真实性强、效率高花费少、便于对调查对象做纵向分析等优点。其缺点是缺少直观感，文献中往往带有作者的主观倾向，其非真实成分难以鉴别，文献资料落后于现实等。

文献调查法常用于社会调查的准备阶段和历史性调研课题。

2）访谈调查法

访谈调查法是指调查者与被访者进行面对面有目的的谈话、询问，以了解被访者对所调查内容的态度倾向、人格特征等的方法。

访谈调查法可以分为结构式访谈和非结构式访谈两种。所谓结构式访谈，是指由访谈者按事先拟定好的提纲提出问题，被访者按问题要求逐一回答，通过有目的、有计划的提问搜集所需要的资料。它的优点是针对性比较强、调查的问题比较明确、节省时间。它的不足是由于所提问题规范化程度比较高，可能会降低被访者合作的积极性或导致其采取敷衍的态度。所谓非结构式访谈，是指访谈者事先不定出谈话的具体题目，有时甚至也不告诉被访者谈话的目的，而是在总体目标范围内采取自然交谈的方式。这样做的优点是谈话的气氛比较轻松，被访者可以坦诚地谈出自己的真实想法，但这种方法要求访谈者有较高的把握目标和掌握谈话技巧的能力。同时，这种方法对搜集上来的资料进行归纳和整理也较困难。

访谈调查法可以涉及一个访问者和一个被访者，也可以涉及一个访问者和多个被访者。前者被称为一对一访谈，后者被称为集中小组访谈。在一对一访谈中，访谈者要注意不能给被访者任何压力和暗示，要使被访者轻松、自然地回答问题，而不能有意识地影响被访者的回答。标准的集中小组访谈通常涉及8～12名被访者。一般来说，小组成员的构成应该能反映特定细分市场的特性。被访者是根据相关的样本挑选出来的。小组讨论由一名主持人组织，主持人一般在1～3小时的讨论过程中试图发展起以下三个清晰的阶段：①与小组成员建立起融洽关系，设定访谈目标；②在相关领域激发热烈的讨论；③试图总结小组的各种反应，以确定小组成员在基本观点上一致的程度。

访谈调查法具有灵活、准确、深入及题目更具开放性、调查数据更具个性化等优点。其缺点是成本较高，缺少隐蔽性，受访谈者影响大，记录困难，处理结果较难。

教学互动4-1

互动问题：访谈调查法一般适用于什么情况？

要求：同“教学互动1-1”的“要求”。

3）问卷调查法

问卷调查法是调查者用问卷控制式的测量方法搜集资料的一种调查方法。在公关调查中，人们常常采用问卷的形式进行资料的搜集和整理工作。问卷是一份精心设计的问题表格，用来测量公众的多种行为、态度和社会特征。

（1）问卷类型

问卷可分为开放式问卷和封闭式问卷两种。所谓开放式问卷，是指提出问题由被调查者自由回答。所谓封闭式问卷，指事先编制了答题的选择范围及方式而不能自由回答的问卷。其主要形式有：

填空式，如：请问你家有几口人？_______

是否式，如：你了解我们公司的某产品吗？了解________不了解________

多项选择式，如：你购买诺基亚手机的主要原因（只选一种）。a.质量保证；b.价格合理；c.功能齐全；d.服务完善

一般来说，要以封闭式问题为主，辅之以开放式问题。因为封闭式问题具有作答方便、省时省力、资料便于统计分析等优点，适用于大规模的问卷调查；但它难以取得丰富生动的资料，缺乏自发力和表现力，常常需要开放式问题来补充。开放式问卷多用于探索式研究，给被调查者较多的创造和发挥的空间，可获得较深层次的信息，适用于定性研究；但是答案非标准化，难以统计分析，而且需要作答的时间较长，容易引起被调查者的拒答。

（2）问卷设计

问卷调查法的关键是问卷的设计。一份好的问卷设计要按步骤地回答以下问题：

①基本决定。

A.需要搜集哪些信息？

B.向哪些人搜集信息？

②确定所问问题与内容。

A.这一问题确实需要吗？

B.被调查者能正确地回答这一问题吗？

C.是否存在外部的事件使得被调查者的回答具有倾向性？

③决定应答方式或形式。

这个问题是以自由回答式、多重选择式还是以两分式的形式提出来？

④决定提问的措辞。

A.所用的词语是否对所有的被调查者都只有一种含义？

B.问题中是否隐含任何的备选答案？

C.被调查者能从研究者所期待的参照体角度回答这一问题吗？

⑤决定问题的排列顺序。

所有问题都是以一种合乎逻辑且避免产生偏差的方式排列的吗？换句话说，前后问题之间有没有相互矛盾的地方？

⑥预试与修正。

最终问卷的确定是否取决于运用少量样本的预试？预试中的应答者是否与最后的

被调查者相类似？

问卷调查法具有节省时间、费用和人力，调查结果容易量化，便于统计处理和分析，可以较大规模实施等优点。其缺点是调查问卷设计较难，调查结果广而不深、质量不能保证，问卷回收率难以确定。

问卷调查法通常适用于现实问题的调查、较大样本的调查、较短时期的调查、较大城市的调查、较高文化程度对象的调查。

深度思考4-1

问题：设计问卷时应注意哪些问题？

4）新闻调查法

新闻调查法是指调查人员对各种传播媒介出现的所有与组织有关的信息加以搜集分析，间接了解公众的意见和态度，并由此研究影响公众意见和态度因素的一种公共关系调查方法。通过各种传播媒介可以搜集到有关本组织的情况、竞争对手的情况、市场情况等，它是有效地观察和了解社会的工具。

新闻调查法是利用别人的工作成果来获取信息，因而信息源的代表性和全面性会受到限制。因此，在使用这些信息时，公关人员应注明这些信息的出处，以此表明其信息价值的大小及信息的权威性。

5）民意测验法

美国总统林肯曾经说过："民意就是一切。得到民意的支持，任何事情都不会失败。得不到它的支持，任何事情都不会成功。"可见，民意是组织决策的基石。

民意测验法是通过对需要了解的公众或他们的代表进行问卷调查，集中了解公众对组织的看法和态度的一种方法。它是世界上十分流行的社会调查方法。

学习微平台

延伸阅读4-1

民意测验法的一般做法是：

（1）做好民意调查的问题（问卷）设计。

（2）选择好调查对象（样本），要求具有代表性（随机抽样除外）。

（3）对调查者（访员）进行调查规范的培训，掌握一致的调查程序和比较成熟的调查技术。

（4）由调查者打电话（或面访或邮寄）给被调查者，询问他们对某一项公共议题或政治人物表现的看法（如赞不赞成、满不满意）。

（5）由调查者或专家分析受访民众的意见分布情形（通常包括全体受访者对各个问题的支持或反对的百分比例，以及不同性别、年龄、受教育程度、党派或利益团体、行业、社会阶层等在各项问题上的意见分布状况），并形成调查报告（初稿）。

（6）通过调查分析或专家研讨，发现调查缺陷，采取措施，进行补充调查，弥补调查缺陷。

（7）修改、形成最终调查报告，并分成对内宣传版与对外宣传版。

（8）对外发布调查结果（散发对外宣传版）。

6）抽样调查法

抽样调查法就是通过调查同类的部分情况，以了解同类的整体情况，即依据一定的方法，从要研究的对象中选取有代表性的样本进行调查。抽样调查法包括随机抽样和非随机抽样。

（1）随机抽样

随机抽样又称概率抽样，就是在抽取样本时，总体中每一个体被抽中的概率相等。该方法以概率为依据，能避免抽样过程中的人为误差，代表性最强。它又分为简单随机抽样、分层抽样、系统抽样和多段抽样。

①简单随机抽样。该方法对总体中的所有个体按完全符合随机原则的特定方法抽取样本，我们日常生活中的抓阄、抽签等方法就是简单随机抽样。一般在总体异质性不是很大且所取样本数量较小时采用这种方法。

②分层抽样。分层抽样是将总体按观测单位的特征分成若干类别或层次，然后按事先确定的样本大小及各层或各类在总体中所占的比例提取一定数量的基本单位。分层抽样和配额抽样的差别在于抽取样本时，分层抽样是随机抽取，而配额抽样是非随机抽取。

③系统抽样。系统抽样又称等距抽样，如调查总体为1 000，抽取样本100，样本间距为10，从1 000中随机抽出一个号码，以此为起点，每隔10个数就抽取一个号码，这就是系统抽样。如抽取的是1，那样本为1，11，21，31，…，直至抽满100个为止。

④多段抽样。多段抽样是将抽取样本的范围在总体内逐步缩小，直至最后在一个较小范围内提取样本。例如，以公司员工作为研究对象时，可以分以下几段抽样：第一段通过随机方法抽取某一公司作为原始单位，第二段通过随机方法从该公司中抽取某工厂，第三段通过随机方法从该厂抽取某车间，第四段通过随机方法从某车间中抽取某班组为调查单位。

（2）非随机抽样

非随机抽样就是调查对象被抽取的机会不均等的抽样方法。这种方法虽然排除不了调查者的主观影响，样本代表性不够精确，但由于其操作简便、省钱省力，因此在公关调查中使用也较普遍。非随机抽样又分为偶遇抽样、判断抽样、配额抽样、雪球抽样。

①偶遇抽样。偶遇抽样指公关调查者将其在一定时间、一定环境内遇见或接触到的公众对象选入样本进行调查。比较常用的是“街头拦人”法，即在街头路口、车站码头等处拦住过往行人进行访问。

②判断抽样。判断抽样指根据调查者个人的知识和经验，确定要调查的公众对象样本。

③配额抽样。配额抽样即根据所有研究对象的某些特征（如年龄、性别、受教育程度、职业、收入等），将对象中所有个体分成若干类，然后在各类中非随机地抽取样本研究，样本中各类所占比例与他们在总体中的比例是相同的。

④雪球抽样。雪球抽样即公关调查者先访问自己周围熟悉的公众对象，然后再访问由他们推荐和介绍的其他公众对象。依此类推，使样本数越来越多，像滚雪球一样，越来越接近于公众对象总体。

深度剖析4-1

问题：某超级市场想要了解自己的组织形象，应该选择什么样的调查方式？如何进行调查？

4.2　公共关系策划

所谓**公共关系策划**，是指公关人员为实现组织的公关目标，在充分调查研究的基础上，运用科学和艺术的方法，对公关活动进行运筹和设计的过程。

4.2.1　公共关系策划的原则与意义

公共关系策划就是策划人员为了达到组织的目标，在充分调查研究的基础上，对组织总体公共关系战略、重大的公共关系专项活动进行谋划和设计工作。

1）公共关系策划的原则

（1）目的性原则

公共关系策划要有明确的目的，不可无的放矢。

例如，2001年为申办2010年世界博览会，上海市政府在对该项目进行大量调查研究的基础上，策划了专项公共关系活动。该活动的公关目标是："塑造上海国际大都市形象，展现上海魅力，最终夺取2010年世博会主办权。"由于目的明确，具体项目的开展就有了依据。

（2）整体性原则

公共关系策划必须深谋远虑，纵观全局。要考虑社会利益、局部利益和全局利益等。

（3）创新性原则

公关策划要求有新颖独到的创新思维和科学的操作规划，勇于创新，而且还要具有实用价值。比如，某品牌汽车商根据电话号码抽出50位幸运儿，在不通知的情况下上门赠送轿车，如果幸运儿想得到这部车，必须事先在自家的门口贴上该品牌汽车的广告，否则将失去机会。人们为了有机会获得轿车，都争先恐后地在自家门口贴满了广告，大街小巷成了该品牌汽车广告的海洋。

（4）可行性原则

公共关系人员在策划活动之前，一定要做可行性分析，以确保公共关系活动的顺利进行及组织目标的达成。

2）公共关系策划的意义

（1）加强组织公关工作的整体性

通过策划，使公关目标与组织的性质、目标、任务密切配合起来，使组织的每项公关活动都与一定的目标相联系，从而发挥公关工作的整体效果。

（2）提高组织公关工作的可控性

通过策划，形成一种公关目标体系，形成一张既积极主动又稳妥有序的公关活动进程表，使公关工作在目标和计划的控制之下取得预期的效果。

（3）增强组织公关工作的预见性

通过策划，可以使公关工作建立在充分调查研究的基础上，提出适应环境变化的有力措施，使公关工作主动超前。

（4）促进组织公关工作的成熟性

通过策划，形成目标、方案和预算，使公关组织机构和人员有可能以此为依据，发现工作中的成绩，找出工作中存在的问题，以指导今后的工作。

4.2.2 公共关系策划的程序

公关策划是在公关调查的基础上，通过充分搜集各种相关信息，可以为公关工作的开展寻找和发展最佳时机、途径和方法。公共关系策划的程序一般包括以下几个步骤：

1）确定目标

确定目标是公共关系策划准备阶段的关键步骤，也是公共关系策划的首要任务。公共关系目标的范围十分广泛，其具体内容主要包括：提高组织的知名度，树立组织的形象及信誉；设计组织与公众协调的多种渠道，使组织与公众保持经常化的信息沟通与交流；开展组织内部的公共关系活动，增强组织内部的凝聚力；以互惠互利为前提，为组织获得经济效益与社会效益；妥善处理公关活动中的纠纷，化险为夷。

在确立组织公共关系活动的目标时，应该注意以下几个问题：

（1）目标必须是具体的、可测量的。对活动中的每一个目标尽可能分解为若干个更小的目标，并对其进行具体的规定，并指明完成的时间期限。

（2）目标应具有可行性和可控性。确立目标时必须考虑到组织的实际情况，不顾自身条件，盲目蛮干，只会以失败告终。

（3）目标应有一定的灵活性。随着组织内外环境的变化，公共关系活动的目标也应该有相对的灵活性。

（4）目标的体系性。公共关系目标应该按照重要程度和执行的先后顺序等进行排列，而且总目标与各个子目标之间应该形成一个严格的逻辑关系。

2）设计主题

公关活动的主题是对公关活动内容的高度概括，它对整个公关活动起着指导作用。主题设计得是否精彩、恰当，对公关活动成效影响很大。

公关活动主题的表现方式是多种多样的。它可以是一个口号，也可以是一句陈述或一个表白。如北京申办2008年奥运会活动的主题是“绿色奥运、科技奥运、人文奥运”。上海申办2010年世博会的主题是“城市，让生活更美好”。2020年中国国际公共关系大会主题是“公共关系赋能变化之世界”。

一个好的活动主题，一般要考虑四个因素，即公关目标、信息特性、公众心理和语言表达。

（1）表现公共关系目标

公关活动主题必须与公关目标相一致，并能充分表现目标，一句话点出活动的目的。

（2）突出活动信息特性

公关活动主题要用新颖独特、个性鲜明的语言，凸显公关活动的信息特性，使之具有强烈的感召力。

（3）符合公众心理

公关活动主题要亲切感人，给目标公众以较强的亲和力，适应公众心理需要，既富有激情，又贴切朴素；既符合客观实际，又切中公众心愿。

（4）简明扼要，易记易传

公关活动主题应力求做到简洁明了、形象生动、亲切感人、新颖别致和语句流畅。如果词句过长、晦涩难懂，不仅不易传播、难以记忆，还可能使人厌烦或产生歧义。

学习微平台

延伸阅读4-2

课程思政 4-1

大众点评发起“光盘行动”

背景与情境：2020年10月16日，时值第四十个世界粮食日，大众点评与五芳斋、百事可乐等21家品牌联动，共同发起“光盘行动”挑战赛公益活动，积极响应国家“节约粮食，杜绝浪费”的号召，让“晒光盘”成为一种新“食”尚。

此次主题为“美好食光，一起吃光”的光盘挑战赛公益活动为期两周，采取线上线下联动的形式，充分发挥了大众点评在消费者和餐饮商户之间的连接能力。活动期间，用户可登录大众点评APP，关联#美好食光，一起吃光#话题，通过大众点评APP笔记功能分享餐前餐后“晒光盘”对比图或视频内容，即可参与活动。

在品牌跨界合作方面，胖哥俩肉蟹煲、五芳斋、西贝莜面村、百事可乐等21家消费者熟知的品牌均加入本次活动。其中，小龙坎火锅、烤匠麻辣烤鱼等14家餐饮连锁品牌高管在官方微博发布号召视频，鼓励大家参与“光盘挑战赛”；大娘水饺、阿香米线等大众餐饮品牌也通过各自的社交媒体平台对本次活动进行联合推介，呼吁消费者适量点餐，争作“光盘族”。

资料来源　佚名.大众点评发起“光盘行动”，21家品牌跨界联动让光盘就餐成新“食”尚[EB/OL]. [2020-10-26]. https: //www.shangyexinzhi.com/article/2616072.html.

问题：从课程思政的角度研判上述案例。

3）确定目标公众

组织的人力、财力、物力资源总是有限的，因此必须确定一定时期公关工作的重点，而公共关系工作的重点不同，公关活动的目标公众就会有差异。组织应对相应的目标公众进行细致的分析，研究了解他们的期望和要求，并选取适当的沟通方式。

4）选择时机

目标公众确定之后，就必须对公关时机进行策划。公共关系活动时机，是指开展和启动公关项目的最佳时机。有些活动需要及时，如重大事故的处理；有些活动需要准时，如各类纪念性活动；有些活动需要适时，即综合考虑天时、地利、人和。时机选择得好，公关活动会带来事半功倍的效果；否则，公关效果将是事倍功半，可谓“机不可失，失不再来”。正确选择公关活动时机，要注意以下几点：要注意合理避开或巧妙利用重大节日或纪念日；要注意合理避开或巧妙利用国内外的重大事件；要注意不宜在同一天或同一段时间中同时举行多项重大活动，以免效果相互抵消；要注意组织内外环境的变化，灵活选择公关活动时机。

5）选择媒介

媒介是公共关系传播活动的载体，是组织与公众之间联系的纽带。要想达到良好的公共关系传播效果，活动策划人员必须了解各种传播媒介，知晓各种媒介的优点和缺点。

不同的对象适用于不同的传播媒介，要想使信息及时有效地传送给目标公众，获得较好的传播效果，就必须考虑目标公众的经济状况、受教育程度、职业习惯、生活方式以及他们通常接收信息的习惯，并根据这些情况选择适当的传播工具。比如，对经常加班加点的出租车司机最好采用广播；要引起儿童的兴趣，制作电视节目和卡通片效果最好；对文化水平较低又没有电视的山区农民，则采用有线广播和人际传播；对喜欢阅读思考的知识分子，应多采用报纸、杂志等传播媒介。

6）编制预算

为了少花钱多办事，以有限的投入获取最大的社会效益和经济效益，就需要进行科学的公共关系预算。公共关系预算的构成包括人员、经费和时间等方面的具体内容。

7）撰写公共关系策划书

公共关系策划书的基本结构可分为下列10项：

（1）封面

封面不能太随意，要大方、典雅；涉外活动时，要在允许的情况下尽量精美；格式一定要规范；厚度要比内文的纸厚些。封面要注明标题、策划者单位或个人名称、策划书完成日期以及编号等。

（2）序文

序文是策划书的内容概要，应简明扼要，让人一目了然。序文一般不超过400字，视情况可加写说明，不过也不要超过500字。

（3）目录

目录应能反映策划的全貌，它具有与序文相同的作用，十分重要。

（4）宗旨

这是策划的大纲，是对策划的必要性、社会性、可行性等问题的具体说明，目的在于告诉读者策划者到底要干什么。

（5）内容

这是策划书中最重要的部分。内容因策划种类的不同而有所变化，但必须以让读者能一目了然为原则，切忌过分纷杂。内容层次一定要清楚、具体。策划内容应该包括活动时间、地点、具体活动内容以及媒体选择等。

（6）预算

策划必须进行周密的预算。在预算经费时最好绘出表格，列出总目和分目的支出内容，既方便核算，又便于以后查对。

（7）策划进度表

把策划活动起讫全过程拟成时间表，对各项具体工作加以标示，作为策划进行的检查表。如未按进度表行事，便须重新制定进度表。

（8）有关人员职务分配表

此项非常重要，一旦发生权责不分的情况或某个环节出现差错，可马上更换有关人员。

（9）策划所需的物品及场地

在何时、何地提供何种方式的协助，需什么样的布置也要细致安排。

（10）策划的相关资料

这部分内容可附也可不附，只是给策划参与者提供参考。

教学互动4-2

互动问题：在公共关系策划方案过程中，有一个很重要的因素就是时机问题。选择恰当的时机是提高方案成功率的必要条件。应该怎样选择恰当的公关活动时机呢？对于重大节庆日或国内外重大事件究竟是利用还是避开呢？

要求：同“教学互动1-1”的“要求”。

同步案例4-2

“把开学当成回家”

背景与情境：每到9月开学季，各大高校都迎接着一批满怀着青春梦想和对未来美好期盼的新生入校，如何让新生更好更快地融入大学生活？2020年9月开学季，支付宝在高校内外做了两件接地气的事。一是推出了一支广告片《第一次》，讲述了新生第一次离家上大学的心路历程，从情感层面探讨了当代家庭中所普遍存在的一种亲子关系——“你进一步，我就退一步”。

此外，支付宝借助开学季营销节点，结合校园生活的各项需求、贴近年轻群体的社交特点，策划“把开学当成回家”的主题迎新活动。在线下，支付宝联合兰州大学等多家高校，在校园内食堂、图书馆等地投放指引牌。“同学，超市前方300米，全家罗森随便选，赶时间，还可以刷脸结账哦。”“同学，进校就可以注册电子校园卡，大一到毕业，支付宝全搞定哦。”……同时，在校外公交站台投放出行场景指示牌，“同学，最后一班地铁，是晚上10点，别忘记早点回来”；“如果总和某个同学在公交车偶遇，他是不是喜欢我啊？”……

新冠肺炎疫情下的学子，经历特殊的高考，而且第一次真正离开家，开始人生中的新历程，面对陌生的环境，难免会充满不安和不习惯。支付宝通过一系列的指示牌，营造陪伴式开学，鼓励他们开启新的校园生活。

资料来源　佚名.开学季，支付宝在高校内外做了两件接地气的事［EB/OL］.［2020-09-24］. http：//hy.stock.cnfol.com/nonglinmuyu/20200924/28426660.shtml.

问题：评析支付宝的“把开学当成回家”的主题迎新活动。

4.3　公共关系实施

所谓**公共关系实施**，是指把公关策划活动中形成的公关计划和具体行动方案付诸执行。公共关系实施决定了公共关系策划创意能否实现，以及实现的程度和范围。有效的公共关系实施，不仅能执行策划创意，而且能创造性地修改和弥补策划的不足。这时候的实施活动，表现为实施人员能够选择最有效的实施途径、手段、方法和技巧。

4.3.1　公共关系实施的原则

公共关系实施是一个复杂而科学的过程，客观上需要有一套科学的实施原则作为指导。公共关系实施原则是公共关系实施的工作准则，是公共关系人员在错综复杂的实施环境中排除各种困难，完成公共关系实施各项工作，实现公共关系目标的成功法则。

1）目标导向原则

目标导向原则要求公共关系人员在公共关系实施过程中，要保证不偏离既定的公共关系目标，不断将实施结果与目标要求进行对照，发现差距要及时努力调整，以求最终实现目标。

2）准备充分原则

实施准备是公共关系实施成功的基础和前提条件，在实施公共关系策划方案之前，必须做好各种实施准备。准备越充分，公共关系实施就越顺利，失误就越小。在公共关系实施之前，要用足够的时间做好各种准备工作，确保万无一失。

3）控制进度原则

根据整个公共关系策划方案和目标的需要，按照一定的程序，掌握工作的进展速度。由于公共关系人员的分工不同、能力差异、环境影响，在公共关系实施时，会出现进度快慢不一致的情况，有时会造成工作的脱节。控制进度，就是要使工作同步协调，防止超前或滞后情况的发生，使各项工作内容按计划协调、平衡地发展，并确保按时完成。要做好预测和及时发现各种可能影响实施工作进度的因素的工作，针对关键原因采取有效的预防和应急措施。

4）整体协调原则

在公共关系实施中，要使工作的各个方面达到和谐、互补、配合、协调的状态，相互间不产生矛盾，一旦出现矛盾，就要及时协调。这样才能提高工作效率，减少或杜绝人力、物力和财力的浪费，保证公共关系实施的同步与和谐，提高工作效率与效果。

5）反馈调整原则

反馈调整原则是指通过监督控制机制及时发现公共关系实施中出现的偏差甚至错误，并及时进行调整与修正。由于公共关系实施的环境和目标公众是复杂多变的，在实施过程中，必须不断地把公共关系实施的结果与策划方案的目标相对照，发现偏差，及时对方案、实施行动和目标做出相应的调整。在计划实施阶段，这种反馈调整是始终不断地进行着的，直至计划目标实现为止。

4.3.2 解决好公共关系实施活动中的相关问题

1）认真拟订具体活动的实施方案

公关计划实施的负责人应根据公关目标和客观环境的要求，对活动时间的安排、地点的选择、对象的确定、程序的控制、内容的构思、方式的选用以及人员的分工、费用的开支等进行认真研究，拟订可靠有效的实施方案。

2）坚持计划所规定的公共关系目标及实现目标的要求

在实施计划的过程中，一般不能随便改变或放弃目标，也不能轻易变动实现目标的基本步骤，而应当将目光牢牢盯住目标，一切活动以实现目标为准则。同时要严格控制工作进度，保证整个实施能按计划规定的基本步骤进行。

3）建立环境监测系统，及时修正计划的具体内容

坚持计划所规定的目标及实现目标的基本步骤，并不等于死抱住计划不放，无视客观环境变化，墨守成规。在计划实施过程中，要经常对客观环境进行监测，及时了解消费者信息、产品信息以及销售信息的变化情况，严格检查监督计划的实施。如果

发现在活动项目安排，人力、经费、时间的预算上存在不利于计划目标实现的问题，则要及时予以修正和调节，使计划实施向着实现公共关系目标的方向发展。

4）及时排除实施过程中的障碍

公关策划实施的过程实际上是一个传播和沟通的过程。传播和沟通不畅都会影响公共关系的实施效果。因此，要研究传播和沟通中的障碍并设法排除它，这是保证公共关系活动顺利开展的重要内容。

（1）语言和心理障碍

语言从表面上分析，有词不达意、语义不明、模棱两可，或不同语言之间交流出现的障碍等。从深层次分析，它还受环境、时间、地点、受众心理、观念等因素的影响，而且这些因素往往是决定性的。常言道“话不投机半句多”，就是指交流的双方有心理距离，即心理障碍。

（2）风俗习惯障碍

风俗习惯是指在一定的民族、文化、宗教、信仰等历史背景下形成的具有固定特点的调整人际关系的社会因素。不同国家、不同民族，有时同一国家、同一民族也会因距离的远近不同而习俗不同。在当今经济全球化背景下，组织的公共关系范围也随之扩展，跨地区、跨国界的公共关系活动已经成为组织公共关系工作的重要内容。因此，深入了解目标公众的风俗习惯，克服由此产生的障碍就十分必要了。中国有句古语“入境而问禁，入国而问俗，入门而问讳”值得我们借鉴。

（3）组织障碍

组织障碍是由于组织的结构设置不合理而导致组织内外信息不能有效地传递，主要有以下几个方面的表现：一是组织层次过多，造成信息传递速度慢且容易失真。二是条块分割，造成信息通道的断裂，使信息传递受阻。三是沟通渠道单一，造成信息量不足或传递渠道狭窄而无法做到信息充分传播和沟通而形成障碍。

（4）突发事件障碍

对开展公共关系活动影响最大的是突发事件。它主要包括：一是指人为的纠纷，诸如公众投诉、新闻媒体的批评、不利舆论的冲击等。二是不以人的意志为转移的自然灾害，如地震、水灾、火灾、空难等。为了杜绝意外事件发生，公关人员在策划与实施的过程中要抱有强烈的危机意识，充分预测到有可能发生的各种风险，并制定出相应的对策。

4.4 公共关系评估

公共关系评估是指根据特定的标准，对公共关系策划、实施及效果进行衡量、评价和估计，即在肯定成绩的同时，发现新的问题，不断地调整组织的公共关系目标、公共关系政策和公共关系行为，使组织的公共关系成为有计划的持续性工作。

4.4.1 公共关系评估的意义

公共关系评估是公共关系工作程序的最后一步，也是一个不可缺少的环节，它在整个公共关系计划实施的过程中有着十分重要的意义。

1）可以保证公关科学程序顺利实施

公关调查研究所掌握的资料是否适应公关工作的需要，公关计划是否科学，目标是否合理，公关信息传播是否达到了预期目标，这些公关活动是否为建立良好的公关形象、树立良好的信誉奠定了基础，都要有待于公关效果的评估予以检验。事实上，缺少公关效果评估的公关工作是不完整的工作，只有在公关科学程序中，在调查研究、公关策划的基础上重视并做好公关效果评估工作，公关工作才能科学而顺利地开展。

2）可以为企业经营管理提供决策参考

通过公共关系评估，可以评估出经过公共关系活动之后的企业形象状况，评估出企业形象各因素（如员工素质、商品质量、服务方针等）与期望值的差距，揭示出企业存在的有关问题，为企业经营管理决策提供参考。

3）可以增强企业职工的公关意识，提高公关人员的工作信心

公共关系工作重在平时。日常的公关工作对良好的企业形象的树立起到潜移默化的作用。只有通过公共关系评估，才能很好地将公共关系活动的这些效能体现出来，使全体职工看到公共关系活动的作用，体会到公共关系的重要性，从而树立全员公关意识，同时公共关系人员也从中看到自己的工作为企业带来的效益，劳有所成，提高工作信心。

4）可以鼓舞全体职工的士气

公共关系活动成果，特别是新闻传播媒介对企业成就的宣传报道，具有一定的客观性和权威性。因此，掌握和整理这些新闻报道，不失时机地应用这些报道，对企业内部职工进行热爱企业的宣传教育，有助于鼓舞士气，增强职工的凝聚力。

5）可以测定公共关系活动的效益

公共关系活动的评估，可以衡量经费预算，人力、物力的配备与开展公共关系活动之间的平衡性，以及公共关系活动的效益。

4.4.2 公共关系评估的基本内容

不同类型的公共关系活动，其评估的基本内容也有所不同。一般来说，公共关系评估大致包括以下几个方面：

1）组织形象评估

当公共关系计划付诸实施后，组织形象会发生哪些变化？企业形象目标效果评估是指将公关方案中所设计的在一定时期内所要实现的主要目标与通过公关工作所达到的实际形象目标进行比较，看其实现程度如何，如果形象目标没有完全实现，则应找出差距，提出问题；如果形象目标全部得以实现，则应总结经验，实事求是地用目标值加以表示。

2）工作成效评估

工作成效评估包括三个方面：日常公关活动效果评估、专项公关活动效果评估和年度公关活动效果评估。

日常公关活动寓于企业内部各个方面、各个环节之中，需要企业内部全体员工的共同努力。因此，企业在对日常公关活动效果进行评估时，必须分部门、分环节进行，并使各部门、各环节的公关活动目标与组织的整体目标保持一致。

通过公关专项计划开展的公关活动，一般均属重大的公关活动。这样的公关活动

效果如何对企业今后的发展影响甚大，必须予以高度重视。

年度公关活动效果评估是指对计划年度内所有公关活动进行总体评估，以总结经验，吸取教训，找出存在的问题，作为下一年度公关计划的依据。

3）传播效果评估

对公关信息传播效果进行评估，是通过公关调查掌握了大量的信息传播资料后进行的，即通过对大量的信息传播调查资料所提供的情报和数据进行分析评估，看其是否实现了公关信息传播的目标及通过公关信息传播目标的实现，来判断是否保证了公关计划方案的贯彻落实。

4）公众关系状态评估

对主要公众关系状态进行评估研究，就是为了通过各类公众关系的变化来评估公共关系工作的成效。公众关系状态分析包括两部分：内部公众关系评估和外部公众关系评估。

内部公众关系评估的主要内容有：组织的政策在沟通中被全体人员接受的程度；员工的士气；组织的凝聚力；组织中的各种工作关系处理的情况和趋势；影响员工关系的因素有哪些；沟通渠道存在什么问题；传播策略有什么缺陷等。

外部公众关系评估的主要内容有：消费者关系评估，了解消费者的态度和行为变化的特点；媒介关系评估，了解媒介的态度以及应该采取哪种沟通策略；社区关系评估，了解各类社区公众对组织及其活动的看法；政府关系评估，了解政府的支持情况、组织与政府的沟通效果等。

5）目标效果评估

公共关系计划中有一些具体明确的目标，通过对这些目标进行评估，了解本次活动是否达到了预期的效果。对目标效果的评估一般应有严格规定的定量和定性分析的各种指标。

4.4.3　公共关系评估的程序

公共关系活动评估是一项系统工程，其内容繁多，要保证其评估的准确性、科学性和有效性，必须遵循一定的程序。由于评估的项目不同，内容和手段也不相同，但无论如何，其程序大体是一致的。

1）明确评估目标

制定评估目标是公共关系活动实施评估工作的第一步，也是进行评估的基本方向。有了明确的目标，评估才会有的放矢，评估所得的结果也才会有价值。评估目标的设定既可以是定性的，也可以是定量的，无论采用哪一种方式，评估人员都必须将公共关系活动实施过程中的相关问题，如评估重点、提问要点等形成书面材料，以便为决策层提供有说服力的依据。

2）细分评估目标

明确了评估目标以后，要将总目标进行分解，使目标落实到每一个具体环节，增强可操作性，如目标公众究竟是谁、会取得哪些预期效果、什么时候进行评估等。如果是一个笼统的总目标，项目评估基本无法进行。

3）选择评估标准

评估标准是评估人员开展公共关系工作绩效评估的依据。从根本上说，评估标准只有一个，即开展公共关系活动所要达到的目标。但在不同的阶段、不同的部门，评估标准又有不同表现。一般情况下可从定量和定性两个方面来确定评估的基本标准。

（1）定量标准是将评估标准用数字表现出来。

如通过某次公共关系活动的实施，要使本企业的知名度由原来的10%提升到30%，或者说在某一公共关系活动实施范围内，要使本企业的市场占有率提高5%，等等。这些用数量说明的评估标准能具体地反映公共关系活动的开展情况。定量标准主要有：

• 沟通有效率。它是指沟通有效数与沟通信息总数之比。用公式表示为：

沟通有效率=（沟通信息总数−无效数）÷沟通信息总数×100%

• 公共关系信息传播速度。它是指单位时间内传播的信息量或一定的信息量传递所需要的时间。单位时间内传播的信息量越多或一定信息量传递所需的时间越短，则传播速度越快。用公式表示如下：

信息传播速度=传播的信息量÷传播所需时间

• 视听率。视听率也就是收视率，即实际视听人数与某一调查总人数的比例，用公式表示为：

视听率=实际视听人数÷调查总人数×100%

（2）定性标准则是对评估对象进行粗略、抽象的性质描述。

如我们企业拥有良好的形象、本次公共关系活动取得了成功等，这种标准往往反映的是一个大体趋势，说服力没有定量标准强。定性标准可从以下几个方面反映出来：

• 报道的篇幅与时数；
• 报道的内容；
• 新闻媒体的层次和重要性；
• 新闻资料的使用方法；
• 记者、编辑的反应。

无论是采用定量标准还是定性标准，也不管是分为传播沟通标准或公众态度改变的标准，都必须具有现实性、可信性、明确性和可接受性，且评估时都必须根据具体情况进行选择。

深度剖析 4-2

问题：如何看待公共关系评估中定量标准和定性标准之间的关系？

4）搜集相关资料

通过对公共关系活动实施的评估，可以掌握大量有效资料，特别是在小范围内，通过评估来获得相关资料是十分有效的。由于公共关系活动前期调查资料是为实施公共关系活动服务的，因此有时候所得的相关资料并不都是围绕主题进行的，但通过评估所得的资料就有较强的针对性。

5）保留完整的计划实施记录

在进行评估时，一定要保证实施记录全面、细致，其记录资料一定要反映公共关系项目的实施过程、工作方式、工作效果及存在的问题等。

6）评估结果分析、运用

在进行公共关系活动实施的评估工作时，评估者不能简单地将所有资料不分主次地交给决策层，而必须对所得资料进行科学合理的分析，并将所得的结果运用到以后的公共关系活动实施过程中，为组织的长远发展提供依据。

7）形成评估报告提交给管理者

将评估资料向管理者汇报是评估必需的程序。这是为了保证管理者及时掌握相关情况，以便对现有战略目标或发展方针进行全面调控，同时也说明公共关系活动在实现组织目标中的重要作用。

4.4.4 公共关系评估的方法

1）报告法

报告法是指将一定时间内公共关系活动用口头的或文字的方式，向有关部门报告。报告分正式报告和非正式报告。正式报告通过正式传播渠道来总结活动成果，如定期备忘录、集体会议、汇报会、年度报告会；非正式报告通过各种非正式途径来报告活动成果，如自由座谈会、书信、电话、走访、简短的书面汇报等。

2）直接观察法

直接观察法是指企业负责人或公关人员在开展公关活动时，现场了解进展情况，感受当时的气氛并评估其效果的方法。评估人员把实际情况与计划目标相比较，提出评价和改进建议，这是一种最简单、最常见、最直观的方法。其优点是迅速评价反馈，改进意见具体，易于落实。其缺点是很难评测出公共关系活动的长期效果。

3）专家评估法

专家评估法是指聘请有关的组织外专家、学者，对本组织公共关系活动进行调查和评价，以局外人、第三者的立场和态度来观察、评价本组织活动的成效，这样所得的结论更具有客观性。

4）公众舆论评估法

公众舆论评估法就是根据公众舆论来判断组织形象地位的变化情况。其具体做法是：定期对组织的有关公众进行抽样调查，看公众对组织的看法、态度的变化情况，以此来分析公关活动的效果。

本章概要

主要概念

公共关系调查　访谈调查法　新闻调查法　民意测验法　公共关系策划　公共关系实施　公共关系评估

内容提要

- 本章主要介绍了公共关系的工作程序，即公共关系的四步工作法，包括：公共关系调查、公共关系策划、公共关系实施、公共关系评估。
- 公共关系调查是指通过运用定性和定量的研究方法，准确地了解公众对组织的意见、态度和反应，发现影响公众舆论的因素，并从中分析和确定社会环境状况、组织的公共关系状态及存在的问题，为组织制订切实可行的公共关系筹划方案提供客观的依据。
- 公共关系调查的意义：帮助组织检测环境；为组织决策提供依据；促进组织改善管理，提高社会效益和经济效益；有利于良好组织形象的塑造。

• 公共关系调查的内容主要包括以下几个方面：组织基本情况的调查、组织形象的调查、公众信息调查、组织环境调查。公共关系调查的方法经常使用的有以下几种：文献调查法、访谈调查法、问卷调查法、新闻调查法。

• 公共关系策划是指公关人员为实现组织的公关目标，在充分调查研究的基础上，运用科学和艺术的方法，对公关活动进行运筹和设计的过程。公共关系策划的程序一般包括以下几个步骤：确定目标、设计主题、确定目标公众、选择时机、选择媒介、编制预算、撰写公共关系策划书。

• 公共关系实施指的是把公关策划活动中形成的公关计划和具体行动方案付诸执行。

• 公共关系评估是对公共关系活动实施后所产生的影响及原因的测定和研究，它是公共关系工作程序的最后一步，在整个公共关系计划实施的过程中也有着十分重要的作用。公共关系评估的意义：可以保证公关科学程序顺利实施；可以为企业经营管理提供决策参考；可以增强企业职工的公关意识，提高公关人员的工作信心；可以激励全体职工的士气；可以测定公共关系活动的效益。

• 公共关系评估的基本内容包括：组织形象评估、工作成效评估、对传播效果的评估、公众关系状态评估、目标效果评估。

• 公共关系评估的程序：明确评估目标、细分评估目标、选择评估标准、搜集相关资料、保留完整的计划实施记录、评估结果分析运用、形成评估报告提交管理者。

• 公共关系评估的方法：报告法、直接观察法、专家评估法、公众舆论评估法。

内容结构

本章内容结构如图 4-1 所示。

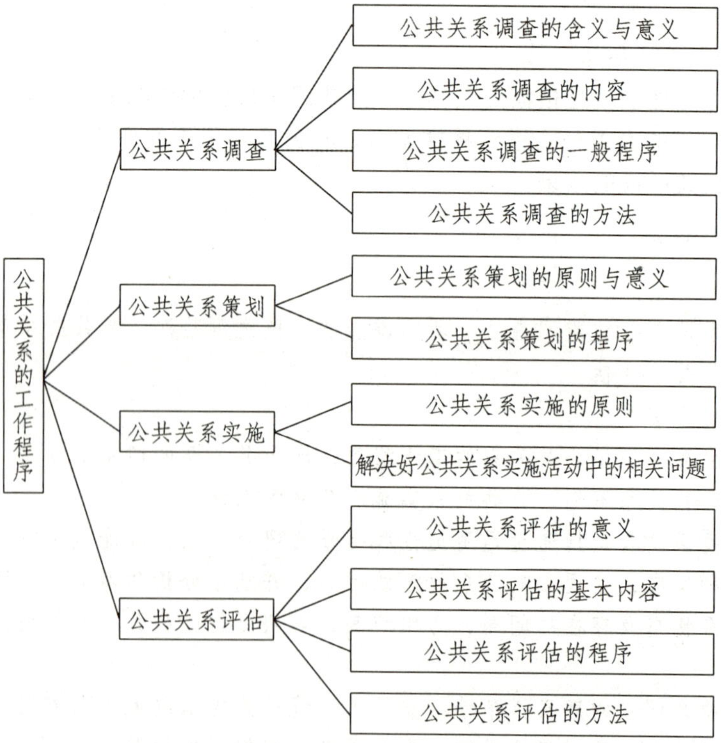

图 4-1　本章内容结构

单元训练

传承型训练

▲ 理论题

△ 简答题

1）简述公共关系调查报告的结构。

2）简述公共关系策划书的基本结构。

3）简述公共关系调查的意义。

4）简述公共关系实施的活动模式。

△ 讨论题

1）为什么说策划在公共关系工作过程中有重要的意义？

2）如何理解评估在公共关系工作过程中的重要性？

▲ 实务题

△ 规则复习

1）简述公共关系调查的一般程序与方法。

2）简述公共关系策划的原则与程序。

3）简述公共关系实施的原则。

4）简述公共关系评估的程序与方法。

△ 业务解析

1）比较说明文献调查法、访谈调查法和问卷调查法的优缺点与适用场合。

2）设计一份好的问卷要有步骤地回答哪些问题？

3）如何设计一个好的公关活动主题？

▲ 案例题

△ 案例分析

“训练目的”“教学方法”“训练任务”同第1章本题型。

【相关案例】

奥利奥的暖心之举

背景与情境：2021年六一儿童节，奥利奥洞察到随着中国城市化进程诞生了一些“城市996儿童”，即身处城市的年轻父母们，由于普遍存在的996工作现象，无暇全身心投入孩子的成长过程中，由此带来了“城市996儿童”现象。因此，奥利奥发起了一场“分开的奥利奥，分不开的爱”公益活动，用一款特别产品——“分开的奥利奥”，一半分给缺少陪伴的孩子，一半分给总是忙碌的爸爸妈妈，将“城市996儿童”成长中父母陪伴的缺失予以具象呈现。

5月27日，奥利奥联合腾讯新闻共同发布了《2021年中国城市996儿童成长现状报告》。报告中详尽揭示了“城市996儿童”这一越来越普遍的社会现象，并对“城市996儿童”出现的社会原因、996家庭面临的问题、亲子陪伴现状、缺少陪伴对孩子的影响、996父母的思考等进行了全方位的解读。对社会现状的深度揭露，不仅让“城市996儿童”成为网络热词，也让“超三成父母每天陪伴孩子时间不足2小时”“超过80%的城市儿童父母难逃996支配”……这一串串数字不再是冰冷的数据，而是许多人生活真实的经历和瞬间，这让“城市996儿童”“分不开的爱”等话题戳中了更多人的心，并在潜移默化中引爆大众的自发分享，迅速造成声势。尤其是在主流媒体的传播之下，让“城市996儿童”成为大家讨论的热门话题。

不过，真正引起大众广泛共鸣的，还是奥利奥《分不开的爱》公益短片的发布，短片通过5个真实的故事，以纪录片的方式讲述了5个不同情境下关于家庭的故事，里面有着千千万万人的影子。可以说，有多少996父母，就有多少“城市996儿童”。短片完全是现实主义式的生活流，生动还原996家庭生活背景的晦涩面。从加班、创业到打拼，既鲜活、微观还原了996家庭不能陪伴孩子的无奈，又宏观地将其间的各种复杂心境和际遇娓娓道来，同时杂糅着因为父母工作忙碌导致的陪伴缺失的社会问题，成功击中广大网友的心。

通过发起“分开的奥利奥，分不开的爱”公益特别行动，特地推出一款“分开的奥利奥”饼干——黑色饼皮代表工作忙碌的父母，白色夹心代表缺少陪伴的孩子。孩子们可以在奥利奥的包装上留下心里话，帮他们说出渴望陪伴的心声，希望爸爸妈妈不要错过孩子成长的每一个欢乐瞬间，让爱永不缺席，从而激起关于陪伴的认识，具象化阐述了“陪伴”的意义，也引发大众对“儿童的健康成长离不开爸爸妈妈的陪伴”的情感共识。

依托于短片本身内容的感染力，短片一发布便引发全网热议，触发UGC分享机制，因为每个父母都从中或多或少看到了自己的影子，实现了奥利奥与城市996儿童话题的强绑定。

为了扩散出更大的话题声量，奥利奥还通过微博、微信、腾讯、头条、抖音、快手等全渠道资源的整合，让《分不开的爱》公益短片实现传播层面的多点触达，形成了全域传播攻势。

值得一提的是，奥利奥还充分洞察年轻人的社交需求，打造了一个承载了公益短片、互动和爱心接龙的H5。用户不但可以观看城市996儿童的故事，以“合成奥利奥”的互动形式倾听孩子们的心声，并通过城市996儿童白皮书更多了解这一群体，还可以通过一系列互动形式进行爱心接龙，将H5打造成年轻人的社交货币，获得了裂变传播的态势，将爱心传递给更多人。

此外，再加上@三联生活周刊等KOL加入话题讨论，一方面形成了二次传播的传播场域，深化了外界对“城市996儿童”话题的认知；另一方面，这些UGC内容又帮助品牌与用户有效沟通，形成了一条层层递进的传播链路，引发更大范围的对“城市996儿童”社会问题的讨论。

资料来源 佚名.一块小饼干背后的社会能量，这个六一被奥利奥暖到了［EB/OL］.［2021-05-31］. https://www.sohu.com/a/469592219_228864.

问题：

1）奥利奥本次公关策划的神奇之处体现在什么地方？该案例涉及本章的哪些知识点？

2）找出并分析本案例中奥利奥策划的最出彩的两个环节。

分析要求：参照第1章本题型的“分析要求”。

△ 课程思政

“训练目的”“教学方法”“训练任务”同第1章本题型。

【相关案例】

索尼为什么被骂滚出中国?

背景与情境： 来自日本的索尼，在中国被骂了。

2021年6月30日，索尼中国发布了一条微博“2021.7.7 22：00新机将至，敬请期待~”。微信公众号上也有相关宣传。中国人都知道，1937年7月7日是“七七事变”发生的日子，“七七事变”开始的时间就是晚上10点。

当时卢沟桥的日本驻军在未通知中国地方当局的情况下，径自在中国驻军阵地附近举行所谓的军事演习，并诡称有一名日军士兵失踪，要求进入宛平县城搜查，被中国驻军严词拒绝后，日军随即向宛平城和卢沟桥发动进攻。“七七事变”是日本全面侵华战争的标志，中国人开始了长达8年的抗战，国土沦丧，民不聊生。如今，每年的7月7日，全国各地都会举行祭奠先烈、勿忘国耻的纪念活动。这个日期，可以说是深深刻在中国人骨子里的。

作为一个日本企业，索尼竟然将新品发布会定在这一天，甚至还精确到了小时，真的让人怀疑就是在故意挑衅。更恶劣的是，索尼中国官方微博还把评论给关了。这说明索尼不愿被批评、不愿被公众监督，说明索尼根本不把中国消费者放在眼里。

事情发生后，在中国网友的大规模谴责下，索尼才先后删除了官微、微信公众号的宣传内容，但保留了推特上相关的内容。同时，索尼中国还发布了一篇道歉声明，表示由于工作安排不周，在日期选择上给公众造成误解和困扰，对此深表歉意，并第一时间取消相关活动安排。索尼的道歉用“工作安排不周”来含糊其辞，这种轻描淡写的发声毫无诚意可言。

其实，2020年7月7日晚上10点的时候，索尼就在微信上推送了一条关于大师镜头新品的推文：2020年7月7日晚上22：00，索尼（中国）有限公司正式发布首支12-24mm超广角变焦恒定F2.8G大师镜头FE1。只不过这件事在当时没有引起轩然大波。索尼一而再地犯下同样的错，就是在不断试探中国消费者的底线。

所以，索尼将新品发布会定在7月7日的行为很难会让中国人认为是巧合，并且已经严重伤害到了中国人的情感。再加上中日关系一直都是很敏感的话题，索尼不痛不痒的道歉可以说是完全徒劳的。网络上，对索尼的谴责声此起彼伏。不少网友表示，索尼为什么不把新品发布会的日期定在8月6日、8月8日、8月9日、8月15日、9月2日当中的一个呢？这些日子可都是日本历史上的重要日子。

资料来源　佚名.索尼，被骂滚出中国［EB/OL］.［2021-07-03］. https：//www.163.com/dy/article/GE0FA6R805390TQD.html.

问题：

1）本案例中存在哪些思政问题？

2）试对上述问题做出你的思政研判。

3）说明你所做思政研判的依据。

研判要求： 参照第1章本题型的“研判要求”。

创新型训练

▲ 拓展创新

“拓展创新-Ⅰ”训练

【训练目的】

见本章“学习目标”中“创新型学习”的“拓展创新”目标。

【教学方法】

采用“学导式教学法”和“项目教学法”。

【知识准备】

学生通过院资料室、校图书馆和互联网等途径，自主学习如下知识：

1）列入本教材“附录一”附表1“能力领域”各能力，特别是“与人合作”、“解决问题”和“革新创新”能力“中级”各技能点“‘知识准备’参照范围”的知识。

2）本教材“附录三”附表3“能力领域”各能力，特别是“与人合作”、“解决问题”和“革新创新”能力“中级”各技能点的“基本要求”和“参照规范与标准”。

【训练任务】

1）自主学习“知识准备”所列知识。

2）查阅关于“公关调查结果的有效性”的各种观点信息。

3）应用“知识准备”所列知识，依照相关要求和“参照规范与标准”，进行“知识创新”强化训练。

4）撰写、讨论和交流训练课业。

【训练要求】

1）体验对“知识准备”所列知识的自主学习过程。

2）体验对“知识准备”所列知识的应用，以及相关“要求”和“参照规范与标准”的遵循。

3）体验将关于“公共关系调查”的诸多拓展性观念要素整合为一个内在一致、功能统一的新整体，形成一个带有原创性成分的《公关调查结果的有效性》的知识创新过程。

【训练时间】

本章课堂教学内容结束后的课余时间，为期一周。

【训练步骤】

1）将班级同学组成若干“知识创新”项目团队，每队确定一人负责。

2）各团队根据训练项目需要进行角色分工。

3）各团队自主学习“知识准备”所列知识。

4）各团队应用“知识准备”所列知识，并遵循相关“要求”和“参照规范与标准”，系统体验关于本项目的如下技能操作：

（1）通过队内分工与合作，搜集和处理本训练项目中存有争议的关于“21世纪公共关系在全球的发展状况”的各种观点信息，分析研究、讨论与交流其各自所长与不足。

(2) 将关于“21世纪公共关系在全球的发展状况”各种观点中的诸多拓展性要素整合为一个内在一致、功能统一的新整体，撰写带有原创性成分的《公关调查结果的有效性》论文。

(3) 以相互质疑和答疑的方式，在班级讨论、交流、相互点评其《公关调查结果的有效性》论文。

(4) 根据班级讨论交流结果，各团队修订和完善其《公关调查结果的有效性》论文。

5) 各团队总结本次“创新理论与方法知识应用”训练中的各项技能操作体验，形成作为最终形式的训练课业。

6) 在校园网的本课程平台上展出经过修订和任课教师点评的优秀训练课业，供相互借鉴。

【成果形式】

训练课业：撰写《“拓展创新-Ⅰ”训练报告》。

课业要求：

1)《“拓展创新-Ⅰ”训练报告》的内容包括：训练团队成员与分工；训练过程；训练总结（包括对各项操作的成功与不足的分析说明）；附录。

2) 将《公关调查结果的有效性》论文作为《“拓展创新-Ⅰ”训练报告》的“附件”。

3) 论文的创新方法运用正确，观点独到新颖，论据确凿合理，文字简洁准确。

4)《“拓展创新-Ⅰ”训练报告》的结构、体例和篇幅等参照本教材“课业范例”的相关范例。

5) 在校园网的本课程平台上展示经过教师点评的班级优秀《“拓展创新-Ⅰ”训练报告》，并将其纳入本课程的教学资源库。

第5章
组织内外部公共关系

学习目标

传承型学习

通过以下目标，建构以“组织内外部公共关系”为阶段性内涵的“传承型”学力：

理论目标：学习和把握组织内部公共关系的含义与特点、各种公众关系（包括员工关系、股东关系、消费者关系、媒介关系、政府关系、社区关系）的含义与意义等陈述性知识；用其指导“同步思考”、“深度思考”和相关题型的“单元训练”；体验“组织内外部公共关系”中“理论知识”的“传承型学习”及其迁移。

实务目标：学习和把握建立良好的员工关系的途径、处理消费者关系的主要途径、与政府公众建立良好关系的基本要求、处理好媒介关系的主要方法、处理社区关系的方法等知识；用其规范“深度剖析”和相关题型的“单元训练”；体验“组织内外部公共关系”中“实务知识”的“传承型学习”及其迁移。

案例目标：运用本章理论与实务知识研究相关案例，对“同步案例5-1”至“同步案例5-2”及“农夫山泉‘福岛白桃事件’”等业务情境进行多元表征，体验“结构不良知识”的传承型学习及其迁移；依照相关规范或要求，对“课程思政5-1”和“花呗的‘贷款尽孝’广告”等案例中的企业或其从业人员行为进行思政研判，培养高尚的道德情操，树立社会主义核心价值观。

创新型学习

通过以下目标，建构以“组织内外部公共关系”为阶段性内涵的“创新型”学力：

自主学习：参加“自主学习-Ⅱ的训练。在制订和实施《团队自主学习计划》的基础上，通过阶段性学习和应用其“知识准备”所列知识，查阅、整理和综合“组织内外部公共关系”前沿知识，撰写、讨论和交流《“组织内外部公共关系”最新文献综述》和《“自主学习-Ⅱ”训练报告》等活动，体验“自主性学习”及其迁移。

引例　“人民需要什么，五菱就造什么”

背景与情境： 2020年初，新冠肺炎疫情突如其来，世界口罩紧缺。面对疫情，作为中国汽车龙头企业的上汽通用五菱打破人们以往对它的认知，竟然也开始生产口罩了。五菱宏光的口号是：“人民需要什么，五菱就造什么。”

疫情肆虐下，14亿人的防护需求，使得口罩等医护用品紧缺，加之迟迟未复工而打断的生产秩序，供应更显艰难。上汽通用五菱是中国第一家做出反应的车企。在疫情发展伊始，它就敏锐地注意到了口罩可能短缺的问题。2月6日，上汽通用五菱方面就官宣将联合供应商通过改建生产线的方式转产口罩，支援防疫一线。从提出自产口罩的想法，到第一批口罩交付仅用时3天，并且上汽通用五菱给出了承诺：只赠不卖。据悉，早期该项目生产出的口罩均交由相关部门统一调配，用于支持医疗机构开展防疫工作及保障市民的健康安全。

对此，五菱也成了大家心中的一个谜，还有什么是五菱不能造的？当你了解五菱后，你就知道这句话并非喊口号，而是五菱的传统。中华人民共和国成立后，国家需要发展工业，五菱则开始制造机械，那时候的五菱填补了国内汽油机的生产空白；20世纪50年代，其制造了伐木油锯，让中国开始了机器伐木时代；国家发展农业的时候，五菱则开始制造拖拉机……众多的历史和成就，让五菱成了人们最看好的企业，虽然大家只知道五菱汽车，但是五菱所涉及的领域较广，并且一次次帮助全国发展各种行业。

疫情期间，五菱除了依靠自身研发能力生产口罩、解决防疫物品刚需之外，更坚持推动企业数字化转型，开发与应用多项智能防疫“黑科技”，为一线防疫提供强有力的解决方案，真正做到了“人民需要什么，五菱就造什么”。在疫情防控攻坚战中，上汽通用五菱利用宝骏新能源产品优势打造出智能移动测温车，以“快速、安全、零接触”的测温方式，实现了全天候24小时高效测温。同时，上汽通用五菱还基于宝骏E100研发出新一代“硬核防疫黑科技”——无人消杀车，凭借智能喷洒消毒，为一线防疫工作提供了更便利、更安全、更高效的“黑科技”手段。不仅如此，上汽通用五菱利用“黑科技”展开对疫情的“主动防御”，研发应用无人物流车，建成国内第一条无人驾驶物流线路，全面实现了物流效率最大化、物流成本最优化、物流安全多维化。

上汽通用五菱通过不断探索和创新产品，不仅为国家和人民排忧解难，也为消费者带来更便捷、舒心的体验。“人民需要什么，五菱就造什么”，为中国五菱这样的良心企业点赞！

资料来源　佚名.“人民需要什么，五菱就造什么”这不是喊口号，而是五菱传统［EB/OL］.［2020-03-10］. https://www.sohu.com/a/378941942_120604045. 车手294886700S. 上汽通用五菱坚持推动企业数字化转型［EB/OL］.［2020-07-16］. https://news.yiche.com/hao/wenzhang/34254577.

人们常说公共关系就是内求团结、外求发展的艺术。内求团结就是搞好内部公共关系，外求发展就是建设外部公共关系。本章将分别介绍组织的内外部公共关系。

5.1 组织内外部公共关系概述

内部公共关系是一个组织公共关系的基础和前提，决定并影响着组织外部公共关系开展的质量和效果。

5.1.1 组织内部公共关系

组织内部公共关系是一个社会组织内部纵向的公众关系与横向的公众关系的总称。组织内部纵向的公众关系包括一个组织机构中上下级之间的关系，组织内部横向的公众关系包括一个组织机构中各个职能部门、科室、班组之间和内部员工之间的关系。内部公共关系是组织公共关系的重要组成部分，又是组织开展各类公共关系活动的基础。

1）组织内部公共关系的类别

内部公共关系是组织的一种专门管理职能，是组织为实现其既定战略目标和经营目标，基于与组织内部公众的各种利益关系而形成的一种客观的社会关系。组织内部的公共关系复杂多样，纵横交错，有自然状态和社会状态的关系，有个体之间、群体之间的各类关系，也有个体、群体与组织之间的诸多关系。综合概括，主要包括人际关系、权力关系、竞争关系、利益关系几大类别。

（1）人际关系

人际关系是在生活、工作交往过程中，因情感、志趣或公务协作而建立起来的个体之间的人文关系。在组织内部表现为：领导者与被领导者的关系、员工同员工的关系、生产部员工同行政部员工的关系等。这是一种特殊的、隐蔽和自发形成的、以情感为纽带的关系。

根据对内部和谐、团结的影响程度，人际关系可以分为：融合的人际关系、中性的人际关系、排斥的人际关系。融合的人际关系是内部员工志趣相投、文化习性相近、目标利益统一、交往密切融洽的一种关系环境；中性的人际关系是内部员工无争议纠纷、交往平淡、利益责权分割明确的一种关系环境；排斥的人际关系是内部员工矛盾突出、缺乏配合、利益独立、信息闭塞、情感游离的一种关系环境。

（2）权力关系

权力由组织赋予，是指能直接影响他人行为的能力。一个组织的权力相对于群体而言，总是自上而下行使的。不同的组织结构会形成不同的权力关系，同时，不同领导风格形成的权力关系也有差异。

根据权力对员工的影响方式，权力关系可分为：专制式、民主式、分权式。专制式是一种集权制的行权方式，权力掌控在高层领导者手中，对员工的行为约束性强，上下级之间缺乏沟通，下级是在完全被动的条件下开展工作，管理体制呆板、低效。民主式是权力仍集中在高层领导手中，但决策层注重同下级沟通，乐意征集员工意见，善于建立公平、积极、竞争的激励机制，使优秀员工能获得奖励和晋升的机会。分权式是按行政隶属关系实现层层负责的行权方式。其主要特点是：决策权和经营权完全分离，管理体制灵活，各职能机构都具有较大的自主权，并且奖励分配形式多样，能充分调动团队的能动性、积极性。

（3）竞争关系

企业在市场中面临同行业的竞争，在一个组织中，组织内部公众同样存在竞争。组织内部可以因为利益、攀比、晋升等竞争因素，形成个体之间、职能机构之间及群体之间的竞争关系。健康、积极向上的内部竞争关系能够激发员工热情，提高员工创造力，增强员工斗志。但消极、嫉妒、排斥、紧张的内部竞争关系就会影响员工团结，降低协作效率，制约企业发展。企业要通过建立友爱、公平的竞争机制，引导健康的竞争心态，促进内部公众关系和谐、向上。

（4）利益关系

组织内部公众之间是一种平等互助、荣辱与共的协作关系，同时也是无数个利益相互交融的关系。组织的利益关系由纵向、横向两大利益关系构成。纵向利益关系通常指国家、集体、个人三个利益主体之间形成的关系格局。横向利益关系通常指组织内部的部门、群体、个体各层次之间形成的利益关系。

利益的平衡是实现公共关系和谐的基础，组织要注重维护整体利益，同时要兼顾个体利益。组织应该遵照“各尽所能、按劳分配”的原则，建立高效、公平、激励的利益分配机制，让所有利益主体都能在组织的发展中获得收益。

2）组织内部公共关系的特征

组织内部公共关系建立在同一个组织群体内，具有紧密性、稳定性、可控性等几大特征。

（1）紧密性

组织内部公众的利益相连、目标一致，并且置身在同一个工作、生活、学习环境，需要频繁借助信息的沟通和交流，保持合作互助的紧密关系，共同围绕目标而不懈努力。在公共关系公众中，内部公众之间的关系紧密程度最高。一旦组织内部关系隔阂、疏远，必然会因矛盾、摩擦致使组织陷入形象受损、效益低下的困境。

（2）稳定性

组织内部公众是组织环境中的成员，在一定时期和条件下，组织内部关系是稳定的。只要组织能为员工提供宽松、愉快，且有利益保障的工作环境，组织内部的公众就能处处为集体利益着想，并为维护良好的组织形象献力献策。

（3）可控性

组织内部公众在组织管理体制设置范围内，需要服从组织的统一调配，其行为也需要受到组织的约束。同时，围绕共同目标，员工身上本能的自控能力也能形成内部公共关系的可控能量。

（4）层次性

由于组织内部实行现代化科学管理的需要，一个组织的全体员工按照工作分工可以分为高层领导者、中层管理人员和基层工作者等层次。内部公共关系要根据实际需要，有针对性地对不同层次的员工开展工作，既要处理好基层员工之间的关系，调动他们的生产积极性、主动性，又要处理好领导之间、部门之间的关系，创造一个团结、向上的内部环境。

（5）全员性

组织内部的成员，既是公共关系的客体，又是公共关系的主体。作为客体，他们是公共关系工作的对象，每一个员工都是组织与外部公众接触的触角，他们的一言一行都会对社会公众产生影响，代表着组织的形象。同时，员工的行为也会影响到组织内部员工之间、部门之间以及上下级之间的关系。因此，从某种意义上讲，每个组织内的成员都是公共关系人员。内部公共关系工作的重点之一就是使员工明确自己的地位和职责，认识到内部公共关系开展得好坏，全体员工都负有一定的责任，树立全员公关的思想。

3）组织内部公共关系的意义

组织内部公共关系的意义主要表现在以下几方面：

（1）有利于创建优秀的组织文化

组织文化是通过组织的政策、组织的客观形象、组织的服务及其员工的行为表现出来的价值观念和行为准则。在组织文化中最重要的是价值观念，价值观念是构成组织文化的内核，公关人员要时刻注意发扬组织的文化精神，形成有特色的组织文化。

（2）有利于树立良好、卓越的组织形象

组织追求良好的、卓越的组织形象是全体公关人员的奋斗目标，应该从提升组织的知名度和美誉度来考虑。这些目标绝不是朝夕就能实现的，必须要以开展扎实的内部公共关系工作为基础。

（3）有利于增强组织的凝聚力

组织文化是组织在长期的实践活动中所形成的并且为组织成员普遍认可和遵循的具有本组织特色的价值观念、团体意识、工作作风、行为规范和思维方式的总和。组织开展内部公关活动，对组织文化的形成和提升有极为重要的意义和作用。内部员工是组织赖以生存的细胞和发展壮大的基础。面向员工开展公关活动，可以消除内部人员的隔阂，协调内部关系，激发员工斗志，增强内部团结，增强组织对员工的吸引力和员工相互之间的吸引力。公关部门开展这方面的活动，应围绕培育优良的组织价值观和道德风尚来策划和组织。

（4）有利于坚定股东的信心

股东是组织的投资者。股东关系是股份制公司所特有的一种内部公共关系。如果股东对组织失去信心，转让或抛售股票，组织内部就不稳定；如果组织形象在公众面前受到损害，就很难吸引更多的新股东。通过内部公关活动，如股东年会和其他信息沟通以及联谊活动等，能体现对股东权利意识的尊重，加深股东对组织的感情及积极承担作为主人的责任，就会使他们自觉做组织的形象、产品或服务的“宣传员”及组织形象的维护者。

（5）有利于实现“全员公关”的思想

全员公关管理就是通过组织的公关与培训，增强全体员工的公关意识，加强整体的公关配合，发动全体员工的能动性，产生有助于塑造组织良好形象的自觉的公关行为。

（6）有利于提高组织的整体效益和社会效益

组织的利润实质上是社会公众对组织的支持和奖励，同时也是组织为社会做出贡献大小的反映，故应树立“顾客是上帝”的思想，加强内部公共关系工作，使组织的一切活动都以顾客的需求为出发点，生产出顾客满意的产品。满足了客户的需求，组织的利润也就实现了，并会进入组织整体效益和社会效益都逐步提高的良性循环。

5.1.2　组织外部公共关系

任何一个社会组织都是生存在社会大环境中的，参与社会活动必然会和外部发生各种各样的联系。社会组织要想获得成功就必须具备一定的与外界公众进行沟通协调的能力，包括消费者公关、媒体公关、政府公关、社区公关等方面。社会组织通过公关活动，协调与各类公众的关系，争取社会舆论的支持，建立企业的良好信誉和形象。

组织外部公共关系是指与组织运行过程发生一定联系的所有外部关系的总和。它作为组织外部的公众网络系统，构成了组织的社会公众环境。这些社会公众既可以是具体的组织，也可以是流散性的群体；既可以与组织有直接的利益关系，也可以与组织有间接的或潜在的利益关系。但它们都对组织的生存和发展起着重要的制约作用或促进作用。

1）组织外部公共关系的特征

组织外部公共关系的特征，主要有以下方面：

（1）广泛性

组织所面临的外部公众的范围是非常广泛的，不仅包括顾客、供应商、中间商和竞争者，还包括新闻媒体、政府、社区、文化教育界、体育卫生界以及社会福利慈善机构等有关团体、组织或个人。组织外部公众的广泛性决定了组织外部公共关系的广泛性。因此，组织在开展外部公共关系时不可只注意其中某一类公众，而忽视其他公众。对任何一类公众的疏忽，都可能导致整个公众环境的恶化，而环境的恶化必然影响组织的生存和发展。

（2）复杂性

由于外部公共关系活动面临的组织、人员、事件多种多样，表现方式千差万别，导致了整个活动过程的复杂性。公关人员在其中要接触到外部各类不同的组织，接触到各个层次的不同类型人员，因而单纯地运用一种策略和方法，很难收到预期的效果。

（3）社会性

开展外部公共关系活动，不可忽视的是对社会环境的认识和把握。成功的外部公共关系活动，往往受到“天时”“地利”“人和”等多种因素的共同制约。只有在工作中有效地利用多种外在因素，最终才能产生较好的社会效果。

（4）变化性

任何组织面对的外部公众的性质、形式、数量、范围等都不是一成不变的，必然随着主体条件和客观环境的变化而变化。外部公共关系的变化要求组织对外公关工作的目标、方针、策略、手段随之变化；反之，组织自身的变化也会导致外部公共关系的变化，而这种变化的结果可能反过来又对组织产生影响和制约作用。

（5）长期性

组织对外公共关系的目的是树立整个组织的信誉和形象，这绝不是以急功近利的方式就可以达到的，而是需要通过有计划、有步骤、长期的努力来实现的。

2）组织外部公共关系的目标

外部公共关系活动的目标，主要是增进组织与社会各类公众之间的相互了解，协调彼此间的利害关系，消除可能出现的矛盾和冲突，建立良好的社会形象和信誉，为组织的繁荣和发展创造良好的社会环境。

（1）形象目标

组织形象的树立，必须运用各种传播手段向外部公众广泛地宣传组织各方面的工作成就，让公众全面深刻地了解组织，形成良好的社会舆论，塑造良好的组织形象。

（2）关系目标

外部公共关系工作必须与社会公众建立广泛的纵横向联系，争取外部公众的支持、帮助与合作，为组织生存和发展创造良好的外部环境。

（3）利益目标

外部公共关系的目标，并不是直接地宣传介绍某种新产品或服务，它的中心任务是协调各种社会公众关系，推销组织形象。这样就会使社会公众在了解、认可组织的过程中接受相关的新产品或服务，从而提高组织的经济效益和社会效益。

5.2 员工关系

组织内部公共关系的对象既包括员工，也包括组织内部的各种部门、群体等。员工是其中的一种，却是最普遍、最重要的一种。整个社会组织的公共关系工作就是从员工关系开始的，员工是组织中关系最密切的公众，他们是组织赖以生存和发展的基础。只有在“内求团结”的基础上，才能“外求发展”。著名的IBM公司创始人沃森曾说：“你可以接收我的工厂，烧掉我的房子，但只要留下这些人，我就可以重建IBM。”

5.2.1 员工关系的含义与种类

市场经济中，一个优秀的企业是由一群优秀的员工创造的，在企业的众多资产中，员工是最重要的资产。要使用户或消费者对企业和产品满意，就要让员工满意，不断提高员工对企业的忠诚度。

1）员工关系的含义

员工关系，即组织同内部所有员工之间的关系，包括上自最高领导层下至最基层的员工之间的关系。

员工关系不同于组织内部的一般劳动关系。劳动关系一般包括就业稳定性、工资奖金制度、员工福利以及劳动合同的制定与执行，它更倾向于从法律、规章上明确组织与员工之间的权利与义务关系。

教学互动5-1

互动问题：员工关系与组织内部的一般人事关系有什么区别？

要求：同“教学互动1-1”的“要求”。

2）员工关系的种类

根据工作性质，员工关系可以划分成管理人员关系、技术人员关系、操作人员关系三种。

①管理人员关系。管理人员是指各业务单位和职能部门的主管。在组织中，管理人员的水平、言行举止及威望对其管辖部门员工的效率、工作热情等因素产生直接的影响。管理人员往往期望值较高，掌握着组织大量的信息和资源，在组织、集体之间交流、沟通最为频繁，而且比其他员工更为关心组织的前途、利益和形象，在内部公共关系活动中占有举足轻重的地位。

②技术人员关系。技术人员是从事专业技能岗位工作的人员，分布在供、产、销各个环节，是组织生存和发展的核心力量。他们独立性很强，尊重专业技能，具有较高的创造欲望，是公共关系中不可忽视的一种内部关系。

③操作人员关系。操作人员是位居生产或服务第一线的作业员，占员工公众的大多数，直接对组织的声誉、形象、效益产生影响。他们知识水平参差不齐，性格各异，较为看重个人利益，在内部公共关系中需要花大量的时间和精力与之调和。

5.2.2　员工关系的工作目标

员工关系的主要目标是：培养员工对本企业的认同感及归属感，增强企业的向心力和凝聚力，创造和谐融洽的人事环境。其具体包括以下内容：

1）让员工认同组织的愿景

员工关系管理的起点是让员工认同组织的愿景。没有共同的愿景，缺乏共同的信念，就没有利益相关的前提。优秀的组织是通过确立共同的愿景，整合各类资源，当然包括人力资源，引导整个组织不断发展和壮大，引导成员通过组织目标的实现，以实现个体的目标。

组织的价值观规定了人们的基本思维模式和行为模式，或者说是习以为常的东西，是一种不需要思考就能够表现出来的东西，是一旦违背了它就感到不舒服的东西。因此，可以说组织的价值观是组织的伦理基准，是组织成员对事物共同的判定标准和共同的行为准则，是组织规范的基础。有了共同价值观，对于某种行为或结果，组织成员都能够站在组织的立场做出一致的评价。这种一致的价值观既是组织特色，也是组织成员相互区分的思想和行为标志。

所以，认同共同的组织愿景和价值观，是建设和完善员工关系管理体系的前提和基础。

2）增强员工对组织的认知

在内部公共关系工作中，努力增强内部员工对组织的认知是处理好员工关系的重要任务之一。因为，一个组织形象的好坏固然决定于它自身的行为，但也决定于公众对它的认知程度，尤其是内部员工对它的认知程度。

内部公共关系工作可以从以下三个方面入手来增强内部员工对组织的认知：

（1）要着力培养和强化组织形象的个性特色

组织的个性特色越突出，越能引起内部员工的注意，越容易为内部员工所认知，从而也能在内部员工心目中留下难忘的组织形象。组织的个性特色包括服务特色、产品特色、工艺特色、经营特色、人员特色、管理特色等。

（2）要充分理解和正确对待内部员工对组织的期望与要求

作为组织的内部员工，他们与组织存在着最切身的利益关系，存在着对组织的期望。这些期望与要求的实现和满足程度，也直接影响着内部员工对组织的认知程度。

（3）要不断增大组织的透明度

组织只有不断增加透明度，公众才能清楚了解组织和正确评价组织，彼此的关系也会越来越好。

3）激励员工作为主人翁的意识

动机是指人们满足一定需要的兴趣、意愿、期望和信念等。良好的动机是产生良好行动的基础。内部员工如具有作为组织主人翁的积极意识，对组织的“内求团结、外求发展”十分有利。因此，内部公共关系工作应采取相应激励措施，激励内部员工作为组织主人翁的良好意识。

4）营造组织轻松愉快的“家庭”氛围

这里的“家庭”被喻指为令人舒畅、自由、温暖、充满爱的特定环境。组织只有具备了充满家庭氛围的环境，才能使广大内部员工都把自己看作是这个大家庭中的一分子，时时想着组织，事事为着组织，把组织的兴衰荣辱与自己的前途命运联系起来，将组织的利益与自己的利益融为一体。

为使内部员工在组织内感受到“家庭”般的温暖，内部公共关系要展开以下工作：

（1）要在组织内营造一种尊重、理解、平等对待每一个员工的气氛。作为管理者，特别是组织的主要领导者应率先行动，与员工平等相处，坦诚相见，利用各种机会进行交谈走访，深入基层听取员工的呼声，参加各种正式或非正式活动。

（2）要真诚关心和爱护员工，真正把他们当作组织最宝贵的财富。在当今市场条件下，拥有优良的员工队伍是一个组织生存发展的基础，这已是一个众所周知的道理。而要拥有优良的员工队伍，必须依靠组织真诚关心爱护员工，把员工当作组织最宝贵的财富，用实际行动来吸引员工、感化员工。

（3）要切实解决员工的后顾之忧，为员工创造宽松、愉快的工作、学习环境。组织要关心员工的切身利益，在改善劳动环境、提高福利待遇等方面创造条件，切实解决好员工的后顾之忧，以满足员工在这些方面的需求。

同步案例5-1

“老乡鸡”董事长手撕员工联名信，却收获集体好评……

背景与情境：随着新冠肺炎疫情的持续严峻，不少企业都投入到这场全民行动中，有捐款捐物的，有投入人力物力的，有改行生产物资的……

“老乡鸡”董事长束从轩亲自出镜拍摄视频“手撕员工联名信”，而视频中董事长手撕的却是员工不要工资的联名信，这种“冲突”是“老乡鸡”这次大受好评的最大原因。

“我们一个月的工资支出差不多8 000多万元，现在很多店停业了，工资照常发，资金有一定的压力。公司以前运行质量比较好，支撑两个月应该没问题，但两个月以后就麻烦了。”

在视频中，束从轩称，因为疫情影响，“老乡鸡”保守估计至少有5个亿的损失。但在面对员工不要工资的联名信时，束从轩表示：“哪怕是卖房子，卖车子，也要确保16 328名“老乡鸡”员工有饭吃，有班上!”

有人说这样的老板说话真有底气，真让人放心。视频从头到尾传递的都是对疫情结束后满满的信心，充满正能量!

资料来源 陈慧.老乡鸡董事长手撕员工联名信：卖车卖房也要确保员工有饭吃有班上［EB/OL］.［2020-02-09］. https：//www.yicai.com/news/100496556.html.

问题：评析“老乡鸡”的做法。

5.2.3 建立良好的员工关系的途径

员工是企业的主体，企业的产品和服务是员工生产和提供的，企业生产经营计划的执行，短期、中期目标的实现及远期战略的实施，都离不开员工的有效参与，只有以良好的员工关系为基础，才能充分调动员工的积极性、主动性和创造性。

那么，如何建立良好的员工关系呢?

1）了解员工心理，把握员工需求

员工需求包括物质需求与精神需求两方面。物质需求包括：工资、奖金、福利及工作环境和休假等。首先，应提供合理的薪酬和较好的福利待遇。各种形式的薪酬是员工生存和组织发展的基础，一方面管理者有责任引导员工发扬献身精神，另一方面管理者也要切实关心员工的薪酬水平。其次，应提供晋升机会。员工所理解的晋升不仅是更多的报酬，而且是个人价值的升华。

精神需求既包括人们自由地发挥自己的创造性的需求，又包括人们对各种精神产品的需求。不同的员工因其文化素养、工作性质、个人经历和志趣爱好的不同，其精神需求也存在明显的差异。一般来说，员工所关注的精神需求主要集中在：尊重员工的主人翁地位，提高员工的责任感；合理地开发和利用人才，增强员工的自信心；增强组织的向心力，培植员工的自豪感；引导员工在日常工作中寻求生活的乐趣和意义，通过培养员工对本岗位、本组织的责任心、自信心和自豪感，使每位员工获得心理上的平衡与精神上的满足。

2）构建与员工的心理契约

心理契约就是组织与员工事先约定好的内隐的没说出来的各自对双方所怀有的各种期望。它是组织与员工之间、管理者与员工之间、员工与员工之间建立的相互期望和关于责任与义务的信念系统。这种期望是无形的，无法用文字明确表达，是组织和成员之间在一段时间的相互适应后逐渐形成的。组织期望和个体期望一致时，它将使“合同契约”的履行更加有效；反之则不然。虽然心理契约不是有形的，但却发挥着有形契约的作用。组织清楚地了解每个员工的需求和发展愿望，并尽量予以满足；而员工也为组织的发展全力奉献，因为他们相信组织能满足他们的需求与愿望。

心理契约是由员工需求、组织激励方式、员工自我定位以及相应的工作行为四个方面的循环构建而成的，并且这四个方面有着理性的决定关系。

心理契约给员工关系管理带来的思考是：一方面，组织在构建心理契约时，要以自身的人力资源和个人需求结构为基础，用一定的激励方法和管理手段来满足、应对和引导员工的心理需求，促使员工以相应的工作行为作为回报，并根据员工的反应在激励上做出适当的调整；另一方面，员工则依据个人期望和企业的愿景目标，调整自己的心理需求，确定自己对组织的关系定位，结合组织发展目标和自身特点设定自己的职业生涯规划，并因此决定自己的工作绩效和达成与企业的共识：个人成长必须依附组织平台，离开这个平台谈员工个人目标的实现只能是一句空话。这就是现代人力资源管理的心理契约循环过程，也是组织员工关系管理的核心部分。

3）增强员工的参与意识

这里首先要做到在用人方面的各尽所长、各得其所。在此基础上，一方面要鼓励员工就改进、改善本职工作提出建议，另一方面要引导员工为组织的整体发展献计献策。这样做的意义是，不仅能满足员工的自我实现需要，也使组织得到了宝贵的决策参考资料。

在这方面，日本一些企业的做法有独到之处。第二次世界大战结束以后，日本经济之所以得到迅速恢复与崛起，公认的原因是，它将欧美先进的科学技术与本民族优秀的文化传统相结合，从而成功地创造出了一条“儒家资本主义”式的现代化发展道路，用他们自己的话来说就是“和魂洋才”。又比如，在柯达公司创业之初，主管收到一个普通工人写的建议书，内容非常简单，仅仅呼吁生产部门“将玻璃擦干净”。他认为这是员工积极性的表现，应予以表扬、强化，他奖励了这个员工20美元，并由此建立了“柯达建议制度”，由于组织严密、周到，一直坚持到今天。多年来，柯达公司员工提出的建议总数已经超过200万项，其中被采纳的超过60万项，节约成本1 985万美元，支付奖金370万美元。

在德国企业里，参与管理主要通过工厂委员会的协商、董事会的共同决策、监事会的制衡及其他一些方式来实现。工厂委员会由不包括管理层的所有员工选举代表组成，委员会定期与雇主举行联合会议。法律规定雇主有义务向工厂委员会提供各种信息和有关文件，尤其是涉及财务、生产、工作流程改变等方面的信息和文件。员工超过100人的企业，工厂委员会必须委任一个财务委员会，定期与管理层会面，了解公司的财务状况；1 000人以上的企业，每季度雇主还必须书面报告企业各方面的情况。工厂委员会几乎可以对企业中所有重大的决策与举措表达看法。在工作时间、工资福利等方面，工厂委员会还具有共同决策权，特别是当发现劳动条件的改变损害了员工的人性化需要时，可以要求雇主予以改变或赔偿。

4）激发员工的工作热情与积极性

从需求理论看，人们的基本需要得到满足后，会进而追求更高层次需要的满足。此外，行为科学的激励理论也指出：适当的激励手段将有利于发挥员工的积极性和创造性，使员工的个人理想不断得以实现；企业在获得成功的同时，还将拥有一个和谐的人事环境。良好的员工关系，与员工的工作热情和积极性是分不开的。具体的激励方法有：

（1）目标激励

根据弗鲁姆所提出的期望理论，一个人的激发力量可表示为：激发力=效价×期望。其中，效价是指一个目标对人的价值如何，对人的需要的满足程度如何；期望是指实现某个目标的概率。根据这个理论，应使员工意识到群体目标与个体目标的相互关系，好的群体关系将有利于提高目标实现的概率；同时，企业在制定目标时，应注意提高目标的价值，从而激发员工的积极性。

（2）榜样激励

榜样是企业中的先进代表人物，他们自身的模范表率行为有利于调动员工的积极性，将有助于加强员工的凝聚力，从而促进和谐的员工关系的形成。

（3）荣誉激励

荣誉激励包括发奖状、证书、记功、通令嘉奖、表扬等。如果我们承认马斯洛的自我实现的需要是人类最高层次的需要，那声誉才是一种终极的激励手段。

经济学家从追求利益最大化的理性假设出发，认为经营者追求良好声誉是为了获得长期利益。美国成人教育之父卡耐基曾写出享誉全球的名著《人性的弱点》《人性的优点》《人性的光辉》等。他指出为人处世基本技巧的第一条就是“不要过分批评、指责和抱怨”，第二条是“表现真诚的赞扬和欣赏”。

（4）成就激励

成就激励最重要的表现形式就是合理晋升。内部晋升与选拔的好处有：一是当人才看到自己的工作能力与业绩能够得到肯定或报偿时，其士气与绩效都会提升。二是内部候选人已经认同了本组织的一切，包括组织的目标、文化、缺陷，比外部候选人更不易辞职。三是可以激发人才的献身精神，而且可以给其他人才一个同样的期望。但是，优先从内部选拔人才，需要建立一系列制度来维持，例如索尼公司的内部招聘制度。

（5）关怀激励

“卓有成效的企业福利需要和员工达成良性的沟通。”要真正获得员工的心，组织首先要了解员工的所思所想、他们内心的需求，员工的需求也随着人力资源市场情况和自身条件的改变在不断变化。

美国一个毕业于斯坦福大学的年轻人，一直想找一个既可以赚大钱又不耽误他白天打高尔夫球的工作。当硅谷一家计算机系统集成公司了解到他真的很有才华和能力以后，决定满足他的要求。于是，此人白天打高尔夫球，晚上工作，而且工作质量和效率都很高。该公司和这个年轻人都感到很满意，这个年轻人到现在也没有离开公司。人们将这种工作时间称为“超弹性工作时间”。

在把公司看作大家庭的日本，老板很重视员工的婚姻大事。例如，日立公司内就设立了一个专门为员工架设“鹊桥”的“婚姻介绍所”。一个新员工进入公司，可以把自己的学历、爱好、家庭背景、身高、体重等资料输入“鹊桥”电脑网络。当某名员工递上求偶申请书后，他（或她）便有权调阅电脑档案，申请者往往利用休息日坐在沙发上慢慢地、仔细地翻阅这些档案，直到找到满意的对象为止。选到合适的对象后，联系人会将挑选方的资料寄给被选方，被选方如果同意见面，公司就安排双方约会。约会后双方都必须向联系人报告对对方的看法。日立公司人力资源部门的管理人员说：由于日本人工作紧张，职员很少有时间寻找合适的生活伴侣。我们很乐意为他们帮这个忙。另外，这样做还能起到稳定员工、增强企业凝聚力的作用。

同步思考5-1

资料：美国IBM公司有一个“百分之百俱乐部”，当公司员工完成他的年度任务时，他就被批准成为该俱乐部会员，他和他的家人会被邀请参加隆重的集会。因此，公司的雇员都将获得"百分之百俱乐部"会员资格作为第一目标。

问题：这是上述几种激励方式中的哪一种？

5）妥善处理与非正式群体的关系

行为科学研究表明，社会组织中存在着两种组织形式：一种是正式组织；另一种是非正式组织，即以感情或利益关系的统一而构成的关系。

公共关系人员在与非正式群体沟通时应注意以下问题：

（1）注意与意见领袖搞好关系

所有的非正式群体都是以意见领袖为核心的，但他很难成为一名理想的正式组织管理者，因为一旦他被授予了官方职权，很可能就会颐指气使。

（2）管理层应多参与非正式群体的活动

非正式群体的活动一般带有较强的人情味，组织领导主动积极地参与其中，会缩短与员工在感情上的距离，甚至成为他们中的一员。这时管理者不能以上司身份自居。

（3）对非正式群体的消极作用要注意引导

非正式群体活动对组织的活动往往带有一定的障碍性，如阻碍变革、角色冲突、谣传等。

6）妥善处理组织中的上级与下级的关系

组织中的上级与下级的关系，是组织内部的公共关系部门要面对的重要关系之一，它往往受到组织内部成员的地位或角色的影响。因为每一个人都会根据其地位与角色，对所接收的信息做出自己的理解和解释。由于组织中下级工作成绩的认可与发展前途往往受上级所左右，这使得下属在与上级接触的时候会有一种特别的情绪，从而影响他与上级间的正常关系。下级为了自己的利益，有可能会选择对自己有利的信息，而尽量掩盖对自己不利的事实，或者只挑选上级喜欢的信息；下级在与上级的交往接触中，有时为了自己在组织内部的利益而奉迎上级，使上下级关系处于一种失真状态。

教学互动5-2

互动问题：你所在的班级中有非正式群体吗？非正式群体的作用一定是负面的吗？为什么？

要求：同"教学互动1-1"的"要求"。

同步案例5-2

海底捞：服务好你的员工

背景与情境：海底捞作为国内知名的餐饮企业，以细节服务成为餐饮业标杆，在大众中口碑极好。随着海底捞的管理技巧的熟练运用，员工对企业的满意度也不断上升。

在海底捞公司，从管理层到普通员工，都拥有超过一般餐饮店员工的权力：30万元以下的开支，店长就可以做主；普通员工可以决定赠送水果盘，有必要时甚至有权免单。

海底捞的服务员很多都是经人介绍过来的：老乡、朋友、亲戚甚至是家人……这种招聘方式在很多人看来简直是匪夷所思。

海底捞认为，只有当员工对企业产生认同感和归属感，才会真正快乐地工作，用心去做事，然后再通过他们去传递海底捞的价值理念。大家可以和亲戚朋友一起工作，自然就很开心，这种快乐的情绪对身边的人都是很具有感染力的。

海底捞为员工租住的房子全部是正式住宅小区的两三居室，且都会配备空调；考虑到路程太远会影响员工休息，规定从小区步行到工作地点不能超过20分钟；还有专人负责保洁，为员工拆洗床单等；公寓还配备了电脑；如果员工是夫妻，则考虑给单独房间……光是员工的住宿费用，一个门店一年就要花掉50万元。

为了激励员工的工作积极性，公司每个月会给大堂经理、店长以上干部和优秀员工的父母寄几百元钱，这些农村的老人大多没有养老保险，这笔钱就相当于给他们发保险了，他们因此也会一再叮嘱自己的孩子在海底捞好好干。此外，海底捞出资千万元在四川简阳建了一所寄宿学校，让员工的孩子免费上学。海底捞还设立了专项基金，每年会拨100万元用于治疗员工和直系亲属的重大疾病。虽然这样的福利和员工激励制度让海底捞的利润率缩水很多，但海底捞觉得这些钱花得值。

加入海底捞的员工，流动率在头三个月以内会比较高，因为生意太好了，确实太累了，三个月到一年之间有所降低，等过了一年就比较稳定了，能做到门店经理就非常稳定了。海底捞员工的薪酬水平在行业内属于中等偏上，但有很完善的晋升机制，层层提拔，这才是最吸引他们的。绝大多数管理人员包括店长、经理都是从内部提拔上来的。海底捞会告诉刚进来的员工，你只要好好干，海底捞一定会提拔你，这是海底捞的承诺。

资料来源　张勇.只有对企业产生认同感和归属感，员工才会真正快乐用心地做事［EB/OL］.［2017-10-17］. https：//www.sohu.com/a/198677419_480258.

问题：海底捞为什么会这样对待员工？

5.3　股东关系

股东关系是组织内部公共关系的重要组成部分。现代组织，尤其是西方发达国家的组织，股东的地位和作用日趋重要，组织与股东的关系日益受到人们的重视。由于股东与组织的利害关系最密切，股东既是组织的支柱，又可以成为组织活动的最积极的赞助者，因此，改善、维护组织与股东的良好关系，对于组织经营的成功与否具有极大的影响。

5.3.1　股东关系的含义

所谓股东关系，就是组织与组织股份持有者的关系。从本质上说，这种关系属于内部关系。但从形式上看，由于存在众多的、分散的股东，股东关系是一种分散于外部的内部关系。

股东关系是股份公司内部公共关系工作的重要内容，也是某些非营利组织内部公共关系工作的重要内容。一般来说，在西方的组织公共关系理论中，对组织股东关系的理解是相当宽泛的。股东既包括个别投资者，也包括股票持有者、股票交易商、股票经纪人、证券分析家、托管人、银行家、投资公司等。由于股东关系涉及如此众多的组织资金的供给者，股东关系处理得如何，必然直接影响到组织自身的筹资能力，从而关系到组织经营的绩效。因此，在西方的一些组织中，组织公共关系部门一般都设有负责专门处理股东关系的机构。

股东关系中所包含的公众一般有三类：一是一般股东，即以各种形式向组织提供资金、对组织财产拥有所有权、对组织债务有责任，并凭借其股票领取股息的个人和团体。这些个人和团体虽不直接参与组织经营，但较关心组织的盈利情况。二是董事会成员，他们一般占有较多的股份，或者是社会名流，或者是由股东选出的代表，他们代表股东管理组织。三是专业的金融舆论家，如证券分析家、股票经纪人、投资银行家及金融新闻人员等，他们的意见对一般股东有重大的影响。

股东关系是组织内部公共关系的重要组成部分。搞好股东关系的基本目的是使股东和潜在的投资者了解和信任组织的可靠性和发展能力，创造有利的投资环境和气氛，稳定已有的股东队伍，吸收新的投资者，扩大组织的资金来源，使组织得到进一步的发展。

5.3.2 股东关系的工作目标

组织公共关系部门处理股东关系的方针目标，就是想方设法鼓励股东关心组织活动，把股东利益与组织利益尽可能紧密地结合起来，使股东成为组织经营活动中真正积极的成员。具体来说，股东关系的工作目标可以概述为：

1）促进组织与股东的相互了解

组织公共关系部门的任务，就在于想方设法树立组织在股东心目中的良好形象，同时，鼓励股东关心组织经营活动，使他们积极投身到组织活动中来，而不是袖手旁观，坐等分享红利。为了做到这点，公共关系部门必须积极促进组织与股东之间的信息交流。因此，一方面，组织有义务定期向股东汇报组织的经营状况；另一方面，公共关系部门还有责任搜集来自股东方面的信息，报告给有关领导部门。这些信息主要包括：股东本人状况；股东本人对组织的意见和建议；股东对组织产品和服务的想法；股东所知道的社会上对本组织的各种意见；股东所收到的来自组织各方面的信息是否充分，以及对这些信息的看法和反应等。

2）促使股东积极关心、参与组织的经营管理

作为组织的资金提供者和盈利的受益者，股东必然对组织的经营活动十分关注，必然要求组织的经营活动在一定程度上能反映他们的意愿，听取他们的意见。为此，公关人员应该积极引导股东参与组织事务，主动为他们在组织经营和决策中发挥作用创造条件，在他们参与组织管理的过程中协调好组织有关方面与他们的关系。

3）定期向股东通报组织经营状况，以密切组织同股东的联系

股东是组织的投资者，是组织的主人，他们的切身利益与组织经营状况的好坏息息相关。因此，组织有义务定期向股东汇报组织的经营状况、组织面临和曾出现过的重大问题。组织公关部门应根据股东关心的问题经常性地向股东报告下列信息：

（1）组织的方针、政策、发展目标、发展规划、经营计划；

（2）组织的资金流转状况、经营状况；

（3）股利的分配政策；

（4）盈利预测；

（5）组织面临的内外部经济环境的变化情况；

（6）有关组织的各种详尽的统计数字。

在向股东传达有关组织的经营信息时，特别要注意，不论组织经营状况好坏，都必须如实向股东汇报，绝不可报喜不报忧；否则，极易丧失掉股东的信任。

4）了解股东的需求，维护组织股东的合法权益

取得股息是股东购买组织股份的特殊动机。而股东取得股息的大小，一方面同他的持股数额有关，另一方面也同组织的经营状况有关。组织公共关系部门在协调组织与股东的关系时，要了解股东的需求，从维护组织股东利益的角度出发，以促使组织的经营者尽力经营组织。从组织公共关系的角度来看，维护组织股东的合法权益，实际上也就是维护了组织长期、稳定发展的基本目标。

5）争取使股东对组织的发展做出贡献

无论是个人股东还是法人股东，他们来自社会的方方面面，本身都拥有丰富的资源，把股东们掌握的便利条件加起来将十分优越。出于对自身利益的关心和实现自我价值的需要，股东在这方面的积极性比较容易调动：一是鼓励他们为组织的发展出谋划策；二是通过他们搜集对组织有用的信息和建议；三是鼓励他们成为组织产品、服务的消费者和使用者，并向外积极宣传组织的产品和服务等。

5.3.3　组织与股东沟通交流的方法

为了促进组织与股东之间的信息交流，进一步加强双方的联系，组织公关部门应采取各种传播交流手段进行交流。

1）利用年终报告进行交流

这是组织与股东信息交流的主要手段，也是组织向股东汇报一年来经营情况的最重要的机会，因此应该给予足够的重视，因为许多股东往往就凭这份年终报告来判断组织的经营情况和形象。年终报告的内容应该尽量详尽无遗，例如财务状况的详尽说明及统计数字、生产和销售的具体水平，以及人事安排、工会组织状况、劳资关系和其他问题。

2）召开股东大会

股东大会是组织的最高权力机关，它由全体股东组成，对公司重大事项进行决策，有权选任和解除董事，并对公司的经营管理有广泛的决定权。

股东大会既是一种定期或临时举行的由全体股东出席的会议，又是一种非常设的由全体股东所组成的公司制企业的最高权力机关。它是股东作为企业财产的所有者，对企业行使财产管理权的组织。组织一切重大的人事任免和重大的经营决策一般都得股东会认可和批准方才有效。

股东大会有三种：

（1）法定大会

凡是公开招股的股份公司，从它开始营业之日算起，一般规定在最短不少于一个月，最长不超过3个月的时期内举行一次公司全体股东大会。会议的主要任务是审查公司董事会在开会之前14天向公司各股东提交的法定报告，目的在于让所有股东了解和掌握公司的全部概况以及判断开展重要业务是否具有牢固的基础。

（2）年度大会

股东大会定期会议又称为股东大会年会，一般每年召开一次，通常是在每一会计年度终结的6个月内召开。由于股东大会定期会议的召开大都为法律所强制，所以世

界各国一般不对该会议的召集条件做出具体规定。

年度大会内容包括：选举董事，变更公司章程，宣布股息，讨论增加或者减少公司资本，审查董事会提交的营业报告等。

（3）临时大会

临时大会讨论临时的紧迫问题。股东大会临时大会通常是由于发生了涉及公司及股东利益的重大事项，无法等到股东大会年会召开而临时召集的股东会议。

3）向股东散发组织的相关资料

除了以上的方法外，还可设立季度报告、股东刊物、股东通信、财务通告、各种小册子等向股东汇报和交流信息。在必要的时候，甚至可直接访问股东，征求意见等。

美国电话电报公司公共关系部门，在公司每年举行的股东年会上，都要借用公司自身的微波通信和卫星电视技术，向分布在全国各地的子公司和工厂转播股东年会的实况，这无形中也使全公司的职工都成为股东大会的“参加者”。总之，正如美国公共关系学家F.P.塞特尔所说：“股东年会像其他的沟通工具一样，要在股东中间活用，来促进股东对公司的好感和提升公司的正面形象。”

学习微平台

延伸阅读5-1

5.4 消费者关系

企业与其消费者之间的公共关系是企业外部公共关系中最主要的内容。在现代社会中，没有消费者，企业就失去了存在的价值和可能，尤其是在买方市场的条件下，消费者的偏好将直接决定企业的存亡。因此，建立和维护良好的消费者关系，是企业的头等大事。

5.4.1 消费者关系的含义与意义

1）消费者关系的含义

消费者关系也称顾客关系，是指社会组织与本组织产品和服务的消费公众之间的关系。

消费者是与企业最具有直接利害关系的外部公众，也是企业市场关系的具体对象。协调消费者关系的目的，是促使消费者形成对企业及其产品的良好印象和评价，提高企业及其产品在市场上的认知度、美誉度与和谐度，为企业争取消费者、开拓和稳定市场关系。

2）建立良好消费者关系的意义

消费者是企业组织的衣食父母，一个企业的成功与否最终要靠消费者评判。没有消费者，企业就从根本上失去了存在的意义。因此，建立良好的消费者关系，对企业组织有着重要的意义。

（1）可以为企业带来直接的经济利益

“顾客至上”，在我国已经是老幼皆知的俗话。“顾客至上”能极大地促进组织的销售，而企业生产、销售的直接目的就是实现企业的经济利益。企业提供的产品和服务能够得到消费者的认可，企业的利润就能得以实现。

但是，“顾客至上”绝不是“利润至上”或“销售至上”，这是两种完全不同层次的观念意识。社会组织只有真正地将顾客的利益放在首位，不是哗众取宠，而是真正接受了“顾客至上”的现代经营观念，才能真正有效塑造良好的组织形象，才能持续地促进组织的发展。

（2）有利于企业获得良好的社会效益

一个为社会创造产品、提供服务的企业，为社会所赞誉的程度首先取决于它能否以消费者满意的方式实现消费者的真正需要。从公众的角度说，消费者之间天然地具有观念和价值观上的一致性。从“人人都是消费者”的意义上看，消费者构成了社会大众的全部。因此，赢得了消费者，实际上就是赢得了社会大众。

（3）能够形成稳定的消费者群体

处理好消费者关系不仅要适应消费者的要求和愿望，而且在更高层次上组织要通过消费调查、消费教育、消费引导等方法，实行消费者的系列化，为组织创造稳定的消费者队伍。

消费管理的重要内容就是主动实行消费教育，将原先带有盲目性的消费者群引入稳定的消费序列之中，使之变盲目消费为自觉消费。例如，最早在日本实行消费者系列化的资生堂，是一家经营化妆品的企业。它以《花椿》为名出版了对消费者教育的分类杂志，成立消费者俱乐部——花椿会。凡购买该企业化妆品的人，均可领到一个会员证，每购买一次盖一个章，年终以购买的积分获赠纪念品，当时，会员发展至几百万人，资生堂的产品取得了较高的市场占有率。

消费管理本身具有社会性和公益性，而且尤其重视人际关系的处理，成功引导可使特定的消费者群与组织产生休戚与共的心理认同。在某种意义上，组织与消费者的关系也由传统的“消费者就是皇帝”发展为“组织就是总统”。它引导消费、组织消费、创造消费。这种主动性的消费管理，在处理消费者关系中的积极意义是显而易见的。

课程思政5-1

如何对待消费者的善意

背景与情境：据报道，有一个网友网购了3罐冰激凌，两罐是草莓味的，一罐是芒果味的。但当他收到产品的时候发现，所有的冰激凌都变成了花生酱味的。他去找商家反馈，商家给出的解释是由于仓库失误导致发错了，可以补偿20块钱。这位网友又去看了评论区，发现评论里的大多数人收到的都是花生酱味的冰激凌。

为什么要这么做呢？原来商家就是利用了消费者怕麻烦的心理，达到将滞销产品花生酱味冰淇淋卖出去的目的。

假如消费者要求退货，商家就会说：“对不起，我们发错了，我们需要承担责任，我们就让管理仓库的小哥赔付这个钱。”也就是说，商家虽然赔了这笔钱，但是最终要仓库小哥出这笔钱。

那么，如果你是买家，你会不会有可能怜惜那个小哥，觉得他不容易，发错了我就原谅他呢？这样，消费者与商家之间的矛盾变为消费者与仓库小哥之间的矛盾，而且利用这种善良来达到最终你可能放弃退货的目的。

言下之意就是，放不放过仓库小哥一马，你自己看着办吧。

资料来源 单仁行.大数据杀熟只是基本操作，杀善心的企业，你见过吗？[EB/OL].[2020-10-26]. https：//www.sohu.com/a/427336158_131088.

问题：从课程思政的角度研判上述案例。

5.4.2 处理消费者关系的主要途径

处理好消费者关系就是达成社会组织主体与消费者之间利益的和谐，在双方的共同发展过程中寻求“双赢”，具体有以下几点：

1）尊重消费者的权利

尊重消费者的权利是处理好消费者关系的重要途径。对于消费者的权利，组织应予以重视，并尽可能地给予满足。消费者应该拥有如下五种权利：

（1）有权不买不喜欢的产品；

（2）有权挑选商品式样、品种；

（3）有权了解商品制造、使用和维修方面的信息和知识；

（4）有权对商品的质量、款式、性能、价格等提出意见，并有权将这些意见反馈到有关市场监管理部门；

学习微平台

延伸阅读5-2

（5）当使用不良商品受到损害时，有权要求得到补偿。

2）了解消费者的需求

通过市场调研获得消费者对组织的态度，以求通过改进，使组织更能满足消费者的需求。研究消费者需求不仅是跟在消费者后边，为满足消费者需求而运营，更要研究消费需求的发展趋势，要善于引导消费、创造需求。正如著名管理学家彼得·德鲁克所说：“组织的目的只有一个适当的定义：创造顾客。”

3）与消费者保持良好的信息沟通渠道

为了建立良好的消费者关系，公共关系人员应当积极促进组织与消费者之间的信息交流。这样可以确保消费需求信息能在第一时间准确地反映到组织的决策层，以便及时做出合理的反应。与消费者之间的信息交流主要包括两个方面：一方面，要搜集消费者的信息，比如消费者的年龄、性别、职业、爱好以及消费者对产品的性能、质量、价格等方面的评价和需求。另一方面，要强化消费者对组织的了解。消费者对组织的生产、经营往往是不够了解的，这就需要组织通过各种有效的传播手段和服务项目向消费者报道、阐述组织的发展历史、经营项目、营业状况、产品性能规格及销售方式、售后服务的具体标准和方式等。这些信息应迅速、准确地输送给消费者，争取消费者的支持和信任。美国P&G公司为加强与顾客沟通，首创了“顾客免费服务电话”，用公司支持电话费的方式搜集顾客意见。该公司对顾客电话有问必复，且每月将电话内容加以综合分类研究，产生了许多改进产品的新颖构思，促进了公司的发展。

4）为消费者提供令其满意的产品和服务

对消费者而言，优质的服务与产品具有同样的重要性。海尔集团坚持“用户永远是对的”这一服务宗旨，认为用户对产品和服务的要求是正当的权益，是完全合理的。用户的要求体现出市场需求的发展趋势，是促使企业发展的重要信息，必须予以高度重视。企业不能满足用户的要求，只能说企业的产品和服务还有不足，企业必须依据用户的要求时刻检讨自己，及时为用户服务。

5）妥善处理消费者投诉

对顾客的投诉要妥善处理，一般可以采取以下策略：

（1）耐心倾听，弄清真相

顾客来投诉时，一般要由专门人员出面接待，接待时要有礼貌。要耐心地听顾客把话说完，顾客可能说得比较多，言辞也可能很激烈，这是正常的，因为他感到痛苦、愤怒。作为受理投诉的人员，一定要耐心、宽容地倾听顾客的诉说，不能轻易打断，也不要急于解释、辩解，更不能反驳；否则，可能会激怒顾客。要对顾客表示同情、理解，尽量使顾客放松情绪和平静下来，并要设法弄清真相，了解事情发生的原委及顾客的要求。

有一次，一位女士因搬家，一时疏忽没有及时收到一张打折机票，而由于某种原因这种折扣已经不再有效了。于是她打电话对某航空公司表示不满，结果某航空公司的总裁亲自过问这件事，并且及时赶到机场，在登机口迎接她，亲手递给她一张新机票。这位女士大受感动，成为该航空公司的忠实顾客。

（2）进行心理置换

所谓心理置换，就是处理人员要站在对方的角度来思考问题。因为在很多情况下，对于服务人员来说只是百分之一的差错，而对消费者来说就是百分之百的问题。因此，处理人员要以诚恳的态度来对待消费者，不能认为他们的投诉是小题大做或无理取闹，而要将心比心，热情友好地接待投诉的顾客。

（3）区别不同情况，采取恰当方式处理

如果弄清顾客的投诉是由于工作人员的差错给客人带来的麻烦，就要诚恳地向客人道歉，并以组织代表的身份对顾客的投诉表示欢迎，使客人感到他们的投诉得到了重视，满足其自尊心。

如果发现是由于顾客的误会而来投诉，首先对客人的投诉也要表示诚恳的欢迎，然后再解释，消除误解。绝不能发现自己没有错误，就趾高气扬地指责顾客。

如果发现是由于工作人员的差错或未履行合同而给顾客造成物质损失或严重的精神伤害，首先要道歉，在权限允许范围内，征求顾客的意见，并做出补偿性的处理。如果超越了自己的权限，不能马上解决，也要给顾客一个确定的答复程序和日期。

（4）要在最短的时间内解决消费者的问题

顾客在产生了不满意的购物经历以后，往往在最初的时间内怨气最大，因而想得到一个说法的愿望也最强烈。如果不能在第一时间解决他们的问题，他们首先觉得没有受到重视与尊重，然后可能到更高一级的部门去反映或投诉，这显然是组织不愿意看到的。当然也存在这样的可能性，就是如果没有及时得到答复的话，顾客可能就因为没有时间或精力而放弃追究了。其实这对于组织来说也并不是一件好事，因为问题没有得到解决的顾客会把自己的不满告诉别人，而顾客之间的相互影响甚至要大于广告等宣传的作用。

5.5　媒介关系

媒介一般指社会上的新闻机构或工具，主要包括报纸、杂志、广播、电视、网络等，具有传递信息快、影响力强、威望高等特性。西方国家把新闻视为继立法、行政、司法之后的“第四权力”和“第四大支柱”。

5.5.1 媒介关系的含义、作用、意义与原则

现代社会是一个信息社会，新闻媒介在传播信息方面具有其他组织无可比拟的优势，因此社会组织需借助新闻媒介向公众传递信息，以扩大组织的影响，提高组织的知名度，营造一个有利于组织的舆论环境。良好组织形象的树立，离不开新闻媒介对公众潜移默化的影响，同时新闻媒介提供的有关顾客需求的信息，又是组织预测市场、完善决策的重要信息来源。

1）媒介关系的含义

媒介关系（也叫媒体关系、新闻界关系）是指组织与新闻传播机构和新闻界人士之间的关系。媒介对组织来说具有双重身份。首先，媒介是实现该组织公共关系目标的主要手段；其次，媒介又是组织公共关系的公众，而且是特殊的公众。因为它代表了社会舆论，因而成为社会组织必须争取的重要公众。

2）媒体的作用

很多人把公关和宣传混为一谈，也有人因为媒体过于神秘而对其敬而远之。其实，媒体的作用主要有以下几个方面：

首先，媒体的影响是长期积累的。一个单独的新闻报道，即使是在黄金时间播出的，其对人们行为和态度的影响也没有多大。但是，如果许多媒体长时间内都报道同一话题、持同一观点，那么大部分都会受到影响。

其次，媒体的主要作用是引发关注。它可以令人们注意到某种产品、服务或观点，同时进一步提供相关信息。就关注本身而言，并不能直接引发行动或形成一种观点，但作为决策过程的第一步，这是至关重要的。因为如果我们不知道这个东西的存在，我们就无法做任何与之相关的事。

再次，媒体对坏消息趋之若鹜。所谓坏消息就是过失、事故及社会丑闻等。研究表明，我们倾向于听坏消息，而不是好消息，其比例为7∶1。出于追逐市场利益的本能，媒体会遵循报道坏消息的准则，这是由顾客的需求决定的。

一般来说，组织希望媒体能把自己好的一面呈现给公众，不好的隐瞒下来。事实上，媒体做不到，这是由媒体的性质决定的。不同国家的媒体都有一定的定位和信念，有自己的职业精神和生存法则。媒体对于组织而言是传声筒、扩音器，能把组织的声音放大，传播得更远，使知道的人更多；同时也是组织问题的探照灯、放大镜，能把组织的问题放大。媒体追求的是读者关注、轰动效应。

最后，媒体的本质力量在于它把什么选为新闻。一般来说，组织关心的是媒体的报道方式，而媒体的力量不在于将报道倾向于哪一方，而在于媒体定义新闻时选用的词语、材料或事件。

深度思考5-1

资料：1974年11月，美国美孚石油公司副总裁致函《纽约时报》，指出在过去两年中，《纽约时报》已发表了20篇纽约州司法部控告美孚公司的报道，其中有10篇上了头版，事实上其中有两次控告被州法院否决，但《纽约时报》未做任何报道。此后

美孚曾反过来向法院控告纽约州司法部，结果《纽约时报》还是未做报道。

问题："为什么美孚被控告是新闻，而美孚控告他人就不是新闻了呢？"

3）媒介关系的意义

现代社会是信息化、网络化的社会。在现代社会里，任何组织要获得成功都必须具备一定的公共关系能力。积极宣传组织、化解组织的各类矛盾、争取社会舆论、建立组织的良好信誉和形象等，这些都是现代组织公共关系能力的最主要体现。为此，现代组织如何与新闻媒介打交道，如何争取新闻媒介的理解和支持是一个值得深思的重要问题。

（1）媒介公众是组织的重要公众

新闻界是能影响社会舆论的权威性机构和组织。新闻界对社会的影响力是任何一个企业都无法超越的。如美国新闻界可以独立地左右整个社会的舆论，被称作对社会经济、政治局势的变动具有独特作用的一根支柱。在国外，公共关系人员的第一要务就是与新闻界打交道，并保持良好的关系。新闻界的工作具有信息量大、时效性强、反应敏捷、可信度高、传播面广等特点，是企业与公众之间信息交往的加速器和放大器。因而，有远见的企业领导人乐意同新闻界打交道，并善于利用媒介关系来树立良好的企业形象。新闻界公众是公共关系工作对象中最敏感、最重要的公众之一。

（2）良好的媒介关系有利于组织形成良好的公众舆论

公众舆论是社会上某一类公众群体对他们面临的共同问题所持有的共同看法和意见。公众舆论在现代社会中已经越来越引起各种社会组织的重视，原因就在于它在社会组织的运行中占有重要位置，发挥着巨大威力。

新闻媒介是组织与外界沟通的中介，大众传播媒介一般不是由组织内部公关人员掌握和控制的，公共关系对大众媒介的使用必须通过新闻界人士才能实现，因此，与新闻界人士建立广泛而良好的关系，成功运用大众传播媒介，有利于组织形成良好的公众舆论环境。比如，如果记者意识到他们能够相信某个组织及其公关人员，他们会倾向于报道组织需要让公众了解的信息，并且当组织深陷困境时，进行公正的报道。

（3）良好的媒介关系有助于树立良好的组织形象

组织要搞好与公众的关系，必须与相关公众进行及时的双向沟通。组织的一切情况，包括人员状况、经营状况、市场情况、未来策略，如需告知顾客，首选的媒介就是新闻界，因为新闻界与公众的联系最广泛。当然，新闻界对于组织而言可谓"得之者锦上添花，失之者名誉扫地"。

4）媒介关系的原则

美国公关专家卡特里普等人在《公共关系教程》中提出了媒介关系的五项基本规则，并指出："只要从业人员遵循了这几个基本原则，这种关系就可能得到最佳实现。"这五项规则是：开诚布公；提供服务；不要乞求或吹毛求疵；不要寻求封杀；不要大水漫灌媒介（这包括尊重记者的新闻标准和在与每个媒体联系时将资料只发给一位新闻记者）。

5.5.2 处理好媒介关系的主要方法

很多人在考虑公共关系时的第一个想法，就是"公共关系人员就是跟媒体打交道的人"。尽管公共关系的功能远不止于此，但这无疑是公共关系工作的一个重要方面。

对于组织的生存和发展来说，媒体的正面或负面报道都能产生重大的影响。媒体对组织的态度和言论往往会影响公众的信心与支持。处理好媒介关系的主要方法包括以下几个方面：

1）要认识、了解并理解媒体

媒体是什么？媒体是如何分类的？媒体的性质是什么？不同媒体的采编模式是什么？侧重点有何不同？如果组织对媒体不做深入研究，就不可能了解媒体、把握媒体、运用媒体，更谈不上有效的媒体传播。企业公关人员只有了解媒体，才能知道媒体的所思所求，才能量身提供新闻稿，适宜媒体刊发。而通过理解媒体，容易创造一种良好的合作氛围，相信媒体的工作人员不会喜欢在企业的压力下开展工作。

2）对不同的媒体要一视同仁、平等相待

新闻界由于其所属的内部层次不同，各个内部成分在社会活动中传播影响的作用也不相同。有中央级的报刊，如《人民日报》《求是》等，也有省级的报刊，如《北京晚报》《河南日报》《经济论坛》等，还有一些地市一级的报刊。同样，电视台、广播电台也是如此。作为组织，无论面对上述哪一级新闻单位及其工作人员都要以礼相待，招待要热情，标准要一样，有礼貌地同对方进行交谈，协助对方完成对组织的宣传报道工作。绝不可因为新闻单位名气大小、级别高低不同，而采取截然不同的态度，尽可能使其获得平等的信息量及采访企业经营状况的机会。

3）坚持尊重事实的原则

既要尊重新闻界的新闻道德，不用拉拢、贿赂等手段压制和胁迫新闻界发布欺骗社会的假新闻；同时也要坚持自己的原则，不能为了讨好而一味地迎合新闻界的口味。反映、提供的消息要依据尊重客观事实的真实性原则。任何组织都有权利向新闻媒介阐明自己在某一问题上的立场，并有权对媒介提出批评（特别是中肯的批评）。这样做不仅不会破坏关系，相反会把关系建立在更牢固的基础之上。

4）培养对新闻媒介的兴趣

积极响应由新闻界发起的有益于社会的集会活动和必要赞助。这样做也会加深新闻界对企业的好感、信任感，提高企业在社会上的知名度。此外，企业公共关系人员应同新闻界工作人士建立良好关系，这样做能使新闻传播界及时了解企业政策和行动的意义，对扩大企业影响、争取公众支持都是十分有益的。

5）正确对待不利于本组织的报道

媒体对组织做正面报道是皆大欢喜的事情，一般不会对双方的关系产生不利影响。当媒体对组织做了负面的报道，如果组织对此处理不当，则会对双方的关系产生消极影响。所以，对于组织来说，如何对待媒体的批评报道，是一个必须高度重视、妥善处理的问题。如果批评报道属实，组织首先要积极表明态度，明确承认批评报道反映的问题，真诚感谢媒体的关心监督；同时要迅速查明原因，积极采取改进措施，切实解决存在的问题，并随时将有关信息通过大众传媒提供给关注事态发展的公众，争取变被动为主动，变坏事为好事。如果报道失实，则要保持理智的态度，采取积极的行为。首先可邀请媒体记者和有关部门的人员对问题进行共同调查，在查明真相的基础上，可以根据实际情况和有关规定向对方提出更正报道等合情合理的要求，并将调查过程和事实真相告之公众，使出现的“危机”变成能够得到公众注意和信任的有利的契机。

5.6 政府关系

政府机构是管理国家和社会事务的国家权力机构的重要组成部分，是组织开展外部公关工作的重要目标公众。社会是一个由多种成分构成的机体，组织作为社会这个有机整体的构成单位，必然是在一定政府的管辖之内，必然要和政府的各执行部门发生形式多样的联系。

5.6.1 政府关系的含义与意义

政府关系就是组织与其所在地的政府及其主管部门之间的关系。

政府关系对象是任何组织的公关对象中最具社会权威性的对象。与政府保持良好沟通的目的，是争取政府及各职能部门对本组织的了解、信任和支持，从而为组织的生存和发展争取良好的政策环境、法律保障、行政支持和社会政治条件。

同步思考5-2

问题：政府关系与政府公共关系是一回事吗？为什么？

政府关系的意义主要有以下几个方面：

1）可以帮助组织提高把握时机的能力

随着人类社会的不断发展，竞争日趋激烈，环境瞬息万变，机遇稍纵即逝。一个组织如果不善于审时度势、把握时机，将会陷入困境而无力自拔。与政府机构建立良好的关系，可以帮助组织提高把握时机的能力，其原因主要是：第一，政府的特殊地位。政府机构作为社会生产管理和生活管理的调控中枢系统，对社会生产和生活的现实状况及其发展趋势一般认识得比较全面、深刻，如果组织与政府机构的关系良好，则可以在判断形势、把握机遇方面得到有益的指导。第二，政府的广泛联系。政府机构与其他组织发生的关系是带有普遍性的，政府的广泛联系使其能够及时、准确地掌握各方面的信息。如果能够从政府机构迅速而又合法地得到有关信息，并加以正确的运用，则会给组织带来难得的发展机遇。

2）良好的政府关系能够为组织赢得良好的政策条件、法律保障和社会管理环境

政府是国家权力的执行机关，对全社会各部门、各行业实行宏观的、统一的管理。与政府机构建立经常密切的联系，比如当政府号召赞助社会公益性事业时，应当主动地为政府机构分担社会责任，从而赢得政府部门的信任和赞赏，可以及时地了解政府有关部门的重要指令和信息，抓住有利时机，使得组织多创利润，也为国家上缴更多的利税。

3）良好的政府关系有助于组织谋求自身的竞争优势

组织是社会的一个组成部门，其活动必然要受到政府有关规定的影响和制约。组织应该把握一切有利时机，扩大本组织在政府官方及有关部门中的影响和声誉，让政府及时了解本组织对社会、对国家的贡献和成就，争取获得官方的良好评价和支持。组织竞争优势的获得说到底就是组织充分利用和整合资源的优势。这一优势的获得离不开政府部门的支持和有利的政策法制环境。如果组织能够与政府积极地合作，树立

共存共荣的思想，那么政府就会制定出对组织利用资源有利的政策，相反则会阻碍组织的资源整合。

5.6.2 与政府公众建立良好关系的基本要求

组织与政府部门之间的关系，是组织在自身发展过程中所形成的一种不可忽视的外部关系。组织能否得到政府的支持和帮助，对组织而言是十分重要的。处理好与政府部门之间的关系，主要应做到以下几点：

1）充分认识政府职能

要主动熟悉政府职能机构设置、特征和主管部门的工作人员，了解有关职能部门的工作内容、职责范围、工作程序和职能规范等，以便提高与政府机构交往的有效性。

政府职能包括法律、法规、政策、条例的制定与执行，宏观经济发展计划与控制，财政与税收，审计与统计，进出口贸易与外汇管制（包括汇率），物资与能源的计划和调配，市场规范与监督，环境和生态保护，公用和公益事业，公共安全与社会秩序，产品与服务标准及商标与专利等，它涉及社会各个方面，是社会整体秩序的调节器。

熟悉政府权力范围及内部分工，一方面吃透政策，能使社会组织最大限度地“受惠”；另一方面也有利于提高沟通的针对性，减少因公众目标不明而带来的“公文旅行”，提高办事效率。

2）严格遵守国家的各项方针政策和法令

各类组织在自身发展的过程中，必须注意全面搜集国家已经出台的各项相关政策和法令，认真地学习领会，并将其作为制定和推动自身各项工作的依据。具体应做到两点：

（1）严格按照国家的政策和法规安排组织的各项活动，做到有法必依，依法发展，做一个合格的“公民”。

（2）组织应积极地同国家有关政策法律部门建立稳定持久的联系，使政策法令一经出台，组织就能得到国家有关部门的帮助和指点，吸收和借鉴对组织开展各项活动有直接帮助的内容，避免发生不必要的偏差。对于国家出台的有关方面专门的政策条例，组织也可以邀请政府机关的有关人员进行专门指导或举办专门讲座，解答组织的各种问题。

3）主动向政府有关部门提供组织信息

要建立良好的政府关系，就必须采取主动与合作的姿态，及时将组织主体的各种信息，如经营业绩、发展规划、遵纪守法状况、对社会的贡献、在承担社会责任方面的行动等，以适当的渠道向政府部门进行传播。此举既有助于政府依据基层的实际情况制定更为合理的政策与条例，也有利于保持政府对组织的了解与支持。

4）搞好宣传，扩大组织在政府部门中的信誉和影响

除保持必要的沟通外，组织还应抓住周年庆典、开业剪彩、新产品或新技术问世等机会主动邀请当地政府主管部门的领导同志出席，并请他们给予指导，从而密切组织与政府部门之间的关系。此外，当组织的局部利益与社会的全局利益不相一致、发生冲突时，应暂时放弃组织的局部利益，服从社会的全局利益，必然会得到政府部门的充分信任和有力支持。

5）积极参与各级政府的公益活动

组织应从自身的实际出发，积极参与必要的社会公益活动，以提高组织在社会公众中的知名度和美誉度，并通过文教部门、大众传媒、卫生部门、群众团体、社会名流等广泛的社会公众所形成的公众舆论，来影响政府机构的认知和态度，取得其信任与支持。另外，政府虽然不能强行要求组织对社会做出更大的贡献，但是有一个基本事实也是毋庸置疑的，那就是组织对社会的贡献越突出，政府对组织的信任与支持也就越有力。

5.7　社区关系

社区公众指所在地的区域关系对象，包括当地的权力管理部门、地方团体组织、左邻右舍的居民百姓。社区是一个组织赖以生存和发展的基本环境，是组织的根基，与组织在空间上紧密地联系在一起，千丝万缕、难以分离。共同的生存背景使社区公众具有“准自家人”的特点。

5.7.1　社区关系的含义、特征与意义

组织一般都是在一定的社区里生存、发展的，因而也必然会与社区内社会群体、机构或其他组织产生种种联系。组织与它们的关系就是公关意义上的社区关系。**社区关系**是指组织与所在地政府部门、社会团体和其他相关组织以及当地居民之间的邻里关系。

1）社区关系的特征

社区关系的特征有：

（1）地域互邻性

社区关系是社会组织公众关系中地域互邻、较为密切的公众关系组合。当然这种地域互邻性的范围取决于组织主体的自身规模与知名度，如对四川长虹集团来说，整个绵阳市就是它的社区。而对一般组织而言，它的社区范围也许仅仅是一条街道、一个居民区。

（2）利益相关性

既然是邻里，就必然有直接、间接的利益关联，如公用场所共享、社区环境维护、社区建设责任等。一旦社会组织发生社会性环境危机事件，社区公众往往是直接的利益受损者。当然社会组织享有的知名度与美誉度越高，其带给社区公众的直接或间接利益也就越多。

（3）组织主体与公众的互相制约性

一个生机勃勃的社会组织能带给社区众多的就业机会与丰厚的利益回报，它的税收能增强社区的经济实力，它对社区的投入又能发展社区经济；反之，一个社会组织如果没有社区的良好支持，其生存就会受到威胁，一旦社区居民对该组织采取敌对行动，就会形成社区危机。“荣辱与共”实际上是社区关系的很好写照。

2）社区关系的意义

俗话说：远亲不如近邻。发展良好的社区关系是为了争取社区公众对组织的了解、理解和支持，为组织创造一个稳固的生存环境；同时体现组织对社区的责任和义

务，通过社区关系扩大组织的区域性影响。

（1）社区关系直接影响着组织的生存环境

社区如同组织扎根的土壤，没有良好的社区关系，组织就会失去立足之地。社区公众是由特定的活动空间所确定的，区域性、空间性很强。地方性组织的活动直接受社区公众的制约，社区关系便直接影响着组织其他各方面的关系，如员工家属关系、本地顾客关系、地方的政府关系和媒介关系等。跨区域性的组织也不能脱离特定的社区，甚至要善于同各种不同背景的社区公众打交道，以争取社区提供各种地方性的服务和支持，使跨区域性组织能够在各种完全不同的社区环境下生存和发展。因此，组织需要将社区作为自身发展的一个组成部分，将社区公众视为“准自家人”。

（2）社区关系直接影响着组织的公众形象

社区公众涉及当地社会政治、经济、文化、教育等各个方面和阶层，类型繁多，涉及面广，对组织客观上存在着各种不同的感受、要求和评价；由于处在同一社区，对组织的某一种评价和看法又极容易相互传播，形成区域性的影响，从而形成组织的某一种公众形象。很显然，组织的社区关系好坏，直接影响着组织的社会公众形象。一个组织如果连左邻右舍的关系都处理不好，就很难在社会上获得良好的名声。组织要提高自身在社区中的地位，就要树立一个“合格公民”的形象，主动承担必要的社会责任和义务，像爱护自己的家业一样爱护社区，在社区的物质文明和精神文明建设方面发挥中坚作用，为社区造福，为社区公众多做贡献。

（3）良好的社区关系体现了组织对社区的责任与义务

社区为组织提供部分服务，如交通、能源、通信、治安保卫、孩子上学、幼儿入托等。发展良好的社区关系体现了组织对社区的责任与义务，为社区造福，为社区公众做贡献，通过社区扩大组织的影响。参与社区建设，与其处好关系，有利于企业在上述领域获得更好的服务。

在美国市场日趋饱和的情况下，可口可乐公司的第二任董事长伍德鲁夫提出了一个惊人的设想，就是“要让全世界的人都喝上可口可乐”。为了打开国外市场，赢得各国民众的认可，伍德鲁夫制定了“当地主义”战略。他在当地投资建厂，招收当地的工人，在缓解当地就业压力和推动当地经济发展的同时，也轻松得到了当地人的认可。当地人也给予了可口可乐公司极大的支持和协助，为其创造了良好的发展环境。可口可乐就这样在攻下了一个个社区堡垒之后，完成了全球可乐王国的组建。

5.7.2 处理社区关系的方法

社区是组织生存和发展的根基。组织一切活动的正常进行，都要依赖于社区提供的各种社会服务。没有一个良好的社区关系，组织便难有立足之地。因此，创造一个良好的社区关系非常重要。

1）维护社区环境

社区的环境直接关系到社区公众的生活和健康，因此，社区居民对社区内组织的最基本要求是保证社区环境不被污染。组织要积极参加保护社区环境的各项活动，特别是对本组织可能产生的各种污染要积极预防，对已经发生的污染，义不容辞地承担起治理的责任，满足社区公众的基本要求，以赢得社区公众对组织的好感。

2）支持社区公益活动

组织应当为社区承担一定的社会责任，特别是帮助社区发展文化、教育、艺术事业等，如举办联谊会、文娱体育活动、研讨会，赞助公益事业，参观互访，交流经验以及举办其他的交流活动。组织对于社区活动应给予适当的投资，要恪守合同与承诺，搞好社区服务，通过对社区活动的贡献，以引起社区公众的注意，增进对组织的了解，进而使社区成为组织开展各项活动的良好伙伴。

3）加强与社区公众的沟通

组织生存于社区之中，与社区公众的信息交流应该是经常的、充分的。信息交流是一个双向的过程。组织要主动向社区公众介绍情况，让社区公众及时了解组织的政策、业务状况、主要的经营活动、能够提供的新产品或服务、对社区事务的态度以及组织自己所存在的实际困难、需要提供的帮助等。同时，还要经常深入社区，了解社区公众对组织的意见和要求。

4）了解社区需要，积极参与社区的建设和活动

组织应为社区上缴稳定的税金、利润和各项费用、基金。组织应尽可能地为社区创办、扶持各项公益事业，为社区创造一个良好的生态环境和人文环境，为社区待业人员提供充足的就业机会和良好的教育，提高社区的知名度。在投社区所好方面，韩国三星公司是个运作社区关系的高手。“作为一个以仁慈和道德为基本准则的好的、团结的公民，建立我们更好的共同生活的社团”。基于这个原则，早在1994年，三星就成立了专门的社团关系项目办公室，致力于通过实际行动支持和参与解决当地的问题。每年，三星为公益活动的支出都高达数千万甚至上亿美元。而在自己营造出来的良好社区关系中，三星公司也实现了自己做大做强的梦想。

本章概要

主要概念

员工关系　心理契约　股东关系　消费者关系　媒介关系　政府关系　社区关系

内容提要

- 本章主要介绍了组织内外部几种重要的公共关系。
- 组织内部公共关系是一个社会组织内部纵向的公众关系与横向的公众关系的总称。它主要包括人际关系、权力关系、竞争关系、利益关系几大类别。组织内部公共关系的特征有：紧密性、稳定性、可控性、层次性、全员性。
- 组织内部公共关系的意义主要表现在以下几方面：有利于创建优秀的组织文化；有利于树立良好、卓越的组织形象；有利于增强组织的凝聚力；有利于坚定股东的信心；有利于实现“全员公关”的思想；有利于提高组织的整体效益和社会效益。
- 组织外部公共关系是指在组织生存发展过程中与组织发生一定联系的外部公众关系的总和。组织外部公共关系的特征主要有以下方面：广泛性、复杂性、社会性、变化性、长期性。组织外部公共关系的目标包括：形象目标、关系目标、利益目标。
- 员工关系即组织同内部所有员工之间的关系，包括上自最高领导层下至最基层的员工之间的关系。

• 员工关系的工作目标：让员工认同组织的愿景；增强员工对组织的认知；激励员工充当主人翁的动机；营造组织轻松愉快的“家庭”氛围。

• 建立良好的员工关系的途径：了解员工心理，把握员工需求；构建与员工的心理契约；增强员工的参与意识；激励员工的工作热情与积极性；妥善处理与非正式群体的关系；妥善处理组织中的上级与下级的关系。

• 股东关系就是组织与组织股份持有者的关系。股东关系的工作目标：促进组织与股东的相互了解；促使股东积极关心、参与组织的经营管理；定期向股东通报组织经营状况，以密切组织同股东的联系；监督组织的经营活动，维护组织股东的合法权益；争取股东对组织的发展做出贡献。

• 组织与股东沟通交流的方法：利用年终报告进行交流；召开股东大会；向股东散发组织的相关资料。

• 消费者关系也称顾客关系，是指社会组织与本组织产品和服务的消费公众之间的关系。建立良好消费者关系的意义：可以为企业带来直接的经济利益；有利于企业获得良好的社会效益；能够形成稳定的消费者群体。

• 处理消费者关系的主要途径：尊重消费者的权利；了解消费者的需求；与消费者保持良好的信息沟通渠道；为消费者提供满意的产品和服务；妥善处理消费者投诉；实施顾客满意战略。

• 媒介关系（也叫媒体关系、新闻界关系）是指组织与新闻传播机构和新闻界人士之间的关系。媒介关系的意义是：媒介公众是组织的重要公众；良好的媒介关系有利于组织形成良好的公众舆论；良好的媒介关系有助于树立良好的组织形象。

• 处理好媒介关系的主要方法：要认识、了解并理解媒体；对不同的媒体要一视同仁、平等相待；坚持尊重事实的原则；培养对新闻媒介的兴趣；正确对待不利于本组织的报道。

• 政府关系就是组织与其所在地的政府及其主管部门之间的关系。与政府公众建立良好关系的重要意义：可以帮助组织提高把握时机的能力；良好的政府关系能够为组织赢得良好的政策条件、法律保障和社会管理环境；良好的政府关系有助于组织谋求自身的竞争优势。

• 与政府公众建立良好关系的基本要求：充分认识政府职能；严格遵守国家的各项方针政策和法令；主动向政府有关部门提供组织信息；搞好宣传，扩大组织在政府部门中的信誉和影响；积极参与各级政府的公益活动。

• 社区关系是指组织与所在地政府部门、社会团体和其他相关组织以及当地居民之间的邻里关系。社区关系的特征：地域互邻性、利益相关性、组织主体与公众的互相制约性。社区关系的意义：社区关系直接影响着组织的生存环境；社区关系直接影响着组织的公众形象；良好的社区关系体现了组织对社区的责任与义务。

• 处理社区关系的方法：维护社区环境；支持社区公益活动；加强与社区公众的沟通；了解社区需要，积极参与社区的建设和活动。

内容结构

本章内容结构如图5-1所示。

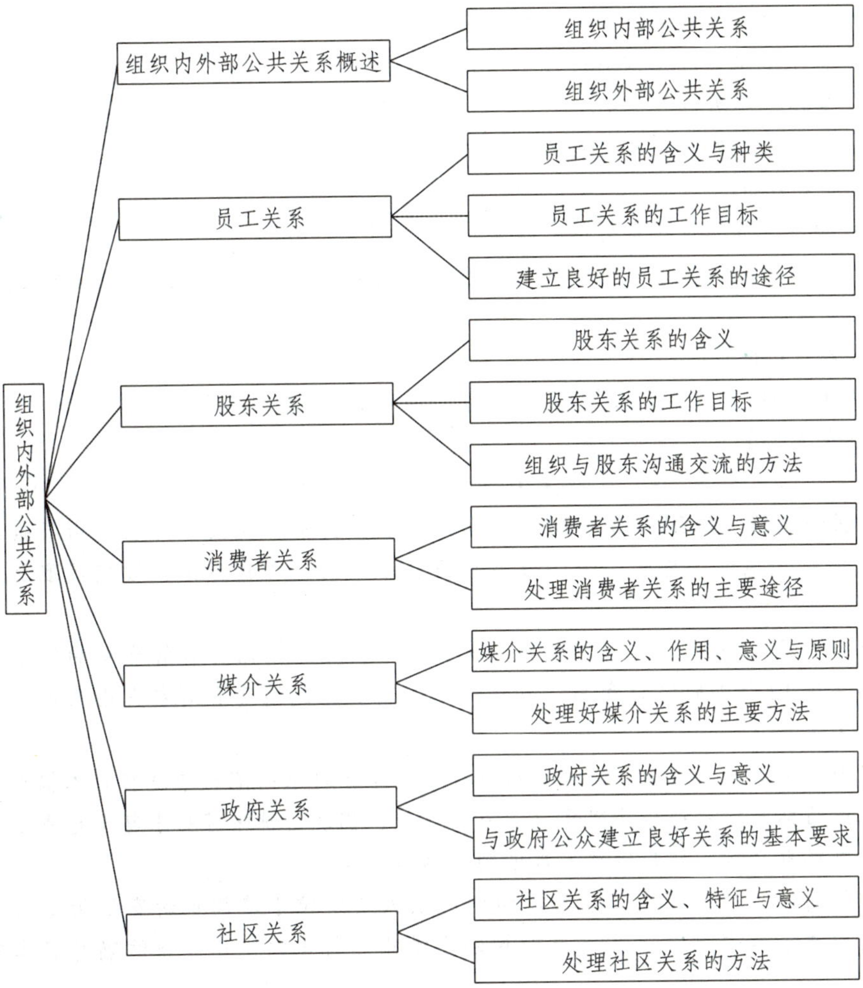

图5-1　本章内容结构

单元训练

传承型训练

▲ 理论题

△ 简答题

1）组织内部公共关系的意义包括哪几个方面？

2）简述媒介关系的意义。

3）简述消费者关系的意义。

4）简述政府关系的意义。

△ 讨论题

1）公共关系人员在与非正式群体沟通时应注意哪些问题？

2）怎样处理好与媒介的关系？

3）怎样处理好与社区的关系？

▲ 实务题

△ 规则复习

1）论述建立良好的员工关系的途径。

2）简述组织与股东沟通交流的方法。

3）简述消费者的权利。

4）试述与政府公众建立良好关系的基本要求。

△ 业务解析

1）如何与员工构建良好的心理契约？

2）假设某媒体做了不利于你所在组织的报道，作为公关人员，你将怎么做？

▲ 案例题

△ 案例分析

“训练目的”“教学方法”“训练任务”同第1章本题型。

【相关案例】

农夫山泉“福岛白桃事件”

背景与情境：2021年6月26日，有网友在社交平台发文称，农夫山泉推出的一款新品苏打气泡水的外包装有“日本福岛县产”的广告宣传语，被质疑取材自日本福岛。

自2011年日本福岛发生严重核泄漏事故后，国家市场监督管理总局明令禁止从日本福岛等12个县城进口食品、农产品及饲料。对此消费者对农夫山泉产品安全问题产生了怀疑。

农夫山泉对此回应称，农夫山泉拂晓白桃味苏打水的配料中没有日本福岛进口的成分，产品标签标示符合法律规定。不仅如此，拂晓白桃味苏打水甚至连真正的拂晓白桃的原料也没有，只是研发人员创制出的类似风味。

与此同时，建德市市场监管局组织执法人员对位于建德市新安江街道的农夫山泉进行检查，经核实，农夫山泉的拂晓白桃味苏打水的生产原料的确与日本福岛县无关。

尽管原料没有问题，但消费者开始质疑，既然原材料不是取自福岛拂晓白桃，那么是否涉嫌“虚假宣传”？

农夫山泉应该在“原料来自日本福岛”和“虚假宣传”中承认一个吧？但农夫山泉予以否认，并强调产品标签标示符合相关法规要求，无任何错误或误导。

但大众并不买账，二级市场也给出反应，6月28日，在港股开市后，农夫山泉股价盘中直线跳水，一度跌逾6%，市值跌去3 000亿港元。

在此次事件发酵过程中，农夫山泉的回应可谓相当硬气，在回应舆论后，农夫山泉也向各平台媒体“宣战”：要求今日头条等媒体平台和各社交媒体账号立即删除对农夫山泉名誉造成损害的文章和评论，以避免进一步对农夫山泉名誉的传播性损害。

资料来源 顾念秋.没有人能让农夫山泉低头［EB/OL］.［2021-06-30］. http://www.linkshop.com/news/2021470474.shtml.

问题：

1）该案例涉及本章的哪些知识点？结合相关知识点评析农夫山泉的做法。

2）你认为农夫山泉应该怎样做？

分析要求：参照第1章本题型的“分析要求”。

△ 课程思政

“训练目的”“教学方法”“训练任务”同第1章本题型。

【相关案例】

花呗的“贷款尽孝”广告

背景与情境：不久前，花呗发布的一则漫画广告引发了人们的讨论。简单来说，漫画讲了这样一个故事：一位从小被爷爷带大的年轻人为报答爷爷，贷款买了9 999元的按摩椅。爷爷去世后，“大孝子”继续尽孝，花呗贷款买最新款手机放在遗像前，好帮爷爷胜过隔壁王爷爷，而且还“希望这笔账单永远都还不完”。乍一看故事很感人，但总感觉让人有点不适。一个初入职场的毕业生，用贷款尽孝，估计这位爷爷要是知道了是不会同意的。

事实上，这也不是花呗第一次翻车了。不得不说，花呗真的很擅长用感情绑架鼓励大家超前消费。

花呗曾在线下投放了一组地铁广告，同样引发众怒，被骂到下架。比如，女孩上支付宝用花呗，梦幻海岛想去就去，分期付款没压力；37岁的施工队队长，为了一家三口的日子，精打细算，用花呗给女儿过生日；29岁的牧民，用花呗给考上大学的妹妹，买了台笔记本电脑；用我请客做东有面子，轻轻松松下月还。在这些广告词中，花呗描绘了一幅幅美好的生活场景，让人错以为只要轻轻松松就能过上自己向往的生活。但是，花呗只是无限放大了借贷的好处，花今天的钱，圆明天的梦。可是明天之后怎么办呢?

这种美化超前消费的行为，容易误导刚刚走上社会、没有经济实力、更没有抗风险能力的年轻人，让他们在没有能力的情况下去透支购买力，使他们还未立足便负债累累，容易引发社会事件。

资料来源　佚名.花呗新广告翻车！网友：被恶心到了［EB/OL］.［2021-04-21］. https://www.163.com/dy/article/G83HA01H05118B5P.html.

问题：

1）本案例中存在哪些思政问题?

2）试对上述问题做出你的思政研判。

3）对照本教材“附录三”的附表3和网上调研资料，说明你的思政研判所依据的行业规范。

4）请根据本章的相关内容评析此案例。

研判要求：参照第1章本题型的“研判要求”。

创新型训练

▲ 自主学习

自主学习-Ⅱ

【训练要求】

1）依照本教材“附录三”附表3“自主学习”（中级）的“基本要求”和各技能点的“参照规范与标准”，实施《团队自主学习计划》。

2）自主学习本教材“附录一”附表2“自主学习”（中级）各技能点的“知识准备参照规范”所列知识。

3）以自主学习获得的学习原理、学习策略与学习方法知识为指导，通过校图书馆、院资料室和互联网，查阅和整理近两年以“组织内外部公共关系”为主题的国内外学术文献资料。

4）以整理后的文献资料为基础，撰写作为“成果形式”的训练课业。

【成果形式】

训练课业：撰写《“自主学习－Ⅱ”训练报告》。

课业要求：参照第3章本题型的“课业要求”。

第6章
社会组织形象塑造

▶ 学习目标

6.1　组织形象概述

6.2　组织形象塑造

6.3　组织形象识别系统——CIS

▶ 本章概要

▶ 单元训练

▶ 学习目标

▷ 传承型学习

通过以下目标，建构以“社会组织形象塑造”为阶段性内涵的“传承型”学力：

理论目标：学习和把握组织形象的含义、组织形象塑造的作用与效能、CIS的含义与构成要素及相互之间的关系等陈述性知识；用其指导“同步思考”、“深度思考”和相关题型的“单元训练”；体验“社会组织形象塑造”中理论知识的“传承型学习”及其迁移。

实务目标：学习和把握组织形象测量的内容与方法，CIS的含义，企业导入CIS的意义与原则，企业导入CIS的时机、程序与方法等知识；用其规范“深度剖析”和相关题型的“单元训练”；体验“社会组织形象塑造”中“实务知识”的“传承型学习”及其迁移。

案例目标：运用本章理论与实务知识研究相关案例，对本章“同步案例”和“谭木匠的企业形象建设”等业务情境进行多元表征，体验“结构不良知识”的“传承型学习”及其迁移；依照相关规范或要求，对“课程思政6-1”和“‘今日油条’碰瓷‘今日头条’”等案例中的企业或其从业人员行为进行思政研判，培养高尚的道德情操，树立社会主义核心价值观。

实践目标：参加“‘组织形象塑造’知识应用”的实践训练。在了解和把握本训练所及能力与道德领域相关技能点的“参照规范与标准”基础上，通过对“知识准备”所列知识的运用，相关“参照规范与标准”的遵循，系列技能操作的实施，《“××班级形象设计”实践报告》的准备、撰写、讨论与交流等有质量、有效率的活动，系统体验本章诸多技能的传承型学习及其迁移，阶段性建构以“‘组织形象塑造’知识应用”之“专业操作能力”为内涵的职业学力；通过践行职业道德（顺从级）选项的行为规范，体验职业道德规范的传承型学习及其迁移，促进健全职业人格的塑造。

引例 中国联通的CIS建设

背景与情境：中国联合网络通信集团有限公司（简称“中国联通”）在国内31个省（自治区、直辖市）及境外多个国家和地区设有分支机构，是中国唯一一家在纽约、香港、上海三地同时上市的电信运营企业。

1）中国联通的核心理念体系

（1）愿景：客户信赖的智慧生活创造者。

（2）使命：联通世界，创享美好智慧生活。

（3）核心价值观：客户为本；团队共进；开放创新；追求卓越。

（4）经营管理理念：一切为了客户；一切为了一线；一切为了市场。

2）中国联通的行为准则

中国联通的行为准则包括行为高压线及员工基本行为准则和领导干部基本行为准则。其中员工的基本行为准则共九条，包括遵章守法，廉洁自律；热爱公司，维护形象；客户为本，真诚服务；求真务实，高效执行；诚实勤奋，好学精进；专业专注，精益求精；团结友爱，协作互助；履职尽责，提升绩效；厉行节约，安全生产。

3）中国联通的视觉形象设计

1994年，中国联通设计了自己的司标。设计灵感来源于中国盘缠文化。盘缠结是渊源久远的一种中国传统文化印记，具有信息传递、互相依存、永无止境等意义。在设计中，设计师巧妙地融入了“心心相通”的图形写意，精准地诠释了通信行业的服务属性和情感意识。

2006年，中国联通启用“中国红”和“水墨黑”为主的新标志和品牌口号——“让一切自由连通”，图标继续沿用盘缠纹样的“中国结、同心结”。标志造型有两个明显的上下相连的“心”，它形象地展示了中国联通的通信、通心的服务宗旨，将永远为用户着想，与用户心连着心。基本色是中国红，代表热情、奔放、有活力，增加了企业形象的亲和力，并给人强烈的视觉冲击感，与活力、创新、时尚的企业定位相吻合。水墨黑是高贵与稳重的象征。红色和黑色搭配具有稳定、和谐与张力的视觉美感。

2008年，中国联通与中国网通完成合并，新的公司名称为“中国联合网络通信有限公司”，简称仍为中国联通。同年10月15日，中国联通发布新的标志。虽然整体还是沿用了2006年版的设计，但对“中国联通，China Unicom”的中英文字体进行了重新设计，特别是把原来的企业理念由“让一切自由连通”改为“创新·改变世界”。

2020年，中国联通宣布对企业品牌形象进行全方位焕新，以原“中国结”Logo为根基，配色升级为新科技红，品牌标语更新为“创新·与智慧同行”。针对各个互联网用户以及生态平台提出以“智慧同行”为信念的“联通你我”“乐享生活”“创新赋能”等全新品牌承诺。相比之前比较深暗的红色，新的红色更明亮鲜艳，同时也给人以变得更年轻、更具亲和力的感觉。从“创新·改变世界”到“创新·与智慧同行”的转变，可以看出联通通过5G时代赋能行业、服务用户的品牌精神和品牌态度。

联通解释称，“创新”是中国联通的核心基因，需要持续传承；“智慧”表达出中国联通“共创、共享”的品牌精神；“同行”体现出中国联通品牌人文关怀的丰富内涵和有温度的品牌形象。

中国联通的LOGO变化如图6-1所示。

图6-1　中国联通的LOGO之旅

资料来源　YANG. 创新与智慧同行，中国结logo见证联通12年的发展与变革！[EB/OL]. [2021-05-28]. https://www.canva.cn/learn/chinese-knot-logo/. 佚名.《中国联通企业文化宣贯》每个联通员工都必须了解！[EB/OL]. [2021-05-28]. https://wenku.baidu.com/view/e718cb3e571252d380eb6294dd88d0d232d43c14.

上述案例表明，在如今的市场竞争中，组织形象的竞争已经成为最高层次的竞争。谁拥有了良好的组织形象，谁就能赢得公众的支持，谁就拥有了市场，并获得源源不断的利润，且能使其产品和组织在激烈的市场竞争中立于不败之地。

6.1　组织形象概述

任何一个组织，只要它与大众接触，就会在人们心目中留下印象，而每个接触点所留下的印象累积，就形成了组织的形象，也就是组织的声誉。在现代社会，一个组织的最大资产不是产品或技术，而是组织的形象。形象好、声誉佳的组织，更能够获得公众的认可和支持，最终实现其经济效益。

6.1.1　组织形象的含义和特征

组织形象指社会公众对一个组织的总体认识和综合评价，它是组织的外观形象和内在气质在公众心目中的一种综合反映。所谓外观形象，指能依赖人的视觉感官去认知和识别的外在印象，是组织的“硬件”部分，它包括：组织的厂房、生产设备的状况、卫生及环境保护、美化状况，员工的仪表、仪态、素质，办公用品及设施中独特的色彩与标志，以及组织的一切外在包装。所谓内在气质是指社会组织在运行中处理各种问题时所表现出来的精神风貌、价值指向、道德观念、组织的凝聚力、组织的实力、办事效率等无形的东西，是构成组织形象的“软件”。

组织形象的含义包括三个方面：第一，组织形象是一种总体评价，是各种具体评价的总和。具体评价构成局部形象，总体评价组合成总体形象。第二，组织形象的确定者是公众，社会公众是组织形象的评定者。第三，组织形象的好坏源于组织的表现。社会公众对组织的印象和评价不是凭空产生的，也不是公众强加给组织的，而是组织的特征和表现在社会公众心目中留下的印象。

组织形象具有以下几个方面的特征：

（1）整体性

组织形象是一个有机的整体，形象是由组织内部诸多因素共同作用的结果。

以一个企业为例，企业形象包括：

①企业历史、社会地位、经济效益、社会贡献等综合性因素；

②员工的思想、文化、技术素质及服务方式、服务态度、服务质量等人员素质因素；

③产品质量、产品结构、经营方针、经营特色、基础管理、专业管理、综合管理等经营管理因素；

④技术实力、物资设备、地理位置等其他因素。

这些不同的因素形成不同的具体形象，但这些具体形象只是构成企业整体的基础，完整的企业形象是各个形象要素所构成的具体要素的总和，这是对组织具有决定性意义的宝贵财富。

（2）主、客观两重性

一方面，组织形象是公众对组织的意见或看法，因而是一种主观性的东西。因为社会公众本身具有差异性，他们的社会地位、价值观念、思维方式、认识能力、审美标准、生活经历等各不相同，他们观察组织的角度、审视组织的时空维度也不相同，这样社会公众对同一企业及其行为的认识和评价就必定有所不同。因而，组织形象具有主观性。

另一方面，形象是一种观念，是人的主观意识，但观念的反映对象却是客观的，也就是说，组织形象所赖以形成的物质载体都是客观的，建筑物是实实在在的，产品是实实在在的，组织的员工也是具体的，组织的各种活动也是实实在在的。所以，组织形象作为客观事物的反映，是不以人的意志为转移的，不能在虚幻的基础上构筑组织形象。

（3）相对稳定性

组织形象是在一定的环境背景下公众相对持久的特定感知，是组织综合行为的结果。一朝一夕并不能让公众形成良好的组织形象，组织形象一旦形成，便会在一定时间内保持稳定，在一定的公众心目中产生一种心理定式，因此，它具有一定的稳定性。如可口可乐的商标100多年来基本上没有什么变化，只是在原设计的字母商标下增加了一条波纹线。同时，组织形象具有个性化，不同的社会公众由于个人的因素（性别、年龄、学历、职业、生活习惯等）对组织形象的理解和认识自然不同，组织形象并不是一成不变的，随着组织自身、外在信息的变化，公众对组织的看法和态度也会发生变化。所以说，组织形象具有相对稳定性的特征。

（4）多维性

组织形象是一个多维体，它可以分解为一系列的形象要素，包括内在的、外在的、精神的、物质的、有形的、无形的各个方面，如组织的实力、办事的效率、服务对象的选择和风格的选择等。组织各部门所传递的视觉、经营战略、经营风格等信息都将集中反映一个组织的整体形象。公共关系就是要致力于对组织整体形象的塑造。

6.1.2 组织形象的分类

组织形象是多层次、多维度的，因此我们应该从不同角度来把握组织形象。

1）按照组织形象的内容可分为特殊形象和总体形象

特殊形象是某一或少数几个方面给公众留下的印象，或者组织在某些特殊公众心目中形成的形象。如企业的良好服务使某些顾客形成了组织“优质服务企业”的形象，企业的某一次慈善捐款给公众留下了乐善好施、热心公益事业的形象。特殊形象对企业很重要，因为公众是不可能全方位、全面地了解组织的。组织在他们心目中留下的往往就是这种特殊形象，而且某些公众就是因为组织在某些方面的独特形象而支持组织的，如歌迷之于演唱会、球迷之于球星等，因此，特殊形象是组织改善形象的突破口。

总体形象就是企业各种形象因素所形成的形象的总和，也是各种特殊形象的总和，但两者又不是简单地加总。对一个组织而言，它应该努力追求总体形象和特殊形象的统一和谐。

2）按照组织形象的真实程度可分为真实形象和虚拟形象

真实形象是指组织留给公众的符合组织实际情况的形象，虚拟形象则是组织留给公众的不符合企业实际情况的形象。虚拟形象形成的原因是多方面的，既有传播信息过程中的失真，也可能有公众评价的主观性、偏向性原因。对企业来说，应当追求真实的、良好的形象，而避免虚假的、不好的形象。

3）按照组织形象的可见性可分为有形形象和无形形象

有形形象是指那些可以通过公众的感觉器官直接感觉到的组织形象，包括产品形象（如产品质量性能、外观、包装、商标、价格等）、建筑物形象、员工精神面貌、实体形象（如市场形象、技术形象、社会形象等）等，它是通过组织的经营作风、经营成果、经济效益和社会贡献等形象因素体现出来的。无形形象则是通过公众的抽象思维和逻辑思维而形成的观念形象，这些形象虽然看不见，但可能更接近企业形象的本质，是企业形象的最高层次。对企业而言，这种无形形象包括企业经营宗旨、经营方针、企业经营哲学、企业价值观、企业精神、企业信誉、企业风格、企业文化等。这些无形形象往往比有形形象有价值，如对麦当劳、可口可乐、索尼、劳斯莱斯等企业而言，它们的企业信誉等无形资产比那些机器设备和厂房要重要得多。

4）按照形象的现实性可分为自我形象和实际形象

自我形象是一个组织自己希望在社会公众心目中所建立的社会形象，它是公共关系所要达到的目标。实际形象即组织的实际行为和表现在公众舆论中的投射和反映，是社会公众和社会舆论对组织的认识和评价，也是公共关系工作的出发点和起点。

同步思考6-1

问题：真实形象就是好形象，而虚拟形象就等于坏形象。是这样的吗？为什么？

6.1.3 组织形象的构成要素

组织形象的构成要素可以分解为物质、社会和精神三个方面。

1）物质要素

物质要素主要包括产品质量、服务质量、商标徽章、地理位置、建筑群落、风景设施、装饰点缀等，其中核心问题是产品质量和服务质量，其他物质要素都需建立在优质的产品质量和服务质量的基础上，才能发挥为组织形象增光的作用。

2）社会要素

社会要素主要包括组织的历史与传统、方针政策、办事程序和效率、市场开发能力、信守合同的能力、技术开发的实力、经济效益、福利待遇等。

3）精神要素

社会组织形象的精神要素包括员工的品行、素质、作风、能力、精神风貌、职业意识与职业道德、组织的价值观念和管理哲学等。组织精神是组织形象的精髓，是组织生存、奋斗、发展的全部价值观念的体现。

不同的社会组织有不同的形象要素，以企业为例，其中较为重要的形象要素有产品形象、服务形象、员工形象、环境形象、文化形象、社会成员形象、标志形象等。

6.1.4 组织形象分析的内容

组织形象虽然是公众对组织的评价，但其内容来自客观事实。它是客观见之于主观的东西，是组织的客观社会行为在公众心目中的反映，因此，组织形象可以通过一定的客观方法加以分析和测量。

组织形象分析主要包括以下几部分内容：

1）自我形象分析

自我形象分析是对组织自身形象认识的基础和前提，主要包括：

（1）组织内部状态与条件的调查分析

自我形象的分析离不开组织存在的客观条件和实际状态。因此，首先需要明确：组织正在做什么？能够做什么？做得怎么样？具备哪些有利的条件和不利的条件？比如对一个企业来说，它能生产什么产品，提供什么服务，现有的生产技术、生产能力、财务状况、营销状况、人才情况、产值和利润等，都需要进行客观、准确的分析。

（2）员工阶层的调查研究

通过调查研究，了解一线员工对自己组织的看法和评价。组织目标的实现，需要广大基层和一线员工的支持与认同，以使员工做出积极的实际行动，因此，可以开展内部调查，如召开员工座谈会、茶话会、年会或者通过问卷调查等，来了解员工对组织的信任感和满足感，以及对组织发展的合理建议和意见。

（3）管理阶层的调查分析

行政和技术业务管理阶层是一个组织的核心力量，他们对组织的看法和评价不仅对基层员工产生影响，也对决策层产生影响。因此，需要重点了解和分析管理阶层的想法、意见和态度，从中分析本组织的优势和劣势。

（4）决策阶层的调查分析

一个组织形象的建立取决于决策阶层。决策阶层决定着组织的总体目标，决定了组织形象的个性、特点与风格，因此在进行形象定位与设计之前，要充分地了解、领会和分析决策阶层的观点、意见、态度，作为组织自我形象定位与设计的主要依据。

2）实际形象分析

实际形象即组织的实际行为和表现在公众舆论中的投射和反映，是社会公众和社会舆论对组织的认识和评价。这种认知和评价就是一个组织在社会公众中的认知度、美誉度和和谐度。实际形象分析就是通过对社会公众和社会舆论的调查和民意测验，来了解这个组织的认知度、美誉度和和谐度，具体有以下步骤：第一，了解和确定组织面对的公众。对于一个组织来说，首先要知道本组织的公众对象是谁，他们在哪里。通过对公众对象的调查研究，来确定公众对象的范围。第二，测量组织的形象地位。具体的测量指标包括认知度、美誉度、和谐度。

6.1.5　组织形象的测量指标

社会公众对于一个组织的评价来自不同的角度、不同的侧面，但总的来说主要取决于一个组织的认知度、美誉度和和谐度。良好的组织形象是由认知度、美誉度和和谐度构成的，缺一不可。

1）认知度

认知度是指一个组织被公众知晓、了解的程度，是评价组织名气大小的客观尺度，即组织对社会公众影响的广度和深度。

组织的认知度通常采用简单测量法和复合测量法来测量。简单测量法只是测量被访问者是否知道某组织的名称。

社会组织在某一区域内的认知度=某一区域内知晓公众数量÷被调查总人数×100%

简单测量法的优点是方便、简单、容易实现，但也正因为如此，使用简单测量法得出的结果过于笼统，而使得在进一步考察影响认知度的更深层次的因素时无法发挥作用。

复合测量法是运用多个指标的综合结果来反映组织的认知度，通过加总测量法来进行。例如，可以在测量表中列出几个问题，供调查对象选择，并对每道题的答案设定一定的分值。根据回答者对每道题的回答结果记分，然后计算总分数，即可得到该组织的综合认知度状况。综合得分越高，则该组织的认知度越高，反之亦然。

同步思考 6-2

资料：早期的公共关系理论中，常把衡量组织形象的基本指标之一称为知名度。

问题：“认知度”与“知名度”相比有什么不同吗？

2）美誉度

美誉度是指一个组织获得公众信任、好感、接纳和欢迎的程度，是评价组织声誉好坏的社会指标，即组织的社会影响的好坏。

相对于认知度这个量的指标而言，美誉度是一个质的指标，只有建立在美誉度基础上的认知度才能真正形成品牌资产。美誉度通常通过“口碑效应”来传播，即通过人们的口头称赞，一传十，十传百，从而被越来越多的人认可和称赞。

由于不同的社会组织的道德价值体现有所不同，对其美誉度的确定也就应分解为对不同内容的衡量。以生产性企业为例，衡量美誉度的内容包括：

- 产品评价：产品性能、材料质量、技术（手艺）含量、可靠性、美观舒适性、多样性、价格因素等。
- 服务评价：意见征询、销售服务、售后服务、信息服务等。
- 贡献评价：就业提供、纳税数量、产品覆盖、环境保护、公益赞助等。
- 文化评价：企业名称与标志、品牌名称与商标图案、包装设计、广告品位、管理风格、企业理念、员工行为素质、企业家形象、企业环境、企业重大举措等。

美誉度=一定区域内对组织持赞赏态度的公众人数÷一定区域内的知晓公众人数×100%

图6-2是形象地描述组织形象好坏的常用方法——组织形象四象限图。组织形象四象限图的具体应用方法是分别求出本组织认知度和美誉度的百分比，然后在坐标图上标出。

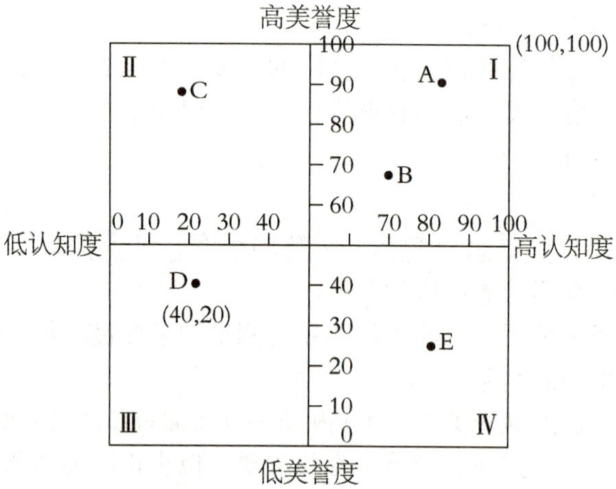

图6-2 组织形象四象限图

组织形象四象限图中：Ⅰ区表示高认知度、高美誉度；Ⅱ区表示高美誉度、低认知度；Ⅲ区表示低认知度、低美誉度；Ⅳ区表示高认知度、低美誉度。

高认知度-高美誉度：说明组织的公共关系属于最佳状态。但是也要注意，过高的认知度也会给美誉度造成压力，必须时刻保持高度的警惕。处于这一阶段，组织的公共关系工作应着重塑造有利于品牌传播的“公众形象”，公关传播更侧重的是社会责任、公益活动等。

高美誉度-低认知度：说明组织的公共关系处于较为稳定、安全的状态。公共关系工作的重点应该是在维持美誉度的基础上，提高认知度。

低认知度-低美誉度：处在这种形象地位，说明组织的公共关系处于不良状态，认知度和美誉度都处于50点以下，既没有名气，公众评价也不高。

高认知度-低美誉度：说明组织的公共关系处于“臭名远扬”的恶劣状态，不仅信誉差，而且知之者甚众。在这种情况下，其公共关系工作的重点首先在于降低负面的认知度，减少舆论界的关注，默默地努力改善自身，设法逐步挽回信誉，提高美誉度，再求发展。

可见，良好的组织形象是由认知度和美誉度构成的，缺一不可。认知度需要以美誉度为客观基础，才能产生正面、积极的社会效果；美誉度需要以一定的认知度为前提条件，才能充分显示其社会价值。

课程思政6-1

“迎面走来的是拼多多代表队”

背景与情境：“迎面走来的是拼多多代表队”出自2021年CCTV-5直播东京奥运会时出现的插播广告。一支队伍举着拼多多的旗子，踢着正步有序地走向前方，形成了整齐划一的方队，最后画面是电视机等家电小人，举着原价/拼单价的牌子吆喝。最好笑的还是响彻世界的画外音，“迎面走来的是拼多多代表队，拼着买才便宜，拼着买才便宜”，与此同时还配上雄壮的《运动员进行曲》。

短短15秒的广告，达到了惊人的“洗脑”效果，全靠拼多多在央视“砸”钱，不断重复。有人计算在奥运会转播期间，这个广告半个小时就重复了6次，不管看哪个比赛项目，都逃不过结束以后那一句“迎面走来的是拼多多代表队”。

有网友吐槽：奥运会上拼多多的广告竟然还配上雄壮的《运动员进行曲》，极大影响了看中国代表团比赛的心情。拼多多平台上卖的什么商品，大家都心知肚明。中国奥运代表团的每个奥运健儿都是精英，把他们的比赛放在这种广告背景下，影响观看比赛的心情。

拼多多的这则广告虽然可以吸引用户的注意力，提高它的知名度，但从品牌的美誉度来说，会怎么样呢？

资料来源　杨阳.“拼多多”代表队，你想笑死我吗？[EB/OL].[2021-07-28]. https://www.socialmarketings.com/articldetails/16437.

问题：从课程思政的角度，你如何看待拼多多的这个广告？

教学互动6-1

互动问题：如果想快速、简单地了解你所在学校的认知度和美誉度，比如用一句话来描述这两个方面，你分别会选用哪种测量方法和哪两句话？

要求：同“教学互动1-1”的“要求”。

3）和谐度

和谐度是组织在实现组织目标的过程中，获得公众的实际合作的程度，也就是组织与公众建立的良好关系的程度。和谐度用于评价一个组织整体各个方面的和谐，它既是一个“量”的评价，也是一个“质”的评价。和谐度建立在专门向各类目标公众调查统计的基础之上，因此组织的和谐度首先就是对目标公众的分类，其次是对目标公众与组织的和谐程度的划分。

美国著名公共关系学专家卡特里普和森特等在《有效公共关系》中对公共关系的定义表述为：“公共关系是一种管理职能，它确定、建立和维持某个组织与决定其成败的各类公众之间的互利关系。”在这个定义中，应该注意到两点：一是公共关系重点关注的是决定组织成败的“各类公众”，即目标公众，而不是非公众；二是确定、建立、维持“互利关系”，实际上就是取得组织与目标公众之间的和谐。显而易见，“和谐度”是在“认知度”和“美誉度”基础上的必然延伸，是组织最为关心的一个指标。而和谐度的程度，主要是就目标公众与组织的实际关系而言，一般可分为从“态度赞同”到“情感亲和”，再到“言语宣传”，最后到“行为合作”这4个档级。

同步案例6-1

宝马的致敬广告

背景与情境：戴姆勒股份公司董事长兼首席执行官蔡澈宣布退休的当天，宝马就在推特上发布了一则视频，还意味深长地说了句：退休就是和过去说再见，去拥抱未来。

视频以“蔡澈在奔驰总部的最后一天”为故事背景，只见他（由演员扮演）在人群的拥护中，与曾经的同事握手告别、拍照留念、交还工作牌，伴着热烈的掌声，坐上奔驰离开了总部大楼。

从车后窗看着渐行渐远的公司大楼，蔡澈脸上的表情显得有些落寞，直到窗外的奔驰LOGO从视线中消失。

看着蔡澈满脸的不舍与落寞，在悠扬纯美的惜别音乐的刺激下，观众被这一幕所触动，不禁感慨宝马是何等地有风度和有格局，然而让观众万万没想到的画面出现了。

蔡澈刚与司机道别后，画面中出现一句话：“Free at last（终于自由了）”……随之，蔡澈家中的车库门缓缓打开，而他则开出了一辆时尚的宝马i8，在汽车的轰鸣声中，驾车而去。什么？这是退休后的自我解放，表示终于可以正大光明地开宝马了吗？

当然，恶搞之后，宝马没忘记向蔡澈致敬：“谢谢你，迪特·蔡澈先生，为这么多年来我们鼓舞人心的竞争。”

原本是一场沉重严肃的告别，却被老对手玩出了别具一格的花样。广告短片一经推出，就引来了“吃瓜”群众的围观。网友们纷纷对这次的广告创意以及宝马奔驰相爱相杀相惜的品牌格局点赞。

宝马想要致敬蔡澈不假，只是顺便给自己打了个广告。毕竟两者在商业上存在竞争关系，给自己打广告也是情理之中，所以宝马这支集创意和幽默于一体的致敬广告，既赢得了汽车行业的认同，也娱乐了广大用户，实现宝马品牌认知度和美誉度的双赢。

随后，宝马中国在微博上发布了这支短片，并配文：“奔驰一生，宝马相伴”，并顺便艾特了下奔驰。

奔驰也毫不示弱，不仅转发了宝马的微博，还将文案前后句互换，改为“宝马相伴，奔驰一生”，不禁让人感叹，这种相爱相杀的暧昧，真是像极了爱情！

资料来源 佚名.奔驰总裁退休，宝马致敬广告绝了！[EB/OL].[2019-05-31]. https://www.163.com/dy/article/EGGBV1GF0518BCM3.html.

问题：你如何评价宝马的这个广告？

教学互动6-2

互动问题：只有认知度高，美誉度才能高吗？二者究竟是什么关系？

要求：同“教学互动1-1”的“要求”。

深度思考6-1

资料：以前，关于组织形象目标的表述一直为“认知度”和“美誉度”。

问题：为什么这里提出衡量组织形象的三维指标（即加入了“和谐度”这一指标）呢？

6.2 组织形象塑造

公共关系的目标就是要塑造有利于组织生存和发展的最好形象，公关工作最基本的任务就是要建立和维护组织的这种形象。因此，公关人员应该掌握科学地塑造组织形象的方法，对组织形象要有科学的认识。

6.2.1　组织形象定位

组织形象定位是指组织根据环境变化的要求、本组织的实力和竞争对手的实力，选择自己的经营目标及领域、经营理念，为自己设计出一个理想的、独具个性的形象位置。

在现代社会中，多数组织为了塑造自身的形象，大都采用了公共关系、广告等宣传手段，可由于广告及公共关系活动数量的暴增，导致了对公众的影响力相对减弱，加上繁多的形象宣传方法造成沟通“过度”，使公众更难在眼花缭乱的市场中确认某一组织。此时，最有效的识辨办法就是明确、独特的组织形象定位。只有这样，才能使关于组织形象的信息深入人心，让它们在消费者心目中扎下根。比如，日本尼西索公司在第二次世界大战结束时只有30多名职工，却生产雨衣、游泳帽、卫生巾、尿垫等多种产品，品种杂多，缺乏准确的形象定位，生产经营极不稳定。战后的经济恢复和发展为企业带来了契机。有一次，尼西索公司的董事长多川博在考虑市场定位时看到了日本的人口普查报告，得知日本每年大约出生250万个婴儿。多川博想，如果每个婴儿用两条尿垫，一年就需500万条。如果能够出口，市场就更大了。于是尼西索公司把企业及产品定位于“尿垫大王”，放弃一切与尿垫无关的产品，最后靠它明确的形象定位占据日本70%以上的婴儿尿布市场份额，成为名副其实的“尿垫大王”。

由此可见，在当今产品、宣传都先进的时代，组织形象要得到公众的认可，首先必须进行准确的定位。

6.2.2　如何塑造良好的组织形象

良好的组织形象虽说并不直接产生利润，但它却是组织无价的无形资产，是一种极为宝贵的营销资源。它可以为组织间接而持久地开辟市场，可以产生强烈的组织向心力。良好的组织形象是组织步入良性循环、不断开拓进取的根基，是组织一种无形的长期保障。在市场经济发展的历史上，组织与社会公众的关系从来没有像今天这样联系得如此紧密，组织形象的塑造十分重要。

组织良好形象的塑造至少包括以下几个方面：

1）塑造良好的产品形象

产品是企业的基础和核心，是沟通企业和消费者最直接的桥梁，是公众选择企业的先导和前提。产品的外观设计、质量性能等无一不反映着企业形象。对产品不断更新设计，树立良好的产品形象，是树立企业形象的根本和立足点。

产品形象是由产品的视觉形象、品质形象和社会形象三方面构成的。产品的视觉形象是人们对形象的认知部分，通过视觉、触觉和味觉等感官能直接了解到产品形象诸如产品外观、色彩、材质等，属于产品形象的初级层次；产品的品质形象是形象的核心层次，是通过产品的性能质量体现的，人们通过对产品的使用，对产品的功能、性能、质量的了解以及在消费过程中所得到的优质服务，形成对产品形象一致性的体验；产品的社会形象是产品的视觉形象、产品的品质形象从物质层面综合提升到精神层面，是非物质的，是物质形象外化的结果，最具有生命力。

在现代企业制度中，企业自己掌握自己的命运，自谋生存、自求发展，而生存发展的出路，则往往取决于企业的产品、服务所带来的社会效益的好坏。首先，企业要树立优质产品形象，就要把质量视为企业的生命。产品的好坏不仅影响经济效益，而且关系到企业声誉、社会发展进步，是企业文化最直接的反映。抓好产品形象这个重点，就能带动其他形象的同步提高。要把抓产品形象渗透到质量管理保证体系当中去，在干部职工中形成人人重视质量、个个严把质量关的良好风气。其次，要在竞争中求生存、创名牌，增强企业的知名度，创造出企业的最佳效益。在市场经济中，随着统一、开放、竞争、有序的全国大市场的逐步形成，企业必须自觉地提升自己的知名度，强化市场意识，多出精品，使产品在市场中占据优势。同时，要加强产品的对外宣传，富于个性的宣传是塑造企业形象的重要手段。

2）塑造良好的企业家形象

一个成功的企业背后，必定有一支优秀的领导团队，在市场经济条件下，决定企业成败的一些物质资源“硬实力”，已经逐渐被人的因素，主要是领导团队的领导力这一“软实力”所取代。

对外，企业领导者是企业的代表，是企业的头脑和灵魂，是社会公众认识并了解企业的窗口。社会公众常常是先认识一个企业的领导者，才通过领导者了解到整个企业。企业领导者如果不能勾起公众认识他的好感和欲望，自然也会导致公众失去认识其领导的企业的欲望，只有让公众认识并认同的企业领导者，他所领导的企业才会被公众认同并接受。

另外，从消费心理上看，消费者也可以通过对企业领导者的信任，引起对该企业产品的好奇和信任，再由对企业领导者的认同到对产品的认同，最后由对企业领导者的理解到对产品的理解。因此，一个名企业领导者能够在客观上影响一个名产品，造就一个名企业。

3）塑造良好的员工形象

员工形象是指企业员工的技术素质、文化水平、职业道德、精神风貌和仪表装束给社会的整体印象。员工是组织中最为活跃的因素，员工形象是展示企业内在形象的窗口，是企业整体形象的集中体现。现实社会中，由于企业员工经常与社会公众接触，企业员工形象成为社会公众感知企业形象的重要途径。

员工形象对企业形象的影响，除了商标等有形物外，更重要的是企业从上到下一致的心理认同。几乎每一个企业员工在特定的场合都代表着企业的形象，如接电话、商务谈判等，甚至在其朋友或邻居面前的举止言谈，是大方得体，还是粗俗不堪，对企业是满怀信心、充满自豪，还是心灰意冷、怨声不断……所有这些无疑都会影响到企业的整体形象。比如，一位中国企业家一次在参观美国通用汽车公司的卡车装配线时发现，负责接待的女士在带领参观的过程中始终精神饱满、热情、认真、负责，若发现有人脚踏黄线或不戴防护眼镜，马上予以警示。此外，该女士还具备一定的专业知识，与车间各工序员工的关系融洽。这位训练有素、精明能干、热情称职的接待员身上，便透露出了通用汽车公司良好的企业精神和内在形象。

可见，组织形象靠人塑造，员工形象建设是企业形象建设的基础。这就要求员工在企业中讲职业道德，做文明员工；在社会上讲社会公德，做文明市民；在家庭里讲家庭美德，做文明成员。树形象，要从提高员工素质入手，把对人的管理和对员工的教育放在经济工作的首位。因此，要强化教育，引导员工树立正确的世界观、人生观、价值观，爱岗敬业、坚定信念、踏实工作，以良好的精神状态积极推动组织发展的进程，为组织经济发展和社会进步做出贡献。

4）塑造良好的环境形象

优美的环境形象，是良好组织形象的外在表现。企业环境代表着企业领导和企业职工的文化素质，标志着现代企业经营管理水平，影响着企业的社会形象。第一，企业环境是企业文化最基本的反映。如果说企业是职工赖以劳动和生活的地方，那么，首先就要有一个适合职工劳动和生活的场所并建立必要的保障设施，使职工能够合理地、安全地、文明地进行劳动和生活。第二，建设优美的企业环境，富有情意的工作氛围是塑造企业形象的重要组成部分。企业的厂区、生活区、办公设施、生产车间、产品、现场管理、生产服务等这些都是企业形象的窗口。因此，每个企业都要精心设计厂区的布局，严格管理厂区的环境和秩序，不断提高企业的净化、绿化、美化水平，努力创造优美高雅的企业文化环境，寓管理于企业文化建设之中，陶冶职工情操，提高企业的社会知名度，为企业增光添彩。

日本日立公司有很多员工，每到上班时，通往公司的路上轿车如蚁，汽车排放的大量废气加重了当地的空气污染。在实施行为识别（BI）时，公司认真研究了这一情况，做出规定：居住地距公司3千米以内的人，经批准才可以开车上班。公司的规定得到了广大员工的支持，不仅3千米以内的员工不开车上班，连4千米远的员工也自觉地骑自行车上班。日立公司全体员工的环保诚意深深地感动了周围的住户，不仅得到普遍理解，而且使公司的形象在群众中得到了提升，加上口碑的传播，日立获得广泛的免费宣传，给日立带来了很好的社会效益和经济效益。BI使企业以实际行动来向顾客表达尊重、体贴、关怀之情。

6.2.3 组织形象塑造的效能

树立良好的组织形象，能够给组织带来源源不断的财富，能强化组织自身的力量。有人曾说，如果可口可乐公司遍及世界的工厂在一夜之间被大火烧光，那么第二天的头条新闻是：各国银行巨头争先恐后地为它提供贷款。因为人们相信可口可乐公司不会轻易放弃它“世界第一饮料”的地位，这个在红色背景上简简单单写上八个英文字母（Coca-Cola）的品牌，通过长期的努力已经被世界所认可。可见，良好的组织形象能给企业带来财富，从而更好地发展。

在现代社会中，组织形象的好坏直接影响着组织的生存与发展。组织形象是组织内在资源信息所体现出来的凝聚力、创造力、吸引力和竞争力。良好的组织形象是组织无形的财富，既是道德财富资源，又是经济资源，其具体价值效能主要有：

1）良好的组织形象使公众产生信任感

良好的组织形象能深得社会公众认同、好感和信任，信任包括员工对组织的信任、股东对组织的信任、客户对组织的信任、合作伙伴对组织的信任和社会对组织的信任。信任是组织开创事业、持续发展的基石。

同步案例6-2

“谢谢您想到了我们银行”

背景与情境：美国花旗银行是世界最大的银行之一，每天的营业额高达数亿美元，业务十分繁忙。一天，一位陌生的顾客走进豪华的银行营业大厅，要求换一张崭新的100美元钞票，准备当天下午作为礼品用。接待这位顾客的银行职员微笑着听完他的要求后，请他稍候，立即先在一沓沓钞票中寻找，又拨了两次电话，15分钟后终于找到了一张这样的钞票，并把它放进一个小盒子里递给了这位顾客，同时附上一张名片，上面写着：“谢谢您想到了我们银行。”事隔不久，这位偶然光顾的顾客又来了，这次来是在花旗银行开立账户。在以后的几个月中，这位顾客所在的律师事务所在花旗银行存入了大量存款。

问题：评析花旗银行的上述做法。

2）良好的组织形象有助于提高组织的竞争能力

由于科技进步和劳动生产率的提高，企业之间的差距日益缩小，由此导致企业之间的竞争从质量、功能、价格、技术、规模转向企业声誉和企业形象。在其他条件基本相同的情况下，具有良好形象的企业更容易为市场所承认和接受，具有良好品牌声誉的产品更容易为广大消费者所喜爱和竞相购买，从而大大提高组织的竞争实力，使其在激烈的市场竞争中立于不败之地。

组织形象是组织发展的最大资本，组织形象通过品牌载体，不断提高产品质量、信誉，塑造独具个性的组织形象，在市场竞争中获取社会的高额回报。

儿童科幻畅销小说《哈利·波特》具备良好的品牌形象，通过销售图书即可获得巨额的版税回报，除此之外还有对书中人物形象商业化的许可权利和电影拍摄权均可取得高额的经济利益。

3）良好的组织形象能增强组织的凝聚力

组织形象是组织价值观念和行为规范的综合体，组织形象的确立为组织自身的生存和发展树立了一面旗帜，对全体员工和社会公众具有号召力。组织价值观念在得到公众的认可、接受和拥护后就会产生巨大的组织凝聚力、吸引力，形成一种精神支柱。

若企业具有良好的形象，企业员工就有荣誉感和归属感，从而产生强大的磁场效应，培育起“以厂为家”“荣辱与共”的归属感和使命感，形成强大的向心力和凝聚力。这种强大的向心力和凝聚力，使企业不仅形成内聚的黏合效应，而且吸引各类优秀人才加盟企业，为创造市场竞争优势提供人才支持。

4）良好的产品形象有助于组织获得社会效益

企业经营运作不仅仅是企业自身的行为，它涉及社会的方方面面，离开社会各界的信任、支持和帮助，企业很难生存和发展。经过长期努力建立起企业与各界公众之间令人满意的关系状态并以此为基础形成良好的企业形象，是企业最宝贵的无形财富。企业凭借它，可以赢得更广泛的社会支持；可以借助新闻媒体之力，播企业美名之誉；可以得到政府在财政、税收、政策等方面的扶持与帮助。

6.3 组织形象识别系统——CIS

20世纪50年代以后，由于世界各国非常注重发展国民经济，社会生产力得到飞速发展，产品过剩，越来越多的产品之间的差异越来越小，而某些产品之间的差异对消费者来说并没有很大意义。随着生活水平和受教育程度不断提高，消费者有了充分选择自己喜欢产品的自由，企业面对的是越来越有主见、个性、理性和精明的消费者。为此，企业开始采用两个基本对策：一是加速产品差别化，在质量、功能、外观等“物的方面”营造特色；二是开展以“诱导消费者”为特征的促销、广告活动。

在同类产品之间技术差异越来越小的情况下，一个企业要生存和发展，只靠自己产品的特点已经远远不够了。企业在社会公众面前的形象，往往成了竞争成败的关键因素。在企业的形象竞争中，企业提供良好的社会效益能极大地提高企业形象的竞争力，并带来巨大的经济效益。于是，企业形象设计即CIS的理论和实践便应运而生，且日臻成熟。

6.3.1 CIS的起源和发展

CIS是Corporate Identity System的缩写（习惯上被称为CI或CI战略），译为“组织的识别系统”。组织识别即一个组织区别于其他组织的标志和特点，它是在社会公众心目中所确立的地位和形象。

CIS是指社会组织为了塑造或提升自身形象，运用统一的符号识别系统，将组织的经营理念与经营哲学传达给社会公众并使其对组织产生认同感的一种战略性的活动和职能。

CIS最早萌芽于第一次世界大战前的德国AEG公司。AEG公司在其系列电器产品中首先采用了经过设计的商标，还将这些标志用到了公司的便签、信封等办公用品上。AEG的商标便是此后企业统一视觉形象的CI雏形。

1）CIS在美国

真正意义上的CIS起源于美国。20世纪50年代，美国经济高速发展，新企业纷纷成立且国际化趋势明显，迫切需要一套系统的企业形象塑造方法来强化企业独特的经营理念和精神文化，在消费者中制造视觉冲击和识别差异。1956年，美国国际商用机器公司（IBM）成功导入CIS，把企业形象融合于生产经营之中，被认为是CIS策划的真正开始。当时的IBM总裁小托马斯·沃森认为必须在世界计算机行业树立一个引人注目的IBM形象，这个形象的灵魂是公司奉行的开拓和创造精神。著名设计师保罗·兰德把原来不易读写、不易记忆的公司全称“International Business Machines”浓缩为“IBM”三个字母，并创造出富有美感的造型，用蓝色作为公司的标准色，以此象征高科技的精密和实力，具有强烈的视觉震撼力，易读易认（如图6-3所示）。从此，IBM在美国乃至世界公众心目中树立起“蓝色巨人”的光辉形象，赢得了广大消费者的信任。

图6-3 IBM的企业标志

继IBM之后，美国许多公司纷纷效仿，美孚石油公司、东方航空公司、3M公司等在导入CIS后业绩提高得很快。到1970年，可口可乐公司为创新形象，导入CIS，革新世界各地可口可乐标志，在世界各地掀起CIS热潮。

2）CIS在日本

20世纪60年代末期，CIS开始传入日本，但CIS的真正导入是从1971年东洋软木工业株式会社改名为“MAZDA”（马自达）开始的。日本的PAOS公司是日本第一家CIS策划公司，在借鉴美国企业和欧洲企业风格设计思想的基础上，开发出“设计综合经营战略”（Design Coordination as a Management Strategy，DCMS），马自达公司便是其第一个客户。PAOS公司给马自达公司设定蓝色的企业色彩，使之在汽车标志的红色“海洋”中脱颖而出。马自达汽车在20世纪70年代初期原名为松田汽车，其商标为字母“H”和“M”的组合，在日本国内因为时间较长，消费者都知道该标志代表着松田汽车，然而在海外却经常发生误解。POAS采用当时国际流行的字母标设计策略，将企业名称、品牌名称、商标图案完全统一为简洁、有力的五个字母“MAZDA”，经过专门设计的标准字体，传达信息凝练，造型刚劲有力，视觉冲击力强（如图6-4所示）。

图6-4 马自达的企业标志

20世纪80年代中期，中国的观众经常可以见到一个简洁流畅的斜“M”形标志，出现在问鼎世界排坛的中国女排的服饰上。这便是著名的日本美津浓公司的标志。在第二十二届莫斯科奥运会举行前，美津浓公司决定全面导入CIS。

通过一段时间的工作，美津浓公司分析了公司现状及有关信息的价值，制定出了CIS的基本方针：第一，新CIS应该反映出美津浓的传统理念："振兴，发展体育运动。"第二，确定美津浓在国际、国内的市场地位。第三，在保持传统的基础上将现代感引进企业。第四，统一企业的视觉识别系统。第五，塑造新的企业品牌系统，确定了公司的标准色为蓝色，以代表运动的速度感和新鲜感；确定新的企业标志，使其形象能传达出体育运动的开放性和健全性；其审美能应付从20世纪80年代到21世纪的时代变更，其格调能合乎一流体育运动产品的品位，同时能在各种媒体上和谐运用。第六，确定企业标语为"运动的世界"（The World of Sports），意思是要将体育运动普及到世界的每个角落，也有让每个角落都能见到"美津浓"的意思。

1980年6月12日，美津浓公司在东京向外界宣布：自明日起导入CIS。与此同时，日本各地的美津浓专卖店、员工制服、广告招牌、车辆、包装、信封等都纷纷以新的面貌出现。6月19日正是奥运会圣火在希腊点燃的日子，而美津浓又争得了本届奥运会的指定赞助商资格。火炬点燃后，选手们手擎火炬，身着焕然一新的美津浓运动服和运动鞋，将途经5 000多千米，历时3个月，在沿途观众的欢呼迎送下来到莫斯科。同时，美津浓还获准允许在运动员村设置美津浓专卖店和器材修补店。这无疑是公司导入CIS的一个良好开端，也是千载难逢的最佳时机。

3）CIS在中国

20世纪70年代后期，CIS在中国台湾兴起，80年代中后期盛行。台塑、味全、统一、宏碁电脑等先后导入CIS，极大地提高了它们在市场竞争中的地位。

CIS进入中国大陆是在20世纪80年代中后期，最早接受CIS理论的是美术院校，1984年，中国美术学院从日本引进一套CIS资料，作为教材在校内进行教学使用。进而，各美术大专院校纷纷在原来的平面设计、立体设计等教学中增加了CIS视觉设计的教学内容，着重介绍CIS这门新学科的设计概念和技法。伴随着经济全球化的发展，特别是国外企业和产品逐步进入中国，CIS视觉识别对消费者逐渐具有冲击力和感染力，促成CIS走出艺术院校与企业经营管理相结合，为塑造中国企业新形象服务。

被公认为首家导入CIS的企业是广东太阳神集团有限公司。太阳神集团公司原是一家很小的民间股份制乡镇企业。1988年，太阳神决定导入CIS系统，这使太阳神系列产品脱颖而出、奇迹般发展起来，成为老少皆知的名牌。太阳神集团公司一开始就实施企业名称、商标、产品名称三位一体的策略。其商标的图案以简练、强烈的圆形与三角形为基本格式，在圆与三角形构成对比中力求和谐的形态。圆形是太阳的象征，代表健康、向上的商品功能与企业经营宗旨。三角形的放置呈向上趋势，是APOLLO的首写字母，象征"人"字的造型，体现企业不甘现状、奋发向上的整体形态（如图6-5所示）。公司在推进CIS的过程中，还进行了大量卓有成效的公关活动，如赞助教育、文化、体育事业，宣传独特的企业文化，因此迅速提高了企业的知名度，在全国公众心目中树立了良好的企业形象，赢得了消费者的信任，以惊人的速度占领并覆盖了市场。公司在短短的五年内由一个普通专业厂发展成产品多元化、经营多角化的跨国企业集团。太阳神集团公司导入CIS成功的探索，被理论界称为“中国特色的CIS经典”，创我国企业导入CIS之先河。

图6-5 太阳神的企业标志

太阳神导入CIS成功之后，国内出现了一股CIS浪潮，各企业纷纷效仿导入了CIS，造就了许多家喻户晓的知名品牌，如健力宝、格力、步步高等。但这样的浪潮由于具有泡沫的性质没有持续几年就被推入了谷底，出现了“CI无用论”“CI过时论”等论调。直到中国加入WTO以后，中国企业才重新发现其对CIS的迫切需求，形成了新一波的CIS浪潮。

如今，企业形象设计已成为我国企业管理中的新兴领域，正逐步形成应用性很强、使用范围甚广、形式各样的一套可操作的方法与技巧。然而就整体而言，CIS在我国对很多人来说仍是一个陌生的概念，因此有必要对CIS做一系统的介绍。

6.3.2 CIS的功能

CIS在改善企业的体制、创造良好的经营环境等方面具有其他任何一种经营战略都不可比拟的作用。CIS的成功推行，不仅可以形成企业的凝聚力，吸引优秀人才，使企业摆脱困境，摆脱旧的企业形象，也可以促进产品的销售，拓展事业领域，有效改善公共关系，全面提高企业形象。

1）凝聚功能

企业内部的凝聚力是企业从事一切生产经营活动的保证。许多企业经营走下坡路往往是因为企业缺乏凝聚力，员工人心涣散，缺乏共同的思想、理念与价值观，缺乏责任感和对企业的归属感，个人打着自己的小算盘，随时准备跳槽，部门之间缺乏配合，互相扯皮，相互拆台。这样的企业即使投入再多的人、财、物，也无法发展。而通过导入CIS，树立起一个好的企业品牌或企业形象，会使公司内部产生一种凝聚力。

2）规范功能

一家从事多角化、集团化、国际化经营的企业，需要一套良好的、操作方便的管理系统。CIS开发设计完毕后，形成的所有规范内容最终被制定为CIS规范手册，这个手册起到内部“宪法”的作用。可将这个手册发放给企业各个执行部门的相关工作人员，以及社会各协作部门，使全体员工共同遵守和执行，以保证企业识别系统的统一性和权威性。CIS规范手册的主要功能就是完善企业内部管理系统。在企业的各项活动中，贯彻执行CIS规范手册的内容，可使企业从产品的生产、销售到服务，从员工的生活、工作到教育培训都井然有序。

3）整合功能

对于一个国际化经营的大企业而言，各子公司之间的向心力和归属感尤为重要，走集团化道路是如今全球企业的发展方向。因为这种经营战略的核心是如何共同利用经营资源，如何追求协同整合效应，在新、旧经营项目之间寻找多个资源共享的环节，使得一种资源产生多种效用，从而把各项经营项目联合起来，相互扶持、共同增长。如果一个集团中的多个企业，在多角经营中具有不同的价值观、不同的经营理念、不同的行为规范、不同的视觉系统，那么单靠某个企业家的个人能力去发号施令，难以把整个企业统一起来，发挥应有的规模效应。而借助CIS，可以建立一个客观的约束机制，使各个子公司相互沟通和认同，相互协作与支持。这就是CIS的整合功能。

CIS的整合性十分突出。导入CIS可以明确企业的主体性，使员工形成统一的理念和价值观，使企业的经营理念与企业行为以及企业的视觉传达相一致，使各部门之间协调配合。企业的一切活动都围绕着系统的核心展开，企业各方面的资源都能得以充分利用，并能取得“1+1>2”的效果。

4）传播功能

企业形象作为社会公众对企业活动的印象和整体评价，离不开企业信息的传播。如何使信息准确、有效、经济、便捷地传送给信息接收者，一直是企业家们竭力追求的，而CIS可以使社会公众通过鲜明的视觉识别系统和系统化的企业行为从整体上认知企业信息。

现代信息社会，人们在不断依赖信息的同时，由于信息的繁多，也产生了精神疲劳。各类人为视听传播的不断刺激，造成了视觉与听觉的污染，产生了大量的信息垃圾。这些都让人向往信息量少的环境。CIS传播增加了信息的传播量，但CIS通过统一的视觉设计，又经过系统化、一体化、集中化的处理方法来传达企业信息，相对减少了信息传播的种类和复杂性。视觉识别设计整齐划一，可以强化传递信息的频率和强度，造成差别化和强烈的冲击力，容易在公众心目中形成深刻的印象。

5）识别功能

CIS的导入和实施能够使企业产品与其他同类产品区别开来。在信息社会里，人们的消费倾向会受到各种传播信息直接、间接的影响。过多的信息、泛滥的广告、杂乱的活动，很容易产生传播上的干扰作用。因此，只有创造有秩序的、独特的、统一的企业识别系统，才能产生一目了然的识别效果，塑造良好的企业形象，最终在消费者心中留下印象，建立起对企业的信心和对品牌的偏好。

CIS的优势，在于它将企业的理念、文化、行为、产品等形成统一的形象概念，借助视觉符号表现出来，全面地传播给社会。人们可以多视角、全方位地对企业加以鉴别，决定取舍。因为CIS具有统一性，所以人们不管从哪个角度所得到的企业形象总是一致的。例如，麦当劳公司的“M”标志，可观性很强，极易识别。还有可口可乐公司的红色标志，洋溢着青春、健康、欢乐的气氛，人们看到红色的色块加上白色飘带和字母就会联想到可口可乐。

6）感召功能

CIS的实施及企业形象的树立会对社会公众形成一种强烈的感召力，也就是说，拥有一种和谐的社会关系环境会使企业获得社会各方面的支持，使企业各方面的活动更容易展开。

CIS的感召功能主要表现在以下几个方面：一是容易筹集资金。由于企业有良好的形象，股票在证券市场上的价格也会上扬，资金的筹集更为容易。二是能扩展企业的供销渠道。CIS所塑造的优良的企业形象，可以赢得供应商、推销商和代销商的信任，使企业建立起长期稳定的供销网络和供销关系。三是能吸引更多的优秀人才。拥有良好的企业形象，企业就能招聘到高素质的员工，从而企业也会处于一种良性循环之中。四是会得到社会各阶层人士的支持。具有良好企业形象的企业将拥有一种良好的社会关系环境，社会各阶层的公众将会给予企业积极主动的支持。

课程思政6-2

可口可乐：保持距离是保持团结的最好方式

背景与情境：2020年，在被称为“世界的十字路口”的美国时代广场，可口可乐公司发布了一条特殊的巨幅户外广告，背景还是熟悉的“可口可乐红”，CocaCola的字体保持原有的经典设计，但字母之间都有一定的间距，LOGO的底部简洁明了地写着：Staying apart is the best way to stay united（保持距离，是保持团结的最好方式）。

随着新冠肺炎病毒在全球迅速蔓延，多国要求国民实行社交隔离，各大品牌纷纷设计出了“隔离LOGO”，呼吁大家进行社交疏远，避免病毒人传人。作为饮料界的大佬，可口可乐率先垂范。

可口可乐公司已经在寸土寸金的时代广场打了一个世纪的广告，但这次与以往不同，广告不再单纯为了售卖产品，更多的是传递一种精神，是在销售产品的同时对消费者进行提示，在人流量大的地方散播正能量，为人们提供正确的信息。与此同时，麦当劳、奥迪、大众等品牌都通过修改LOGO的方式来提醒消费者保持社交距离、戴好口罩、减少出行等。

资料来源 佚名.可口可乐：保持距离是保持团结的最好方式［EB/OL］.［2020-05-22］. http：//blog.sina.com.cn/s/blog_5d5f59f90102zsyb.html.

问题：请从课程思政的角度评析可口可乐的上述表现。

6.3.3 CIS的构成要素

一般而言，CIS由三大要素组成：

1）理念识别（Mind Identity，MI）

企业理念是指企业在长期生产经营过程中所形成的企业共同认可和遵守的价值准则和文化观念，以及由企业价值准则和文化观念决定的企业经营方向、经营思想和经营战略目标。

企业的基本理念主要有：企业基本价值观、行为准则、道德规范和员工责任感、荣誉感等。其中，价值观是核心的内容，而行为准则、道德规范是企业基本价值观的外在表现。经营战略是指企业的经营原则、方针、规划、责任等。

2）行为识别（Behavior Identity，BI）

行为识别是企业理念的行为表现，包括在理念指导下的企业员工对内和对外的各种行为，以及企业的各种生产经营行为。

BI是CIS的动态识别系统，可称为CIS的“做法”，就是通过制定一整套全面、具体、系统的集体行为活动准则，把全体员工的生产、销售、管理等与企业活动协调、统一起来，它的主要任务是规范企业内部的各种管理及一切对外的经营活动，是企业理念统率下的企业组织及全体员工的言行和各项活动所表现出的与其他企业的区别。

企业的行为识别系统基本上由两大部分构成：一是企业内部识别系统；二是企业对外识别活动。

（1）企业内部识别系统

企业内部识别系统就是对全体员工的组织管理、教育培训，以及创造良好的工作环境，使员工对企业理念认同，达成共识，增强企业凝聚力，从根本上改善企业的经营机制，保证对客户提供优质的服务，包括企业工作环境的营造、员工教育、员工行为规范化和编唱企业之歌等。总部设立在大阪的著名电器公司——松下公司，就有很出色的企业文化。上班时间到了，厂歌奏响，生产人员、销售人员、技术人员、管理人员身着工作制服，进入到自己的岗位……像这种场面，不仅在松下公司的总部可以看到，而且在它设立在多个国家的分公司也可以看到。

（2）企业对外识别活动

企业对外识别活动是通过开展各种活动向社会公众不断地输入强烈的企业形象信息，从而提高企业的知名度、信誉度，从整体上塑造企业的形象，包括市场调查、产品规则、服务水平、广告活动、公共关系、促销活动、文化性活动等。

3）视觉识别（Visual Identity，VI）

视觉识别即静态的识别符号，是具体化的视觉传达形式，以组织化、系统化的视觉方案传达企业经营的讯息。视觉识别的基本要素有企业名称、媒体、名牌标志、标准字体、标准色、象征图案、企业造型、宣传标语及口号等。

企业视觉识别分为基本要素和应用要素两大类。

（1）视觉识别的基本要素包括：企业名称、品牌标志（商标）；企业标准字（中、外文）；企业标准色；企业象征图案；企业专用印刷书本；企业宣传标语、口号等。

（2）视觉识别的应用要素包括：事务用品、办公设备、室内装潢、建筑外观、标牌旗帜、产品、广告媒体、服装服饰，以及交通工具，如大客车、大货车、小巴士、小汽车、飞机、火车、自行车、手推车等。

同步案例6-3

7-Eleven换LOGO了

背景与情境：2021年4月初，7-Eleven便利店换了LOGO，把沿用了75年的背景框给去掉了。这是7-Eleven在美国地区对品牌LOGO进行的调整。1946年，7-Eleven将营业时间延长为上午7时至晚上11时，为了强调营业时间，便将名字也改为“7-

Eleven”。当时的LOGO就已经有了数字7和单词“ELEVEN”两个沿用至今的元素。为了更好地衬托，背景使用了象征好运和财富的绿色四叶草。但不到一年，四叶草版本就更换成了绿色的圆形背景，白色的倒梯形也首次出现在LOGO中。1969年，7-Eleven又把LOGO中的“ELEVEN”最后一个字母n变成了小写，并且把数字7分开，由橙色和红色两个颜色组成。

7-Eleven这次进行LOGO升级，是和其他品牌一样，为了顺应数字时代的传播需求，对LOGO进行进一步简化。没有了绿色背景和白色倒梯形的LOGO，可以降低视觉噪声，让人能对“7”和“ELEVEN”两个品牌符号形成更深的记忆点，看起来更加一目了然。颜色方面，让标志性的橙、绿、红三色条纹更有视觉感。除了LOGO之外，7-Eleven还将提升三色彩色条纹在营销传播中的比重。为此，设计公司设计了一系列适合商品包装、海报应用、社交媒体、数字广告等的视觉效果图。

资料来源　佚名. 7-11便利店换标！才发现用了75年的背景框不见了［EB/OL］.［2021-04-15］. https://www.shejipi.com/566313.html.

问题：请评析上述案例。

4）CIS三要素的相互关系

MI、BI、VI三者既相互关联、统一，又各具特点，各有侧重。其中，MI是企业的灵魂，是CIS的核心，是整个企业识别系统的原动力；BI是体现和实践MI的动态的识别形式；VI是最外在、最直接地体现MI和BI的识别可视化的传达形式。

一般来说，企业识别系统的强弱与否，可由行动识别和视觉识别出现的频率与强度来实现，但主要的决定性因素还是视觉识别，其项目最多、层面最广、效果最直接。视觉识别能够充分表现出企业的基本精神及其独特性，使受众能够一目了然地掌握所传达的讯息，从而达到识别、认知的目的。

以中国台湾食品业的统一公司为例，该企业MI的核心是其精神标语：开创健康快乐的明天，并秉承三好一公道（品质好、信用好、服务好、价格公道）的经营理念，塑造一个值得信赖、正派经营的企业形象。其BI部分，统一超级商店的推出，震撼了台湾杂货、日用品业，遍及整个台湾的加盟店及24小时营业的服务精神，对消费者而言，不只是提供舒适方便、不虞匮乏的服务。对于VI部分的媒体设计与视觉形象的建立，统一企业亦有其完整、独特的系统性规划：亲切的小白鸽展翅迎向健康快乐的明天，暖色调的红橙色带呈现营养健康的产品特性，统一性、规格化的编排模式与多角化经营的产品包装、表现形式的视觉形象同一性，都表现出该企业组织系统化与管理制度化的健全和完善。

深度剖析6-1

问题：MI、BI、VI三者是什么关系？

教学互动6-3

互动问题：如果把CI比喻成一棵树，那么，MI、BI、VI分别象征着什么？如果把CI比喻成一个人，那么，MI、BI、VI分别代表着什么？

要求：同“教学互动1-1”的“要求”。

6.3.4　CIS导入的时机与原则

CIS导入是指结合最早的具体情况，开始推行CIS的全过程。它是实施CIS的关键阶段，确定了本企业CIS的各项基本要素的内容。

1）CIS导入的时机

正确的导入时机是CIS成功导入的前提。一般而言，企业导入CIS的具体时机有以下几种：

（1）新公司成立或合并成企业集团

新公司成立之际，由于没有传统的束缚，可以设立理想的经营理念与视觉识别系统，同时可从头开始并较快建立起行为识别系统，所以新公司成立时是导入CIS的最佳时机。实施企业形象策划战略，以独特、系统的识别系统将企业形象传达给公众，可收到先声夺人的效果。

而企业合并、联营、集团化以后，从经营的范围、规模以及项目来说均较以前的老企业有所不同，特别是几家公司合并成企业集团后，企业理念、标志不统一，给公众造成识别的障碍。在此时导入CIS，可理清公众对企业的模糊印象，进而达到树立全新形象的目的。

（2）企业扩大经营范围，朝多元化方向发展

随着时代的变迁，企业本身也不断成长、变化，朝多元化的经营目标迈进。由于企业经营内容多元化，企业生产的主要商品的比重发生变化，往往使得原有的企业标志、名称、经营理念等发生与生产性质、内容不符的情况。因此，导入CIS，改变公众对公司的原有理解和印象，建立符合企业实际情况和未来发展趋势的形象识别系统，才能统一新开发产品与企业的关系。

（3）创业周年纪念

国外许多企业都在创业周年纪念时导入CIS，创业周年纪念是对企业成长的一种肯定，也是企业具有自信心的表现。选择创业周年纪念导入CIS，可能有不同的动机。如富士公司1979年在创业45周年时，实施了CIS战略，旨在适应技术革新的潮流，将企业形象统一为“综合音像信息的产业”，并面向21世纪，实现“世界性的富士软片”“技术的富士软片”的企业目标。不论企业出于何种动机，在企业创业周年发布CIS计划，可消除公众对企业的刻板印象，给人以新颖别致之感，同时可唤起人们对企业所做贡献的美好回忆，显示公司目前的实力与发展前景，提高企业员工的自豪感和荣誉感。企业在创业周年纪念时一般会推出各种庆典活动，此时引入CIS战略更易引起媒介和公众的关注，从而扩大企业的社会影响和知名度。

（4）新产品的开发与上市

企业成功开发出新产品，是导入CIS的良好时机。由于新产品通常是创新的表现，而创新又是最易被公众关注的，所以在新产品上市时导入CIS战略，既可收到产品促销的效果，又可塑造企业的形象。

作为全球最知名的食品品牌，达能于2005年在饼干市场上上演了一场“变脸术”，把旧标志下面的波浪线换成动人的微笑，一改过去高高在上的姿态，变得更加平易近人。这一方面反映了达能开始调整产品结构，向中低档市场延伸；另一方面，微笑的设计加强了达能与“80后人群”的沟通，这个标志在对我“笑”，这样具有互

动性的标志可以增加消费者对品牌的好感度，进而促进他们的购买行为。

（5）进军海外市场，实施国际化经营

企业创业初期多为面向国内市场，随着企业规模的扩大和结构的调整，尤其是通信、交通条件的日益便利和互联网技术的发展，企业进军国际市场的机会明显增多。企业从事国际化经营后，原有的企业名称、标志与包装及产品品牌可能不再适应国际化的需要，某些会与一些国家的习俗发生冲突或容易引起歧义。因此，在开拓国外市场时，适时导入CIS战略，不仅可使产品打入国外市场，同时还可使企业扬名于海外。

（6）经营出现危机，要消除负面影响

企业在面临经营不善的危机及停滞不前时，除了进行彻底的改组外，还可导入CIS战略，以提高企业活力和竞争力，消除在公众中的消极影响。日本的松屋百货公司、意大利的蒙特爱迪生公司等都是在企业发生经营危机时导入CIS的。

（7）公司上市

股份制企业发行股票成为上市公司时，配合募股，导入CIS，可提高股票交易价格。

此外，企业更换高层领导及组织结构发生重大改变，旧有的制度系统不再符合新的经营方向而需改变，都是企业导入CIS的良好时机。

2）CIS导入的原则

按照CIS战略理论和操作技法的要求，成功地实施CIS战略应遵循下述几个原则：

（1）战略性原则

现代企业形象战略必然具有长期性、全局性和策略性的特征。CIS战略应立足当前，放眼长远。它绝非是1～2年或3～6年的短期或中期规划，而是企业未来10年、20年甚至更长时间的具体发展步骤和实施策略。

（2）民族性原则

“越是民族的，就越是世界的。”CIS战略是从企业发展方向、经营方向上设计与规划自我，CIS的创意、策划、设计工作的基础应该立足于我们民族的文化传统、消费心理、审美习惯、艺术品位等，只有这样才有可能被公众所认同，从而获得成功。

（3）个性化原则

CIS战略是企业为塑造完美的总体形象在企业群中实施差别化的策略，重要的一点就是要求企业形象具有鲜明的个性特征和独具一格的特质，不能千人一面。IBM与可口可乐就是个性成功的典范。

（4）系统性原则

CIS塑造应从内向外，从理念到行为活动再到视觉系统，全面展开，全方位进行，绝不能错误地认为，CIS只是企业的一种包装术，它应是关于企业整体形象的系统策划。其中，经营理念（MI）是企业形象策划的核心和灵魂，是CIS运作的原动力和实施的基础。企业经营理念代表企业经营指导思想和基本观念，属于企业意识形态层次，有的学者形象地称之为“企业的心”；由观念形态发展到行为取向，即企业的活动识别，有的学者称之为“企业的手”；其外化到物质识别系统，即企业的视觉识别，有的学者称之为“企业的脸”。通过以上三个层面的系统塑造，最后达到社会公众认知、识别企业，塑造良好企业形象的目的。

（5）公众认同原则

CIS塑造的目的是在社会公众中树立良好的形象。因此，面向公众，使CIS塑造获得社会公众和全体职工的认同应成为企业形象策划和宣传的重要原则。第一，CIS塑造不仅是企业领导和公关人员的工作，还要得到全体职工的认同，依靠全体职工实施。第二，CIS塑造和宣传要面向消费者，体现目标市场消费者的需求。第三，企业形象塑造要体现社会公众的要求。在企业的所有公众中，社区离企业最近，建立良好的社区关系，是企业形象塑造的重要方面。第四，企业形象塑造要争取社会舆论的信任和支持。为此，企业要加强与社会的沟通与交流，一方面实事求是地推销自我，另一方面积极参与社会公关活动，以取得社会各界的理解和支持。

教学互动6-4

互动问题：有的企业在实行CIS战略的过程中，投入了大量的人力、物力，可实际产生的效果并不明显。这是为什么呢？

要求：同“教学互动1-1”的“要求”。

6.3.5 CIS导入的程序

CIS战略是一项复杂、系统的工程，企业必须制定出理想的CIS导入程序，才能实现预期的目标。

CIS导入程序一般包括以下几大步骤：

1）设置组织机构

组织要正式导入CIS，必须成立相应的导入机构来具体实施。

（1）成立CIS委员会

企业在酝酿、设想导入企业形象系统时，应首先成立企业形象系统委员会（CIS委员会），委员会成员应包括企业最高层领导及其他有关人员。企业最高层领导（总经理、副总经理）是企业的决策人员，企业形象系统的策划与实施需要依靠他们来提供人力、物力、财力以及决策的保障。除他们参加之外，还要有企业各部门的经理参加，企业形象系统策划所需要的信息依赖于他们提供，同时企业形象系统也依赖于他们在各自的部门全面宣传推广。企业形象系统委员会的其他人员，一部分应是企业公关部擅长企业策划的人员，另一部分应是企业外聘的专家与学者，企业形象系统的全部策划、设计、定型等一系列工作依赖于他们去具体完成。

（2）设立CIS执行委员会

CIS执行委员会在组织中隶属于企业形象系统委员会，是企业形象系统委员会下设的一个具体从事企业形象系统策划与推广的办事机构。如前所述，CIS委员会的主要工作是负责制定企业形象系统的决策，负责落实各种资料信息的提供和后勤保障，而CIS执行委员会则负责企业形象系统具体内容的策划，其成员部分为有关领域的专家，企业可根据企业形象系统策划项目的要求，邀请他们参加企业形象系统的策划。这些专家在企业经营管理、市场营销、公共关系、社会文化、电脑、美术等学科领域既有理论知识又有实践经验，他们分别负责不同的项目策划，将各自项目的初步策划方案提交企业形象系统执行委员会讨论，最后形成更为完善的策划方案。企业形象系统执行委员会中的另一部分成员可从企业公共关系部工作人员中选派。他们的主要工作是协助各领域专家，与他们进行最充分的信息交流与沟通，同时也承担某些项目的创意策划。

2）CIS调查

CIS调查是CIS导入作业的一个重要步骤，它主要包括三个方面：

（1）企业实态调查

调查的第一步，是开展“企业实态调查”。调查最主要的内容大致有下列几个要点：社会大众对企业的印象如何？社会大众对企业形象的评估，是否与企业的市场占有率相符合？和其他企业活动比较起来，企业的企业形象中最重要的项目是什么？哪些地区对企业的评价好？哪些地区的评价较不好？和企业保持往来的相关企业，最希望企业提供的服务是什么？对企业的活动有何意见？企业的企业形象有何缺点？未来应塑造出何种形象？企业目前的市场竞争力如何？企业对外界发送的情报项目中，在信息传递方面最有利的是什么？企业的高级主管对企业未来的发展有何计划？

（2）企业形象调查

塑造良好的企业形象，是CIS作业的主要任务之一。但在开展作业前，必须了解对本企业而言，什么样的企业形象才是“良好”的？而形成信赖感和好感的具体因素又是什么？目前市场的活动情况及特色如何？完备而客观的事前调查，将有助于了解未来CIS作业的方向，不但能提高工作效率，也是CIS产生成效的有力保证。

（3）CIS调研报告书

当以上所做的调查工作全部完成后，就可以归纳整理出调研报告，概要列出调查种类并提出简单结论。

CIS调研报告的书写格式：

①标题，如《关于××公司运营现状与形象识别现状的调研》。

②导语。它包括两大部分：第一，简述调研的目的动机、对象、方法、时间、地点等；第二，概述报告的主要内容和基本观点，如现状总结、发现问题、解决问题的构想等。

③正文。正文包括两大部分：第一，企业运营现状的调研结果综述，主要是通过具体的数据分析，判断企业的运营实态；第二，对形象识别现状的调研结果进行综述。通过对具体关键语的评判来分析企业总体形象及视觉形象的现状。

④结束语。结束语是对上述内容的概括总结，也是在总结的基础之上思考问题、提出富有启发性的提议。

3）建立企业理念识别系统

当对企业内外经营环境的诊断与调查结束并取得全部有用的资料后，在企业形象定位准确的基础上，可以开始策划企业理念识别系统。在策划企业理念时，应持非常慎重、认真、科学的态度，因为企业理念不仅要反映出企业的行业特点、个性特征，而且要能被社会公众所认同和内化。企业理念是企业形象系统策划的灵魂，它决定着企业形象系统策划的成败。企业理念识别系统策划方案制订后，要经由企业形象系统委员会评审通过后才能实施。

4）建立企业行为识别系统

企业行为识别系统策划是企业形象系统的主要内容，要求其能充分反映企业经营理念，把理念具体化，并具有可操作性。在进行企业行为识别策划时，除了企业自有的管理专家参加之外，还需要外界企业经营管理专家与企业形象策划专家的参与。另外，企业行为识别系统策划不仅要破除原有的、不合企业生产力发展的行为模式与规程，而且要增加新的、适合并促进企业生产力发展的行为模式与规程。目前，一些广告公司或形象策划公司在给企业进行形象识别策划时，只做表面的视觉识别策划，而往往把行为识别与理念识别策划给省略掉了，这是对企业形象塑造极不负责任的做法。

5）建立企业视觉识别系统

企业视觉识别系统的策划，必须以企业理念识别与行为识别为依据，可以说，视觉识别是这两者的静态外化。当然，企业导入企业形象系统，也可以从视觉识别策划入手，再过渡到包括企业理念识别、行为识别、综合感觉识别、信息传播识别等在内的企业整体形象识别策划。

6）建立企业综合感觉识别系统

继企业视觉识别系统策划之后，要对企业综合感觉识别系统进行策划。综合感觉识别系统策划的内容主要包括企业信誉形象、道德形象、管理者形象、员工形象、经营环境形象等。综合感觉识别系统策划方案完成后，照例也要递交企业形象系统委员会审查通过。

7）建立企业信息传播识别系统

企业信息传播识别系统是企业策划主体工程的最后一个项目。信息传播识别在企业形象系统中起着把企业的理念信息、行为信息、视觉信息、综合感觉信息等源源不断地向企业内外进行辐射的作用。在进行企业信息传播策划时，要讲究信息传播的经济性、系统性、真实性、科学性和艺术性。企业信息传播识别系统策划方案完成后，要递交企业形象系统委员会审查通过。

学习微平台

延伸阅读6-1

8）编制企业形象系统手册（CIS手册）

当企业形象系统主体工程策划完成后，接下来就要把在前面各个阶段、各个程序中所策划的内容编纂成册，作为今后实施企业形象系统的资料和依据。所以，CIS手册其实就是一本完整、详细的企业形象系统实施指南。

学习微平台

延伸阅读6-2

9）创作企业形象系统宣言（CIS宣言）

CIS宣言代表了一家企业在步入一个新的历史发展阶段时，向全社会进行的一次宣誓，是企业向社会公众，特别是目标市场消费者所做出的一次永久性的精神承诺。这一承诺将在今后漫长的经营管理过程中，作为一面镜子，检验企业的行为和形象。企业形象系统宣言创作完成后，要提交企业形象系统委员会审查通过。

10）CIS评估

企业导入、实施CIS以后，为了了解企业形象系统是否达到预期目标，必须对实施中的企业形象系统进行客观的评估，以便找出不足和问题，为企业形象系统下一步的深入实施创造有利条件。

企业形象系统实施效果评估工作分为三个阶段进行：

（1）企业形象现状评价。

（2）企业形象现状调查与分析。

（3）企业形象现状修正与完善。

企业形象系统实施效果评估工作，必须在企业形象系统委员会的直接指导和监督下进行。

本章概要

主要概念

组织形象　认知度　美誉度　和谐度　组织形象定位　CIS　企业理念　行为识别　视觉识别

内容提要

- 本章主要介绍了组织形象的含义和构成要素、组织形象塑造以及组织形象识别系统——CIS。
- 组织形象指社会公众对一个组织的总体认识和综合评价，它是组织的外观形象和内在气质在公众心目中的一种综合反映。组织形象具有以下几个方面的特征：整体性，主、客观两重性，相对稳定性，多维性。
- 组织形象的构成要素，可以分解为物质、社会和精神三个方面。组织形象分析主要包括自我形象分析和实际形象分析。良好的组织形象是由认知度、美誉度和和谐度构成的，缺一不可。
- 组织良好形象的塑造至少包括以下几个方面：塑造良好的产品形象；塑造良好的企业家形象；塑造良好的员工形象；塑造良好的环境形象。
- 组织形象塑造的效能包括：良好的组织形象使公众产生信任感；良好的组织形象有助于提高组织的竞争能力；良好的组织形象能增强组织的凝聚力；良好的产品形象有助于组织获得社会效益。
- CIS（或CI战略）是指社会组织为了塑造或提升自身形象，运用统一的符号识别系统，将组织的经营理念与经营哲学传达给社会公众并使其对组织产生认同感的一种战略性的活动和职能。
- CIS的功能包括：凝聚功能、规范功能、整合功能、传播功能、识别功能、感召功能。
- CIS由三大要素组成：理念识别、行为识别、视觉识别。企业理念是指企业在长期生产经营过程中所形成的企业共同认可和遵守的价值准则和文化观念，以及由企业价值准则和文化观念决定的企业经营方向、经营思想和经营战略目标。行为识别是企业理念的行为表现，包括在理念指导下的企业员工对内和对外的各种行为，以及企业的各种生产经营行为。视觉识别即静态的识别符号，是具体化的视觉传达形式，以组织化、系统化的视觉方案传达企业经营的讯息。
- CIS三要素的相互关系：MI、BI、VI三者既相互关联、统一，又各具特点，各有侧重。其中，MI是企业的灵魂，是CIS的核心，是整个企业识别系统的原动力；BI是体现和实践MI的动态的识别形式；VI是最外在、最直接地体现MI和BI的识别可视化的传达形式。三大构成要素的相互关系，可概括为三点：各具特点，层次分明；

互相关联，三位一体；高度统一，协调运作。

• CIS导入的时机：新公司成立或合并成企业集团；企业扩大经营范围，朝多元化方向发展；创业周年纪念；新产品的开发与上市；进军海外市场，实施国际化经营；经营出现危机，要消除负面影响；公司上市。

• CIS导入的原则：战略性原则、民族性原则、个性化原则、系统性原则、公众认同原则。

内容结构

本章内容结构如图6-6所示。

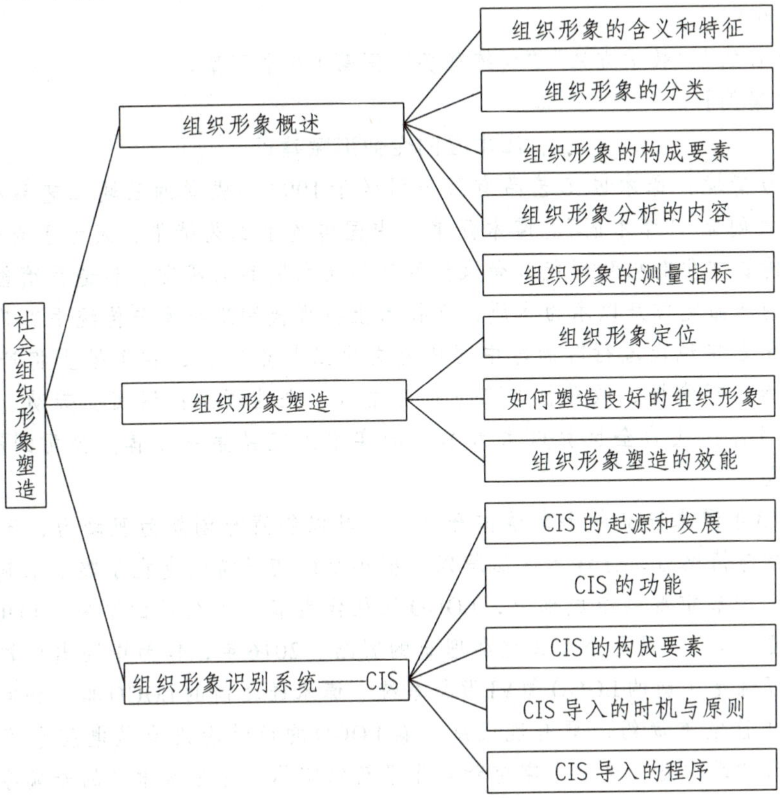

图6-6 本章内容结构

单元训练

传承型训练

▲ 理论题

△简答题

1）组织良好形象的塑造包括哪几个方面的内容？

2）试述组织形象塑造的效能。

3）以生产性企业为例，衡量美誉度的内容包括哪些？

△ 讨论题

1）为什么说良好的组织形象是由认知度、美誉度和和谐度构成的，缺一不可？

2）组织在导入CIS的过程中，应如何处理好MI、BI、VI三者之间的关系？

▲ 实务题

△ 规则复习

1）简述CIS导入的一般程序。

2）简述“学习微平台：延伸阅读6-1”CIS手册的基本内容。

△ 业务解析

点评“学习微平台：延伸阅读6-2”的《海澜公司CIS宣言》。

▲ 案例题

△ 案例分析

“训练目的”“教学方法”“训练任务”同第1章本题型。

【相关案例】

谭木匠的企业形象建设

背景与情境：谭木匠工艺品有限公司始于1993年成立的三峡工艺品有限公司，1997年正式创立“谭木匠”。谭木匠秉承中国传统手工艺精华，致力于天然、手工、富有民族传统文化韵味和现代时尚风格的高品质木制品的研发、制造及销售。

公司的产品定位是以木为本质，在技术上将现代制造技术与传统手工艺技术相结合，在文化上将现代流行时尚与中国传统文化工艺相结合，在个性上将产品的艺术性、工艺性、观赏性、收藏性与实用性相结合。企业理念：诚实、劳动、快乐。公司的发展目标：成为全世界以木为本质的实用工艺品第一品牌。公司的服务理念：顾客是亲人。

自2013年谭木匠品牌形象整体升级后，其以创意与创新为驱动力，不断强化产品的文化性与情感力，让谭木匠品牌以一把小小的梳子持续走在了整个木制行业的前列。作为品牌最重要的组成部分，LOGO往往代表着一个公司的形象。LOGO不仅是一种“视觉语言”，更是企业文化和理念的凝结。2016年，作为中国木梳领域的领跑者，谭木匠确定了新的LOGO和VI形象系统。谭木匠之前的LOGO非常朴实，但略显繁杂。为了让它更简约，更有现代感，新LOGO的设计者没有从电脑字库里去找字体，而是为“谭木匠”这三个字重新创作了新的字体。这是谭木匠的专属字体，人性和感情元素更加突出，也更符合现代审美。木梳本身就是传统产品，如果在品牌形象上再赋予其超级传统的感觉，那就无法吸引新的消费群体。新LOGO让汉字显现出视觉上的魅力，简约而现代，同时又凝练了本身蕴含的东方文化元素。同时，新LOGO的字体品牌辨识度更高，赋予了更多年轻和现代的元素。这对品牌来说，是一种进化，也是一种正向的价值传递。更为重要的是，焕然一新的LOGO和VI形象系统也为谭木匠开拓海外市场增添了重要的砝码。谭木匠以中国香港四家门店作为桥头堡，目前已在新加坡、加拿大进行了门店布局，又在瑞士和英国发展了独家代理商，在日本、韩国、德国、阿联酋及中国台湾地区发展了经销商。谭木匠的新LOGO如图6-7所示。

图6-7　谭木匠的新LOGO

附：谭木匠品牌形象建设与企业发展简史

2018年4月，谭木匠350位残疾匠人从重庆来到南京艺术学院，进行了一场名为“匠心谭木匠温暖南艺行”的文化艺术交流活动。

2016年10月，谭木匠举办全国彩绘大赛。

2016年（第22届）中国品牌价值100强研究报告在美国波士顿揭晓，谭木匠首次上榜。

2016年，谭木匠全面更新LOGO和VI形象系统，由我国香港著名设计大师李永铨操刀。

2013年，谭木匠启动“给妈妈梳头”大型公益活动，20万把木梳免费赠送，80万把“妈妈梳”面市。

2010年，通过ISO9001：2008质量体系认证。

2009年12月29日，在香港联交所挂牌上市。

2009年，谭木匠传统手工制梳工艺入选重庆非物质文化遗产名录。

2006年6月1日，“谭木匠”荣获“中国驰名商标”。

2005年4月15日，由中央电视台经济频道《财富故事会》栏目组摄制的《谭木匠：曲线人生》，在全国播放。

2004年12月22日，谭木匠荣获中国首批百家“商业信用企业”称号。

2004年10月1日，公司和有关单位联合拍摄的电视片《谭木匠纪事》制作完成。

2004年9月，“谭木匠”荣获“中国公认名牌”的称号，中国社会调查所颁发了荣誉证书。

2000年8月，统一使用新的专卖店形象。

1998年4月10日，著名公关专家余明阳携专家团为公司导入CIS。

1998年3月7日，与第一家加盟连锁店签约，从此开始以特许经营模式发展。

1997年5月，发行《快乐的谭木匠》报纸。

1997年，生产的天然梳子被中国社会调查事务所确认为中国公认名牌。

资料来源　搜狗百科.谭木匠［EB/OL］.［2021-05-28］. https://baike.sogou.com/v840942.htm?fromTitle=%E8%B0%AD%E6%9C%A8%E5%8C%A0.

问题：

1）你如何评价“谭木匠”的新LOGO？该案例涉及本章的哪些知识点？

2）“谭木匠”换新LOGO的原因是什么？

分析要求：参照第1章本题型的“分析要求”。

△ 课程思政

“训练目的”“教学方法”“训练任务”同第1章本题型。

【相关案例】

“今日油条”碰瓷“今日头条”

背景与情境：2020年，一家名为“今日油条”的河南网红早餐店因为“蹭热度”在网络上走红，由于该店铺装修、LOGO、海报酷似“今日头条”，被今日头条母公司字节跳动告上法庭，引发网友热议。

2020年10月19日，一封来自“今日油条”的公开信吸引了不少网友的关注。这封公开信是“今日油条”针对被“今日头条”起诉一事做出的回应。今日油条在公开信中主要表达了两点：一是对“抄袭”今日头条一事道歉；二是表示今日油条将以今日头条为榜样，立志成为百姓喜爱的早餐品牌。

此热搜的主角“今日油条”，是河南的一家网红早餐店，主营油条豆浆，从2020年的4、5月开始走红。

它是如何迅速走红的？主要靠“碰瓷”今日头条。它借着“今日头条”的热度火了好几个月，据说，首店开业3个月实现40多万元的盈利，还开启了连锁加盟模式。

其品牌名称、LOGO以及店铺装修与字节跳动旗下的头部媒体品牌“今日头条”极其相似，处处都有今日头条的影子。

今日油条把今日头条的Slogan“你关心的，才是头条”改成“关心你的，才是好油条”，就连菜单，也是根据今日头条APP界面来进行设计的，只不过把各种新闻信息替换成了食品菜单。

如此高调的经营方式引来了今日头条的不满，在谈判无果的情况下，字节跳动公司将其诉至法院。

除此之外今日油条也“撞脸”其他一些品牌，比如西贝、卫龙、格力等。柜台的展板可以看到西贝莜面村的样子，侧面的灯箱广告是当初卫龙辣条模仿Apple的痕迹，还跳出餐饮行业模仿格力，“好油条，今日造”。

令人惊讶的是，今日油条不仅蹭上了今日头条的热度，还打算蹭拼多多、快手等知名品牌的热度。据公开资料显示，河南今日油条餐饮管理有限公司目前已申请注册“今日油条”“明日油条”“饼多多”“快手抓饼”等商标。看来，“今日油条”决心要把“山寨”进行到底。

资料来源 林川.“今日油条”碰瓷今日头条上热搜，蹭出来的品牌能走多远？[EB/OL].[2020-10-30]. http://www.canyin88.com/zixun/2020/10/30/81676.html.

问题：

1）本案例中存在哪些思政问题？

2）试对上述问题做出你的思政研判。

3）对照本教材“附录三”的附表3和网上调研资料，说明你的思政研判所依据的行业规范。

研判要求：参照第1章本题型的“研判要求”。

▲ 实践题

【训练项目】

“组织形象塑造”知识应用

【训练目的】

见本章章名页“学习目标”中的“实践目标”。

【教学方法】

采用“项目教学法”和“实践教学法”。

【训练准备】

知识准备：

1）本章理论与实务知识。

2）表6-1中各技能点的“参照规范与标准”。

3）本教材“附录四”附表4“职业道德领域”选项的“参照规范与标准”。

指导准备：

1）教师向学生阐明“训练目的”和“训练内容”。

2）教师指导学生制订《实践计划》。

3）教师向学生说明本次实践应该注意的问题。

【训练内容】

专业能力训练：其能力领域、技能点、名称和参照规范与标准见表6-1。

表6-1　**专业能力训练领域、技能点、名称及参照规范与标准**

能力领域	技能点	名称	参照规范与标准
“组织形象塑造”知识应用	技能点1	组织形象塑造测量	1)掌握组织形象的三大指标的含义 2)制作组织形象问卷并实施调查 3)对结果进行分析，并根据图6-2，对某组织进行组织形象定位
	技能点2	CIS导入策划	包括：CIS调研报告书、建立理念识别系统、建立行为识别系统、建立视觉识别系统、编制CIS手册

职业道德训练：其道德领域、道德范畴、名称、等级、参照规范与标准及选项见表6-2。

表6-2　**职业道德训练选项表**

道德领域	道德范畴	名称	等级	参照规范与标准	选项
职业道德	范畴1	职业观念	顺从级	同本教材“附录四”附表4的参照规范与标准	
	范畴2	职业情感	顺从级	同本教材“附录四”附表4的参照规范与标准	√
	范畴3	职业理想	顺从级	同本教材“附录四”附表4的参照规范与标准	
	范畴4	职业态度	顺从级	同本教材“附录四”附表4的参照规范与标准	√
	范畴5	职业良心	顺从级	同本教材“附录四”附表4的参照规范与标准	
	范畴6	职业作风	顺从级	同本教材“附录四”附表4的参照规范与标准	√
	范畴7	职业守则	顺从级	同本教材“附录四”附表4的参照规范与标准	√

【组织形式】

将班级学生分成若干实践团队，根据训练内容和项目需要进行角色划分。

【训练任务】

1）对表6-1所列专业能力训练“领域”各技能点，依照其“参照规范与标准”实施阶段性基本训练。

2）对表6-2所列“职业道德”选项，依照本教材“附录四”附表4的“参照规范与标准”实施“顺从级”融入性训练。

【训练要求】

1）训练前，引导学生了解并熟记本实践的“训练目的”、“训练准备”、“训练内容”和“训练任务”，将其作为本实践的操练点和考核点来准备。

2）通过“训练步骤”，将“训练任务”所列两种训练整合到本实践的“活动过程”与“成果形式”中。

3）系统体验“专业能力训练”各技能点和“职业道德训练”所选范畴“参照规范与标准”的遵循。

【情境设计】

将学生组成若干实践团队，结合实践训练项目，为你所在的班级设计并实施CIS。系统体验相关技能点的操作与“职业道德”选项的融入，分析总结此次公关活动的成功与不足，在此基础上撰写相应《实践报告》。

【训练时间】

本章授课后一周内。

【训练步骤】

1）根据本项目需要，将班级学生组成若干个实践团队，每个团队确定1～2人负责。

2）各团队结合情境设计分配任务，应用“知识准备”中列示的知识研究相关问题，制订《组织形象塑造计划》。

3）各团队实施《组织形象塑造计划》，系统体验并记录如下技能操作：

（1）依照“技能点1”的“参照规范与标准”，应用相关知识，制作组织形象问卷并实施调查；对结果进行分析，并根据图6-2，对某组织进行组织形象定位。

（2）依照“技能点2”的“参照规范与标准”，应用相关知识，编制CIS调研报告书、CIS手册。

（3）在“‘组织形象塑造’知识应用”之“专业能力”的上述基本训练中，融入表6-2“职业道德”（顺从级）选项的相关训练。

4）各团队总结本次实训的各项操作体验，分析其成功经验和存在问题，提出改进建议。

5）各团队在此基础上撰写作为成果形式的实践课业。

6）在班级讨论交流、相互点评与修订各团队的实践课业。

【成果形式】

实践课业：撰写《“××班级形象设计”实践报告》。

课业要求：

(1)《实践报告》的内容包括：实训团队成员与分工；实训过程；实训总结（包括对“专业能力”各技能点训练的成功与不足之分析说明）。

(2) 将《××组织形象调研报告》和《CIS手册》全文以“附件”形式附于《实践报告》之后。

(3)《实践报告》的结构与体例参照本教材“课业范例”的“范例-3”。

(4) 在校园网的本课程平台上展示班级优秀《实践报告》，并将其纳入本课程的教学资源库。

第7章
公共关系专题活动

▶学习目标

▷传承型学习

通过以下目标，建构以“公共关系专题活动”为阶段性内涵的“传承型”学力：

理论目标：学习和把握公共关系专题活动的特征与目的、公共关系专题活动的各种模式的含义、社会赞助的意义等陈述性知识；用其指导“同步思考”、“深度思考”和相关题型的“单元训练”；体验“公共关系专题活动”中“理论知识”的“传承型学习”及其迁移。

实务目标：学习和把握庆典和纪念活动的一般程序与方法，展览会的准备与组织，社会赞助的原则、程序与方法等知识；体验“公共关系专题活动”中“实务知识”的“传承型学习”及其迁移。

案例目标：运用本章理论与实务知识研究相关案例，对本章“同步案例”和“华为云再出发：让技术温暖更多人”等业务情境进行多元表征，体验“结构不良知识”的“传承型学习”及其迁移；依照相关规范或要求，对“课程思政7-1”和“别人的灾难，你的风景？”等案例中的企业或其从业人员行为进行思政研判，培养高尚的道德情操，树立社会主义核心价值观。

▷创新型学习

通过以下目标，建构以“公共关系专题活动”为阶段性内涵的“创新型”学习：

决策设计：参加“决策设计-Ⅱ”训练。学习和应用其“知识准备”所列知识，研究“茅台酒的出名之道”案例，通过相关《决策设计方案》的撰写、讨论与交流活动，撰写《“决策设计-Ⅱ”训练报告》，体验“结构不良知识”的决策学习及其迁移。

引例　恒源祥赞助奥运难民代表团

背景与情境： 北京时间2020年7月23日晚上7点，2020年东京奥运会终于正式拉开帷幕。本届奥运会一共有206个代表团参加，大部分都是为了自己的国家或者地区来比赛的，但其中有一个代表团很特别——那就是29位运动员组成的奥林匹克难民代表团（Refugee Olympic Team）。他们来自不同的国家，说着不一样的语言，但有着相同的体育精神。他们能出现在奥运赛场，就已经意义非凡，大部分运动员来参加奥运会是奔着金牌来的，但是他们是为了证明国家存在而来的。

这是奥运会赛场上第二次出现这支激励人心的队伍。2016年，有10名运动员第一次以这种特殊的形式参与奥运会。国际奥委会和联合国难民事务高级专员公署合作成立了这支代表团，旨在提高人们对难民困境的认识，并向难民和世界传递希望的讯息。这些难民代表团的运动员不属于任何国家队，如果他们赢得奖牌，没有国旗，没有国歌，领奖台升起的将是奥林匹克会旗，奏起的是奥林匹克会歌。

在此次奥运会开幕式中，难民代表团第二个进入会场，队员服装由国际奥委会提供。这套蓝色服装，包括西装、衬衣、领带、皮鞋、皮带和难民代表团徽章，均是由恒源祥定制。也就是说，中华老字号品牌恒源祥赞助了本届东京奥运会难民代表团的衣服。

本次奥林匹克精神被重新定义，在“更快、更高、更强”的基础上加入了“更团结”，恒源祥也根据这一新理念定制难民代表团服饰，并对每一位运动员进行测量，力求打造出最完美、最合适的礼服。恒源祥官微阐述了背后的设计理念：蓝色代表了奥林匹克精神——和平；领带和丝巾采用和平鸽的图案，象征着世界上每一个民族、每一个生命个体都能享有自由和健康的生活。同时，蔚蓝的底色象征着这份宁静让流离失所的国际难民最终能找到自己心中的这片栖息地，不再漂泊他乡。7月23日晚的开幕式上，当这抹沉静的蓝色出现在体育场时，全场报之以热烈的掌声。

恒源祥的工作人员提前抵达东京奥运会现场，进行衣服的盘点、分发、归档，拿到团体名单之后便与国际奥委会沟通，经常加班到凌晨。“因为淋过雨，所以想为他人撑伞。”这大概就是大国和中国老品牌的情怀，为难民代表团提供有精神的服装，让他们可以代表自己的国家体面出场。

1932年的洛杉矶奥运会，是中国第一次参加奥运会。刘长春一个人坐了20多天的船，不远万里只为代表中国去参赛。后来还因为路费不够没法回国，在华侨的帮助下才回到中国。

附上当时报道的文案——“我中华健儿，此次单刀赴会，万里关山，此刻国运艰难，望君奋勇向前，让我后辈远离这般苦难。”

“以我来时路，赠你沿途灯。”

或许这就是恒源祥赞助难民代表团最好的答案吧。

资料来源　杨阳.恒源祥给奥运会难民代表团设计的衣服，到底是长啥样？[EB/OL].[2021-08-09]. https://www.shejipi.com/622778.html.

上述感人的案例中，一边是一家低调的企业，偷偷做着让人泪目的大好事，为被忽略的群体心灵带来归属感。另一边是无惧困难的难民代表团，哪怕千里万里，也要向世界证明自己国家的存在。从这个案例中也可以看到，恒源祥的这次赞助活动表现了企业强烈的社会责任感，产生了良好的社会效益。这就是公共关系专题活动的作用和魅力。

公共关系专题活动是以一个明确的主题为中心开展的与公众某一方面的交流，具有操作性强、应用面广等特点，其目的是引起社会各界的广泛关注，扩大组织的知名度和美誉度。公共关系专题活动的形式多种多样，本章分别加以介绍。

7.1 公共关系专题活动的目的与模式

社会组织会根据自身需要，采取措施为组织创造良好的公共关系状态。这种为树立组织良好形象、创造良好的公共关系状态而采用的各种传播方式和手段，如庆典、展览、展销、开放参观、联谊活动、赞助活动等，就是公关专题活动。具体地说，公共关系专题活动是指所有以树立企业自身形象、引起公众关注、扩大社会影响为明确目的的专门活动。

公共关系专题活动是组织整体公共关系工作中具有特殊作用的一环。作为提高组织知名度和争取社会公众的重要手段，已越来越受到重视，在组织整体公共关系工作中具有极为重要的意义和作用。

7.1.1 公共关系专题活动的特征

公共关系专题活动是社会组织为了实现组织特定的公共关系目标，围绕某一特定主题所进行的专题性的传播活动。公共关系专题活动具有如下几方面的特征：

1）主题明确、单一

公共关系专题活动一般是专门为实现某一具体目的而举行的，因此具有明确、单一的主题和围绕这一主题的特殊活动方式。如举办职工联欢会，是组织内部的公关服务，让员工更加热爱企业，增强主人翁精神。

2）感染力强

公关专题活动可以同时利用各种传播媒介和传播手段，通过诸如声、像、现场、实物、纪念品，以及演讲、咨询等达到综合效果，具有很强的感染力。

3）时效性强

公关专题活动常常能引起新闻界的关注和报道，可以在较短的时间内有较大的信息覆盖面，迅速扩大影响。专题活动的时效性越强，其公共关系效果也就越明显。

7.1.2 公共关系专题活动的目的

策划公共关系专题活动的目的主要有以下几方面：

1）制造新闻

所谓制造新闻，是指社会组织以组织中发生的真实事件为基础，有计划地推动事件进程，以吸引新闻媒体的报道，从而把组织信息或组织形象传播出去的活动。

对于一个组织来说，可以成为新闻的事件是很多的，如：大型奠基典礼开幕仪式或纪念日；产品生产和技术改造的新成就；经济效益等方面的大幅度提高；有关职员的重大成就；有关重大问题的新举措；国内外市场的开拓；员工的学习、娱乐、保健等福利活动；高级人员的人事变动；重要价格的更改、产品获奖及展览等。

课程思政 7-1

“啤酒喷泉”计划

背景与情境：为迎接第四届哈尔滨国际啤酒节，当地啤酒生产企业准备在开幕式举办地市政府广场的喷泉池内注入啤酒，到开幕式时酒花四溅，形成一个“啤酒喷泉”，据称整个“啤酒喷泉”将耗费90吨啤酒。此举目的在于打造全国第一个“啤酒喷泉”，让人们从中感受啤酒文化。此事引起了社会各界的广泛关注与讨论。

问题：从课程思政角度研判此次的“啤酒喷泉”计划。

2）为促销服务

通过公共关系专题活动制造有利的营销气氛，淡化推销的色彩，使社会公众从感情上接受一种新产品、新服务，从而为进一步的销售活动开拓道路。

例如，某酒店位于市郊，周围酒店较多，交通不是很方便。尽管景色、服务不错，但游客很少。这个酒店的公关部经理想出了一个主意，即开办“健身旅游”活动。针对中外游客对气功、太极拳的广泛兴趣，他们聘请专家办了辅导班；他们利用酒店周围的土地建了一个鱼塘，既美化环境，为游客提供了钓鱼的场所，又满足了酒店的需要，由于这一活动构思奇妙，富于情趣，吸引了大批的游客。

3）制造喜庆气氛

利用社会传统的重大节日或组织有意义的纪念日，举办公关专题活动来表达组织对社会公众的善意，改变组织的社会舆论和关系环境。

我国主要的传统节庆活动有：

春节，农历正月初一是汉族和其他少数民族共同的最盛大、最热闹的传统节日，又称过年。春节可以互相寄赠贺年片，互相走访拜年。

元宵节，农历正月十五，又叫“上元节”或“灯节”。民间风俗有扎彩灯、猜灯谜、舞狮子、踩高跷、划旱船、吃元宵、放风筝等。

清明节，每年公历4月5日前后，是祭祖、扫墓的日子。

端午节，农历五月初五，又叫端阳节，是纪念伟大爱国诗人屈原的日子。

中秋节，农历八月十五，又叫团圆节。民间有祭月、拜月、赏月之风，吃月饼、饮桂花酒，以示祝福，喜庆团圆。

教学互动 7-1

互动问题：我国现代节庆活动还有哪些？至少说出5个以上的实例。

要求：同“教学互动1-1”的“要求”。

4）联络感情

通过策划和举办公关专题活动，与社会各界广泛联络交往，达到“争取有用的朋友”的目的。

5）挽回影响

当组织形象受到损害时，巧妙的设计和有效的公关专题活动可以改善公众原有的印象，使受到损害的组织形象得以恢复。

7.1.3 公共关系专题活动的模式

公共关系专题活动的模式，是以一定的公关目标和任务为核心，将若干种公关媒介和方法有机地结合起来，形成具备特定公关功能的工作方法系统。

1）宣传型活动模式

宣传型活动模式就是利用各种传播媒介和交流方式，进行内外传播，让各类公众了解组织、支持组织，形成有利于组织发展的社会舆论，达到促进组织发展的目的。发新闻稿、广告、板报、演讲、记者招待会、新产品展览会、经验或技术交流会等，都是宣传型活动模式。

2）交际型活动模式

交际型活动模式是通过人与人的接触，进行感情上的联络，建立广泛的社会关系网络，形成有利于企业发展的人际环境。其方式是进行团体交往和个人交往。团体交往包括各式各样的招待会、座谈会、宴会、茶话会、慰问、舞会等，个人交往有交谈、拜访、祝贺、信件往来等。这种活动模式富有人情味，弥补了大众传播的不足。

3）社会型活动模式

社会型活动模式是组织举办各种社会性、公益性、赞助性活动，塑造企业形象，目的是通过积极的社会活动，扩大企业的社会影响，提高其社会声誉，赢得公众的支持。

社会型活动的形式有三种：一是以企业本身为中心开展活动，如举办各种庆典活动、文体竞赛，邀请员工家属来厂参观，组织员工郊游等。二是以赞助社会公益事业为中心开展的活动，如2013年最具公众影响力十大公共关系事件之一的BD中国——“关爱妇女呵护健康”女性节日特享健康关怀公关活动。三是资助大众传媒举办各种活动，如2011年央视元宵晚会的播出画面中，写着“中央电视台2011年元宵晚会暨‘郎酒·红花郎杯’我最喜爱的春节联欢晚会节目评选颁奖”，表明郎酒赞助了这台晚会及颁奖活动。

4）维系型活动模式

维系型活动模式是指社会组织在稳定发展期间，用来巩固良好形象的公共关系活动模式。目的是通过不间断的、持续的公关活动，巩固、维持与公众的良好关系和组织形象，使组织的良好印象始终保留在公众的记忆中。其做法是通过各种渠道和采用各种方式持续不断地向社会公众传递组织的各种信息，使公众在不知不觉中成为组织的顺意公众。

维系型活动模式是针对公众心理特征而精心设计的，具体可分为“硬维系”“软维系”两种形式。“硬维系”是指那些“维系目的”明确，主客双方都能理解意图的维系活动，其特点是通过显露的优惠服务和感情联络来维系同公众的关系。“软维系”是指那些活动目的虽然明确，但表现形式却比较超脱、隐蔽的公共关系活动，其目的是在不知不觉中让公众不忘记组织。

5）防御型活动模式

防御型活动模式就是公关人员要预测可能出现的公共关系纠纷，及时向决策部门提出改进计划，以防患于未然。

6）矫正型活动模式

矫正型活动模式是在组织形象遭到损害，如组织产品存在质量问题给社会公众造成危害，组织的生产破坏了社区的生态平衡，或组织商标被侵犯造成公众的误解时，采用的进行善后处理的活动模式。如果是组织自身出现了失误，应本着实事求是、有错即改的态度，坦率检讨本组织的过失，并采取补救措施。一方面设法使该事件的影响降低到最低限度，另一方面将组织采取的改进措施和整顿情况及时公之于众，以求得公众的谅解，重新获得公众的信赖与支持。遇到后一种情况，应及时向公众澄清事实，消除误会，将本组织采取的预防措施向公众宣传，以防事态继续发展。

同步思考7-1

问题：上述哪种公共关系专题活动模式最有效？

同步案例7-1

贴心的女校长

背景与情境：北京有所小学坐落在大专院校、科研院所中间，学校的教师几乎全是女性。教师节到了，小学教师们兴高采烈地拿着校长发的纪念品迈进家门："喂，这是我们校长送给你的！"丈夫们几乎都懵了。接过来一看，是漂亮的大床单，上面还别着一张红纸条：慰问亲密战友。还有一封女校长写的信，信中说："……你们这些大学老师、科研人员能娶我们这些小学教师为妻是我们终生的幸福……每当我们累了一天，疲惫地回到家里，你们早为我们准备好可口的饭菜。先给我们端上热茶，再给我们递上温热的毛巾，接着还为我们按摩站麻的双腿……"丈夫们读着这真挚热情的信，都有点不好意思了。

第二年教师节，校长又给每位老师的丈夫送了一个性能很好的微型收音机，附在礼物上的慰问信中写道："你们教书、搞科研离不开信息。累了时，听听音乐、放松放松。千万注意身体。你们健康，就是我们这些做妻子的最大幸福！"

不仅如此，每年暑假小学组织旅游，都让女教师们带上丈夫和孩子，并提供资助。浩浩荡荡一行人，就像欢乐和谐的一大家子。做丈夫的渐渐也把自己当作小学的人了。他们虽然也忙，但多不坐班。于是提篮买菜，做饭洗衣，尽力减少妻子的负担，而且主动为小学排忧解难。需要买仪器安设备，搞科研的丈夫来了；需要舞文弄墨，教授丈夫来了；有了重活力气活，丈夫们不约而同地赶来了。

这位女校长还把孩子在读小学的大学机关、系部领导组成一个"家长学校"。于是，小学一有活动，不用通知，"校"宣传部长就赶来摄像拍照，回去就办图片专栏、给报社写稿。"校"工会张罗各单位集资，电教中心采购配件为小学组装电脑。连大学生也跑来要求与小学共建，教孩子们学英语、排节目，搞社会公益活动。

问题：这是哪种类型的公共关系活动模式？试评析该案例。

7.2 新闻发布会

新闻发布会是社会组织为公布重大新闻或解释重要方针政策而邀请新闻记者参加的一种公共关系专题活动。它是社会组织传播信息、吸引新闻界客观报道、搞好与新闻媒体的关系行之有效的途径和手段。

新闻发布会是社会组织与新闻界建立和保持联系的一种较正式的形式。适当召开新闻发布会或者举行有针对性的“答记者问”，把各种媒介的记者召集起来进行强化性的信息传递活动，既是传播工作的一个重要步骤，又是与新闻界协调关系的一个良好机会，更是组织用来宣布消息的最好工具之一。另外，新闻发布会也是媒体所期待的一种新闻信息获得渠道。在一次全国性的媒体调查中发现，媒体获得新闻最重要的一个途径就是新闻发布会，几乎所有的媒体将其列为最常参加的媒体活动。由于新闻发布会上人物、事件都比较集中，时效性又很强，且参加新闻发布会免去了预约采访对象、采访时间等的一些困扰，所以通常情况下记者都会好好利用这些机会。

7.2.1 新闻发布会的特点与举办条件

新闻发布会是一种二级传播：社会组织将信息告知记者，再通过记者所属的大众传播媒介告知公众。其特点如下：

一是具有权威性。新闻发布会的举办主体一般是政府、部门、社会团体等。“答记者问”的一般都是担任着重要职务的负责人或能够代表一级组织讲话的人士，甚至是党和国家、部门、社会团体的最高领导人。记者提出的问题代表着群众共同的想法和意愿，而不是个别现象和个别情况。答问的内容也是经过有关方面反复研究确定下来的，答问者是代表“官方”立场，而不是个人的意见和看法。

二是较好的开放性。新闻发布会大都是公开举行，且有多种媒体参与报道。有关方面所论及的政策、立场、观点、态度，重要问题和重大事件的经过、细节等，通过电视、广播、报刊等大众传播工具，为千百万人所了解，具有很强的开放性和透明度。

三是速度比较快。新闻发布会能减少信息传递损耗，提高传播效率。

四是成本比较高。召开新闻发布会的花费较高，要占用记者和组织者较多时间，动用一定的人、财、物，需较高的成本。

举办新闻发布会的条件有以下几方面：

（1）社会组织有特别新闻需要向社会公众公布时，通过新闻发布会发表或解释。如2008年8月18日奥运会田径比赛中我国选手刘翔因伤退赛，组委会立即在中午召开新闻发布会，在第一时间将真相告知广大观众。

（2）社会组织有重大活动并希望借机扩大影响。如某企业的纪念日或庆祝日、企业发生重大或紧急事件等。

（3）社会组织有希望记者临场观察的题材。

（4）社会组织有重大经济信息需要公布。如企业新产品问世及新技术开发成功等。

（5）社会组织有举办新闻发布会的迫切要求。也就是说，如果不举行此会议，可能会造成社会组织的重大损失，或失去扩大影响的良机。

7.2.2 新闻发布会的准备工作

举办新闻发布会是社会组织的一次“亮相”，因此，必须精心组织和策划。新闻发布会的组织和策划工作主要包括会前筹备、会议进程掌握、会后效果检验等三个环节。

1）确定新闻发布会的主题

在召开新闻发布会之前，必须确定会议的主题。主题是新闻发布会的中心议题，要明确中心任务是什么，是对一件事情进行解释还是公布一条信息，公关人员对此必须心中有数。要从新闻媒体和公众的角度出发，进一步考察这个主题是否非常重要，是否具有广泛传播的新闻价值，能否对公众产生重大影响，此时召开会议发布信息是否妥当等等。有时对企业来说很重要的消息，在局外人看来不过是鸡毛蒜皮的小事，或者此时并非发布信息的最佳时机。一个新闻发布会只应确定一个主题，同时发布互不相关的几则信息，会分散新闻媒体的注意力，影响主题新闻价值的体现。

2）选择会议主持人和发言人

新闻发布会对主持人和发言人的要求很高。主持人和发言人必须头脑清醒，反应机敏，有较高的文化修养和口头表达能力。在社会组织中，会议的主持人一般由具有较高专业技巧的公关人员担任，会议的发言人由组织或部门的高级领导担任，因为他们清楚组织的整体情况、方针、政策和计划等，又具有权威性。

3）准备发言稿和报道提纲

公关人员在会议召开前，应在组织内部统一口径，组织专门小组负责起草发言稿，全面认真地搜集有关资料，写出准确、生动的发言稿，并写出新闻报道提纲，在会上发给记者作为采访报道的参考。

4）确定邀请记者的范围

各方新闻机构的记者都要照顾到，不仅要有报纸、杂志记者，还要有电台、电视台的记者，不仅要有文字记者，还应有摄影记者。对记者要一视同仁，不能厚此薄彼。

5）制定会议费用预算

应根据所举行新闻发布会的规格和规模制定费用预算，并留有余地，以备急用。费用项目一般有：场租费、会议布置费、印刷品费、邮电费、交通费、住宿费、音像器材费、相片费、茶点或餐费、礼品费、文具用品费等。

6）具体事务安排

为了开好新闻发布会，企业必须有一支精干的筹备队伍，分工明确，配合密切。准备工作一定要细致，准备工作的内容包括：

（1）选择地点与日期。在日期选择上，尽量避开重大假日。一周内周末与星期一举办新闻发布会都不太适宜。具体会议时间安排在上午9：00或下午3：00左右，太早或太迟都不太方便。

（2）请柬应及早发出。请柬上应说明举办新闻发布会的目的，最好列出发言人的姓名、职务、会议日期、时间、地点及联系电话。会议召开前一两天应电话询问落实记者出席情况。

（3）会议时间一般以1小时为宜。会后邀请记者共进工作餐，可以利用非正式交谈，促进互相沟通。就餐准备工作必须事先安排妥当。

（4）安排足够的招待人员，设立签到处，并派专人引导记者前往会场。

（5）企业内部与会人员应佩戴名签，设立名牌，与会记者应佩戴写有姓名和新闻机构名称的胸牌。会议桌及餐桌名牌要分清主次，按顺序排好，避免出现混乱或不愉快。

（5）事先准备（检查）好视听辅助器材，提供给记者使用。

7.2.3 新闻发布会的程序

举办新闻发布会，会议程序要安排得详细、紧凑，避免出现冷场和混乱局面。一般来说，新闻发布会应包括以下程序：

1）签到

设立签到处，并派专人引导记者前往会场。参加会议的人要在签到簿上签上自己的姓名、单位、职业、联系电话等。

2）发资料

会议工作人员应将写有姓名和新闻机构名称的胸牌发给与会记者，并将会前准备的资料有礼貌地发给到会的每一位记者。

3）介绍会议内容

会议开始时要由会议主持人说明举办新闻发布会的原因、所要公布的信息或事件发生的简单经过。

4）主持人讲话

主持人要充分发挥主持和组织作用，活跃会场气氛，并引导记者踊跃提问。提问偏离主题时，要巧妙地将话题引向主题。出现紧张气氛时，能够及时调节缓和，不要随便延长预定会议时间。

5）回答记者提问

要准确、流利自如地回答记者提出的各种问题，不要随便打断记者的提问，也不要以各种动作、表情和语言对记者表示不满。对于涉及保密或不好回答的问题不要回避，而要婉转、幽默地进行反问或回答，以确保所发布的消息准确无误。

6）参观和其他安排

会议结束后还应由专人陪同记者参观考察，给记者创造实地采访、摄影、录像等机会，增加记者对会议主题的感性认识。还可举行茶会或酒会，以便个别记者能够单独提问，并能和新闻界建立融洽的关系。

另外，会议结束时可以向与会者赠送一些特殊意义的小礼品留作纪念。

7.2.4 举办新闻发布会应注意的事项

（1）主持人应充分发挥支持和组织作用，引导记者踊跃提问。

（2）对于发布的信息资料必须准确无误，若发现错误应及时纠正。

（3）不应随便打断记者的提问，也不应以各种动作、语言、表情对记者表示不满。

（4）对记者的提问要一视同仁，不能厚此薄彼。在通常情况下，记者们都具有较强的职业敏感性，对于新闻发布会限定的议题范围并不一定严格遵守，往往会提出些“出格”的问题。作为发言人就要了解各种不同类型记者的特点，并能灵活应对。

（5）发布会要注重形式与内容的统一。以适当的形式服务于内容，有助于提高媒体对发布内容的高度兴趣，同时会带来非常有趣的、积极的报道内容。

同步案例7-2

老乡鸡的“土味”发布会

背景与情境：继2020年2月8日手撕员工“免薪”联名信后，3月18日，老乡鸡董事长束从轩以一场土味发布会再度“出圈”。大喇叭、泥巴墙、成串的大蒜和红辣椒，黑板上是用粉笔写的标语“二零二零老乡鸡战略小会”，完全是20世纪80年代开村会的场景。身穿蓝毛衣的董事长束从轩抱着老母鸡出场，跟现场毫不违和，还用浓重的乡音，说着一口接地气的好文案。

束从轩在这场“小会上”说了三件大事：老乡鸡获得10亿元投资；将加速全国市场布局；干净卫生战略将全面升级。

说起品牌战略发布会，大家脑海中的第一印象可能都是高端、大气、上档次，而老乡鸡却不走寻常路，相比之下它仅用200元打造的发布会显得既简陋又土味。在我们认知里的发布会，可能是这样的：雄伟的礼堂、闪烁的灯光、满堂的观众和端庄的主讲人。但是，老乡鸡的发布会是这样的：斑驳的墙面、一块黑板和寥寥数人，宛如一场现实版的村民大会。它是花不起钱吗？当然不是。它在全国有800多家直营店。

发布会上束总讲的所有内容，没有什么复杂的概念是让人不能理解的。黑板上也只写了三个重点，简单而具体。为了让观众更容易记忆和投入，束总还给大家讲了个早年“把结婚的钱，拿出来养了1 000只母鸡”的故事。

老乡鸡的这次发布会，不仅让大家听到了束总带着安徽口音的普通话，也看到了村子里的大喇叭、石磨、自行车，以及墙上挂着的辣椒和大蒜。为什么这次发布会选了一个农村的场景？这和“老母鸡”的属性有关。提到“老母鸡”，人们会认为农村的老母鸡比城市里的老母鸡好吃。因为农村往往让人联想到田园生长环境、自由放养、谷物喂养等适合老母鸡生长的场景，所以，这次发布会选址在农村，就很好地唤醒了大家关于农村的记忆和情绪。

资料来源　七邵.老乡鸡新闻发布会刷屏的背后，你很容易忽视的五点[EB/OL].[2020-03-24]. https: //www.163.com/dy/article/F8E0N25N05387ALW.html.

问题：你如何看待老乡鸡这种很“土”的发布会？这种形式的发布会具有可模仿性吗？

7.2.5　新闻发布会的效果检验

新闻发布会的效果检验也是重要的一环。它包括：

第一，整理会议记录材料，从中总结此次会议在准备、布置、主持和回答等工作中的成败，将这些经验写成书面材料存档。

第二，搜集与会记者在报刊、电视台等所做的报道，进行归类分析，检查是否达到了自己预期的目标。如有因自己的失误造成的谬误，应设法补救。

第三，搜集与会者的反应，了解各记者及所属单位对本组织的看法，以便日后更好地与他们合作。

7.3　庆典和纪念活动

庆典和纪念活动是现代社会组织根据其本身及所处社会环境中有关的重大事件、纪念日、节日等所举办的各种仪式、庆典和纪念活动的总称，它包括开幕典礼、周年纪念、节庆等。庆典和纪念活动是现代企业公关策划工作中很受重视的活动类型之一，是一种内外公关作用兼具的公关专题活动。

7.3.1 开幕典礼

开幕典礼是指第一次与公众见面、为具有纪念意义的事件而举行的庆祝活动。如开业典礼，新建工程奠基典礼，展览展销会开幕等。

开幕典礼的组织工作包括以下几个方面：

1）拟定宾客名单

邀请的宾客一般包括政府有关部门负责人、社区负责人、社会各界知名人士、同行业代表、社团代表、新闻记者、员工代表和公众代表等。

2）确定典礼程序及安排接待事宜

一般程序为：宣布典礼开始，介绍主要来宾、领导等。

3）确定剪彩人员

参加剪彩的除主方的主要负责人外，在客方中应选择地位较高、有一定声望的知名人士，且要事先安排好他们的座次或站位。

4）确定主持人、致贺词人、答词人的名单

事先确定主持人、致贺词人、答词人名单，并为本单位负责人拟定开幕词或贺词和答谢词。这些文稿都应言简意赅，要能起到沟通感情、增进友谊的目的。同时预先准备好新闻参考资料或报道提纲，为前来的新闻记者提供新闻素材。

5）安排助兴活动

在庆典活动基本程序结束时，开展一些助兴活动，如年会、酒会，营造热烈欢快的气氛。

6）组织参观

开业典礼的基本程序快要结束时，可以组织宾客参观本单位的工作现场。这是让上级、同行及社会公众了解组织的好机会，也是自我展示、传递信息的一条可行途径。

7）颁发纪念品

纪念品可以保证开业典礼活动产生持久的效果，并成为有用的传播手段。准备一些能代表组织经营特色的纪念品，如通讯录——附以必要的情况介绍和图片；影集——内附有组织特色的彩色照片等。

7.3.2 周年纪念活动

周年纪念活动指社会组织成立至今已经达到几周年时开展的庆祝活动，如周年志庆。

组织利用周年庆典，举办庆祝活动，对振奋员工精神、扩大宣传效果、协调公众关系、塑造组织形象具有重大意义。

公关人员在策划和组织周年庆典活动时，应注意以下问题：

（1）作为组织发展过程中的里程碑，周年庆典活动需体现总结过去、继往开来的内涵。组织周年纪念日是组织发展的里程碑，需要借庆典活动之机对组织的过去进行回顾和总结，对组织的未来进行展望。例如，许多组织在周年纪念日时，编写或修订厂史或校史等组织的历史记录，举办组织历史展览和未来规划展览。

（2）作为组织自己的节日，周年庆典应强化对内部员工进行热爱组织教育、热爱本职工作教育的主题。组织周年庆典应该要求全体员工统一着装，如工厂厂服或店服；戴厂徽或店徽；庆典仪式上升厂旗或店旗，奏厂歌或店歌。与此同时，为配合周年庆典纪念活动，还可以组织类似学校的校园文化节或者其他主题活动，起到欢庆和教育双重作用。

（3）作为庆典活动，周年庆典应突出节日的喜庆气氛。庆典仪式或者纪念活动可采取各种方式来渲染节日喜庆的气氛，并为来宾提供良好的礼宾服务，这一点类似于其他庆典活动。

（4）作为公关专题活动，周年庆典应围绕组织周年纪念这个中心内容进行创意，以增强活动的独特性和对公众的吸引力。组织周年庆典活动不能总是一样的模式，公关人员应发挥其创造性。例如，利用周年庆典，进行社会公益赞助，塑造组织关心社会的良好形象；利用周年庆典，导入现代组织形象设计，向社会推出一个崭新的组织形象等；利用周年庆典，举行公众联谊活动，以沟通关系、加深情感，或通过制造新闻，产生轰动效应。

7.3.3 节庆活动

节庆活动是为节日或共同的喜事而举行的、表示快乐或纪念的庆祝活动。

1）要区分公共关系节庆活动的重点

节庆日名目繁多，可分为法定节日、民间传统节日两大类。法定节日，除宾客所在国的国庆日可向其表示庆贺外，逢我国国庆日，亦可酌情安排一些电影、文艺招待等活动。重要的民间传统节日和宗教节日，应列为公关节庆活动的重点。

2）开展节庆活动，贵在富有传统特色

如我国许多大酒店的公关部，在我国传统的春节、中秋节，按照我国的传统方式，为宾客提供“年夜饭”，组织员工向宾客“拜年”；请宾客中秋赏月，品尝优质月饼；组织宾客观看一些富有民族特色的文艺节目等。这样做，使国内同胞感到分外亲切，缓解思乡之情；使国外宾客领略到异国他乡的特殊风情。

3）开展节庆活动，重在创新

现在各种各样的节庆活动名目繁多，让人们眼花缭乱。为了给公众留下深刻的印象，开展节庆活动时无论在主题、报道方式或角度方面都要出新，即做到“人无我有”。

学习微平台

延伸阅读7-1

同步案例7-3

纪念爱迪生的“灯光佳节”活动

背景与情境：1929年10月21日晚，爱迪生的家乡威肯斯庄园里，明亮的灯光把漂亮的葡萄架照耀得分外美丽，这里正在举行庆祝爱迪生发明电灯泡15周年的“灯光佳节”活动。在人群里，人们注意到，当时的美国总统以及其他的一些政界人物、社会名流都在其中。这项活动是伯内斯精心策划的，爱迪生作为美国伟大的发明家，被视为美国独立精神和科学创造精神的代表，纪念他当然是大家愿意参加的活动。

晚上9点30分，庆祝活动达到了高潮：所有的灯光一下都熄灭了，露天里的人们在漆黑的晚上看到的是微弱暗淡的星光。为了纪念爱迪生，全世界的许多公用事业公司都在同一时间切断了自己的电源，为时一分钟。在这一分钟里，淹没在黑暗中的人们真切地感受着伟大的发明家爱迪生带给人们的福祉。

“灯光佳节”纪念活动举办得如此成功，以至于美国邮政总局专门为此发行了纪念邮票。这个活动被人们盛赞为“和平时期里美国所举行的宣传活动”。

问题：简评上述案例。

7.4 展览会

展览会也是一种常见的公共关系专题活动。**展览会**是一种以实物、文字说明、图片、模型、幻灯片、录像等来展示社会组织成果，树立社会组织形象的公共关系宣传活动。

7.4.1 展览会的特点

1）直观性

展览会是一种非常直观、形象的传播形式。它把实物直接展现在公众面前，给人以真实的感受。展览会一般以展出实物为主，并以专人讲解和示范产品的使用方法等方式进行现场示范表演。随着科技水平的提高，各种新传播手段被应用到展览之中，能增强传播或广告的直观形象和生动的特点，吸引公众注意，强化公众记忆，加深公众的印象。

2）复合性

展览会会同时运用多种传播媒介，进行交叉混合传播。以实物展出为主，配以文字宣传资料、图片、录像等。

3）双向性

展览会为社会组织与公众提供直接沟通的机会，在展示自身形象的同时，搜集公众的反馈意见。许多参展组织既可以通过展览会塑造自己的产品形象和组织形象，也可以通过展览会一举打开展品的市场。

4）新闻性

展览会是一种综合性的大型活动，除本身能进行自我宣传外，往往能够成为新闻媒体追踪的对象，成为新闻报道的题材。通过新闻媒体的报道和宣传，展览会的宣传效应将大大增加。

7.4.2 展览会的类型

展览会的类型很多，主要有以下几种：

1）根据展览的内容不同，可以分为综合性展览会和专项展览会

综合性展览会是介绍一个地区或一个组织的全面情况，要求内容系统、重点突出。专项展览会则是围绕某一项目或某一专业、某一专题进行，要求主题鲜明，内容集中，有一定的深度。

2）根据展览的性质不同，可以分为贸易性展览会和宣传性展览会

贸易性展览会的目的是做实物广告，促进产品销售。宣传性展览会又称展示性展览会，展出更多的是照片资料、图表和有关实物，目的在于宣传某一观点、思想成果和信仰等。

3）根据展览的规模不同，可以分为大型展览会、小型展览会和微型展览会

大型展览会通常由专门机构主办，参展者报名参加，参展项目多，展览技术较高。小型展览会可由有关组织自办或某一单位主办，主要展示与本组织有关的主题或产品，如企业产品展览会。微型展览会则指本企业橱窗展览、流动车展览等，也称袖珍展览会。

4）根据展览会的地点不同，可分为室内展览会和露天展览会

大多数展览会在室内举办。但某些展览，如花展、灯展、汽车展等，通常在露天举办。室内展览会较为隆重，不受气候的影响，长短皆宜，但布置复杂，费用较高。露天展览会则比较简便，费用小，但受气候影响大。

5）根据展览时间的长短不同，可分为长期性展览会、周期性展览会和一次性展览会

长期性展览会有比较固定或稳定的内容，如文物展览；周期性展览会是定期举行的；一次性展览会则是配合某一主题活动临时设计组织的专题性展览。

7.4.3　展览会的组织与实施

1）明确展览会的主题和目的，并确定相应的展览方式、接待形式

每次展览会都应有明确的主题和目的，因为这是决定展览的内容、形式和对象的前提条件。

2）指定展览会总编，并构思展览会基本框架

由指定的总编负责撰写展览会脚本，设计展览会徽标及主题画；选择好展厅并布置和美化；总编讲明总体布局并负责衔接各部门的关系。

3）明确参展单位和参展项目

可以采用广告和发邀请的形式组织参展单位，为有可能参展的单位提供展览会的宗旨、展出项目造型，对参观者人数及类型的预测，展览会的要求和费用等基本资料。

4）选择时间和地点

时间上考虑展出内容的季节性和周期性；与重大社会活动时间的冲突性等。地点上考虑交通的便利性；展览场所的大小、质量、设施等；此外还应考虑展览场所周围环境与展览主题的相互协调性问题。

5）明确参观者类型和数量

在筹划展览会时，应对参观者范围有较精确的估测，以便确定展览的方式。

6）选择并落实展览的有关资料及实物

各部分的编辑人员应根据展览大纲或总编的意图、思路搜集各参展单位的实物和文字、图片、录音、录像等宣传资料，并按要求完成设计创作任务。

7）成立专门的对外新闻发布机构和接待机构，做好新闻宣传工作和服务工作

展览会中有许多具有较高新闻价值的信息资料可供公共关系人员发掘。这项工作应该由专门机构来制订计划和组织实施。同时展览会中有领导、各参展单位的工作人员、参观人员参加，因此，必须同时做好各项服务工作，以扩大展览会的社会影响。

8）培训参展工作人员

展览会的工作人员素质与技能对整个展览效果有重大影响，因此要对展览会的工

作人员进行公共关系的训练，尽可能使之符合展览会的各种服务要求。参展工作人员包括讲解员、接待员、服务员等。

9）展览会的经费预算

一般经费预算包括：场地使用费内含各种设备使用费、能源费等；设计建造费内含材料费；工作人员酬金内含工资、津贴、差旅费；传播媒介使用费内含电视、电子计算机、电脑软件、幻灯机、新闻广告等费用；宣传品、纪念品制作费用；交际联络费内含举行招待会、购买茶点、接待宾客及交际应酬的各种费用；运输费；保险费；预备金等。

7.4.4 世界博览会

世界博览会是由一个国家的政府主办，有多个国家或国际组织参加，以展览人类在社会、经济、文化和科技领域取得成就的国际性大型展览会。其特点是举办时间长、展出规模大、参展国家多、影响深远。

自1851年英国伦敦举办第一届世界博览会以来，世博会因发展迅速而享有“经济、科技、文化领域内的奥林匹克盛会”的美誉。

按照国际展览局的规定，世界博览会按性质、规模、展期分为两种：一种是注册类（以前称综合性）世博会，展期通常为6个月，每5年举办一次；另一类是认可类（以前称专业性）世博会，展期通常为3个月，在两届注册类世博会之间举办一次。注册类世界博览会不同于一般的贸易促销和经济招商的展览会，是全球最高级别的博览会。

学习微平台

延伸阅读7-2

国际展览局是专门从事监督和保障《国际展览公约》的实施，协调和管理世博会的举办，并保证世博会水平的政府间国际组织。

7.4.5 开放参观

社会组织为了让公众更好地了解自己，获得公众对其各项活动的支持，可以有计划地邀请组织的员工家属、社会公众、新闻工作者及其他对组织感兴趣的人到组织进行现场参观。利用这种机会向公众宣传，也是塑造组织形象的方法之一。

开放参观是一件繁杂的工作，因此，应认真做好以下工作：

1）确定参观日期

注意参观日期不要和重要的节日或社会组织的重要活动发生冲突。因为在重要节日，公众一般都有自己的安排；在社会组织举办重要活动期间，参观者一方面看不到日常工作的场面，另一方面也会给接待工作造成极大的麻烦。

2）成立专门机构，配备专门人员来负责此事

该机构中应至少有1名决策层的人来负责总协调，应有相关部门的负责人和具体的工作人员参加。

3）宣传准备工作

应充分重视宣传工作，最好事先通知新闻部门，利用新闻媒体来扩大影响。同时，也应对组织内部的全体员工做好宣传工作，使每个人明白对外开放参观工作的意义与目的，人人自觉地参与这项活动。

4）确定对外开放参观的内容

其内容一般包括情况介绍、现场观摩和实物展览三种。情况介绍一般是事先准备

好深入浅出、图文并茂、印刷精良的宣传小册子，发给参观的公众；也可在现场观摩时，以口头讲解的形式，边走边结合具体场景进行介绍。现场观摩就是让公众参观工作现场，以厂房布置、厂区环境、工作流程或员工的实际工作来说明社会组织的内在面貌。实物展览是以资料、模型、样品陈列等形式，对公众进行补充说明。

5）选择参观路线

选择参观路线的主要要求是：既可以引起参观者的兴趣并保证他们的安全，又对组织正常工作的持续干扰最小。参观路线应有明确的路标，且事先需采取安全措施，安全人员应在必要的地方设置警告信号和障碍，以防止意外发生。

6）做好解说和接待工作

对导游或解说人员要事先进行挑选、培训，使他们熟练掌握参观过程中每一个参观点的解说内容。参观点的员工应佩戴印有个人名字的标牌，并要礼貌、耐心、认真地回答来宾提出的各种问题。要热情周到地做好参观者的接待工作，安排合适的休息场所，提供必要的服务，如提供茶水、饮料和电话等。

7）做好欢送工作，搜集参观者意见

参观结束后，要做好欢送工作，并认真听取他们对组织的看法和建议，注意搜集参观者的意见，整理分析后提交有关部门。对组织予以采纳的意见，还应把实施情况反馈给提议者。

7.5 社会赞助

当代企业对参与各类赞助活动的热情和兴趣比以往任何时候都要高涨，各式各样的社会赞助活动渗透到社会、经济和文化生活的各个角落。由于赞助具有其他宣传形式所无法比拟的优势，它已成为国际一流企业竞相选择的方式。

7.5.1 社会赞助的含义与意义

与广告、宣传等传统媒体形式相比，赞助可以让赞助商在最短时间和最大范围内扩大品牌知名度、塑造统一的企业品牌形象、加强与数量众多的消费者的双向情感交流。一些备受全球瞩目的体育赛事如NBA、世界杯足球赛和奥运会成为吸引世界一流大众消费品制造商和服务商大笔赞助的重要活动。

1）社会赞助的含义

社会赞助是指组织通过无偿地提供资金或物质对各种社会公益事业做出贡献，以提高社会声誉，树立良好社会形象的公关专题活动。社会赞助是举办专题活动最常见、最重要的形式之一，因为它既可以为社会公益事业的顺利进行提供保障，同时又可以为各类组织的不断发展创造和谐的社会环境。因此，越来越多的营利性组织纷纷以自己收益的一部分回馈社会公益事业，以表示它们乐于承担一定的社会责任和义务。

2）社会赞助的意义

赞助活动在现代社会中十分普遍，可以说，离开了商业赞助，当今许多大型的公益活动几乎很难进行。在我国，随着组织公共关系意识的提高，社会组织的赞助数量越来越多，金额也越来越大。有的组织为“希望工程”捐款，一掷千金；有的企业赞助体育事业，不遗余力。社会赞助有什么意义呢？

社会赞助的意义可以简要概括为以下几个方面：

（1）是提高社会组织知名度的一个重要传播手段

丰富多彩的文艺、体育、教育等活动一方面能够吸引社会公众的广泛注意，并对他们产生深远的影响，另一方面能够吸引新闻媒体的广泛报道。因此，企业赞助体育比赛、文艺活动、教育事业，在各种体育场馆、文娱设施周围布置具有企业名称、标志、产品商标的广告牌，通过电视等传播媒介的迅速传播，从而达到迅速提高企业或产品知名度的目的。

（2）能够促进企业产品的销售

企业可以通过选择重要目标公众，利用文艺、体育等富有创意的表现手法，把想象力与特殊的营销计划结合起来，使企业的营销计划深入人心。利用“赞助”这一有效传播媒介，配合广告、公关等宣传手段，企业可以使公众更好地认识自己，认识其产品，从而有利于企业的产品销售工作。

（3）有利于体现组织的社会责任感

文化、艺术、体育、教育等活动都是需要大量资金投入的事业，随着人民生活水平的日益提高，人们对它们的需求量及质量的要求越来越高，而目前国内外都面临财政紧张、政府资助减少的局面，赞助成为重要的经费来源。另外，企业通过为文化、艺术、体育、教育等社会公益事业提供经费，能够充分显示企业的社会责任感，有利于企业与社区建立良好的关系，并获得广大社区公众的支持。

（4）有助于沟通和培养组织同公众的良好情感

通过赞助活动，组织可以在社会公众中树立组织的威信，沟通和培养相互的情感，企业组织关心社会、承担社会责任的形象可以增进政府、社区及公众对组织的理解和支持，为企业的生存发展提供可靠保障。

7.5.2 社会赞助的形式

赞助作为组织公共关系实践的一个有效手段，在国外早已被广大企业主所认识，并广泛运用于市场营销和公共关系的大量实践中。日本NEC电器公司、美国可口可乐公司、日本佳能公司等一些著名的企业通过赞助大型国际体育比赛、赞助其他有影响的社会公益事业在国内外提高企业的知名度、促销产品、树立良好社会形象方面等都获得了很好的效益。

社会赞助的形式主要有：

1）赞助体育活动

体育活动拥有广泛的观众，往往也是新闻媒体报道的对象，对公众的吸引力比较大，因此，赞助体育活动，往往是社会组织公益活动的重要选择。常见的有赞助某一项体育运动、赞助某一次体育比赛和赞助体育设施的购置等多种方式。

赞助体育运动是组织赞助活动最常见的一种形式，特别是赞助奥运会和世界杯，可以扩大自身的社会影响力。

2）赞助文化艺术活动

文化生活是社会生活的重要内容之一。组织进行文化艺术方面的赞助，不仅可以促进文化事业的发展，丰富公众的生活内容，而且可以培养与公众的良好感情，大大提高组织的知名度。这类赞助方式有：一是对文化艺术活动的赞助，如对大型联欢晚会、文艺演出、电视节目的制作和电影的拍摄等的赞助。二是对文化事业的赞助，如对科学与艺术研究、图书的出版和文化艺术团体等的赞助。

赞助文化艺术活动是提高企业知名度和社会影响力的好办法。像体育活动一样，文艺活动能广泛地影响社会公众，随着赞助体育活动竞争的激烈，目前国内外的社会组织开始把目光转向了文艺领域。专营工艺品、古董的企业赞助中国民间艺术展览；某企业赞助法制、卫生知识竞赛等，也是赞助文化活动的好办法。

3）赞助科学教育事业

教育事业关系到国家的千秋大业，日益受到社会重视，赞助教育事业也是一项一举两得的事情，既有助于教育事业的发展，也使企业从中受益。常见的赞助方式有：一是赞助学校的基本建设，如图书馆、实验楼等的建设，或者为贫困地区建校办学、修缮校舍或场地；二是赞助学校专项经费，如专项科研基金和设立奖学金等；三是赞助教学用品，如设备、器材和图书资料等。

4）赞助各类社会公益事业

赞助各类社会公益事业主要指为社会公共事业、设施以及残疾人等提供帮助的活动。这类赞助虽然不如赞助体育活动那样轰轰烈烈，但更能体现出社会组织高尚的道德品质，从而博得公众的好感。公益活动形式很多，作用越来越大，公共关系人员可以根据社会的需要和组织的能力，积极开展公益活动。

5）赞助学术理论研究活动

各种学术理论研究活动，有的是直接服务于整个社会的，有的是某些社会生产技术的发展战略研究，组织可以自己设立机构，也可以长期支持某些学术研究机构的研究活动。社会组织赞助学术理论研究活动，既可以利用学术理论研究活动在公众中的影响，提高社会组织的知名度，又能得到专家的咨询和建议，从而改进社会组织的工作。

其他的赞助活动还包括：赞助地方性的节日活动、大型展览、各种竞赛活动及环保事业等。

深度思考 7-1

资料：有的社会组织把社会赞助纯粹理解为是广告的一种形式，因而其赞助活动统统流向于娱乐性强、流行性强的项目，而且希望起到立竿见影的效果。

问题：你如何看待这种现象？

7.5.3　社会赞助的方式

在社会赞助的方式方面，企业除了提供资金以外，一般情况下比较愿意提供产品和服务来进行赞助。

1）资金赞助

企业有计划、有目的地拨出一定的资金，资助一些社会公益事业。

2）产品赞助

企业用自己的产品赞助，一方面可以树立企业的良好形象，另一方面可以提高产品的知名度，树立产品的良好形象。

3）服务支持

企业也可以为社会公益事业提供一些免费服务。2008年奥运会期间，一些服务单位，如很多出租汽车公司、广告公司等为奥运会提供了免费服务。这种赞助方式尤其适合一些小公司、服务性的企业，同样能提高企业的知名度。

4）设备、设施赞助

企业可以为一些社会公益事业、大型活动提供设备和设施。

同步案例7-4

钟南山院士给京东的感谢信

背景与情境：2020年初新冠肺炎疫情在武汉暴发后，京东虽然没有捐出现金，但是仍然获得了社会的大量好评，甚至连钟南山院士都执笔为京东写下了感谢信。这是为什么呢？

原来，在1月31日的时候，钟南山院士给京东物流打电话，希望他们能够以最快的速度将100台呼吸机运送至武汉医院。因为呼吸机是救命的医疗设备，其重要性不言而喻，而且这种仪器非常精密，稍微有一点磕磕碰碰就会失效，所以运输呼吸机的要求是十分严格的。

京东物流接到电话后，一刻也没有犹豫，仅仅用了1天时间就把这100台呼吸机完好无损地送达了目的地，正是因为京东物流工作人员的出色表现，钟南山才第一时间给京东物流写了一封感谢信：感谢京东心系医疗援助一线，以最快的速度将急需医疗物资送达武汉。

作为物流行业的领军者京东物流，在新型冠状病毒来袭之际，快速响应，加入到疫情阻击战中。京东物流结合当地防疫物资需求程度，从全国30余个城市，通过调配公路、铁路、航空等多种资源，向武汉、黄冈等地各大医院运送口罩、医用手套、护目镜、消毒液等医疗防疫物资。

值得一提的是，京东在第一时间分批捐赠100万只医用口罩和6万件医疗物资驰援武汉协和医院及武汉大学中南医院。

资料来源 佚名.京东物流究竟做了什么？竟然获中国工程院院士钟南山提笔感谢！[EB/OL].[2020-02-06]. https：//www.sohu.com/a/371069930_100272249.

问题：评析上述案例。

7.5.4 社会赞助应遵循的原则

1）自愿原则

赞助必须是一种自觉的、主动的行为，以赞助方愿意提供赞助为前提。

2）社会效益原则

组织所赞助的活动项目必须有积极的社会进步意义和广泛的社会影响，所赞助的对象必须有可靠及良好的社会背景和社会信誉。

3）传播效果原则

赞助本身是一种直接提供金钱或物质来进行的传播活动，因此必须讲究传播效果。所赞助的项目应有利于扩大本组织的知名度和美誉度，同时要分析公众及新闻界对有关赞助项目的关注程度，明确对于赞助所给予的传播补偿方式和条件。

4）量力而行原则

参与赞助活动必须考虑所赞助项目的费用是否合理，本组织的经济能力能否接受。

5）合法、合理原则

凡是为社会提供赞助的组织，都应预先制定赞助条例，并公之于众。对于各类赞助申请均应按条例办理，尤其要重视赞助活动的合法性审查，使赞助活动更具计划性与规范性。

7.5.5　社会赞助活动的步骤

1）制定赞助政策

公共关系人员根据组织的公众关系现状、目标、政策和经济能力，决定年度公益活动赞助金额，制定切实可行的赞助政策。

2）传播赞助信息

公共关系人员应该把组织的赞助政策，通过适当的传播渠道和传播方式，传递给可能向本组织提出赞助要求的单位。

3）确定赞助对象

（1）掌握赞助对象情况。这包括赞助对象业务内容、社会信誉、公众关系、面临问题等，以便有选择地进行赞助。

（2）了解赞助项目情况。这包括项目提出的背景，对公众的影响力，项目所需花费的财力、人力与物力情况，以及操作实施过程中可能出现的困难和问题等。

（3）进行成本效益分析。这是进行赞助成本（组织付出的全部财力、人力、物力）与综合效益（赞助活动可能获得的经济效益与社会效益）的分析比较。

（4）认真确定赞助对象。社会组织的赞助活动应纳入科学管理的范畴，即以本组织的公共关系目标、本组织面对的社会环境为出发点，按照有利于组织综合效益提高的原则，充分考虑多方面利益，协调平衡，确定赞助对象，防止盲目赞助或因个人主观感情色彩而影响赞助。

4）沟通赞助对象

已经批准确定的赞助对象，要及时通知对方，做好实施准备。对不能满足或者不能全部满足赞助要求的对象，应该坦率相告，诚恳解释原因，争取互相理解。

5）实施赞助计划

组织应安排专门的公共关系人员或组织专门的工作小组，负责赞助活动的具体实施。

（1）分工负责落实。对整个赞助活动中的各个项目或环节，应分派具体人员负责落实，各负其责，密切配合。

（2）运用公关技巧。在实施过程中，公共关系人员应充分运用各种公共关系技巧与方法，以求最佳效果。

（3）扩大组织影响。赞助活动本身就是为了扩大社会组织的影响，因此在赞助活动中，应尽量利用多种传播方式、途径，帮助主要活动的开展，扩大其影响。如利用大众传播媒体广泛宣传报道，利用广告传播烘托气氛，强化效果。

6）进行效果评估

赞助活动完成后，应进行效果评估，要总结经验，吸取教训。

（1）评估公众评价与反响。

（2）评估赞助计划完成情况。

（3）制作赞助活动的声像资料。

（4）写赞助活动总结。

（5）做好新闻报道剪报资料的存档工作。

7.5.6 社会赞助应注意的问题

要搞好组织的公益赞助活动，必须对赞助活动进行精心策划。公关人员应注意以下问题：

1）赞助要符合本组织的特点

一般来讲，性质不同、特点不同的组织，应选择不同的赞助内容。例如，专营民间乐器的企业，赞助民间艺术展览；专营图书的书店，赞助图书展览会；生产文具的工厂，赞助残疾学龄儿童等。

2）赞助活动要适时

适时进行赞助活动，结合其他专题活动开展公益赞助活动，有利于提高活动的有效性。例如，赞助儿童事业，应选择“六一”儿童节；赞助老人活动，则选择“重阳节”更合适。结合组织的开业、周年庆典、新年节庆，或者在组织受奖之时进行公益赞助活动，也更易引起公众注意。

3）突出赞助的独特性

策划赞助活动最忌千篇一律，人云亦云，公关人员要敢于占先，独辟蹊径。只有这样，才能出奇制胜。如美国强生公司（一家以药品生产为主业的大型国际化公司），在1998年就同全美反家庭暴力联盟合作，为家庭暴力受害者提供避难所，并在此过程中推销公司的产品，还将这一援助行动命名为“避难救助”。

4）特别行业的赞助活动要注意赞助的特殊性

美国万宝路公司利用赞助做广告，从美术展览到汽车大赛的一系列文化、体育领域里，都能看到万宝路的赞助活动。万宝路巧妙地回避了吸烟、健康等敏感问题，在烟草行业不允许做广告的政策法令制约下，在受反对吸烟的强大舆论影响下，万宝路在这种对组织发展不利的环境中取得了成功。

5）要优先对各种慈善事业、社会福利事业和活动、公共设施、教育事业进行赞助

赞助社会福利和慈善事业，是指组织通过出资参加社区市政建设，为各种需要社会照顾的人提供物质帮助和开展义务服务活动等措施。对社会承担义务和责任，既有利于组织搞好与社区、政府和公众的关系，又有利于扩大组织的影响。

本章概要

主要概念

公共关系专题活动　新闻发布会　庆典和纪念活动　展览会　世界博览会　社会赞助

内容提要

● 本章主要介绍了公共关系专题活动的特征与目的以及公共关系专题活动的模式、庆典和纪念活动、展览会、社会赞助等公共关系专题活动。

● 公共关系专题活动是指所有以树立企业自身形象、引起公众关注、扩大社会影响为明确目的的专门活动。公共关系专题活动具有主题明确、单一，感染力强和时效性强等几方面的特征。

● 策划公共关系专题活动的目的主要有以下几方面：制造新闻、为促销服务、制造喜庆气氛、联络感情、挽回影响。

● 公共关系专题活动的模式有：宣传型活动模式、交际型活动模式、社会型活动模式、维系型活动模式、防御型活动模式、矫正型活动模式。

● 新闻发布会是社会组织为公布重大新闻或解释重要方针政策而邀请新闻记者参加的一种公共关系专题活动。新闻发布会的特点：权威性、开放性、速度比较快、成本比较高。

● 新闻发布会的准备工作：确定新闻发布会的主题、选择会议主持人和发言人、准备发言稿和报道提纲、确定邀请记者的范围、制定会议费用预算、具体事务安排。

● 庆典和纪念活动是现代社会组织根据其本身及所处社会环境中有关的重大事件、纪念日、节日等所举办的各种仪式、庆典和纪念活动的总称，它包括开幕典礼、周年纪念、节庆等。

● 开幕典礼的组织工作包括以下几个方面：拟定宾客名单；确定典礼程序及安排接待事宜；确定剪彩人员；确定主持人、致贺词人、答词人的名单；安排助兴活动；组织参观；颁发纪念品等。

● 展览会是一种以实物、文字说明、图片、模型、幻灯片、录像等来展示社会组织成果，树立社会组织形象的公共关系专题活动。展览会的特点：直观性、复合性、双向性、新闻性。

● 社会赞助是指组织通过无偿地提供资金或物质对各种社会公益事业做出贡献，以提高社会声誉、树立良好社会形象的公关专题活动。

● 社会赞助的意义可以简要概括为以下几个方面：是提高社会组织知名度的一个重要传播手段；能够促进企业产品的销售；有利于体现组织的社会责任感；有助于沟通和培养组织同公众的良好情感。

● 社会赞助的形式主要有：赞助体育运动、赞助文化艺术活动、赞助科学教育事业、赞助各类社会公益事业、赞助学术理论研究活动。

● 社会赞助的方式：资金赞助，产品赞助，服务支持，设备、设施赞助。

社会赞助应遵循的原则：自愿原则，社会效益原则，传播效果原则，量力而行原则，合法、合理原则。

● 社会赞助应注意的问题：赞助要符合本组织的特点；赞助活动要适时；突出赞助的独特性；特别行业的赞助活动要注意赞助的特殊性；要优先对各种慈善事业、社会福利事业和活动、公共设施、教育事业进行赞助。

内容结构

本章内容结构如图7-1所示。

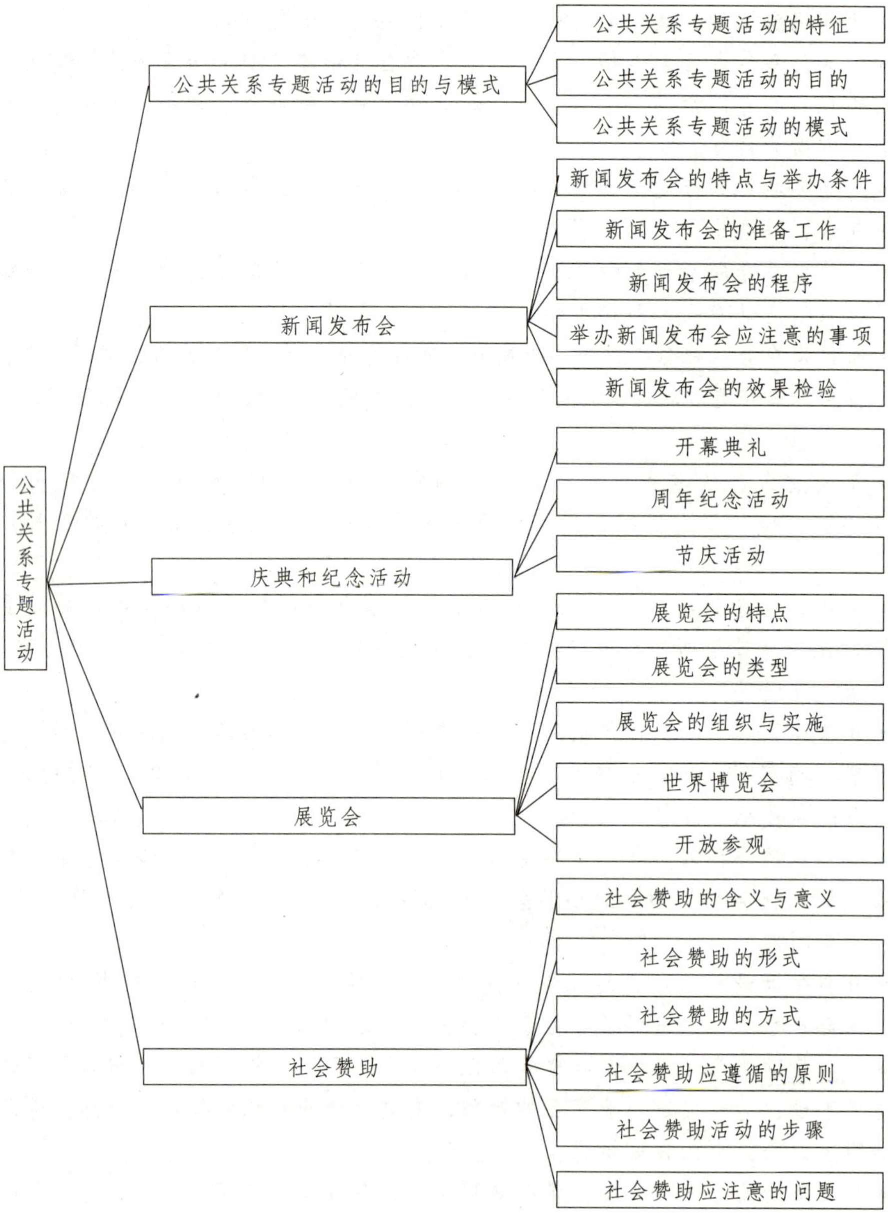

图7-1 本章内容结构

单元训练

传承型训练

▲ 理论题

△ 简答题

1）策划公共关系专题活动的目的主要包括哪些？

2）简述社会赞助的形式。

3）论述社会赞助的意义。

△ 讨论题

1）为什么要优先赞助社会福利事业？

2）社会赞助应注意的问题有哪些？

▲ 实务题

△ 规则复习

1）简述社会赞助的原则。

2）简述组织展览会的一般程序。

△ 业务解析

1）开幕典礼的组织工作包括哪几个方面？

2）组织开放参观要做好哪些工作？

▲ 案例题

△ 案例分析

“训练目的”“教学方法”“训练任务”同第1章本题型。

【相关案例】

华为云再出发：让技术温暖更多人

背景与情境：2021年4月22日，“苏州·进而有为 华为云城市峰会2021”在苏州金鸡湖凯宾斯基大酒店成功举办，在活动现场展区的一角，一所特殊的邮局吸引了众多参会人员的驻足围观。

这所邮局正是华为云在本次峰会特设的“Cloud for Good小邮局”，现场的参会人员不仅可以通过展台上的视频完整了解华为云“Cloud for Good”的初衷与理念，还可以挑选印有“Cloud for Good”故事的精美明信片，填下寄送地址后，这些特殊的明信片就会被盖上“Cloud for Good”的邮戳并寄往全国各地，将技术的温度传递给更多人。

“Cloud for Good”由华为云在2019年提出，旨在推动技术普惠，联合伙伴赋予技术温度和感性，为社会创造不凡价值。该行动聚焦“推进均衡发展、保护脆弱环境、促进健康福祉、平等优质教育”四大领域，力图在商业之外，与合作伙伴一起把云、AI、5G等技术分享给更多有需要的个体和组织。

对于华为云来说，“Cloud for Good”不仅仅是一句空喊的口号或抽象的理念，更是真切发生在你我周围的行动。自2019年“Cloud for Good”被正式提出以来，华为云就联合包括医疗、遥感、气象、教育、农业、环保等在内的各行业优秀企业，策划和推出了一系列践行“Cloud for Good”理念的行动，把技术扮演的角色从“冰冷的机器”和“一行行代码”转化成了有生命力、有灵性的行善者，让社会和民众感知到了科技的美好。

截至目前，华为云“Cloud for Good”已联合200多家合作伙伴聚焦“推进均衡发展、保护脆弱环境、促进健康福祉、平等优质教育”四大领域的社会话题，将“Cloud for Good”行动带到了20个城市，惠及了2 000多万人。

一个人的力量是渺小的，一个企业的力量是有限的，只有与秉持相同理想和信念的伙伴携手同行，才能凝聚更灿烂的科技之光。未来，华为云将进一步降低技术门槛，联合更多伙伴传递科技温度，在商业之外，让技术更有温度、更有灵性、普惠更多人。

资料来源 CICI.华为云Cloud for Good再出发：让技术温暖更多人［EB/OL］.［2021-04-23］. https：//news.mydrivers.com/1/752/752843.htm.

问题：该案例涉及本章的哪些知识点？请结合相关知识点评析上述案例。

分析要求：参照第1章本题型的“分析要求”。

△ 课程思政

“训练目的”“教学方法”“训练任务”同第1章本题型。

【相关案例】

别人的灾难，你的风景？

背景与情境：河南遭遇千年一遇的暴雨，牵动着无数人的心。一方有难，八方支援。腾讯、蚂蚁集团、字节跳动、小米、鸿星尔克等企业纷纷捐款、捐物驰援河南，搭建援助平台，扩散求助信息。眼看众多企业纷纷救灾捐钱，有的企业却借势天灾来进行营销策划，甚至吃起了“人血馒头”，引起公众的极度不适。

比如，康桥集团发布的地产海报，所配文案是“入住高地，让风雨只是风景”。对于别人来说，这场暴雨堪称是一场死里逃生的考验，河南人民在暴雨中拼命挣扎，各路救援队伍连夜集结驰援河南。但在康桥集团的笔下，这一切却成了“风景”，这到底有没有同情心？

亚星集团的海报中，以“无车位”和“有车位”进行对比，借势暴雨话题卖起了车位。这是把自己的快乐建立在别人的痛苦上。

再看永威置业：“就算大雨让这座城市颠倒，有车位无烦恼。”只要三观和思维都正常的人，看了这样的海报画面都会感到不舒服。

面对网友的愤怒，康桥集团很快发布了致歉声明，表示将深刻检讨和反省，第一时间将相关广告画面删除，成立专项组审查处理，将事件相关责任人免职、降薪、降职。但康桥集团的致歉，一点诚意都没有——竟表示是“内容未严格审核”，这样的说辞显然难以服众。

资料来源 佚名.河南暴雨灾情，企业纷纷捐款驰援，个别企业居然无脑借势营销［EB/OL］.［2021-07-21］. https：//www.163.com/dy/article/GFET9RBE0534U2DG.html.

问题：

1）本案例中存在哪些思政问题？

2）试对上述问题做出你的思政研判。

3）对照本教材“附录三”的附表3和网上调研资料，说明你的思政研判所依据的行业规范。

研判要求：参照第1章本题型的“研判要求”。

创新型训练

▲ 决策设计

“决策设计-Ⅱ”训练

【相关案例】

茅台酒的出名之道

背景与情境：茅台酒本来并没有什么名气。有一次，厂家代表带它去参加在印度新德里举办的世界酒类饮料博览会。世界著名的酒类品牌绝不会放弃这样的大好机会。茅台酒是首次参展，光租展位，就是很大一笔开销。但厂家认为，只要能够提高知名度，还是值得的。然而，面对法国的香槟等西方传统的酒类饮料，人们对来自中国的茅台酒展位根本不屑一顾。展览的第一天，茅台酒基本无人问津。面对这样的尴尬局面，茅台酒展览工作人员急得团团转，为此，他们决心要扭转这种受冷落的状况。第二天的展览开始之后，在人流达到最高峰的时候，工作人员急中生智地拿着一瓶茅台酒走到展厅中央，不小心将它“打翻”在地。顿时，整个大厅充满了茅台的酒香。参观展览的人立即被这从来没有闻到过的香味所吸引，好奇地相互打听这是什么牌子的酒。茅台酒展览人员抓住这一机会，向参观者介绍茅台酒。很快，茅台酒展位吸引了大批参观者，随即引起整个展览会的轰动，新闻媒体也闻风而动，纷纷予以报道。结果，茅台酒在本次展览会上获得了金奖。从此，它身价百倍。

问题：

1）你如何看待茅台酒的出名之道？本案例中茅台酒的这种行为可取吗？案例涉及本章的哪些知识点？

2）本案例中，茅台酒的行为体现了展览会的哪个特点？

3）你能为当时参展的茅台酒设计出一个不一样的吸引参观者的方法吗？

【成果形式】

训练课业：撰写《“茅台酒的出名之道”决策设计方案》。

课业要求：参照第2章本题型的“课业要求”。

第8章 公共关系危机管理

- 学习目标
- 8.1 公共关系危机概述
- 8.2 公共关系危机管理的含义与意义
- 8.3 公共关系危机处理的原则与程序
- 8.4 公共关系危机的预防
- 本章概要
- 单元训练

学习目标

传承型学习

通过以下目标，建构以“公共关系危机管理”为阶段性内涵的“传承型”学力：

理论目标：学习和把握公共关系危机与公共关系危机管理的相关概念，公共关系危机的特点、类型、成因，公共关系危机管理的意义，公共关系危机预防的意义等陈述性知识；用其指导“同步思考”、“深度思考”和相关题型的“单元训练”；体验“公共关系危机管理”中“理论知识”的“传承型学习”及其迁移。

实务目标：学习和把握公共关系危机处理的原则、程序与对策，公共关系危机预防的措施等知识；体验“公共关系危机管理”中“实务知识”的“传承型学习”及其迁移。

案例目标：运用本章理论与实务知识研究相关案例，对本章“同步案例”和“老干妈的危机公关”等业务情境进行多元表征，体验“结构不良知识”的“传承型学习”及其迁移；依照相关规范或要求，对“课程思政8-1”和“狗不理的‘霸道’公关”等案例中的企业或其从业人员行为进行思政研判，培养高尚的道德情操，树立社会主义核心价值观。

引例　我国政府面对新冠肺炎疫情的危机管理

背景与情境：2020年初，新型冠状病毒肺炎疫情突然暴发。在中国，疫情先在荆楚大地暴发，后波及全国，中华民族面临严峻考验。这一次的疫情犹如洪水猛兽，令人猝不及防。就在中国全力抗击疫情时，一些西方国家更借机贬损，问责打压，变相封杀我国的经济贸易，中断国际交通，将我们列入外交隔离黑名单。特别是以英美为首的国家，其最高领导人及外交部发言人趁势造谣，抹黑中国形象，企图混淆视线，让中国背负莫须有的责任与骂名。

面对这场突如其来的失控，中国该怎么办？其实，中国应对危机的能力，今非昔比，早已掌握到解决危机的原则要领，能高效地化解眼前的困局。

首先，勇于承担责任。中国意识到这场病毒的严重性，立即启动一级戒备状态。一声令下，武汉率先封城，紧接着湖北省，再到全国各地，直至14亿中国人民窝居在家，以示全民抗战的决心。同时，我国政府积极开展应对措施：一方面，快速解决紧急且重要的问题，号召全国成立支援小队，分配至各疫情重灾区；加强防疫宣传，并及时解决居民衣食住的需求；创建方舱医院，缓解医院人流过密的压力。另一方面，政府通过媒体向公众表达了抗疫决心，严密排查，逐步重建公众信心。在隔离期间，通过快手、抖音等社交平台，官民建立近距离的沟通与交流，使人们的情绪得到排解。

其次，真诚与民众沟通。疫情早期信息比较模糊，政府的信誉被质疑。为此，在全民宅家时期，国家全面开启社交平台，进行公开透明的信息传送。各地政府陆续开通抖音、快手等短视频平台，将疫情信息第一时间发布到官方媒体账号，并开放留言评论区，与网友进行互动沟通；微博、今日头条等内容运营平台，及时带动疫情话题讨论，逐步引导积极、正面的舆论走势。针对市民关于疫情的疑问，政府在市长热线中增设了“疫情专线”，便于市民反映社区管理的情况。面对投诉建议，政务服务中心也进行了回访，并与街道、居委了解情况后，做出信息反馈。此外，官方对应的微信公众号也开设意见沟通渠道，使居民在疫情期间也能尽自己的一份责任。

再次，快速解决问题。武汉在暴发新冠肺炎疫情后，国家最高领导层第一时间下令封城，阻隔病毒的传播。2020年1月20日，习近平总书记就新冠肺炎疫情做出指示：各级党委和政府及有关部门要把人民群众生命安全和身体健康放在第一位，制订周密方案，组织各方力量开展防控，采取切实有效措施，坚决遏制疫情蔓延。作为国家领导人，在处理危机时要满足“三不”要领：不扩大、不蔓延、不升级。如此高效的回应，除了体现大国领导人的责任与担当，更将全国人民的心紧紧凝结在一起，令人产生信赖感。

最后，进行系统运行与权威证实。中国在应对疫情防控方面十分严谨，哪怕是掘地三尺，也要追溯路径，精确落实接触范围；同时，启动不同的应对措施，根据目标人群进行分群管理与医治，避免引发新的危机。相比之下，美国政府的毫无作为使得整个国家的医疗系统瘫痪，最终导致病毒肆无忌惮地横行。

此外，当武汉疫情引起民间的困惑与猜测时，钟南山院士率先赶赴一线，了解病毒的传播途径。作为SARS抗疫英雄，他的出征让民众吃了一颗定心丸。更有网民评价：钟南山所到之处，没有黑暗。他的权威性更确定了武汉第一批敲响警钟的医护人员的发现，极具参考性。

一场疫情给无数家庭造成重创，但新媒体时代，政府巧用危机公关的应对策略，创造出多元化的传播方式与解决问题的途径。毫无疑问，中国在这场不幸的全球危机中找到了适合自己的创新发展之路，重塑国家形象，铸就大国担当。

资料来源 张洁．公关策略5S原则，如何助力全球危机走出困局｜前沿［EB/OL］．［2021-05-10］．https://www.chinapr.com.cn/252/202105/2941.html.

本章我们将介绍公共关系危机的含义及处理艺术等内容。

8.1 公共关系危机概述

任何一个社会组织在其发展过程中，都不可避免地遇到许多突发的、对本组织发展不利的意外事件，如环境污染、产品质量受到投诉、严重的交通事故、组织内部安全事故、社会舆论的负面报道等。正所谓天有不测风云，这类事件一旦发生，对组织的生存和发展就是一次严峻的考验；若处理不当，对组织的打击就是致命的。

8.1.1 公共关系危机的含义与特点

1）公共关系危机的含义

当今社会瞬息万变，人们在享受着科技发展和进步所带来的便利和舒适的同时，也面临着越来越不稳定的社会环境，突发事件和危机的发生在所难免。按照《辞海》的解释，危机指的是“潜伏的祸机，生死成败的紧要关头”。

公共关系危机是指社会组织由于突发事件或重大事故的出现，导致其面临强大的公众舆论压力和危机四伏的社会关系环境，使组织形象严重受损，组织的公共关系处于危机状态。

危机公共关系是指组织对危机事件进行预测与防范、发现与处理以及修复与完善组织形象的一系列活动过程。公共关系危机是一种状态，是对所出现的问题的描述，而危机公共关系强调的是一种行动过程。

美国某机构对全球500名大公司董事长和总经理进行了一项关于危机的调查，结果显示：

（1）80%的被调查者同意现代企业面对危机就好像面对死亡一样不可避免，在寄回调查问卷的公司中，74%认为曾接受过严重危机的挑战。

（2）57%的被调查者表明，过去一年在企业内潜伏的危机最近有爆发的可能；38%的人表示，过去一年内在企业潜伏的危机已经爆发了。在他们所讲的这些已经爆发的危机中：72%日益严重；72%日益受到新闻媒体的密切关注；32%受到政府的关注；55%影响公司的正常运转；52%的公司利益和利润受到损失。

可见，就像在战场上没有常胜将军一样，在现代社会中也没有永远一帆风顺的企业，任何一个企业都有遭遇挫折和危机的可能性。从某种程度上来讲，企业在经营与发展过程中遇到挫折和危机是正常和难免的，危机是企业生存和发展中的一种普遍现象。

2）公共关系危机的特点

公共关系危机的特点主要包括以下几个方面：

（1）必然性和普遍性

危机的必然性是指危机是不可避免的，只要有公共关系就会有公共关系危机。这是因为：首先，由于人们主观认识的局限性和客观规律的隐蔽性，人们认识规律、驾驭规律的能力必然会存在偏差，所以任何的错误都可能变为现实。其次，信息传播是公共关系不可或缺的因素，公共关系过程是一种信息传播过程，更是一种控制过程，从信息论的角度看，就是信源通过信道向信宿传递并引发反馈的过程。信息传递的过程中由于噪声的干扰势必产生失真现象，失真即有误差，误差导致错误，错误导致危机。最后，任何策划和决策都以信息为基础，而且方案的执行过程也是一个信息传播的过程，信息经过多层次、多渠道、多阶段的传输之后，其失真现象必趋严重，导致系统的稳定性减弱，一旦震荡度加大，危机便接踵而至。所以，任何一个社会组织在它的发展过程中都遇到性质不同、表现形式各异的危机。

（2）突发性和渐进性

公共关系危机事件是一种突发性事件，但往往是渐进式的。它的发生常常是在意想不到、没有准备的情况下突然爆发的，它是不可预见的或不可完全预见的。由于公共关系大系统是开放的，每时每刻都处在与外界的物质、能量、信息的交换和流动之中。其任何一个薄弱环节都可能因某种偶然因素而致失衡、崩溃，形成危机。它具有突发性特征，也具有不可预测性的特征。如1993年发生在美国的百事可乐罐中有注射针头事件（事后查明是一对老年夫妇在用完注射器后顺手将针头放进了空百事可乐易拉罐中所致），由于传媒报道，造成谣言四起，一周内在美国竟然出现七例同类针头事件，加之公司反应不够及时，在一周后才平息事件，导致百事可乐公司损失了2 500万美元。

从本质上讲，公共关系危机的爆发是一个从量变到质变的过程。危机从其自身发展来说，一般有四个阶段：前兆期—加剧期—处理期—消除期。

前兆期：危机的隐患初露端倪，向组织发出警告。大量事实表明，它是一个转折点，这时危机处在一个不稳定的状态，此时重要的是如何使这种状态向好的方面转化，扼制住它向坏方向转化的可能，化险为夷，转危为安。如果对前兆期的危机信号熟视无睹，它就会膨胀，到一定程度后，就会形成组织公共关系危机的爆发，并迅速蔓延，产生连锁反应，使公众与组织关系突然恶化，使企业措手不及。

加剧期：危机的加剧期已经到来，就不会自行消失。这时，问题暴露，公众投诉，媒介追踪，声誉大降。这个时期，企业或社会公众已较清楚地了解到到底发生了什么事情。有关当事人介入行动，同时安排抢救工作。一旦进入危机加剧阶段，就只能使任何控制危机的努力变成对损失程度的控制。

处理期：处理期是危机灾难发展到顶峰的时期，抢救工作进入关键阶段。在此时期，公关机构设立信息中心，按时把抢救工作的最新消息传送给媒体人士。抢救期短则一两天，长则持续几个星期或更长时间。在发表各种消息时，一定要坚持“公开事实真相”的原则，以避免新闻媒体和社会公众的猜疑、质询。危机的处理期一般包括调查情况、自我分析、安抚公众、联络媒体等工作。

消除期：消除期是指评估工作开始，抢救工作告一段落。在这一时期，除着手准备详细的调查报告外，主管部门和公关部门都还需要做一些具体的事，妥善处理危机后期工作，安抚人心。同时，依靠公共关系手段消除影响，矫正形象。

（3）严重性和建设性

危机事件作为一种公共事件，任何组织在危机中采取的行动和措施失当，将使企业的品牌形象和企业信誉受到致命打击，甚至危及生存。由此，为了应对各种突发的危机事件，西方现代企业一般都将其纳入管理的内容，形成了独特的危机管理机制。例如，伦敦证券交易所为避免企业危机对股市的冲击，就提出了新规定，要求上市公司必须制订危机管理计划，建立危机管理机制，并要定期提交危机预测分析报告。

危机在本质上或事实上对社会组织产生的破坏性是巨大的，必须尽力防范和阻止。但是既然危机爆发了，暴露了组织存在的问题，更是给组织提供了一个检视自我应对风险能力的机会，危机的恰当处理也会带给组织新的收获。从辩证法的角度来看：危机=危险+机遇。

公共关系危机爆发之后，组织的公共关系系统处在不稳定的状态中，有效的公共关系工作必定会在原本无序的公关状态中构建更牢固的公共关系大厦，使无序走向有序。认识危机的建设性，才会采取主动姿态，沉着冷静、满怀信心地面对危机，从中寻找和抓住任何可能的机会；认识危机的建设性，才有可能认识到公共关系危机在破坏公共关系良好状态的同时，也为组织建立富有竞争力的声誉、树立组织的形象和为组织的重大问题的解决创造了机会。

（4）紧迫性和关注性

公共关系危机总是在短时间内突然爆发，使组织立刻处于紧急状态，要求公关人员第一时间全面掌握事实真相。危机爆发所造成的巨大影响，又令人瞩目。它常常会成为社会和舆论关注的焦点和讨论的话题，成为新闻界争相报道的内容，成为竞争对手发现破绽的线索，成为主管部门检查批评的对象。总之，组织公共关系危机一旦出现，它就会像一颗突然爆炸的炸弹，在社会中迅速扩散开来，对社会造成严重的冲击；它就会像一根牵动社会的神经，迅速引起社会各界的不同反应，令社会各界密切注意。

（5）危害性和冲击性

危机事件由于事发突然，内容往往又是与公众直接相关，一经传媒报道，其冲击力是惊人的。如果没有预先的应急方案和及时灵敏的反应，一旦事件被知晓，公众就会迅速从潜在状态转向行动状态，当事的社会组织往往会因这种突如其来的冲击而无所适从，而一旦错过事件处理的最佳时间，则更会导致该事件的恶性发展。

课程思政8-1

“滴滴”们到底缺什么？

背景与情境：2021年7月2日，国家互联网信息办公室发布公告，对“滴滴出行”实施网络安全审查。为配合网络安全审查工作，防范风险扩大，审查期间“滴滴出行”停止新用户注册。两天后，7月4日晚，国家网信办发布通报称，根据举报，经检测核实，“滴滴出行”APP存在严重违法违规收集使用个人信息问题，依据《中华人民共和国网络安全法》的相关规定，国家网信办通知应用商店下架“滴滴出行”APP。作为《中华人民共和国网络安全法》重拳处理的第一个案例，此新闻一出，关注颇多，且大部分人都对这一结果拍手称快，有媒体称这一处罚“深得人心”。

其实这已经不是滴滴出行第一次被卷入舆论漩涡：2018年，一起刑事案件就曾让滴滴顺风车在网上被骂了。众多媒体指责滴滴出行在此次案件当中暴露出来的种种问题，让当时的滴滴顺风车案件被归类为“资本的血腥”，将滴滴比喻成“蘸着血馒头”野蛮成长的“作恶”互联网企业，要求其对本事件承担全部责任。甚至在公司创始人和管理团队发表了《致歉声明》以后，今日头条上讨论最多的话题依然是人们为何不能接受滴滴道歉声明。

经历过成功，同时也因为其失格行为被全网舆论攻击，品牌信誉度大幅下降，直到在技术、产品和业务经营过程中，逾越了法律的底线，被依法下架处理。滴滴出行用了不到10年的时间，经历了一家企业从万众瞩目到万夫所指的全部过程。

资料来源 丁海骜. 从失格到违法，滴滴到底缺什么？[EB/OL]. [2021-07-12]. https://zhuanlan.zhihu.com/p/388930407.

问题：从课程思政的角度研判上述案例。

8.1.2 公共关系危机的类型

社会组织在运营中遇到各种各样的危机，有来自外部的自然灾害，也有来自供应链、生产、销售以及人力资源、财务等各个环节的危机。但是无论哪种起源的危机，一旦发生，组织内部和外部都产生恐惧和怀疑，在组织公共关系上导致危机。

1）从公共关系危机发生的性质上分

（1）信誉危机

信誉危机也称形象危机，是指组织由于在经营理念、组织形象、管理手段、服务态度、组织宗旨、传播方式等方面出现失误造成的社会公众对组织的不信任，甚至怨愤的情绪。这种危机尽管看上去是软性的、人气方面的，但是它直接影响组织的经济效益和可以量化的其他收益。因此，信誉危机是真正意义上的公共关系危机，它是组织形象在公众心目中的倒塌，是公关工作的重大失误，如不及时想办法挽救，很快就会波及组织的其他领域，带来灾难性的损失。

（2）效益危机

这种危机是指组织在直接的经济收益方面面临的困境，如同行业产品价格下调、原材料价格上涨；行业恶性竞争；产品市场疲软，产品过剩；组织的投资出现了偏差等。

（3）突变危机

突变危机主要是指遭遇灾害造成较大生命财产损失的危机。在这类危机中，一部分是指自然灾害，如地震、风暴、洪水、泥石流、雪崩、火灾、流行病等；另一部分是指人为的灾难，如抢劫、盗窃、破坏、爆炸等。

（4）潜伏危机

潜伏危机是指危机的因素已经存在，但没有被人们意识到的危机。如安全防火设施破坏、缺乏防火意识，或设备本身不过关、缺乏质量意识等。潜伏危机比显在危机具有更大的危险性。犹如一座冰山，显在危机是浮在水面的部分，所占比重小，容易被人重视；潜伏危机犹如处于水下的冰山本体，不容易被发现，且危险性更大。

2）从公共关系危机的表现形式上分

（1）点式危机

这种公共关系危机事件的出现是独立的、短暂的，和其他方面联系不大，产生的影响比较有限，它往往是产生在一定范围内的局部性危机，这也是一种程度较轻的危机状况。在实际的公关工作中，这种危机属于一般性危机的范围，大部分情况下，处在隐性危机状态。它可能是组织内部某些局部和一些具体因素由于控制不严造成的具体方面的失控和混乱。但是这种危机是大危机到来的征兆，如不及时将问题消灭在萌芽状态，就会酿成大祸。

（2）线性危机

这是指由某一项危机出现的影响而造成的事物沿着发展方向出现的一系列接二连三的危机连锁现象。这种状况往往造成的是一个危机流，如不赶紧阻挡事态发展的势头，就会造成大的灾难。线性危机的根本原因在于事物之间的联系。当组织在公关的某一方面工作中出了问题，面临危机时，一定要措施得当，力度适当；如果在某一环节上出现偏差不及时处理，造成失控，那么困难的局面会像多米诺骨牌一样发生连锁反应，最终由一次危机演变成一系列的危机。

（3）周期性危机

这是一种按规律出现的危机现象，也就是由于事物的性质和发展规律造成了某些公关工作在经过一段时期后，有节律地出现困难现象的危机状态。例如，某些产品的销售，有旺季，也有淡季。当进入淡季后，就要有相应的处理措施，以应付不利的局面。这种周期性困难是一种可以预测、能够预防的危机。也就是说，公关人员经过几次危机的锻炼后，就会找到危机出现的规律。当积累了一定经验后，就能够把握其规律，控制这种危机的出现，避免危害的发生。

（4）综合性危机

这种危机是指在一个社会组织中，突然出现了兼有以上几种危机汇成的“爆炸性”危机。它是一种迅速蔓延的危机状态，也是一种最严重的危机状况。它一般先是点式危机处理不得当造成了线性危机，再加上其他因素的作用，使危机的事态急剧恶化，短期内迅速发展成一种一败涂地的重度危机局面。这种危机的程度最深，挽救和扭转相当困难。一般而言，必须组织内部群众群策群力、上下同心去面对。必要时聘请相关方面的专家，提供专业的意见和建议，或者汇集公关专业人士协同组织的管理和决策者对危机事态进行紧急会诊，及时找到解决的突破口，不然就会彻底葬送已经建立的事业。

8.1.3 公共关系危机的成因分析

美国危机管理专家诺曼·奥古斯丁形容说：“危机就像普通的感冒病毒一样，种类繁多，难以一一列举。”的确，经营管理不善、市场信息不足、同行竞争，甚至遭到恶意破坏等，或其他自然灾害、事故，都可能使得现代组织处于危机四伏之中。

引起组织公共关系危机的原因很多，大体可以分为组织内部原因和组织外部原因。

1）组织内部原因

由组织内部原因引起的公共关系危机主要有以下几方面：

(1) 组织行为不当引起的危机

组织行为不当引起的危机是指社会组织在其运行过程中，由于自身行为的不得当或工作失误，而给社会公众带来了损失和危害，引起公共关系的危机。对于一个组织来说，生产工艺设计欠科学、财务管理不善、产品质量与广告宣传不相符、对消费者的承诺不能实现、随意提高产品价格、服务不周等引起的危机，都属于此类危机。危机发生后，组织社会声誉严重下降，经济活动受到很大影响，甚至出现生产经营活动的全部停滞。

由于组织行为不当而引起的危机是社会组织主观原因造成的，所以它具有以下两个特征：

一是可预见性，即公共关系危机的发生是可以预见的。社会组织在经营活动中，由于自己的行为不得当，而损害了社会公众的利益，必然会引起社会公众的强烈不满，使社会组织处于尴尬状况，组织公共关系危机必然发生。

二是可控制性，即公共关系危机是可以控制的。既然危机是由于组织的行为不当引起的，是组织自身的原因造成的，那么如果组织平时就能够采取有效的措施加以防范，在一定程度上也是可以控制的。

(2) 经营管理者决策失误引起的危机

管理的最终目的是使企业的经营目标、公关目标与企业的内外部环境、条件相适应，达到动态的平衡。一旦决策失误，势必使企业的经营行为受挫，产生危机。如20世纪70年代的石油危机冲击着汽车制造业，迫使许多汽车商生产节能型汽车。而克莱斯勒公司的高管则坚持生产大型的豪华车以“保持自己的风格”，这一错误决策使企业一败涂地，出现了严重的亏损。

(3) 员工素质低下造成的危机

组织是由员工组成的，而员工素质的低下也常常给组织带来危机，这方面的例子确实很多。如宜家危机是由于一位北京消费者向媒体反映，其在宜家购买的商品两周都没有送到，随后众多类似的投诉引发了宜家来华后的首次危机。

(4) 没有建立正常有序的传播沟通渠道

许多企业在传播沟通意识上还存在两大盲点：一是无限制扩大组织机密范围；二是只知道信息的单向发布，而不知道信息的及时反馈，如广告效果的测评。

(5) 产品质量问题或违法行为引发的危机

产品质量问题或违法行为引发的危机更容易引起公众的关注。如光明牛奶危机，郑州市食品药品安全委员会发表书面调查文件称，郑州光明使用了在保质期内的库存奶进行再加工。肯德基的“苏丹红”危机是质检部门在其新奥尔良烤翅和新奥尔良烤鸡腿堡中检出了“苏丹红”成分。

2) 组织外部原因

由组织外部原因引起的公共关系危机主要有以下几方面：

(1) 由自然灾害等突发事件引起的危机

突发事件是指突然发生危及公众生命财产，给公众带来重大损失，给组织形象造成严重损害，影响组织公共关系的事件。对于一个组织来说，诸如飞机失事，火车脱轨，轮船沉没，毒气泄漏，食物中毒，火灾，爆炸，坍塌，产品漏电、漏水、漏油等恶性事故均属于突发事件。突发事件使组织陷入巨大的舆论压力和危机之中。因此，对突发事件处理的效果如何，是关系到组织生死存亡的大事。

在市场经济条件下，竞争激烈，社会环境错综复杂。社会组织在这样的环境中从事经营活动，突发事件是在所难免的。突发事件一旦发生，必然会给社会组织带来灾害性的打击，而要处理好突发事件，重新恢复组织的声誉，则要通过组织开展行之有效的公共关系活动来实现。

（2）体制和政策因素引起的危机

国家的经济管理体制和经济政策是企业难以控制的外部因素，它对企业的经营和发展产生着重大影响和制约作用。一般来讲，任何企业都希望国家经济管理体制和经济政策有利于本企业的生存和发展，如果体制不健全，政策对企业发展不利，那么企业可能在经营活动中遭遇很大风险，出现严重问题，甚至陷入一种欲进不能、欲退不忍的困境。在这种情况下，出现公共关系危机是完全有可能的。

（3）由媒介对组织的负面报道而引起的危机

学习微平台

延伸阅读8-1

舆论的负面报道有两种情况：一种是对组织损害社会利益行为的真实报道，如违章排污、生产的产品有质量问题或不符合卫生标准、内部员工有伤害消费者的言行等；另一种则是对组织情况的一种失实报道，它往往是由部分公众向媒体投诉而引起的，也有部分是因为组织与传媒界的个别记者交恶而受到中伤。

对前一种负面报道，组织应该首先以负责的态度向公众表明对此类事件的改正决心，并主动采取行动，解决引起负面报道的有关问题，并对因此类事件而受到伤害的目标公众给予某种补偿；再进一步告诉公众，组织本身将以此为鉴，在内部制度健全、员工素质教育及外部承担社会责任各方面，完善下一步计划与决策安排。

后一种负面报道，通常是社会组织在运行过程中由于疏忽或其他原因造成工作方面局部失误而被新闻媒体夸大或渲染报道，使社会组织处于困境之中。社会组织在工作中出现局部失误是不可避免的，失误出现后，对社会的危害并不大，但由于新闻媒体对事实的了解不够全面，或记者听取一面之词，或主观判断，继而加以报道，结果使一件本不严重而且可以纠正的事情被报道得过分严重，使公众哗然，事态恶化，即使组织纠正了失误，也处于危机之中。这种危机的处理是一件非常棘手的事情，因为新闻媒体的报道影响力大，公众印象深刻，而且可信度大，已经报道出去的消息再去纠正，难度是相当大的。因此，及时有效的公共关系活动就成为处理危机的重要途径。

同步思考8-1

问题：如何处理由于媒体的失误而发生的不利于本组织的负面报道？

（4）竞争对手或个别敌对公众的故意破坏而引起的危机

如“泰诺”事件，此类危机由于是人为恶意破坏，往往会对公众造成某种严重后果。1986年2月10日，距强生公司首次发生“泰诺”危机事件过去不到4年，美国各电视台的晚间新闻报道了一名居住在纽约州扬克斯的妇女服用添加毒素的强效“泰诺”胶囊后不幸死亡，强生公司的噩梦又开始了。公司再次迅速展开行动。事件发生后的第二天，董事长伯克就召开了新闻发布会。公司通过电话调查发现，公众并未将过错归咎于强生公司，但两天以后，当又有“泰诺”胶囊被发现掺有剧毒后，公司的噩梦加剧了，公司开设的“泰诺”免费咨询热线接到了15 000次电话，公司再次停止了“泰诺”胶囊的生产。董事长伯克对媒体说：“我感到很痛心，我们不相信会再次发生这种事情，没有任何人能料到这个。”尽管“泰诺”胶囊的利润在强生公司的净利润中占13%左右，公司仍决定彻底停止生产作为非处方药物的“泰诺”胶囊，并承诺消费者可将手中的“泰诺”胶囊免费更换为比较不容易受到破坏的“泰诺”片剂。这次的“泰诺”胶囊回收使强生公司损失了1.5亿美元的税后收入。

（5）民族情结引发的危机

民族是人们在历史上形成的一个有共同语言、共同地域、共同经济生活以及表现于共同文化上的共同心理素质的稳定的共同体。同一民族使用共同语言文字，共育出民族文化，也共享着民族潜意识的心理内容。民族情结是人们有意或无意地在语言和行为上集中地表现出来的民族自我意识。任何一个民族的人们都热爱本民族的历史和优良的文化传统，习惯于本民族的习俗、生活方式，并关切它们的存在和发展，这种表现通常也被称为民族感情。

2021年3月24日，网上掀起了抵制H&M的热潮。原因是H&M发布声明表示，H&M不与位于新疆的任何服装制造工厂合作，也不从该地区采购产品或原材料。中国网民们愤怒了，央视新闻发表评论，批评H&M“在中国赚个盆满钵溢，却中伤中国、肆意栽赃，这种企业毫无基本商业伦理，逾越底线”，“只会换来中国消费者自卫，用脚投票，以抵制教训不守规矩的企业”。“新疆棉”事件爆发后，H&M被国内电商、点评网站，甚至地图APP都屏蔽拉黑，全国各地的门店生意一夜入冬，关店的、退租的新闻不断见诸媒体。

课程思政8-2

耐克与“新疆棉”事件

背景与情境：“新疆棉”事件中，瑞典H&M虽然是马前卒，耐克却有过之而无不及，它不光辱华，甚至可以说是反华。H&M的声明是不再与位于新疆的任何服装制造工厂合作，也不从该地采购产品或原材料。耐克不光自己不用新疆棉花，还要求所有合作商也照做，同时明确表示青岛工厂不得从新疆地区招聘员工。如果说H&M是造谣的始作俑者，那耐克就是对谣言深信不疑、目的就是煽风点火把事情捅大的帮凶。“新疆棉”事件发生后一个月，耐克电商销量暴跌六成，李宁销量暴涨了8倍，安踏也有翻倍的增长。“618”期间，国潮运动品牌成交额增长了9倍。6月25日，耐克发布的季报显示，同北美、欧洲、中东、非洲等地动辄100%以上的增速相比，大中华区就赚了19亿美元，只增长了17%，连22亿美元的预期都没达到，创出了多年来最低纪录。要知道，即便在2020年全球新冠肺炎疫情期间，耐克大中华区营收增速还高达51%，是全球唯一正增长的地区。

资料来源　张生. 耐克，认怂了！[EB/OL].［2021-07-01］. http://www.myzaker.com/article/60ddd3db8e9f0933dd1fef9c.

问题：从课程思政的角度评析耐克在“新疆棉”事件中的态度与表现。

8.2 公共关系危机管理的含义与意义

公共关系危机管理是现代管理领域的一个新的研究课题。现代组织的公共关系人员必须了解公共关系危机产生的原因，树立公共关系危机意识，做好公共关系危机的预防工作，并能根据公共关系危机管理的原则、程序、策略妥善处理各种危机事件，使组织转危为安。

8.2.1 公共关系危机管理的含义

从广义的角度看，**公共关系危机管理**是指公共关系从业人员针对组织自身情况和内外部环境分析预测可能发生的危机，然后制定出针对性措施，一旦发生危机，就能有条不紊地将危机化解，重新恢复信誉和市场的一套机制。从狭义的角度看，危机管理就是危机处理，指对已经发生的公共关系危机事件的处理过程。

8.2.2 公共关系危机管理的意义

由于公共关系的危机事件影响重大而又涉及面广，甚至会危及组织的生存，因此公共关系危机管理具有重要意义：

1）在公众心目中重塑良好形象

公共关系危机的实质就是信誉危机。对于组织来说，无论由何种因素或事件引发公共关系危机，都会影响其在公众心目中的良好形象。危机公关能控制事态的发展，使形象损失降低到最低限度，还可以塑造比危机前更佳的形象。

1982年秋季，在美国芝加哥地区，有7人因服用强生公司的主导产品“泰诺”胶囊而死。事件发生后，人心惶惶，公司营业陷于停顿。面对紧急状态，公司当时的首席执行官认为必须采取强有力的措施，来保证公众的安全和恢复公司最畅销产品的信誉。他们马上成立危机处理领导小组着手调查，发现上述恶性事故是由于不法之徒在胶囊中掺进了氰化物而引起的。公司一方面通过新闻媒体把调查结果和公司为此事所做的努力告知社会公众；另一方面，公司不惜以50万美元的代价将3 100万个胶囊从全国各商店的货架上和家庭药箱中全部收回，然后重新设计了包装，推出带有易于识别的防污染包装的全新药品，并向受损失的公司和个人免费提供，在3个月内将市场占有率恢复到危机前的95%。这个奇迹的取得是有代价的，但与不这样做而引起名誉受损，再去恢复名誉所要付出的代价相比，就显得微不足道了。从商业角度看，“泰诺”危机的处理结果是强生公司再一次证明了它对其客户的关心以及它对道德标准的坚持，赢得了公众的赞誉。虽然这是一场悲剧，但悲剧过后，公司在社会上的美誉度和知名度明显得到了提高。

2）降低或挽回经济损失

给组织带来直接或间接的经济损失是公共关系危机的后果之一，及时并认真地处理公共关系危机，可以尽可能降低或挽回经济损失。

四川某地一位消费者购买了一台重庆某厂生产的电风扇，可是，他在使用的时候触电身亡。此事在报纸上曝光以后，立刻引起了消费者的恐慌，人们大都认为，这家工厂生产的电风扇一定有质量问题。一些购买了该厂产品的消费者要求退货，原打算购买该厂产品的消费者转而放弃了这一念头。该厂的形象发生了严重的危机，并导致该厂产品销售额直线下降，企业陷入了困境。为了克服这种形象危机，该厂开展了一系列公关活动。首先，该厂请有关部门和专家对此事进行认真的调查，对该企业的电风扇的质量进行科学的鉴定。通过调查和鉴定，发现该顾客触电身亡不是由于电风扇的质量问题（漏电）造成的，而是由于他不懂电工知识，乱接电线造成的。其次，当把这些事实调查清楚以后，该厂立即通过新闻媒体把事实真相公布于众，消除消费者的恐慌心理。同时，他们也把专家对该厂电风扇质量的鉴定意见连同事实真相一并公布，利用消费者对专家的“崇拜心理”来化解这场危机。经过积极努力，该厂终于使消费者消除了对该厂的不信任，使企业从形象危机中解脱出来，企业产品的销售额也出现回升趋势，为企业避免了巨大的经济损失。

3）更好地协调与公众的关系

面临公共关系危机时，组织与公众的关系处于不协调的状态。在这种情况下，对公共关系危机进行审慎的处理，目的在于尽力协调组织与公众的关系，形成组织发展的良好环境。

4）为组织的发展带来机遇

从字面上看，“危机”中既包含“危”——危险和危难，也包含“机”——时机和机遇，危机的危险性和机遇性是同在的。中国的一句古语：“祸兮福所倚，福兮祸所伏”，辩证地阐明了危机本质的双重性。危机的危险性不言而喻，危机的机遇性在于：首先，危机可以暴露企业的弊端，使企业能够对症下药，为进一步发展清除障碍；其次，企业在危机中往往会成为公众关注的焦点，如果危机处理得当，可以比在常态下更为有效地提高企业的知名度和美誉度，是提升企业公众形象的一次机遇。危机的危险性是固有的，而危机的机遇性必须基于企业成功的危机处理。

5）为组织处理重大问题创造了机会

正如加拿大企业危机管理专家唐纳德·B.斯蒂芬森所指出的：“危机往往突然而至，立刻为人瞩目并将高层管理人员卷入。当然，危机越严重，越有可能创造出更大的机会。因而危机有三个方面的重要影响：第一，所有人的注意力集中于此，要求大家通力合作；第二，给公司以机会来显示其能力，表明对受影响的人们和所危及的社区利益的关心；第三，使负责处理危机的经理们有机会给上级留下印象。”因此，危机经常成为组织的一个转折点，它为组织建立富有竞争力的声誉、处理组织的重大问题创造了机会。

8.3　公共关系危机处理的原则与程序

任何一个企业的发展都不可能是一帆风顺的，危机处理的关键是建立一个有效的危机处理机制，组织、建立一整套的公关危机监测、预防和快速反应的制度和运行机制。

8.3.1　公共关系危机处理的基本原则

公共关系危机处理就是指组织为了解决自身陷入的危机，挽回不良事件给公众造成的影响和带来的损失而采取的一系列具有预防、扭转、挽救作用的策略和措施。危机处理是公共关系活动的重要内容之一，其是否妥当，直接关系到组织的存亡，所以一旦组织出现危机，处理危机就成为组织的首要问题。如何才能使危机的处理迅速、顺利、有效呢？这就要求公共关系工作者在危机处理时必须坚持以下原则（危机处理的5S原则）：

1）承担责任（shouldering the matter）原则

对社会组织来说，在危机面前，不管谁对与错，都要敢于承担责任，不要企图推卸责任。即使受害者在事故发生中有一定责任，企业也不应首先追究其责任；否则，会各执己见，加深矛盾，引起公众的反感，不利于问题的解决。其实很多危机事件发生后媒体与消费者更在意的是责任人的态度。冷漠、傲慢、推诿等态度会加剧公众的愤怒，把事件本身的严重性放大，甚至转移到道德层面来进行审判。

比如武汉在暴发新冠肺炎疫情后，中国政府将人民的利益摆在首位，把危害降到最低。当承担者的决心与行动让公众和媒体看到后，人们心中的疑虑与不安就会消失，民众更会受到正面的影响，一起加入到扭转局势的活动中。

2）真诚（sincerity）沟通原则

所谓真诚，有三个核心关键：诚意、诚恳、诚实。事实证明，隐瞒事实真相，往往会加剧公众的怀疑，更扩大危机的波及面，其结果势必导致危机无法处理。可以说，危机一旦发生，无论什么原因，社会组织必须从维护名誉、声誉出发，遵循公关原则，放低姿态，并针对事实状况，诚恳传播，掌握主动权。比如，中国政府在抗疫过程中下达“军令”，凡有瞒报现象，一律严惩，并通过自媒体联手群众一起监督，及时收集民间信息，隔绝病毒传播，对于从海外回国的人士不予以特殊待遇。无论哪个城市出现病例，一概追查路径来源，并召开发布会，向外界说明情况。这样的诚意，既是对百姓负责，也能赢得更多支持。

3）速度（speed）第一原则

速度决定事态发展的走势。处理公共关系危机的主要目的在于：尽最大的努力控制事态的恶化和蔓延，把因危机事件造成的损失减少到最低限度；在最短的时间内，重塑或挽回企业原有的良好形象和声誉。为此，危机一旦发生，就要求组织立即投入到危机的处理工作中，及时处理危机，争取时间，平息事态。尤其在如今的社会化媒体时代，一般在问题发生的几个小时之内，人们就会通过微信、微博、今日头条、抖音、快手等社交平台，将信息扩散传播。一般来说，社会组织在8小时内做出积极回应能够缩短1/3的危机持续时间，负面声音也会得到有效控制；如果超过24小时回应，危机持续时间以及爆发规模就很难改变。

4）系统（system）运行原则

危机公关虽然是因某个事件而发起的，具有不确定性，但制订危机公关方案时，需要站在整体的角度进行全面缜密的策划，才能保证危机公关的有效性。系统运行讲究的是全面与深入。不能因为害怕麻烦，害怕结果，头痛医头，脚痛医脚。这种治标不治本的方式，会拖延问题的解决，造成更严重的结果。

5）权威（authority）证实原则

当组织与公众的看法不一致、难以调解时，必须靠权威发表意见。要善于借助公正性和权威性的机构来帮助解决危机，以赢取公众信任。事实证明，在很多情况下，权威的介入将对危机处理起决定性作用。从心理学的角度来讲，一个人批判别人，主要是希望对方正视事实，接受自己的意见；如果自己的批评遭到反驳，几乎没有人会甘心认为自己错了，而对方是冤枉的。但是，如果是第三方人士，特别是具有一定权威、地位的人对此发表意见，则大多数人会理性地倾听或者接受。一般来讲，企业可以邀请政府部门、行业协会、市场研究机构以及有关专家、学者等社会知名人士，就公众普遍关心的问题进行调查和判断，然后通过媒体发布正面信息，让公众了解事情的真相，从而达到消除舆论风波的目的。

比如，2017年8月25日14时，海底捞在北京劲松店、北京太阳宫店食品卫生安全事件爆发3小时后，发表了致歉信。2个多小时后，它又对这一危机发布了7条处理通报。可以说，海底捞上午“沦陷”，下午就“逆袭”了。海底捞在致歉声明中承认，“每个月我公司也会处理类似的食品安全事件”，“我们感谢媒体和公众对海底捞火锅的监督并指出我们工作上的漏洞，这暴露了我们的管理出现了问题”。海底捞强调他们一直在坚守社会责任的底线，而对于管理漏洞深表自责。海底捞在最短的时间内已经在处理通报中出台了一些具体的行动陈述：聘请第三方公司，对下水道、屋顶等各个卫生死角排查除鼠。海底捞“处理通报”中第6条：涉事停业的两家门店的干部和员工无须恐慌，你们只需按照制度要求进行整改并承担相应的责任。该类事件的发生，更多是公司深层的管理问题，主要责任由公司董事会承担。海底捞这种不甩锅、有担当的行为得到了人们的称赞。

总之，在处理公共关系危机事件时，要以圆满解决问题为出发点，紧紧围绕事件，在坚持上述原则的基础上开展工作，其目的是挽回影响，减轻损失，求得合作。

8.3.2　公共关系危机处理的程序

当危机不可避免地发生后，所要做的就是如何减少损失，挽回形象。危机处理的基本过程包括以下几个方面：

1）建立临时的专门机构

临时的专门机构是危机处理的领导部门和办事机构，要由主要领导亲自领导危机的处理工作；根据事件的情况可设领导小组和办公室，并设专人负责事故调查、处理及接待工作。

2）对事件进行调查

调查的内容包括：

（1）突发事件的基本情况：事件发生的时间、地点、原因、周围环境等。

（2）事件的现状与发展趋势：目前状况如何、是否还在发展、采取了什么措施等。

（3）事件产生的原因和影响：引发事件的原因，伤亡的情况及人数，损坏的财产数量及价值，事件涉及的范围，以及在经济上、政治上、社会上是否会带来影响等。

（4）查明事件涉及的公众对象，包括直接与间接的受害公众、与企业有利害关系的部门和个人、与事件的处理有关的部门机构以及新闻舆论界人士等。

3）对造成危机的事件进行分析，判定公关目标

如果事件给社会带来严重危害，公关工作则以寻求受害方和社会对企业的谅解、

宽恕，重建企业的信誉为公关目标；如果事件给组织带来巨大伤害和损失，公关工作则以得到社会的同情、支持，争取人力、物力、财力的资助，迅速恢复组织秩序和解决员工的困难为目标。

4）确定对策，控制险情

在掌握危机事件第一手情况、了解公众的情绪和舆论的反应的基础上，深入研究，迅速确定应采取的对策和措施，及时控制危机险境，力争把组织和公众的生命财产损失降到最低点，这是在危机发生时要果断处理的。在这个过程中，尤其要把公众的利益放在第一位，这是在危机处理完毕后使组织形象得以尽快恢复的基础。接着要尽量控制危机态势的蔓延，使影响不再扩大。危机处理小组成员要按照分工积极妥善做好分管的工作，发挥团队合作精神，齐心协力为共同的目标而努力。

5）抓紧时机，落实措施

这是危机处理的中心环节，公众和舆论不仅要看组织的宣言，更要看组织的行动。组织对危机事件的受害者要诚恳地听取他们的意见，实事求是地承担责任，坚决避免在事故现场与受害者或其家属发生争执。向媒体传递的信息要统一口径，由组织负责人公布事件真相。在实际操作中，当对危机事件的处理意见统一以后，各方面负责人即同时开展工作，按照职责做到各司其职、步调统一、及时交流、保持协调，齐心协力处理危机，使局面向着有利于维护组织形象的方向发展。

在处理整个事件的过程中，组织要始终把公众利益放在第一位。同时，组织还要随时向上级领导汇报情况，使上级领导随时掌握事态发展情况，以便及时给予指导。

6）善后处理，公之于众

对事件做上述处理后，危机处理工作尚未结束，舆论仍在关注危机给组织带来的社会影响，新闻媒体可能还会持续报道一段时间。组织应通过新闻媒体向社会宣传自己的新打算、新变化，邀请有关部门或公众代表到现场参观，回答咨询，做好解释工作。调动各方面的力量，挽回企业形象损失，恢复声誉，重新赢得广大公众的信任。特别是出现重大责任事故，导致社会公众利益受损时，组织必须承担起责任，给予公众一定的精神补偿和物质补偿。在进行善后处理工作的过程中，组织必须做到一个“诚”字。

8.3.3 公共关系危机处理的对策

在危机处理过程中要注意做好以下几方面的工作：

1）对上级有关部门的对策

要与上级有关部门保持密切的联系，以求得到指导和帮助。及时、实事求是地汇报，不隐瞒、不歪曲事实真相，随时汇报。

2）对内部员工的对策

在稳定情绪、稳定秩序的基础上向员工告之事实真相和组织采取的措施，使员工同心协力，共渡难关。如有伤亡损失，做好抢救治疗和抚恤工作。不合格产品引起的恶性事故，要及时收回不合格产品并追查原因。

危机一旦发生，最先恐慌的是企业的员工，而不是社会公众。员工这时就是千万个信源，因此新闻发言人一定要在第一时间迅速启动危机应对程序，把危机的事实真相、处理的方法、对外的信息口径做到有效掌控，充分与员工沟通，给员工以信心与信任，从而使危机不至于在企业内部到处传播。一些企业发生危机后，由于企业缺乏健全的公关机制，往往临时抱佛脚，顾头不顾尾，忽视了与员工的沟通与协调。据资料统计，70%的危机真相传播出自企业自己员工之口。与员工沟通不是隐瞒危机真相，而是明确责任，号召与员工一起共同应对企业危机，这个时候考验的往往是企业日常的管理水平和反应能力。

因此，企业在进行内部公关时，要本着“再苦不能苦员工”的原则，对员工的薪酬、福利等一定要做到按时发放，包括在人文关怀和企业氛围营造上也要多下功夫，以稳定军心。

3）对受害者的对策

要以同情的态度，谨慎地处理好同受害者的关系，冷静地听受害者的意见；受害者即使有责任，也不应立即追究，避免在事故现场与受害者发生争辩；在与受害者接触时，努力做好解释工作，特别是受害者对处理结果不满意时，公关人员要站在公众和企业双方立场上进行协调，争取对方的同情和理解，给受害者以安慰，领导要进行慰问看望，尽可能提供必要的帮助。此外，如无特殊情况，在处理危机过程中最好不更换工作人员。

4）对新闻界的对策

危机发生后，要积极、坦诚地面对媒体。事先应统一认识，统一口径；应尽可能以有利于危机处理的方式向记者公布；由专人负责信息发布，集中处理与事件有关的新闻采访；主动向新闻界提供真实准确的消息，而且提供的数字要经过核实；对新闻界要采取主动、合作的态度。除新闻报道外，组织应在有关报刊发表致歉公告，向公众说明事实真相，向公众表示道歉及承担责任，使社会感到组织的诚意。

危机爆发后，通过媒体报道和传播的介入，一个由媒体、企业、公众等多种利益关系个体所构成的复杂体系就出现了。在这一过程中，大众传媒通过对信息的采集、筛选、加工和传播为公众构建了一个危机的“拟态环境”，这种环境是企业危机成为社会性问题时被大众认知的“真实”。所以，在企业危机爆发后，在针对媒体的策略上企业也要针对“拟态”而动，不仅要纠正自己的错误、处理自己的问题，还要解决在公众中的形象问题，即对媒体传播产生的效果有所作为。

5）对消费者公众的对策

社会公众对企业产品和形象最具发言权，惹恼了消费者、伤害了消费者的企业或产品最终会被消费者抛弃。如2005年6月5日，河南一家媒体曝出郑州光明山盟乳业生产“回锅奶”的新闻后，光明乳业迅速做出反应，并于第二天向消费者宣称：“从来没有做过将变质牛奶返回厂加工再销售的行为，请广大消费者放心。”光明乳业董事长王佳芬在接受媒体采访时也称：“这个事件不存在，光明不可能做这个事情。”但后来的事实证明，生产“回锅奶”在光明乳业的子公司确是一个客观事实。6月24日，光明乳业首次就此事向消费者道歉。但已悔之晚矣，光明对这一事件的做法和态度，带来的是其产品市场销量和信誉度的迅速下滑。光明乳业这一很不成功的危机公关成了“2005十大危机公关案例”，给企业带来了巨大的、不可弥补的损失，也重重地伤害了消费者的感情。

6）对组织所在地的政府的对策

危机既然发生了，企业必须坦诚、理性面对，而这时处理好与当地政府部门的协调关系非常重要，要请政府介入到解决企业危机工作的过程中来，这样更有利于企业获得来自政府层面的大力支持，为有效化解危机赢得时间和权威。同时要尽可能地通过新闻发布会、媒体沟通会等形式告知当地公众危机的危害和解决方案，并获得当地公众的谅解、信任与支持，明确政府和企业有能力解决危机，避免危机的异地传播，避免不负责任或放大性的谣传。看过《蒙牛内幕》的读者肯定了解当年蒙牛所遭遇的危机，2004—2005年这次持续时间之长、危害之大、范围之广、力度之深的“中国企业发展史上最大的‘假新闻诽谤案’”惊动了时任国务院总理温家宝，温总理批示后在各地区各级政府的积极关注和大力支持下，在蒙牛乳业整个团队的努力下，公安部门最终抓获了犯罪分子，蒙牛成功地化解了危机，挽救了企业。可以说，随后蒙牛的产品和形象通过后期系列的公关事件得到了更多、更广泛的认可。

7）对客户的对策

危机发生后，要在第一时间通报企业价值链中的利益方、股东，特别是及时做好与上游供应商、下游销售商、合作银行的密切沟通和说明，以免造成企业更大层面的危机震荡。

同步案例8-1

“过期”的汉堡王

背景与情境：全球大型连锁企业汉堡王宣称“味道为王、食物新鲜”“每一个皇堡都符合汉堡王的皇冠标准”，然而2020年央视“3·15”晚会接到内幕人士举报，汉堡王的标准在实际执行中存在严重问题。节目显示，汉堡王在实际制作汉堡的过程中，并不按照其规定的操作标准和流程进行，存在偷工减料等问题，少放芝士片、西红柿。此外，当其面包过期后，直接对标签进行更换，并未按要求丢弃，已过期的面包被做成汉堡售卖给顾客。

作为全球知名的餐饮巨头，在“3·15”晚会上被爆出随意更改保质期，用过期面包做汉堡等问题，汉堡王无疑成了焦点。针对央视“3·15”晚会曝光的用过期面包做汉堡、鸡腿排保质期随意改等问题，汉堡王中国当晚发声明回应称，汉堡王中国对此非常重视，已经关注到央视“3·15”晚会提及的江西南昌汉堡王餐厅管理问题的报道，立即成立工作组并对该餐厅进行停业整顿调查。同时表示，这是企业管理的失误，将配合政府部门调查。然而众多网友在微博上集体控诉，称汉堡王的回应全是冠冕堂皇的套话，对此回应并不买账。

资料来源　封聪颖．汉堡王回应：3·15晚会曝光问题餐厅隶属加盟商，将停业整顿调查［EB/OL］．［2020-07-16］．https://www.163.com/dy/article/FHMLLMV505129QAF.html.

问题：你如何评价汉堡王的此次危机公关处理？

教学互动8-1

互动问题：很多企业面对危机时，采取鸵鸟政策回避媒体。这样做的问题是什么？

要求：同“教学互动1-1”的“要求”。

同步案例8-2

“饿了么”的危机公关错在哪？

背景与情境：2016年3月15日，互联网新秀“饿了么”等企业被曝光，当天晚上12点前，“饿了么”通过自媒体发布公告：

公告一：

微博认证为“饿了么网上订餐高级市场经理”@饿了么-大先生发微博（吐槽）称：“对不起，饿了么今天忘记给央视续费了。”（后随即被删除）

公告二：

致亲爱的消费者：

“饿了么”高度重视今晚央视“3·15”晚会报道的问题。我们紧急成立专项组，下线所有涉事违规餐厅，并连夜部署，核查全国范围的餐厅资质。

“饿了么”致力于推进中国餐饮业的数字化进程，网络外卖订餐属于新生业态，我们诚恳接受媒体及社会各界的引导和监督，百倍努力，为消费者提供安全放心的用户体验。

问题：“饿了么”的危机公关存在哪些问题？

8.3.4　新媒体时代的危机公关

随着新媒体时代的到来，微博、微信在人们的日常生活中扮演着愈来愈重要的角色，新媒体的出现为政府、企业以及社会组织提供了一个新平台的同时，也给社会组织的舆情监控带来了巨大的挑战。

新媒体的应用加速了传播的速度，助推了危机，任何人有意或者无意的一条微博、一条微信都有可能给企业带来危机。在这个新媒体时代，传播方式变了，社会参与的方式变了，危机公关的方式也在变。

1）新媒体对危机公关带来的挑战

挑战一：人人都有自媒体，负面信息来源更加复杂。

过去企业的负面新闻、危机事件通常来自电视、报纸、杂志等传统媒体的报道，社会化媒体时代是人人都有自媒体的时代，负面信息不仅来自传统媒体，还可能来自客户、非政府组织，甚至来自企业内部员工，而且这些负面信息可以通过网络迅速扩散与传播，甚至被传统媒体进一步报道，形成巨大的危机。

挑战二：传统的负面舆情应对方式已经过时。

社会化媒体时代中，有将近70%的负面内容并非来自传统媒体，而是首先爆发于社区论坛、博客、微博等阵地，这些内容在网民间的传递又像病毒一样迅速，并且是裂变式的传播，随后这些负面的内容又被传统媒体大量地跟进报道。面对如此庞大的社会化媒体阵地与极度快速和裂变式的传播模式，企业公关从业人员在进行企业防御与处理危机的工作中，面临着前所未有的挑战。

深度思考8-1

问题： 当企业面临负面舆情时，传统的处理模式和社会化媒体的处理模式有什么不同？

2）新媒体时代的公关对策

互联网从根本上改变了人们获取信息的方式，信息不再是简单的你发我收，而是主动定制和过滤。新媒体时代的危机公关更需要倾听和分享。企业只有掌握了传播的主动权，在危机公关中才更有胜算。

（1）及时处理，信息透明

第一时间把握话语权，通过网络快速表明立场。在新媒体环境下的危机处理，速度就是一切。基于新媒体环境下的秒新闻，及时的话语权把控显得十分重要，企业必须以最快的速度通过各种方式站出来，利用各类平台发出权威声音，表明立场，紧紧把握信息的走向。另外，信息透明不要小视，互联网不允许组织遮遮掩掩。

（2）动态预案，争取主动

传统的传播模式，特别是在组织危急时刻的传播模式，是经典的“单向”传播：组织发送，公众接收，组织倾听和评估，然后根据反馈调整后再发出信息……这一系列动作完全是线性的。而在今天社交媒体时代，组织要在各个“点”上下功夫，用优质的“点”连接成优质的“线”。这就要求组织掌控信息的方式是“动态的”，组织主动去找寻参与者和分享者，也许这些人是完全陌生的人。这其实是组织传播的良机，是组织传播专家们唯一可以争取主动的机会。

（3）组织管理者要主动参与

今天的社交媒体时代，组织的管理者要主动与利益相关者沟通，与他们对话，参与他们的讨论，因为他们才是社交媒体的主宰。

（4）主动引入网络上的权威

与意见领袖及时沟通，让他们用自己的影响力声援自己的产品、品牌，通过名人的影响力引导正面舆论。比如2012年麦当劳被央视“3·15”晚会爆光食品安全问题后，李开复在微博上用中肯的话语力挺麦当劳，成功引导了网民舆论。

（5）建立危机预警机制

建立全面危机预警机制，强化网络媒体的监控，实施预警机制。

2012年麦当劳的“3·15”事件可谓利用微博进行危机公关的经典成功范例。2012年央视“3·15”晚会曝光了麦当劳三里屯分店的食品安全问题。在信息公布后不到一个小时，麦当劳通过官方微博发布了简短的声明：第一，承认问题严重性；第二，确认三里屯分店的个别问题；第三，向消费者致歉；第四，做出改进承诺。在短短不到140字的致歉信中完美涵盖所有重要信息元素，表达清晰到位。之后几个月麦当劳积极地开展了“参观养殖基地”等一系列活动，成功地“转危为安”。当年4月统计表明，麦当劳三里屯分店竟然奇迹般地没有受到危机影响，营业额还增长了4%。

8.4　公共关系危机的预防

公共关系危机预防是指组织对危机隐患及其发展趋势进行监测、诊断与预控的一种危机管理活动。其目的在于防止和消除危机隐患，保证公关系统和经营管理系统处于良好的运行状态。

通过开展有效的公关调查和监测，危机在一定程度上是可以预见的，在一定程度上也是可以避免的。因此，社会组织应根据可预见性，树立危机意识，采取积极而明智的策略，制定出一套预防危机、对危机事件做出反应的有效措施。

学习微平台

延伸阅读8-2

8.4.1　公共关系危机预防的意义

公共关系危机的预防对组织来说具有很重要的意义，虽然有时危机难以预料，但是有效的预防可以及时发现产生危机的萌芽；即使危机真的出现，也能相对从容地采取有效措施。

1）危机预防有助于培养全员的危机意识

现代的社会组织所处的社会环境复杂，所面临的公众对象多样，各种因素层出不穷且变化莫测，因此出现危机的可能性日渐增大。为了保持组织公关系统的良性运行，就必须对全体员工进行危机意识的培养教育，培养员工的服务意识、形象意识、公众意识、忧患意识，通过各种方式帮助员工找到解决危机的方法，提高对危机的应变能力。

2）能有效地减少危机的形成

危机预防管理工作，实际就是一种有组织、有计划、有科学规程的公共关系危机控制工作。对社会组织可能发生的危机做好了预测，开展了有针对性的工作，就会消除很多隐患，减少危机；即使是在危机到来的时候，组织也不会没有准备，从而减少损失。

3）有利于提高公关危机的处理水平

公关危机事件和事件带来的危害都需要组织去处理、消除。但是，同样的危机，处理水平的高低决定危机危害的大小。做好了危机的预防，对全体员工进行危机教育，进行有计划的预防实践，设立领导小组进行指挥协调，制订应变计划与应变对策，做好物质技术和经费准备以应付不测，并通过对公关系统长期的、持续不断的监测与诊断，为危机处理打下良好的基础，这对于提高社会组织的危机处理水平有积极的作用。

教学互动8-2

资料：战国时期，相传魏文王慕名扁鹊高超的医术，想请他看病。而魏文王与扁鹊的对话，早已被后人广为传诵，其要义可以概括为：上医治未病之病，中医治将病之病，下医治已病之病。

互动问题：从危机预防的角度，这个案例给我们什么启示？

要求：同“教学互动1-1”的“要求”。

8.4.2 公共关系危机预防的措施

“凡事预则立，不预则废。”一般而言，除了一些自然灾害、车船失事等非人为突发事件外，大多数公共关系危机事件都有一个潜伏期。在这个过程中，无论如何隐蔽，都有一些先兆表现出来。

1）树立危机意识

大部分危机在事发前是有征兆的。因此，避免危机产生的关键在于能否做好危机的发现工作。

危机的发现是指公关工作者在日常的公关工作中，通过一些事物的现象和自己长期的工作经验，对危机事件的及时发现和判断：一种是隐性状态下的察觉；另一种是显性状态下的发现。

（1）隐性状态下公关危机的察觉

公关工作还处在表面正常的状态，但是隐患已经在某些因素和环节中存在。例如，组织内部干群关系、部门关系、上下级关系不和；或者是组织内部管理出现了混乱，效益停滞不前；或者是时代进步了，组织发展的脚步却越来越慢，跟不上形势；或者是出现了组织和公众之间的不协调；或者是组织与政府、社区、同行业产生了摩擦等等。在这种情况下，有经验的公关人员就会发现目前的状态只是萌芽，随着事物的进程和发展规律，就会由量变到质变，甚至会由局部发展到全局。

（2）显性状态下公关危机的发现

显性状态下的公关危机比较容易被发现。一般来说，稍有一些公关经验或者常人都可以判断出显性公关危机。显性状态下的危机通常是既成事实的危机状态，而且多是影响较大的突发性危机，常常以重大的损失作为标志，容易为人所重视。

2）建立危机预警系统

组织内部危机公关机构应及时搜集信息，把隐患消灭在萌芽状态。比如，搜集公众对产品的反馈信息，及时解决发生的问题；掌握国家政策信息，及时调整组织战略方针；调查组织在公众中的形象，注意提高组织声誉；掌握竞争对手资料，做到知己知彼。在社会组织内部建立预警系统可以使公共关系人员及早发现危机的早期征兆，这是危机预防的重要手段，其核心是善于监测和积极反馈信息。缺乏必要的危机预警机制，组织会在危机中陷入被动，难以自拔。

组织建立管理上的预警系统，其内容主要有三个：

第一，信息预警。在环境变化、危机酝酿过程中，往往会有征兆，这时就需要企业相关的部门，如营销部、技术开发部、资本运营部、公关广告部等，能敏锐地捕捉到信息，并反馈到企业决策层，从而采取防范措施。可以说，信息预警是危机防范的前提。

第二，组织预警，即设立一个应付危机的常设机构。其主要功能就是一有危机征兆，立即协调运作，使危机的威胁降到最低点。

第三，制度预警，即制定一系列防范危机的制度。例如，针对产品开发危机制定非常规新产品开发制度，针对市场出现产品质量危机制定相应的更换、维修、回收的制度，针对社会上出现不利舆论制定危机中信息发布的制度等等。如此，就可能做到有备无患，防患于未然。

3）设立危机处理机构

危机有极大的危害性，必须像灭火一样迅速将其扑灭。社会组织设立危机处理机构，通过行之有效的工作，可在有危机先兆时防患于未然；一旦危机发生，立即加以遏制，以减少其对组织形象的损害。

危机处理小组成员主要包括：

（1）企业领导。企业领导拥有公司资源的最大使用权，有着最终的决策权。高层管理者的直接参与有助于减少危机发生时的混乱，保证危机尽快、权威地解决。

（2）公关专业人员。包括企业公关部工作人员、企业的合作公关公司，是危机公关的具体执行者，负责危机公关程序的优化和实施。

（3）专业智囊团。专业智囊团具有丰富的危机处理经验，能给处于危机中的企业提供专业的指导和意见。

（4）生产、服务品质保证人员。他们熟悉行业生产服务的流程，在组织出现问题时容易查出问题的根源；便于回答来自公众的问询，特别是解答消费者和媒体的疑问。

（5）人力资源部。确定公司危机期间新闻发言人的人选。

（6）法律工作者。法律工作者熟悉企业日常运作过程中可能出现的各种法律问题，知道企业组织在面对问题时应该采取的步骤和程序，便于保证企业行为的正确性。特别是公众的法律意识逐渐提高，组织随时面临各种诉讼、索赔，法律工作者能够尽早帮助企业解决。

（7）热线电话接待人员。热线电话往往是消费者的第一投诉渠道，这时接待人员的态度是非常关键的。处理得好，危机有可能被消除在萌芽状态；处理得不好，不但不能使消费者满意，而且会加大危机的爆发率。

4）制订危机问题的处理方案

对于一个组织来说，有效的危机问题管理可以防止危机的出现或改变危机发生的过程。实施危机问题管理时，应考虑以下几个方面的情况：检查所有可能对公司与社会产生摩擦的问题或趋势；确定需要考虑的具体问题；估计这些问题对公司的生存与发展的潜在影响；确定公司对各种问题的应付态度；决定对一些需要解决的问题采取的行动方针；实施具体的解决方案和行动计划；不断监控行动结果，获取反馈资讯，根据需要修正具体方案。

5）组织内部媒体公关培训

在发生危机时，组织能否冷静自如、坦诚大度地面对媒体，巧妙地回答媒体的问题，是化解危机公关的一个重要环节。预先对组织领导者以及公关人员进行这方面的培训是非常重要的。

6）建立危机后评估和“亡羊补牢”的制度

危机过后，企业面对的是一系列的新问题。企业需要进行必要的修复，评估危机中的各种表现，以便化危为机，消除隐患，将危机变成对企业的一次洗礼，使企业重获新生。

总之，组织的公关危机在组织整个生命周期中是不可避免的。对于危机，最重要的是要预防它的发生，并预见可能发生的危机；组织越早认识到存在的威胁，越早采取适当的行动，越可能控制住问题的发展。

本章概要

主要概念

公共关系危机　危机公共关系　公共关系危机管理　公共关系危机预防

内容提要

- 本章主要介绍了公共关系危机的含义与特点、类型与成因，以及公共关系危机处理的基本原则与程序等内容。
- 公共关系危机是指社会组织由于突发事件或重大事故的出现，面临强大的公众舆论压力和危机四伏的社会关系环境，使组织形象严重受损，组织的公共关系处于危机状态。危机的特点有：必然性和普遍性、突发性和渐进性、严重性和建设性、紧迫性和冲击性、危害性和冲击性。
- 公共关系危机的类型主要有以下几种：信誉危机、效益危机、突变危机、潜伏危机；点式危机、线性危机、周期性危机、综合性危机。
- 公共关系危机的内部成因：组织行为不当引起的危机；经营管理者决策失误引起的危机；员工素质低下造成的危机；没有建立正常有序的传播沟通渠道；产品质量问题或违法行为引发的危机。危机的外部原因：由自然灾害等突发事件引起的危机；体制和政策因素引起的危机；由媒介对组织的负面报道引起的危机；竞争对手或个别敌对公众的故意破坏而引起的危机；民族情结引发的危机。
- 公共关系危机处理的意义：在公众心目中重塑良好形象；降低或挽回经济损失；更好地协调与公众的关系；为组织的发展带来机遇；为组织处理重大问题创造了机会。
- 公共关系危机处理的基本原则：承担责任原则、真诚沟通原则、速度第一原则、系统运行原则、权威证实原则。
- 公共关系危机处理的程序：建立临时的专门机构；对事件进行调查；对造成危机的事件进行分析，判定公关目标；确定对策，控制险情；抓紧时机，落实措施；善后处理，公之于众。
- 公共关系危机的预防：树立危机意识；建立危机预警系统；设立危机处理机构；制订危机问题的处理方案；组织内部媒体公关培训；建立危机后评估和“亡羊补牢”的制度。

内容结构

本章内容结构如图8-1所示。

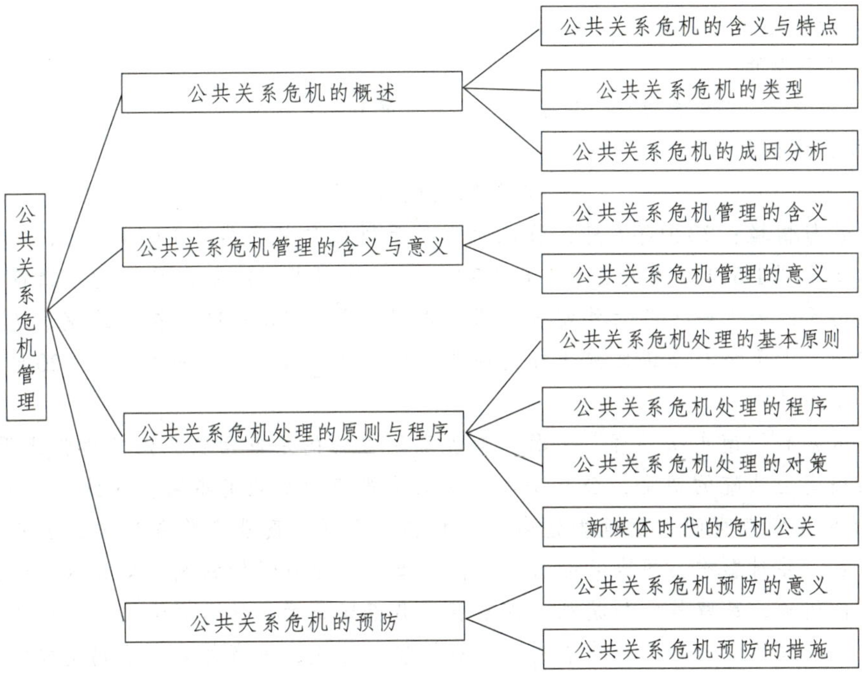

图8-1　本章内容结构

单元训练

传承型训练

▲ 理论题

△ 简答题

1）简述公共关系危机的特点。

2）公共关系危机的类型有哪些？

3）试述公共关系危机管理的意义。

4）试述公共关系危机预防的意义。

△ 讨论题

1）如何理解公共关系危机的必然性和普遍性？

2）新媒体时代的危机公关有什么特点？

▲ 实务题

△ 规则复习

1）简述公共关系危机处理的程序。

2）简述公共关系危机预防的措施。

△ 业务解析

1）在危机处理过程中如何对待内部员工？

2）在危机处理过程中如何对待新闻界？

▲ 案例题

△ 案例分析

“训练目的”“教学方法”“训练任务”同第1章本题型。

【相关案例】

老干妈的危机公关

背景与情境： 2020年6月，腾讯起诉老干妈拖欠其广告费1 624万元，并申请法院冻结老干妈1 624万元的资产。6月30日，深圳南山法院裁定腾讯的申请符合法律规定。当天，老干妈公开对外发表声明，声明中提到“6月10日接到法院送达的腾讯起诉文书，老干妈与腾讯之前无任何商业合作，并向公安机关报案，6月20日公安机关立案侦查。”

腾讯素有“南山必胜客”之称，有互联网最强的法务团队，法律诉讼战无不胜，又有深圳南山法院的裁定，公众基本认定老干妈违约是既定事实。对此，老干妈在6月30日当天发表声明，明确表达老干妈和腾讯无任何商业合作并报案，公安机关已立案侦查，并对影响公司声誉的行为，保留追究法律责任的权利。第二天，贵阳警方通报案件侦破，是曹某、刘某利、郑某君三名犯罪嫌疑人伪造老干妈公司印章与腾讯签署营销合作协议，目的是骗取腾讯游戏礼包。至此，该事件对老干妈造成的负面印象以及给公众带来的负面情绪一扫而空。

那老干妈是如何在短短两天内化解一场危机的呢？首先，是老干妈对事件本身、相关利益和潜在风险的准确判断，在接到法院诉讼文书后，开始内部自查，发现与老干妈无关后收集好相关证据，这足以应对诉讼风险。但是老干妈意识到金额巨大，腾讯或法院肯定会采取进一步措施，也极有可能成为公众事件，所以选择第一时间报警并积极准备应对预案。其次，应对措施得当。当面对法院介入，老干妈直接选择报警，用同等的法律手段来应对，是最有效的办法。面对公众质疑，再以官方形式发表声明，阐述自查的结果、相应的行动措施和明确的态度。同时通过媒体发声，向公众传达老干妈从不做推广营销的事实。最后，反应迅速，节奏把握恰到好处。6月30日法院裁定诉讼有效，并冻结老干妈银行1 624万元资产。老干妈当天发表声明，予以积极回应。第二天，贵州警方发布通告，宣布案件侦破。老干妈通过这个事件，因其迅速、专业和负责的处理态度以及高效的管理工作，赢得公众好感。不少网友留下了评论：“以后可以愉快地吃老干妈了吧”，“搞个活动吧，充会员送老干妈，买老干妈送会员”，大家纷纷表示期待双方正式合作。

7月9日，腾讯与老干妈发表联合声明，“腾讯正式向老干妈道歉，撤销之前诉讼，并表达出积极探索未来双方合作的意愿”，“腾讯和老干妈事件”告一段落。

资料来源　皮卡丘leon. 以公关的角度解析危机公关在腾讯&老干妈事件中的价值［EB/OL］.［2021-07-22］. https://zhuanlan.zhihu.com/p/202697778? utm_source=qq.

问题： 该案例涉及本章的哪些知识点？你如何评价老干妈的此次危机公关处理？

分析要求： 参照第1章本题型的“分析要求”。

△ 课程思政

“训练目的”“教学方法”“训练任务”同第1章本题型。

【相关案例】

狗不理的“霸道”公关

背景与情境：2020年9月8日，一位博主谷岳从大众点评上找到一家评分最低的店——狗不理包子王府井店，带着众多网民的疑惑去试吃了这家店。随后发表探店评价，大意60元和38元的包子味道没有达到预期，不值得如此高的价格。视频本身并没有多少人看，本来这也就是顾客正常的“吐槽”行为。

没想到的是，狗不理包子王府井店发布声明称，视频中的“恶语中伤言论不实”，已“向北京市公安网安支队报警”，要UP主和转载者停止侵权并“在国内主流媒体公开道歉”。如此强硬的态度立即引发轩然大波，虽然狗不理发现苗头不对迅速删掉了微博账号，但于事无补，事件迅速在互联网上发酵，网友纷纷吐槽。狗不理硬是凭一己之力，将自己送上热搜。

狗不理作为百年老字号，品牌具有极高的辨识度，不仅是包子界的“网红”，还是国家级非物质文化遗产，光是“狗不理”这一品牌就价值7.57亿元。多年来，狗不理接待过很多国家领导人和外国政要，拥有很多的文化底蕴和品牌故事，这么一个历尽沧桑、见识过无数大风大浪的品牌，怎么会犯这么低级的公关错误呢？一家有着100多年历史的餐饮品牌，居然以如此高傲和蛮横的态度对待它的消费者，显然是不明智的。

当时王府井店犯众怒的原因，不是因为东西难吃，毕竟也难吃了这么多年。王府井店上热搜的真正原因是报警了，是难吃还不让说。尽管从狗不理的角度来看，我的包子没问题，食品安全也很重视，历史也很悠久，你不能主观臆断说我难吃。但事实上，它的逻辑漏洞是，从始至终一直以自己作为主体，丝毫没有把消费者的体验放在心上。

《光明日报》对此事的评论是：“能成为老字号，就必然要有平静解决问题的智慧，也要有接受批评虚心改正的气度。”很多人走进狗不理，不只是为了吃个名气，更为了吃个舒服。

资料来源　佚名. 差评就报警，媒体：狗不理要有接受批评虚心改正的气度［EB/OL］.［2020-09-12］. https://www.sohu.com/a/417964800_260616.

问题：

1）本案例中存在哪些思政问题？

2）试对上述问题做出你的思政研判。

3）通过网上或图书馆调研等途径搜集你做思政研判所依据的行业规范。

研判要求：参照第1章本题型的“研判要求”。

第9章
公共关系社交与礼仪

▶ 学习目标

▷ 传承型学习

通过以下目标，建构以“公共关系社交与礼仪”为阶段性内涵的“传承型”学力：

理论目标： 学习和把握人际交往的特点与功能、公共关系社交的含义与特征、公共关系社交的作用等陈述性知识；用其指导“同步思考”、“深度思考”和相关题型的“单元训练”；体验“公共关系社交与礼仪”中“理论知识”的“传承型学习”及其迁移。

实务目标： 学习和把握公共关系人际交往的艺术、人际交往的原则、人际交往的技巧、公共关系日常社交礼仪、公务活动礼仪等知识；用其规范“深度剖析”和相关题型的“单元训练”；体验“公共关系社交与礼仪”中“实务知识”的“传承型学习”及其迁移。

案例目标： 运用本章理论与实务知识研究相关案例，对本章“同步案例”和“永辉超市的道歉”等业务情境进行多元表征，体验“结构不良知识”的“传承型学习”及其迁移；依照相关规范或要求，对“课程思政9-1”和“徽州宴老板娘事件”等案例中的企业或其从业人员行为进行思政研判，培养高尚的道德情操，树立社会主义核心价值观。

实践目标： 参加“‘公共关系公务礼仪策划与实施’知识应用”的实践训练。在了解和把握本训练所及能力与道德领域相关技能点的“参照规范与标准”基础上，通过对“知识准备”所列知识的运用，相关“参照规范与标准”的遵循，系列技能操作的实施，《实践报告》的准备、撰写、讨论与交流等有质量、有效率的活动，系统体验本章诸多技能的传承型学习及其迁移，阶段性建构以“‘公共关系社交与礼仪’知识应用”之“专业操作能力”为内涵的职业学力；通过践行职业道德（认同级）选项的行为规范，体验职业道德规范的传承型学习及其迁移，促进健全职业人格的塑造。

引例　百度的公益广告《你说啥》

背景与情境：2020年，“洗脑”的广告很多，但笑中带泪、能让人反思的广告，独属百度重阳节的这支公益广告《你说啥》。

2020年重阳节前夕，百度推出了广告片《你说啥》，3分42秒的视频向我们展示了近年来的一些网络热词。乍一听以为又是抖音快手式玩梗的老套路，跟着魔性节奏摇头晃脑听完后才发现：这部打着“重阳节”旗号的广告片，更像是一篇写给年轻人的告诫书，那个电话里说着“忙，在开会”的儿子，不正是屏幕前的我们吗？

《你说啥》先是用非常魔性“洗脑”的方式，将网抑云、海王、996、淡黄的长裙等网络热梗一一细数，塑造了一个对这些热词一窍不通的阿姨。但当她询问儿子时，儿子总是用一句“你不会自己百度吗”来回应。这支广告片一上线就达到十几万次的播放量，引发两代人的共鸣。广告开屏一句“儿子，这些词是啥意思啊”立刻将我们拉入百度营造的场景中，紧接着就是母亲一连串的热词拷问，“脚艺人”是啥、“PUA”是啥、“U1S1”又是啥……每一个网络热词对于老一辈来说，都触及了知识盲区。这些网络热搜词，相信大家都很熟悉，借由大众熟悉的事物，给整支广告增加了趣味性。有问题自然就需要解答，年轻人知道答案，却因各种原因不愿意跟中老年人沟通，于是此时植入百度，就显得十分自然。

整支广告并非只是单纯地堆砌热词熟梗，每一次重复的“你不会自己百度吗”、“妈，我现在忙着呢”，以及大妈在迫切地希望找到答案，从身边的人挨个问起，却唯独跳过自己的儿子，还有后半段文案中大妈抱怨的“没给妈买过秋天的奶茶”“你总说下次一定回家”，充分表现出了当代中老年人与年轻人之间的沟通难问题。透过广告里不停“折腾”的母亲，我们仿佛也能看到生活中不断学习新事物试图与我们找寻共同点的父母们，但大多数的父母和视频里的母亲一样，没有得到任何回应，只有电话那头不带掩饰的厌烦。热闹“洗脑”的音乐过后，是母亲略显寂寞的独白：“儿子，妈会百度，但，你就不能亲口和我说说吗？”原来父母的不断追问并不是要得到百度上都能查到的答案，他们或许只是希望通过这些新词汇来找寻与我们亲近和交流的方法。

资料来源　黄毅. B站《后浪》、百度《你说啥》……盘点2020十大刷屏广告片！[EB/OL]. [2020-12-11]. https://www.sohu.com/a/437678063_678786.

那么，人与人为什么要交往、应该怎样交往呢？本章我们将介绍人际交往的基本原理、公关社交与公关礼仪。

9.1　人际交往的基本原理

社会交往的形式一般表现为人与人、组织与组织、人与组织之间的交往。通过交往，人与人、组织与组织、人与组织之间产生关系、改善关系、维持关系、强化关系。同时，无论组织之间或国与国之间的关系，都需要建立在人与人之间的沟通交往基础上。因此，公共关系的传播与沟通离不开人与人之间的密切联系——人际交往。

9.1.1 人际交往的特点、功能与类型

人际交往是指在人类社会活动中，人与人之间分享信息、传达思想、交流意见、表示态度、联络感情的过程。

1）人际交往的特点

（1）信息交流

凡交往必须有人们之间的信息交流，如知识、经验的交流，需要、欲望、态度、情绪的交流等。

（2）交往双方心理上的接触和相互作用

交往双方都是活动的主体。从信息论的观点看，在交往中，信息发送者是主体，他所发出的信息内容可以影响或改变信息接收者；信息接收者也是主体，因为他不是被动地接收信息，他会注入新的信息，并反馈给信息的发送者。通过交往双方的相互作用实现对观念、思想、兴趣、心境、情感、性格特征等的相互交流，从而相互影响。

2）人际交往的功能

（1）满足心理需要

人是一种社会动物，对于人际交往的需求就像人需要食物和水一样，是必不可少的。人与人的交往能产生愉快的心情和极大的满足感，同时在交往的过程中探索自我、肯定自我。如果阻断同一切人交往的可能性，人就会产生孤独和恐惧，感到似乎被这个世界所遗弃，非常痛苦。据说，美国对犯人最严厉的惩罚是单独监禁，在几个月甚至几年中不让他看见其他人，纵使食宿不受虐待，犯人也将受到比死更痛苦的折磨，他会因失去社交而发疯。

（2）获得各种信息

因为人们之间的交往就是信息交流的过程，所以交往可以使人获得大量的信息资料。首先，在群体内部的交往可以使人获得更多的信息，促进人们之间的了解。对领导来说，通过交往可以了解群众的愿望要求以及个人之间、部门之间的关系等，有助于管理工作的开展和目标、制度的制定。其次，与群体外的交往可以获得大量外界信息，包括政府政策法令、市场行情等，这是个体对外界适应、生存和发展不可缺少的条件。在当今信息社会条件下，信息不灵，就会为竞争所淘汰。

（3）协调人际关系

人际交往是群体生活中不可缺少的调节工具。无论是要使群体内部的个体之间在行动上具有默契，在步伐和节奏上取得一致，还是要使群体活动与外界环境之间保持协调，取得效益，都需要依靠人际交往这一手段来不断取得外界环境变化的情报。

群体内部的人际交往形成群体的舆论、士气、风气、凝聚力，是个体之间协同工作所不可缺少的。充分的人际交往能使群体关系结合紧密，把各方面的力量汇集在一起，成为统一的力量；反之，群体内部的人际交往不充分，在人与人之间就会产生误会、隔阂、矛盾和纠纷，破坏群体气氛，导致人心涣散。

（4）调节自我意识

人的个性是在一定社会条件下，与他人接触，参与社会实践活动，通过交往逐渐形成和发展的。正是交往，才使人获得社会历史经验，掌握社会行为规范，不断进行

自我调节，以适应社会生活的要求。例如，大学教师通过交往，获得有关专业学术动态方面的信息，便可主动调整自己的学习、科研及教学方面的内容和方法；获得有关职称评定方面的信息，便可确定努力方向；获得学生反馈的信息，便可及时采取适应性行为以满足教学需要。

3）人际交往的类型

在现实生活中，社会交往方式和类型是多种多样的。许多社会科学工作者从不同角度进行了分类。

根据交往双方的紧密程度，可以将人际交往分为直接交往与间接交往。直接交往是指运用人类交际手段，如生动的语言、面部表情或体态进行“面对面”的交往；间接交往是指借助书面语言、大众传播或技术设备所形成的“交往”。直接交往具有迅速而又清楚的反馈联系系统；间接交往反馈联系就有一定的困难，而且在时间上比较滞后。

根据交往双方的人际关系特征，可以将人际交往分为血缘关系的交往、地缘关系的交往、业缘关系的交往。

根据交往的方向，可以将人际交往分为上行交往、平行交往和下行交往。上行交往是指交往一方对领导、家长、老师及其他长辈尊者的交往；平行交往是指交往一方与同龄人、同辈人、同学、同事之间的交往；下行交往是指交往一方与下级、年龄较小的同事、亲属等的交往。

此外，一些研究者们还根据人们交往的信息流向将人际交往分为单向交往和双向交往；根据交往时间将人际交往分为长期交往、间断交往、偶然交往；根据交往时使用的符号将人际交往分为口头交往和书面交往等。总之，从不同角度对人际交往进行划分的种类相当多。值得注意的是，实际交往中往往是多种类型交叉、融合、共同发生作用，而不是简单割裂的。

9.1.2　人际交往的原则与艺术

任何一个人在社会生活中都会受到种种关系的影响和制约，并常常被复杂的人际关系所困惑，为不善于交往而感到苦恼。因此，掌握人际交往的原则与艺术对每一个人来说都是非常必要的。

1）人际交往的基本原则

（1）平等尊重原则

平等尊重是人们进行交往的基本前提。在人际交往中，我们都希望得到别人的尊重，任何以强欺弱、盛气凌人的做法都将严重阻碍人际交往的进行。在交往中，要尊重别人的个性和兴趣爱好，尊重别人的人格。一个人不尊重别人就不可能得到别人的尊重。

（2）互利互惠原则

人们在交往中之所以要互利互惠，这是与人们的交往动机和交往目的分不开的。人们的交往动机在于使社会了解自己，承认自己，同时获得个体所需要的利益，交往目的就是维持一种“我为人人，人人为我”的互利关系。交往双方若在满足对方需要的同时，也得到了对方的报答，人际关系就能继续发展；若交往双方只想获得而不给予，人际关系就会中断。互利互惠性越强，交往双方的关系就越稳定和密切；反之，交往双方就会疏远。所以，交往双方都必须坚持互利互惠原则。

(3) 诚实守信原则

诚实是最受人们欢迎的美德之一。在人际交往中，只有诚恳待人，才能赢得别人的信任和尊敬，才有可能与别人建立和维持良好的关系。

守信，作为中华民族的古老传统，和诚实一样受到人们的推崇。它要求人们在与他人交往中说真话，言必信、行必果。一个人能否守信用，可以通过相互交往得到检验。守信者，能交真朋友、好朋友；不守信者，只能交一时的朋友。交友取信的准则有四个方面：一是守信，有约必按时到，借物必按时还；二是信任他人，不乱猜疑；三是不轻易许诺，不大包大揽，实事求是；四是要有自信心，待人诚实，不弄虚作假，不做表面文章，更不要在他人背后搞小动作。

(4) 理解相容原则

理解相容原则是指在人际交往中对于非原则性的问题以及遇到的冲突、矛盾有耐心，持宽容忍让态度，不用"放大镜"来照对方的不足之处，而应以豁达、宽容和开阔的胸怀来接纳别人的缺点。

(5) 自我价值保护原则

大量的心理学研究证明，一个人心理活动的各个方面，从知觉信息的选择到信息的内部加工，从对行为原因的解释到人际关系，都具有明显的自我价值保护倾向。

在知觉信息的选择上，比如我们观看中国球队与外国球队比赛时，总感到裁判对中国队不公平，而事实上，每一个裁判都刁难中国队是不可能的；反过来，另一方球迷也是如此。其原因就是人们所看到的东西已经经过自己愿望的过滤，因而已经不是客观世界的本来面目。

在信息的内部加工上，人们总是对支持自己观点的信息记得多、忘得慢，而对反对自己观点的信息记得少、忘得快。

在对行为原因的解释上，自我价值保护的倾向更为明显。当自己获得成功时，人们会认为这是自己的努力所致，并非客观条件促成；当别人取得成功时，却认为他们有这样那样的机遇与条件。

在人际关系上，人际交往中的接纳与拒绝是相互的。人们只接纳那些喜欢自己、接纳自己的人，而对于否定自己的人倾向于排斥。

因此，人们要想同别人建立和维持良好的人际关系，就必须对别人的自我价值感起支持作用，避免人们自我价值保护的防卫倾向。一旦人们在人际关系中威胁别人的自我价值感，就会激起别人强烈的否定情绪，在这种情况下，人们很难与别人建立并维持良好的人际关系，已经建立起来的关系也会遭到破坏。

同步案例9-1

"肥皂水"哲学

背景与情境：小约翰·卡尔文·柯立芝（1923—1929年任美国总统）发现他的女秘书长得非常漂亮，但工作经常出现差错。一天早晨，柯立芝看见女秘书走进办公室，便对她说："今天你穿的这身衣服真漂亮，正适合你这样年轻漂亮的小姐。"女秘书受宠若惊。柯立芝接着说："但你不要骄傲，我相信你处理公文也能和你一样漂亮。”果然从那天起，女秘书处理公文时很少出错。一位朋友知道了这件事，好奇地问柯立芝：“这个方法很妙，你是怎样想出来的？”柯立芝说：“这很简单，你看见理发师给人刮胡子吗？他要先给人涂肥皂水。这是为什么呀？就是为了刮起来使人不疼。”

问题： 上述案例给你什么启示？

2）增进人际吸引的艺术

人际吸引是个体对他人给予积极和正面的认知与评价的倾向。怎样使自己成为人际交往中的宠儿？怎样让别人喜欢自己？哪些因素能促进良好人际关系的建立和维持？

（1）接近且相悦

陌生人最初的交往必须有外在条件，这就是时空的接近，一般情况下它会发展成相互喜欢，使友谊关系建立，这就是接近且相悦。时空接近容易建立良好的人际关系。彼此在一起相处的时间久，交往的机会多，会最终使友谊关系建立。心理学的一些研究证明，人们的居住地越接近，成为朋友的概率越大；另外，见面的机会越多，彼此越熟悉，越容易相互喜欢。不过，这种时空上的接近只是友谊建立的必要条件，而彼此的好感（起码无恶感）才是友谊建立的基础。有道是：有缘千里来相会，无缘对面不相逢。友谊关系的建立和发展既需要时空的接近，也需要彼此的最初好感，这好感就是缘分。第一印象好就是彼此有缘分，不好就是无缘，就会“对面不相逢”。如果一方对另一方印象不好，那么被厌恶者单方面接近，试图建立友好关系，不但不易改变前者的态度，甚至可能招致更加强烈的反感。所以，要实现与他人建立友谊的良好愿望，就要全面理解规律，了解规律的运用受到原有人际关系状况的限制。时空因素在友谊关系建立的初始阶段作用很大，而随着时间的推延，它的影响会逐渐变小。一般而言，接近且相悦通常适用于陌生人之间人际关系的建立。熟人之间人际关系的发展变化很复杂，在此无法一一道清。

（2）个人特性的相似

在个人特性方面，双方若能意识到彼此的相似性，则容易相互吸引，这种相似性越多、越接近，越能产生好感，相互吸引，正是“物以类聚、人以群分”“惺惺惜惺惺”。相似性主要表现在社会性和心理特性上，如社会地位、种族职业、籍贯、宗教信仰、学历、年龄、性别、兴趣、爱好、态度、容貌等。心理学研究发现，在被要求指出个人最好的朋友时，被提到的人与指出者在教育水平、经济条件、社会价值等方面都很相似。

为什么相似性有助于人际交往？

其一，具有相同兴趣、爱好的人趋于参加类似的社会活动。在其共同参加的社会活动中，他们有更多的交往机会，按照前面谈到的“接近且相悦”原则，具有相似性的人在时空上更接近，因而也就更容易相互吸引变成朋友。比如，甲和乙都喜欢下围棋，他们可能因参加围棋比赛而获得较多的交往机会，最终成为朋友。

其二，在较多的交往机会中，如果发现彼此的价值观、社会态度相似或一致，则双方会产生一种社会增强作用。尤其是在大家对某类问题发生争论时，这种社会增强作用愈发明显。在公共场合发生争论时，有人站出来支持你，与你持有一样或类似的观点，你会有种“英雄所见略同”的感觉，自己的自尊心因得到支持而受到保护和提升，由此产生对对方的感念之情，友谊因而发展起来就不足为奇。

其三，凡是性别、年龄、学历、态度、社会地位等方面相似者，在交往时，彼此间的意见容易沟通，较少因意见传达困难而造成误会和冲突。顺畅无误的沟通是正常交往的前提条件。比如两个受过高等教育的人在一起交谈会很自如，而如果其中一个是文盲，这种交谈就会变得异常困难，也会使继续交往的可能性变得渺茫。

其四，在初次见面的陌生人之间，相似性能在很大程度上消除彼此的陌生感，从而减少紧张不安，使交往成为一件轻松愉快的事情。

总之，相似性是影响人际关系的重要因素，有助于人们建立起友谊关系。心理学研究发现，在原本陌生的一群人走到一起的初期，时空接近对人们之间的吸引起决定作用，后期则发生了变化，彼此间态度和价值观越相似的人，相互吸引力越大。

（3）心理特性的互补

互补是指心理特性相反的双方在交往过程中获得互相满足的心理状态。例如，有强烈支配性格的人不容易与同样性格的人相处，但是他可能与具有顺从性格的人和睦相处，甚至建立密切的友谊关系。生活中许多自然形成的非正式的小团体都是由这种支配者和顺从者组成的。

正如俗语所说的“一山不容二虎”，通常情况下人格特征突出且相似的人难以共处。比如，脾气急躁的人往往喜欢与性情温和的人相处，二者恰好可以相互接纳、相互调剂补充。

有的人富有同情心，有着较强的要关心、帮助别人的倾向，这类人如果遇到依赖性强的人，双方会一拍即合，容易建立密切关系，从而使双方的需要都得到满足。此类情况在异性朋友之间尤为明显，“刚柔相济”就是此类互补关系。

（4）令人喜欢的个人特质

在影响人际吸引的各种因素中，个人特质也是一个重要因素。在日常生活中，我们常见到一群人中，有的人受人欢迎，有许多朋友，是“明星”类人物；有的人则遭人厌弃，没有朋友。个人特质在造成这种现象的过程中常常扮演着重要角色。

美国学者安德森研究了各类性格的人被喜爱或厌恶的程度，并排出了顺序。五种令人喜欢的性格类型依次是：诚实而认真、通情达理又聪明、可信亦可靠、直爽而幽默、亲切而体贴。

3）阻碍人际吸引的个人特征

在影响人际吸引的个人性格特征中，既有能够增进人际吸引的特征，也有阻碍人际吸引的特征。下面介绍社会心理学家关于妨碍人际吸引的个人特征的研究结论。

（1）不尊重他人，对他人缺乏感情，不关心他人的悲欢情绪，甚至把他人当作使唤工具，这类人缺乏吸引力。

（2）有着强烈的自我中心主义，只关心自己的兴趣和利益，忽视他人的处境和利益，这种人只能和他人建立一般的人际关系。

（3）对人不真诚，一切为自己着想，不顾他人利益，这样会破坏人际关系。

（4）过分服从并取悦他人，过分惧怕权威而不关心部下，前者不讨人喜欢，后者则招人厌恶。

（5）缺乏独立性，过分依赖甚至丧失自尊心，这样的人让人难以尊重，甚至避之不及。

（6）嫉妒心强的人不招人喜欢。

（7）怀有敌对情绪和猜疑性格的人、情绪偏激的人，往往容易使其与他人的关系陷入僵局。

（8）过分自卑、缺乏自信的人，对人际关系过于敏感的人，对他人尖刻以及过分自夸的人，都缺乏吸引力。

（9）孤独、内向、有自闭倾向的人没有吸引力。

（10）有偏见、固执、防卫机制过强、报复心强的人缺乏吸引力。

（11）好高骛远、苛求他人的人不招人喜欢。

学习微平台

延伸阅读9-1

同步案例9-2

仰巴脚效应

背景与情境：仰巴脚就是不小心跌了一跤，有时可能要跌个脊背着地、四脚朝天，所以叫作“出丑效应”，也称为“仰巴脚效应”。

美国心理学家进行了一个实验研究：把4卷录像带分别播放给4组被试者看，让他们凭主观感觉评分，以表示他们对片中人物的喜欢程度。片中人物由一人扮演，只是事先介绍和访问过程不同。

A录像带的内容是，访问者在介绍受访者时，把他描述成一个能力杰出的大学生：获得的荣誉较多，校刊编辑，运动健将。在访问过程中受访者表现出色，能毫不费力地答对92%的问题。他给人的印象是完美无缺的。

B录像带的内容和A录像带的内容只有一点差异，受访者表现有点紧张，不小心将面前的咖啡打翻，弄脏了新衣服，气氛较尴尬。

C录像带将受访者说成是一个普通大学生。在访问过程中他的表现一般。

D录像带内容与C录像带大致相同，只是把B录像带中的插曲放了进来。

结果发现：受访者被喜欢的顺序依次是：B、A、C、D。

资料来源　孙喜林. 旅游心理学［M］. 大连：东北财经大学出版社，2010：160.

问题：“仰巴脚效应”说明了什么？

9.1.3　人际交往的技巧

人际交往大体上可分为语言交往和非语言交往。这两种交往都可以各自发挥传情达意的功能。语言交往通常以达意的功能为主，即主要传递消息性和评价性信息，行为主体通常是自觉的；非语言交往一般以传情的功能为主，即主要传递情感性信息，行为主体通常是不自觉的。掌握了这两种基本的交往技巧，并把这两种技巧结合起来，就会更有效地交流思想、表达情感、增进人际关系。

1）语言交往技巧

（1）说话的技巧

与人说话时表情要自然，语言要和气，表达要得体。成功的交谈，不仅需要讲究内容，而且需要注意形式。交谈方式可以是倾泻式，以对听者最大的信赖为基础，敞开自己的心灵之窗，将自己的喜怒哀乐统统告诉对方，让其帮助评判和选择；可以是评判式，这需要抓住对方谈话时的间隙，恰如其分地插话，以表明自己的看法或表示自己的关切，有益于促进思想感情的交流，但插话不是粗鲁地打断对方，不是妄加评论；可以是启发式，即对那些拙于辞令的人要循循善诱，进行多方面启发，让其吐露心声；还可以是跳跃式，因为日常交往中的交谈大部分是聊天性的，没有固定的目的和题目，这就要注意适当转换话题，找到那些大家都感兴趣的话题。

在交谈中，有些话题是要小心避免的：对于不知道的事情，不要充内行，不要向陌生人夸耀自己的成绩和富有，不要在公共场合谈论朋友的失败、缺陷和隐私，不要谈容易引起争执的话题，不要到处发牢骚，不要像“祥林嫂”那样逢人就诉苦。总之，不要说不得体的话。

比如，某单位组织新年聚餐，一位刚参加工作不久的青年职工对一位即将退休的老同志说：“老王，来，我敬您一杯。您跟我们不一样，我们今后聚餐的机会很多，您老可是吃一顿少一顿了。”老王脸色顿时阴沉下来，旁边几位同事示意小伙子住口，可他仍未领悟，继续说道：“我这是真心实意敬您啊。自我进单位以来，您给了我不少帮助。喝一杯，再不喝恐怕就没有机会了。”此时，老王脸色苍白，起身拂袖而去。

（2）说服的技巧

在学习、生活与工作中，人们不可能有同样的想法。当我们面对与自己意见相左的人时，一种自然的心理反应就是，试图通过争论战胜对方，但这并非明智的选择，因为争论往往是无结果的，争论的双方并不会因为争吵而改变自己的想法。如果你想让别人赞同你的看法，说服别人才是最好的办法。它不同于争论，不会让双方成为对手，而是为了让对方接受那些对他们有益却因为种种原因还没理解的东西。

说服就是让双方的想法达成一致。说服是让所有人都可以赢，如果不是每个人都赢，就没有人赢。说服能否成功主要是看技巧，如果运用的技巧恰当，那么说服对方的目的也就达到了；反之，就失败了。

鲁迅先生说：“如果有人提议在房子墙壁上开个窗口，势必会遭到众人的反对，窗口肯定开不成。可是如果提议把房顶扒掉，众人则会相应退让，同意开个窗口。”当提议“把房顶扒掉”时，对方心中的“秤砣”就变小了，对于“墙壁上开个窗口”这个劝说目标，就会顺利答应。冷热水效应可以用来劝说他人。如果你想让对方接受“一盆温水”，为了不使他拒绝，不妨先让他试试“冷水”的滋味，再将“温水”端上，如此他就会欣然接受。比如，某化妆品销售公司的严经理，因工作上的需要，打算让家住市区的推销员小王去近郊区的分公司工作。在找小王谈话时，严经理说：“公司研究决定，让你去担任新的重要工作。有两个地方，你任选一个。一个是在远郊区的分公司，另一个是在近郊区的分公司。”小王虽然不愿离开已经十分熟悉的市区，但也只好在远郊区和近郊区当中选择一个稍好点的——近郊区。

（3）聆听的技巧

人们常说：善言，能赢得听众；善听，才会赢得朋友。善于言辞是一门艺术，善于聆听更能体现一个人的修养。善于聆听的人不仅能得到朋友的信任，而且较易受到领导的器重。

人们在沟通时，总是不由自主地用目光表达各种思想和感情。如果倾听者很认真地看着说话者，这不仅有利于倾听者集中注意力，而且表明倾听者对所讲内容感兴趣，这会引起对方的谈话兴趣，而凝视或斜视往往会使说话者对倾听者产生不良印象。另外，聆听时不要中途打断对方，让对方把话说完，不急于做出评价或判断，而且要学会恰当地鼓励。

2）非语言交往技巧

在交往过程中，人们常常通过面部表情、手部动作等身体姿态来传达各种情绪或意图，这就是**非语言交往**。非语言交往是通过某些媒介而非语言或文字来传递信息的。据有关资料显示，在面对面的交往过程中，来自语言文字的沟通不超过35%，而65%以上是以非语言方式进行沟通的。

非语言交往的方式主要有以下几种：

（1）表情

在非语言沟通中，表情是一种最常用的非语言符号。表情中眼神和微笑又是最常见的交际符号。

①眼神

“一身精神，具乎两目”，眼睛具有反映深层心理的特殊功能。眼神一向被认为是人类最明确的情感表现和交际信号，在面部表情中占据主导地位。因此，眼神与谈话之间有一种同步效应，它忠实地显示着话语的真正含义。

与人交谈时，要敢于和善于同别人进行目光接触，这既是一种礼貌，又能帮助维持一种联系，使谈话在频频的目光交接中持续不断。更重要的是，眼睛能帮你办事。

研究表明，人们交谈时目光接触对方脸部的时间宜占全部谈话时间的30%～60%。超过这一限度，可认为对对方本人比对谈话内容更感兴趣；低于这一限度，则表示对谈话内容和对对方都不怎么感兴趣。因此，注视的时候要掌握好时间的长短。对于不太熟悉的人，注视时间要短；对于谈得来的人，可适当延长注视时间。交谈中，目光应投放在额头至两眼之间。

②微笑

微笑是一种令人感觉愉快的面部表情，它可以缩短人与人之间的心理距离，为深入沟通与交往创造温馨和谐的氛围，因此有人把笑容比作人际交往的润滑剂。在笑容中，微笑最自然大方，最真诚友善。世界各民族普遍认同微笑是基本笑容或常规表情。在人际交往中，保持微笑，至少有以下几个方面的作用：

一是表现心境良好。面露平和欢愉的微笑，说明心情愉快、充实满足、乐观向上、善待人生，这样的人才会产生吸引别人的魅力。

二是表现充满自信。面带微笑，表明对自己的能力有充分的信心，以不卑不亢的态度与人交往，使人产生信任感，容易被别人真正地接受。

三是表现真诚友善。微笑反映自己心中坦荡、善良友好，待人真心实意而非虚情假意，使人在与其交往中自然放松，不知不觉地缩短了心理距离。

四是表现乐业敬业。在工作中保持微笑，说明热爱本职工作，恪尽职守。如在服务岗位，微笑更是可以创造一种和谐融洽的气氛，让服务对象倍感愉快和温暖。

真正的微笑应发自内心，渗透着自己的情感，表里如一。毫无包装或矫饰的微笑才有感染力，才能被视作“参与社交的通行证”。

（2）身体态势

身体态势也是非语言沟通中的一种重要手段，主要包括手势、谈话姿势、站姿、坐姿等。

①手势

手势是人们交往时不可缺少的动作，是最有表现力的一种“体态语言”。俗话说：“心有所思，手有所指。”手的魅力并不亚于眼睛，甚至可以说手就是人的第二双眼睛。手势表现的含义非常丰富，表达的感情也非常微妙复杂。手势的含义，或是发出信息，或是表示喜恶、表达感情。能够恰当地运用手势表情达意，会为交际形象增辉。使用手势时应该注意以下几点：

一是在交往中，手势不宜过多，动作不宜过大，切忌“指手画脚”和“手舞足蹈”。

二是在任何情况下都不要用大拇指指自己的鼻尖和用手指指点他人。谈到自己时应用手掌轻按自己的左胸，那样会显得端庄、大方、可信。用手指指点他人的手势是不礼貌的。

三是有些手势在使用时应注意区域和各国不同习惯，不可以乱用。因为各地习俗迥异，相同的手势表达的意思，不仅有所不同，而且有的大相径庭。如在某些国家认为竖起大拇指、其余四指蜷曲表示称赞夸奖，但澳大利亚人认为竖起大拇指尤其是横向伸出大拇指是污辱的意思。

②谈话姿势

谈话姿势往往反映出一个人的性格、修养和素质。所以，交谈时首先双方要互相正视、互相倾听，不能东张西望、看书看报、面带倦容、哈欠连天；否则，会给人心不在焉、傲慢无理等不礼貌的印象。

③站姿

站立是人最基本的姿势，是一种静态的美。站立时，身体应与地面垂直，重心放在两个前脚掌上，挺胸、收腹、抬头、双肩放松。双臂自然下垂或在体前交叉，眼睛平视，面带笑容。站立时不要歪脖、斜腰、屈腿等，在一些正式场合不宜将手插在裤袋里或交叉在胸前，更不要下意识地做些小动作，那样不但显得拘谨，给人缺乏自信之感，而且有失仪态的庄重。

④坐姿

坐也是一种静态造型。端庄优美的坐，会给人以文雅、稳重、自然大方的美感。正确的坐姿应该是：腰背挺直，肩放松。女性应两膝并拢；男性膝部可分开一些，但不要过大，一般不超过肩宽。双手自然放在膝盖上或椅子扶手上。在正式场合，入座要轻柔和缓，起座要端庄稳重，不可猛起猛坐，弄得桌椅乱响，造成尴尬气氛。不论何种坐姿，上身都要保持端正，如人们所说的“坐如钟”。

（3）空间距离

空间距离是指人与人之间交际时的空间间距。人与人之间存在着一条看不见但实际存在的界限，这就是个人领域的意识。每个人都需要属于自己的一定空间，并维护它，使之不受侵犯。在个体空间内，人会产生安全感、舒适感和自由感。当然，个体空间具有伸缩性，不同的人需要的个体空间的范围也不同，这与人们的心理、文化、地位以及人与人之间的关系等因素有关。

一位心理学家做过这样一个实验。在一个刚刚开门的大阅览室里，当里面只有一位读者时，心理学家就进去拿椅子坐在他或她的旁边。实验进行了整整80人次。结果证明，在一个只有两位读者的空旷的阅览室里，没有一个被试者能够忍受一个陌生人紧挨自己坐下。在心理学家坐在他们身边后，被试者不知道这是在做实验，更多的人很快就默默地远离到别处坐下，有人则干脆明确地问道："你想干什么?"

这个实验说明了人与人之间需要保持一定的空间距离。任何一个人都需要在自己的周围有一个自己把握的自我空间，它就像一个无形的"气泡"一样为自己"割据"了一定的"领域"，而当这个自我空间被人触犯就会感到不舒服、不安全，甚至恼怒起来。

一般而言，交往双方的人际关系以及所处情境决定着相互间自我空间的范围。美国人类学家爱德华·霍尔博士划分了4种区域或距离，各种距离都与双方的关系相称。

①亲密距离

这是人际交往中的最小间隔或几无间隔，即我们常说的"亲密无间"。亲密距离的近范围在15厘米之内，彼此间可能肌肤相触、耳鬓厮磨，以致相互能感受到对方的体温、气味和气息；其远范围是15～44厘米，身体上的接触可能表现为挽臂执手或促膝谈心，仍体现出亲密友好的人际关系。

就交往情境而言，亲密距离属于私下情境，只限于在情感上联系高度密切的人之间使用。在社交场合，特别是大庭广众之前，两个人（尤其是异性）如此贴近，就不太雅观。在同性之间，往往只限于贴心朋友，彼此十分熟识而随和，可以不拘小节、无话不谈。在异性之间，只限于夫妻和恋人。因此，在人际交往中，一个不属于这个亲密距离的人随意闯入这一空间，不管他的用心如何，都是不礼貌的，会引起对方的反感，也会自讨没趣。

②个人距离

这是人际间隔上稍有分寸感的距离，以减少直接的身体接触。个人距离的近范围为46～76厘米，正好能相互亲切握手、友好交谈，这是与熟人交往的空间，陌生人进入这个距离会构成对别人的侵犯；其远范围是76～122厘米，任何朋友和熟人都可以自由地进入这个空间。不过，在通常情况下，较为融洽的熟人之间交往时保持的距离更靠近远范围的近距离（76厘米）一端，而陌生人之间谈话更靠近远范围的远距离（122厘米）一端。

人际交往中，亲密距离与个人距离通常都是在非正式社交情境中使用，在正式社交场合则使用社交距离。

③社交距离

这已超出了熟人的人际关系，体现出一种社交性或礼节上的较正式关系。社交距离的近范围为1.2～2.1米，一般在工作环境和社交聚会上，人们都保持这种程度的距离；远范围为2.1～3.7米，表现为一种更加正式的交往关系。公司的经理们常用一个大的办公桌，并将来访者的座位放在离桌子一段距离的地方，这样与来访者谈话时就能保持一定的距离。再如，企业或国家领导人之间的谈判、工作招聘时的面谈、教授和大学生的论文答辩等，往往都要隔一张桌子或保持一定距离，这样就营造了一种庄重的气氛。

在社交距离的范围内，已经没有直接的身体接触，说话时也要适当提高声音，需要更充分的目光接触。如果谈话者得不到对方目光的支持，则他会有强烈的被忽视、被拒绝的感受。这时，相互间的目光接触已是交谈中不可缺失的感情交流形式了。

④公众距离

这是公开演说时演说者与听众所保持的距离。公众距离的近范围为3.7～7.6米；其远范围在7.6米之外。这是一个几乎能容纳一切人的“门户开放”的空间，人们完全可以对处于空间的其他人“视而不见”、不予交往，因为相互之间未必发生一定联系。因此，这个空间的交往大多是当众演讲之类。当演讲者试图与一个特定的听众谈话时，他必须走下讲台，使两个人的距离缩短为个人距离或社交距离，才能够实现有效沟通。

显然，相互交往时空间距离的远近，是交往双方之间是否亲近、是否喜欢、是否友好的重要标志。因此，人们在交往时，选择正确的距离是至关重要的。

人际交往的空间距离不是固定不变的，它具有一定的伸缩性，这依赖具体情境以及交谈双方的关系、社会地位、文化背景、性格特征、心境等。

了解交往中人们所需的自我空间及适当的交往距离，就能有意识地选择与人交往的最佳距离，而且通过空间距离的信息，还可以很好地了解一个人实际的社会地位、性格以及人们之间的相互关系，更好地进行人际交往。

（4）服饰礼仪

服饰反映了一个人文化素质之高低、审美情趣之雅俗。具体说来，它既要自然得体、协调大方，又要遵守某种约定俗成的规范或原则。

①TPO原则

服装不但要与自己的具体条件相适应，还必须时刻注意客观环境、场合对人的着装要求，沟通者的服饰往往扮演着信息发送源的角色。TPO是国际通行的服饰穿戴原则，它们分别代表时间（time）、地点（place）和场合（occasion），即着装应该与当时的时间、所处的地点和特定的场合相吻合。

第一，时间原则。在着装时要考虑时间因素，随“时”更衣。不同时段的着装规则对女士尤其重要。男士有一套质地上乘的深色西装足矣，而女士的着装要随时间而变换。白天工作时，女士应穿正式套装、工作装、职业装，以体现专业性；晚上出席宴会、舞会等就应穿着正式的礼服。服装的选择还要适合季节、气候特点，不宜标新立异、打破常规。

第二，地点原则。地点、场所、位置不同，着装应有所区别。着装要考虑自己即将参加的主要活动的地点，尽量使自己的服饰与所处的环境保持协调。休闲时，可以穿着舒适随意的休闲服；去公司或单位拜访，穿职业套装会显得正规、专业；外出时要顾及当地的传统和风俗习惯，如去教堂或寺庙等场所，不能穿过露或过短的服装。西方许多国家都有一条规定：人们去歌剧院观看歌剧一类的演出时，男士一律穿深色晚礼服，女士着装也要端庄雅致，以裙装为宜，否则不准入场。

第三，场合原则。场合原则是指服装要与穿着场合的气氛相和谐。我们将场合分为三类：公务场合、社交场合、休闲场合。在公务场合的着装要庄重、保守、传统，不强调性别，不展示女性魅力。社交场合，广义上是指除上班以外在公众场合与熟人交往、共处的情况；狭义上是指工作交往中的应酬活动。在这种场合，着装要典雅、时尚、有个性。休闲场合是指个人的自由活动场合，在这种场合，着装要舒适、方便、自然。如参加签字仪式或重要典礼等重大活动，衣着应庄重考究、规范正统。例如，男士穿西装，一定要系领带，衣领、袖口熨烫平整，裤子要熨出裤线，皮鞋要擦亮等。出席宴会等喜庆场合时，服饰可以鲜艳明快、潇洒时尚，女士也可以穿中国的传统旗袍或西方的长裙晚礼服。在收到宴会请柬时，请柬的左下角通常会注有“正式的（formal）”、“非正式的（informal）”或“小礼服（black tie）”等字样，有时也注有“随意（casual）”。这些都说明宴会主人对着装的要求，人们一般会按通常的做法着装，有的客人甚至还会主动向主人打电话询问。

②男士的着装

在交际活动中，穿出整体性、个性、和谐感是男士着装的基本原则。合乎场合的穿着，是社交礼仪的重要体现。

整体性原则最重要的一点是整洁的着装。整洁的着装可表现出积极向上的精神状态。衣着整洁，除了体现出对相互交往的重视程度，还显示出交往的文明与修养水平。

个性原则是指根据不同年龄、身份、地位、职业与社会生活环境来确定服装款式、面料、色彩与装饰物。只有个性化的服装，才能与个性协调一致，在交际活动中充分展示个人的礼仪风范。着装也是民族和文化的个性反映。

在国际交流中，着装的和谐感是最高原则。着装要与生活环境和谐相称。在特定的礼节性场合，如正规的会议、礼宾活动、谈判、典礼等，应穿礼服或深色西装。在正式场合穿西装时必须打领带，但外出旅游，不打领带更自然。此外，着装还要与形体、装饰和谐搭配。

西装是一种国际性服装。一套合体的西装，可以使穿着者显得潇洒、精神、风度翩翩。穿着西装时应注意：面料要根据季节和场合来选择；在正式场合穿西装，最好要精心选择衬衫和领带；西装袖子的长度以到手腕为宜，西装衬衫的袖长应比西装袖子长出1~2厘米；袜子一般应穿与裤子、鞋子颜色相同或选择较深的颜色；穿西装一定要穿皮鞋，一般是黑色或棕色皮鞋，皮鞋要上油擦亮；西装在穿着时可以敞开，也可以扣上第一粒纽扣（亦称“风度扣”），但不能两粒纽扣全扣上；穿西装不扎领带的时候，衬衫的第一粒纽扣不要扣上；西装的袖口和裤边都不能卷起；西装的衣袋和裤袋里不宜放太多的东西，也不宜把两手随意插入衣袋和裤袋里。

③女士的着装

“云想衣裳花想容”，相对于偏于稳重单调的男士着装，女士们的着装则亮丽丰富得多。得体的穿着，不仅可以显得更加美丽，还可以体现出一个现代文明人良好的修养和独到的品位。

首先，女士衣着要与场合协调。与顾客会谈、参加正式会议等时，衣着应庄重考究；听音乐会或看芭蕾舞表演时，应按惯例穿着正装；出席正式宴会时，应穿中国的传统旗袍或西方的长裙晚礼服；在朋友聚会、郊游等场合，着装应轻便舒适。试想一下，如果大家都穿便装，你却穿礼服就稍显拘谨；同样，如果以便装出席正式宴会，不但是对宴会主人的不尊重，也会令自己颇觉尴尬。

其次，女士衣着要整洁平整。服装并非一定要高档华贵，但须保持清洁，并熨烫平整，穿起来就能大方得体，显得精神焕发。整洁并不完全为了自己，更是尊重他人的需要，这是良好仪态的第一要务。

最后，配套要齐全。除了主体衣服之外，鞋袜手套等的搭配也要多加考究。如袜子以透明、近似肤色或与服装颜色协调为好，带有大花纹的袜子不能登大雅之堂。正式、庄重的场合不宜穿凉鞋或靴子，黑色皮鞋是适用最广的，可以和任何服装相配。

教学互动 9-1

互动问题：女性在商务交往场合穿着裙装时，有哪些禁忌？至少找出五个答案。

要求：同“教学互动 1-1”的“要求”。

9.2 公共关系社交

公共关系工作从某种意义上说是一种与公众打交道的艺术。为了赢得公众的支持、信赖和谅解，树立良好的组织形象，传递和获取组织需要的信息，公关人员就必须具备较强的社会交际能力。

9.2.1 公共关系社交的含义与特征

1）公共关系社交的含义

公共关系社交是指公关人员在公共关系活动中为了满足某种需要或者达到特定目的而进行的信息交流、联系和相互作用。

2）公共关系社交的特征

公共关系社交除了具有一般社交的特征外，还有以下几个独有的特征：

（1）关注公众需求

人类的社交活动目的主要是接触社会、获得知识、结成友谊、认识自我。公共关系社交除了具有人类的社交活动目的外，还离不开公共关系的总体目标，即创造良好的公共关系状态，使组织与内外公众处于协调、融洽的社会环境之中。因此，公关社交一方面要使组织在公众中享有美好的形象和良好的声誉；另一方面要充分关注和满足组织内外公众的需求与利益。

（2）强化角色意识

“角色”是社会学的一个术语，是指个人或组织在社会这个大舞台中，根据交往对象不同，不断变换自己所扮演的角色，是多种社会角色的集合体。公共关系是一种社会关系，表现在具体的社会角色的相互作用之中，也是一种“角色关系”。在社会交往中，无论是对内部公众还是外部公众，无论是对上级还是下级，都有特定的角色规范。作为公共关系工作人员，应该努力强化角色意识，掌握各种社交技能，尽量避免角色冲突。

课程思政 9-1

镇干部称"刁民太多"

背景与情境： 据多家媒体报道，2020年10月16日，海南省万宁市万城镇一政府工作人员在接受海南广播电视总台《政风行风热线》采访时，称："最近刁民太多了，也就是你们这些新闻媒体，支撑着他们这个（投诉行为）。"这遭到主持人艾阳当场回怼："你这是在胡说八道吗？你这说的什么话？"

就此事而言，出现纠纷的具体原因不太清楚，目前可知的，就是事情跟农村土地确权有关，至于这位镇干部为什么会说"刁民太多"，是否真的有村民借机滋事捣乱，还不得而知。

无论如何，"刁民"二字都不应该出自政府工作人员之口，出现在纠风政纪节目直播现场。"刁民"本就是污名化表达，也是非法治语言。这样的贬损性措辞已经超出了"负面评价"的范畴，变成了羞辱与攻讦。

资料来源　侃人. 镇干部称"刁民太多"："刁民说"背后是权力观颠倒［EB/OL］.［2020-10-23］. https://www.sohu.com/a/426701266_391294.

问题： 从课程思政的角度研判上述案例。

（3）明确交往对象

由于组织面临着纵横交错的关系，在强化角色意识的同时，公共关系工作人员需要理顺公关社交的各种对象，对不同层次、不同职业、不同年龄、不同文化素养和兴趣爱好、不同社会阶级组成的整体等交往对象，既要着眼于广大公众，又要考虑对象的不同特点和个性，区别不同层次，选择不同的内容，采取不同的社交方法。

（4）立足长远利益

公共关系注重的是双向沟通，追求的是组织的长远利益，要使双方关系得到协调和沟通，坚持社交中的互惠互利是非常重要的。这种互惠互利，不仅指物质上的"惠"和"利"，而且指精神上的"惠"和"利"。前者是无形的，后者是有形的。从公关社交的角度看，两者应该并重，在某种情况下，精神上的比物质上的显得更重要。当组织与公众之间发生了矛盾，组织应从公众利益的角度出发，在明辨是非的同时，多给公众以尊重、了解和关心。如果理在公众，则公关人员应为维护公众的正当利益仗义执言；如果理在组织，则公关人员应该向公众耐心解释，谅解公众。

（5）精心组织活动

公关社交是一项有目的、有计划的活动。为了达到预期的效果，对于重要的社交活动，如组织庆祝会、记者招待会、宴会、茶话会等，公关人员需要精心组织，认真实施。一是要有活动计划，如活动的目的、形式、范围、时间、地点等。二是要有明确的公关对象，对参加活动人员要认真进行组织，对被邀请参加的人员，如男女比例、文化修养、职位高低、关系状况和席位安排等因素要全面考虑。三是要提前发出邀请信息，及时掌握重要人员反馈的信息，搞好参加活动人员迎送工作。四是要按时举行，不要随便更改。

9.2.2　公共关系社交的作用

公关社交活动是公共关系不可分割的重要组成部分，在组织的发展中发挥着重要的作用，主要体现在以下几个方面：

1）塑造形象作用

良好的社会形象是组织生存和发展的重要条件，是公共关系的最终目标。组织的社会形象包括组织的产品形象、理想形象、员工形象和整体形象等许多方面，公关社交的塑造形象作用主要是通过个人形象的塑造促进组织形象的塑造。公共关系中的人际交往具有个体化与非个体化的双重性，交往过程既带有个体性，又具有组织性。个体在交往活动中表现出的礼貌、态度、知识修养等，往往直接影响对方对他所代表的组织的印象。因此，在社交场合，组织的各个成员特别是组织的公关人员，不仅要打扮得体、举止大方、稳重，而且要充满自信心，主动、积极地与人交往，这样才能赢得公众的信任，获得更多的朋友，从而树立个人和组织良好的社会形象。

2）桥梁作用

公关社交中的人际交往的双重性特征，往往不是同时发生作用的，有时是先从组织交往关系开始，逐渐产生个体间融洽的交往关系，进而使交往顺利发展；有时是个体间融洽的交往关系导致组织交往关系的产生和发展。个人与个人之间深厚的友情和长久的交往，往往源于彼此深厚的信任，它能增加双方对对方所代表的那个组织的信任，从而促进组织的有关交往。

3）协调作用

组织与其相关公众之间的关系，就和人际关系一样。如果彼此尊重、互谅互让，就能够和睦相处、携手并进；如果偏见固执，不能坦诚相见，就会激化矛盾，不欢而散。这就需要公关人员在社会交往中协调和沟通。

4）凝聚作用

公关社交是组织“内求团结，外求发展”的重要手段。这一手段主要体现在通过公关社交活动的安排和实施，强化组织全体成员的公关意识，从而使得组织内部上下一心，团结一致，凝心聚力。一般来说，凝聚力有益于组织目标的完成，但并不是任何凝聚力都有利于组织目标的实现。根据研究，只有在员工凝聚力的目标与组织目标相一致的基础上，增强凝聚力才有利于组织；否则，两个目标背道而驰，员工之间的强凝聚力反而会有碍组织目标的实现。因此，在这方面公关社交的重点是如何使员工凝聚力的目标与组织目标相一致。

9.2.3 公共关系社交与一般人际交往的关系

从上述的分析可以看出，公共关系社交与一般人际交往之间既有联系又有区别。

1）公共关系社交与人际交往的联系

①从工作内容看，公共关系社交也包括了人际沟通的技巧，如面对面的情感交流和说服技巧。

②从工作方法看，公关工作需要运用人际沟通的手段，要求公关人员具备较好的人际关系能力。良好的个人关系有助于建立良好的公共关系。

2）公共关系社交与人际交往的区别

①行为主体不同。公共关系社交的行为主体是组织；人际交往的行为主体是个人。

②对象不同。公共关系社交的对象是公众；人际交往的对象是私人。

③目的不同。公共关系社交的目的是在社会公众中树立组织的良好形象，建立组

织与公众之间的良好合作关系；人际交往的目的是个人与个人交朋友、结良缘，为了实现个人心理需要，建立个人与个人之间的和谐的人际环境。

④结构不同。公共关系是整体性的；人际交往是个体性的。

⑤沟通方法不同。公共关系社交的手段除了人际传播外，还要经常运用大众传播和群体传播的技术和方法；人际交往主要以个人的行为举止为媒介。虽然随着信息技术的发展，人际交往中也运用计算机网络等先进的沟通手段，但是仍然不能同公共关系社交中使用大众传播手段相提并论。

9.3 公共关系礼仪

人们在长期的社会交往活动中，根据一定的风俗、习惯，逐渐形成了一些惯用的交往规则，这就是人们常说的礼节。那么，什么是礼仪呢？礼仪是礼节的一个组成部分，是表现礼节的一种形式。由于礼仪是社会、道德、习俗、宗教等方面人们行为的规范，所以它是人们文明程度和道德修养的一种外在表现形式。

公共关系礼仪是指社会组织及其成员在与公众交往的过程中所应具有的合乎社交规范和道德规范的礼节、礼貌、仪式等的总称。在不同的场合，就不同的对象而言，礼仪有不同的表现形式和要求。懂得各种礼仪并且能够恰当地应用，是公关工作者的基本素质之一。

9.3.1 公共关系礼仪的起源、特点与功能

在公共关系活动中，公关礼仪是公关人员必须掌握并娴熟运用的人际传播技能。对公关人员来说，礼仪不仅是与公众交往场合中的“通行证”，而且是体现修养水平和业务素质的一种标志。

1）公共关系礼仪的起源

进入现代商品经济社会，人与人之间的关系发生了重大的变化，并且从古代一般的社会礼仪中分化出了专门的公共关系礼仪。公共关系礼仪的起源可以概括为四个方面：

首先，公关礼仪起源于传统礼仪的母体。一个社会是不断发展的，但社会的文化又是延续流传的，任何一个国家和民族都无法摆脱自己的文化传统。现代公关礼仪是对传统礼仪的继承、发扬和改造。

其次，公关礼仪服从于现代商品经济发展的需要。现代社会生活的基础是商品经济，高度发达的市场经济成为现代公关礼仪诞生的催化剂。

再次，大众传播媒介推动了公关礼仪的发展。电视、网络等媒体通过各种方式向人们展示礼仪的作用与功能，促使公众规范、调整自己的行为规范。

最后，公关礼仪是公民意识不断提高的产物。公关礼仪与传统礼仪最大的不同之处就在于民主平等意识的主导作用，是对独立人格的尊敬和人性尊严的张扬。

2）公共关系礼仪的特点

（1）民族性

不同的民族由于自然条件、地理环境、生活习惯的不同，会产生不同的礼节和礼仪。

(2) 公德性

礼仪要受社会公德的制约，即在一定社会范围内，长期以来逐渐形成的一种被大多数社会成员认可施行的思想和行为规范，是人们评价善、恶、美、丑的习惯性标准，具有约定俗成的本质属性。礼仪不能违背这些社会公德。

(3) 沿袭性

社会不断发展，历史不断前进，礼仪作为人类生产生活的一个有机组成部分不可能是一成不变的。但是，礼仪习惯和礼仪制度的变化又不是剧烈的、飞跃式的，而是在延续、继承前提下的一种缓慢重叠。

3) 公共关系礼仪的功能

(1) 形象功能

公关人员在处理内部与外部的诸多关系中，其言谈举止、举手投足都能把一种潜在的信息传递给公众。良好的礼仪表现可以为公司树立完美的社会形象；反之，也可以给公司带来负面效应。

(2) 沟通功能

人际交往、沟通是当代社会生活中的一大主题。发自真诚和敬意的礼仪行为是人际交往中的桥梁，它是社会中人与人之间、群体与群体之间密切联系的纽带。公共关系工作人员在日常公务活动中要接触方方面面、形形色色的公众，以文明优雅的举止、温和客气的言语与公众进行交谈，可使气氛融洽，更有利于彼此的沟通和人际关系的协调发展，提升管理工作的质量。

(3) 协调功能

礼仪作为社会交往的规范和准则，使人们相互尊重、相互理解，对人际矛盾起着“润滑剂”的作用，对人际关系发挥良好的协调功能，使人们友好相处，工作有序、有效。公关人员在与各方面进行工作接触的过程中，按照礼仪规范处理方方面面的关系和应对各种各样的局面，有助于缩短人们之间的情感距离，缓解或避免不必要的人际冲突，与各方建立友好与合作的关系。

(4) 制约功能

礼仪规范是社会文明的重要标志，是社会约定俗成的行为模式。礼仪约束着人们的态度和动机，规范着人们的行为方式，协调着人与人之间的关系，维护着社会的正常秩序，在企业管理中发挥着巨大的作用。

9.3.2 公共关系日常社交礼仪

公关人员在日常社交中的礼仪主要包括握手礼仪、介绍礼仪、电话礼仪、交谈礼仪、礼品礼仪等。

1) 握手礼仪

握手是在相见、离别、恭贺或致谢时相互表示情谊的一种礼节。握手礼是在一切交际场合最常使用、适应范围最广泛的见面致意礼节。它表示亲近、友好、寒暄、道别、祝贺、感谢、慰问等多种含义。通过握手往往可以了解一个人的情绪和意向，还可以推断一个人的性格和感情。有时握手比语言更充满情感。

(1) 握手礼行使的规则

握手的先后次序主要是为了尊重对方的需要。其次序主要根据双方所处的社会地位、身份、性别和各种条件来确定。

两人之间握手的次序是：上级在先，长辈在先，女士在先，主人在先。具体来说，下级、晚辈、男士、客人应先问候，见对方伸出手后，再伸手与其相握。在上级、长辈面前不可贸然先伸手。若两人之间身份、年龄、职务都相仿，则先伸手为礼貌。

（2）握手礼行使的正确姿势

标准的握手方式是：握手时，两人相距约一步，上身稍前侧，伸出右手，四指并拢，拇指张开，两人的手掌与地面垂直相握，上下轻摇，一般2～3秒为宜，握手时注视对方、微笑致意或简单地用言语致意、寒暄。

（3）握手时的注意点

①行握手礼时要注意力集中，不要左顾右盼，不能一边握手一边跟其他人打招呼。

②见面与告辞时，不要跨门槛握手。

③握手一般总是站着相握，除年老体弱或残疾人以外，坐着握手是很失礼的。单手相握时左手不能插口袋。

④男士勿戴帽、手套与他人相握，穿制服者可不脱帽，但应先行举手礼，再行握手礼。女士可戴装饰性帽子和装饰性手套行握手礼。

⑤忌用左手同他人相握，除非右手有残疾。当自己右手脏时，应亮出手掌向对方声明，并表示歉意。

⑥握手用力要均匀，对女性一般象征性握一下即可，但握姿要沉稳、热情和真诚。

2）介绍礼仪

介绍是人际交往中与他人进行沟通、增进了解、建立联系的一种最基本的方式。属于社交场合的介绍基本上分为两种，即自我介绍和为他人做介绍。

（1）自我介绍

首先，要先向对方点头致意，得到回应后，再向对方介绍自己的情况，同时递上事先准备好的名片。其次，要注意面部表情。介绍时应该表情轻松、面带微笑、精神饱满、展现自信。如果在自我介绍时忸忸怩怩、拘谨不安，会让对方感觉到你内心的羞怯，从而对你的能力表示怀疑。

依据自我介绍的内容方面的差异，它可以分为四种形式：

第一种为应酬型，适用于一般性的人际接触，只是简单地介绍一下自己。例如："您好！我的名字叫×××。"

第二种为沟通型，也适用于普通的人际交往，但是意在寻求与对方交流或沟通。内容上可以包括本人姓名、单位、籍贯、兴趣等。例如："您好！我叫×××，大连人，现在在一家银行工作。您喜欢看足球吧？嗨，我也是一个足球迷。"

第三种为工作型，即以工作为中心进行自我介绍。其内容应重点集中于本人的姓名、单位以及工作的具体性质。例如："女士们，先生们，各位好！很高兴有机会把我介绍给大家。我叫×××，是海风公司的业务经理，专门营销电器。有可能的话，我随时愿意为在场的各位效劳。"

第四种为礼仪型，适用于正式而隆重的场合，属于一种出于礼貌而不得不做的自我介绍。其内容除了必不可少的三大要素以外，还应附加一些友好、谦恭的语句。例如：“大家好！在今天这样一个难得的场合中，请允许我做一下自我介绍。我叫×××，来自大连××公司，是公司的公关部经理。今天是我第一次来到美丽的西双版纳，这里美丽的风光一下子深深地吸引了我。我希望在这多待几天，很愿意结识在座的各位朋友。谢谢！”

（2）为他人做介绍

为他人做介绍就是把两个互不相识的人通过中间人的引见使他们彼此认识，从而活跃社交场合的气氛，发展相互之间的友谊。

在社交活动中，为他人做介绍的通常做法是：

①先把男士介绍给女士。这是“女士优先”精神的具体体现，也是最常见的一种方式。唯有在女士面对尊贵人物时，才允许有例外。

②把晚辈介绍给长辈，即优先考虑被介绍人双方的年龄差异。

③把客人介绍给主人，适用于来宾众多的场合，尤其是主人未必与客人个个相识的时候。

④把职位低者介绍给职位高者，适用于比较正式的场合，特别适用于职业相同的人士之间。

在介绍时应该注意介绍的双方信息相当，否则会让一方感觉不受重视；还要介绍双方的职务和姓名，并尽量为介绍双方提供更多的交谈内容。

教学互动9-2

互动问题：为他人做介绍时，如果有职务高低之分的话，一般要先介绍职务低的。当然，如果其中一方不止一个人，比如王主任、李副主任、普通员工小马这三个人的话，应该怎么介绍？可以在课堂上现场模拟一下。

要求：同“教学互动1-1”的“要求”。

3）电话礼仪

文明而礼貌地使用电话，包括座机和手机，会使你有效地沟通，并恰到好处地向别人表示尊重，获得有益的信息。人们使用电话这种交流工具进行沟通，不外乎以下两种情况：拨打电话和接听电话。

（1）拨打电话

使用电话时，如果主动把电话打给别人，则称作拨打电话。应该注意的礼仪有：

首先，把握通话时间。一是要选好通话时机。除非有要事相告，一般不宜在他人休息或用餐的时间给对方打电话。给海外人士打电话时，还须了解此地与彼地的时差。二是要注意通话时间长度。每一次拨打电话的具体时间长度，基本的要求是以短为佳，一般不超过3分钟；在通话期间，最忌讳没话找话、浪费时间。

其次，准备通话内容。一是要事先准备。拨打电话前，尤其是拨打重要电话前，拨打电话者应当尽量提前做好准备。若有可能，最好是事先动笔开列出一份通话提纲。二是要直言主题。拨打电话，一定要做到务实不务虚，长话短说、开宗明义、直入正题、适可而止。

最后，注重通话行为。在通话过程里，在语言上注意文明礼貌，不得滥用脏字。通常电话接通后的第一句话是“您好”或者“你好”，而不是“喂”；第二句话是自我介绍，如“我是某某单位的某某”；最后道上一声“再见”。通话中，嗓门不宜过高，免得让接听电话者感到震耳欲聋。通话结束后，要轻轻地把电话机放回原处。

（2）接听电话

接听电话者在本人受话时和代接电话时，在礼仪规范上的要求各有不同。

首先，接听电话时，通常不宜请别人代劳。因特殊原因必须这么做，或是在电话铃声响过许久才迟迟去接电话，则勿忘在通话之初向拨打电话者做出解释，并致以歉意。

其次，要应对谦和。在拿起话筒之后，接听电话者首先应当向拨打电话者问好，并且随之自报家门，如“您好，这里是某单位，我是某某”。在通话过程中，应聚精会神，不要三心二意。对于对方所谈论的问题要积极参与，不允许一言不发，有意冷落对方。

最后，在接听电话的过程中，一般不要再做其他事情，专心接听。万一在处理重要事情或接待重要客人期间有人打进电话而此刻不宜与对方深谈，可在接听电话时向其讲明原因、表示歉意，并且约好具体时间，届时由自己主动拨打电话。

4）交谈礼仪

交谈是一种有来有往的双边或多边的言语和情感的交流活动，因此，首先必须把握交谈双方共同感兴趣的话题。从内容上看，选择交谈话题最好的办法是就地取材，即按照当时所处的环境觅取话题。如相遇在朋友家里，赞美一样东西，常常是最稳当、最得体的开场白，由此可引出某方面的话题。

交谈礼仪是指人们在交谈过程中应该遵循的礼节和应讲究的仪态等。交谈时的礼仪应注意以下几个方面：

（1）声音与姿态

在正式的社交场合，即使是熟人，谈话的声音亦不宜过高，以免妨碍他人，引人反感。

与人交谈时，表情自然，语言和气亲切，表达得体，可适当做些手势，但动作不宜过大，特别是不要伸手指对人指点。

谈话时与对方之间的距离要适当，距离较近时，避免正面相对，以防唾沫相溅。

参与别人谈话要先打招呼，别人在个别交谈时，不要凑前旁听。若有事需与某人说话，应待别人说完。有人主动与自己说话，应表示乐于交谈。第三者参与谈话，应主动点头微笑或握手表示欢迎。谈话中遇有急事需要处理或需要离开，应向谈话对方打招呼，表示歉意。

交谈时，无论是坐还是站，身体都不要太拘谨，但也不能太放松，显得懒散松垮，对人不尊重。聆听他人谈话时，眼睛应该有礼貌地注视对方，并适当地点点头，以示专心。

（2）话题

在社交场合，应选择大家可以介入、方便发表意见的话题，如现场气氛、环境布置、天气、当日新闻等，不要只谈个别人知道的事而冷落了其他人。

谈话内容一般不要涉及疾病、死亡等不愉快的事情，不谈荒诞离奇、耸人听闻、黄色淫秽的事情。一般不宜用批评的语气谈论在场者或其他相关人士，也不要讥笑他人。

话题不要涉及他人的隐私。比如，对女士不宜问年龄、婚否、服饰价格等，不宜用身体壮、保养好等涉及身材方面的模糊用语；对男士不应问钱财、收入、履历等。不随便议论他人的宗教信仰和政治信仰，以免犯忌。

遇到不便谈论的话题，不轻易表态，应适当转移话题以缓和气氛。涉及对方反感的问题，应及时表示歉意。

男士一般不参与女士圈内的议论。与女士谈话时要宽容、谦让、尊重对方，不随便开玩笑。

(3) 礼貌用语

交谈时应注意使用礼貌用语。常用的礼貌用语如下：与人打招呼时说“您好”；对他人提出要求时说“请”；得到别人帮助时说“谢谢”；给人添麻烦时说“对不起”或“打扰了”；别人向自己致歉时说“没关系”；与人分手时说“再见”等。

应注意的事项如下：

第一，谈话现场超过三人时，应注意和在场的所有人攀谈，不要只顾与一两个人谈话而不理其他人。注意不要一人说得太多，应给每个人发表意见的机会。

第二，要善于聆听对方谈话，不可轻易打断别人发言，特别不要老看表或手机、随意走动、打哈欠等，这显得烦躁而不重视对方。

第三，交谈时遇有争论，注意以礼相待，不要恶语相加，不要使用挖苦、讽刺的语言刺激对方。

第四，到别人家里做客交谈，一般以不超过两小时为宜。如主人没有主动邀请就餐，应在开饭前一小时左右找借口离开，不要等马上开饭时才起身告辞。

5）礼品礼仪

中国人一向重交情，赠送礼品是表达友情的一种方式。送礼要选择好时间，最好是在重大节日或具有纪念意义的日子，如春节、中秋节、端午节、生日、婚礼日等。另外，接到朋友的喜庆请柬时，也应送礼。

礼品不必太贵重，应强调“礼轻情意重”，可选择有纪念意义、有特色的东西作为礼品，如能馈赠即使有钱也难买到的特制纪念品则更佳。另外，还要考虑到客人的爱好。

喜礼一般在婚前送到。对于深交的朋友，即使对方请柬未到，也可先行送礼。开张答谢礼必须在揭幕或剪彩之前数小时送到，以送花篮最为普遍，也有送镜屏或镜画的。朋友帮过你的忙，为了表示谢意，送对方一些酬劳礼也是应该的。凡这类送礼，非寻常可比，第一要投对方所好，第二要适合对方使用，要因人而定。赴宴礼品可在宴会开始前送到主人家，以表恭敬。如赴私人住宅访问，应注意为女主人带些小艺术品、土特产等。如果有小孩，可带些糖果玩具。

送礼时一般应当面赠送，可附上祝词和名片。收礼时最好当面打开包装欣赏礼品，并应致谢，如“我非常喜欢”“很漂亮”“谢谢”等。

收到寄来的礼品，应及时回复短信或名片致谢。此外，礼品最好有彩色包装。

9.3.3 公务活动礼仪

公务活动礼仪是公关人员在组织的商务活动中应该掌握和遵守的行为规范。公务活动礼仪主要包括以下几方面：

1）接待礼仪

接待即对客人的迎接招待。在公共关系工作中，它属于日常性而又必须重视的工作。公关人员要同各式各样的客人打交道，如采访的记者、协作单位、股东、社会团体、远道而来的外宾、寻求赞助者、上级主管部门等。来访者可能是个人，也可能三五成群或者是一个团体。负责接待的公关人员的方式、方法及其言行会给客人留下很深的印象，关系到组织的整体形象。

公关人员经常要在办公室接待各种来访者，倾听他们的意见，回答他们的问题，协调与他们的关系，或商量、讨论某项共同关心的事宜。来访接待的一般礼仪和方法是：

（1）热情相迎，确定情况

对于来访者，无论是何人，首先应报以微笑，热情招呼来访者坐下，然后委婉而迅速地了解来访者的身份、目的和具体要求，以便决定接待来访者的规格、程序和方式。

（2）身份对等，专业对口

客人中如果有一定地位的来访者，公关人员应按照客人的身份安排对等的接待者。当然，由组织的公关负责人出面也是可以的，这是因为，他们通常被授权代表组织，甚至代表最高负责人出面接待，可接待各种级别或层次的客人。

来访的客人如果专业性较强，公关人员应立即与有关的专业技术部门联系，积极引荐有关方面的权威人士，并协助做好一切安排。

（3）有闻必录，以备查询

必要的情况下还要请来访者填写来访登记，然后耐心倾听和记录来访者的意见，并恰当处理来访者的意见。重要的情况应及时反馈给领导或有关部门，协助解决来访者的实际问题。暂时不能处理的，应做出合理的解释，保持联络，待处理后再回复。

这里要特别指出的是，在迎送客人的过程中如果需要陪同客人乘车，要注意位次礼仪。一般情况下，专职司机开车时，双排座轿车的座次安排原则是：后排为上，前排为下；右侧为上，左侧为下。此时，第一主人和第一客人分坐后排左右，随员坐副驾驶位。主人亲自开车时，双排座轿车的座次安排原则是：前排为上，后排为下；右侧为上，左侧为下。此时，第一客人可在副驾驶位置就座，其他随员在后排。大型客车的座次安排较为随意，但一般应在主、客方随员就座后，请第一主人和第一客人上车，下车时顺序则相反。以小型客车接待客人时，一般要请客人先上车，接待人员待客人全部上车就座后方可上车。到达目的地停车后，接待人员先下车开门，再请客人下车。若客人乘坐的是轿车，接待人员则应在客人上下车时，一手拉开车门，一手遮挡门框上沿，以防客人碰头。

总之，有的放矢地做好迎来送往工作，为组织广交朋友、消除戒备，是公关人员一项既琐碎又重要的日常工作。

2）函件礼仪

函件是各社会组织用以联系工作、商洽事务常用的媒介方式，注意函件的写作方式及礼仪礼节，有助于函件往来各方的顺利沟通。

公函是社会组织间联系沟通的行政信件。公函在形式上可分为正式的公文和一般的便函两类。前者一般有发文编号，格式正规；后者则不必有上述要求。

公函一般分四个部分：标题、开头、正文、结尾。基本格式与“请示”“报告”相同。

公函的正文要阐述清楚商洽、询问、答复、委托告知的事项，如要求对方办理某项工作，向对方叙述某件事情，回答对方提出的问题，向对方提出处理某个问题的意见等。

公函的结尾可根据不同情况，使用“特此函复”“特此函告”“请速复函”等语句。

注意公函交往中的方式和礼仪是十分重要的。在日常生活中组织会以公函的形式主动向公众联系沟通，公众也经常会写信给组织了解情况、表达抱怨或要求组织回答。无论对于哪一类信函，组织的公共关系工作人员都应该认真处理，要让公众感到自己受到组织的重视，组织富有人情味。公函的格式要正确、态度要亲切。

学习微平台

延伸阅读9-2

3）会见与会谈礼仪

会见，国际上一般称接见或拜会。凡身份高的人士会见身份低的，或主人会见客人，一般称为接见或召见；凡身份低的人士会见身份高的人，或客人会见主人，一般称为拜见。我国一般统称会见。就其内容而言，会见有礼节性的、政治性和事务性的，或兼而有之。

会谈是指双方或多方就某些重大的政治、经济、文化、军事问题，以及其他共同关心的问题交换意见。会谈也可以是洽谈公务或就具体业务谈判。会谈的内容一般较为正式，政治性或专业性较强。

（1）会见与会谈的提出

在会见与会谈的提出方面，东道主与来访者的权利是对等的。宾主双方都可以提出会见要求。一般情况是由身份低者拜会身份高者，来访者拜会东道主。来访者可以根据本人的身份、业务性质、来访目的，主动提出拜访东道主。

（2）会见与会谈的场所

接待来访的客人时，领导者不宜在自己的办公室里就座。会见应该在专门为此目的而设置的地方或在小型会议室里进行。高级领导人之间的会见与会谈，通常安排在重要建筑物的宽敞的会客厅（室）内进行，亦有在宾客下榻的宾馆的会客室内进行。如是涉外宾客，会谈桌上应放置两国国旗，桌上应放置座位卡，使用中、外文字书写时要注意主方文字写上面，客方文字写下面。

（3）会见与会谈的场地布置与座位安排

会见与会谈的场地布置与座位安排都应体现出礼仪的规范性和对来访者的尊重。会见与会谈场地布置的原则是一致的，只是由于规格、参加人数、持续时间不同而略有差别。

①会见座位的安排。会见的座位安排有多种形式，有宾主各坐一方的，有宾主穿

插坐在一起的。但通常的安排是：主宾、主人席安排在面对正门位置，客人座位在主人右侧，其他客人按礼宾顺序在主宾一侧就座，主方的陪见人在主人一侧按身份高低就座。若是涉外会见，安排译员、记录员坐在主人和主宾的后面。

②会谈座位的安排。会谈分为双边会谈与多边会谈。双边会谈通常使用长方形或椭圆形桌子，多边会谈采用圆形或方形桌子。不论什么形式，均以面对正门为上座。双边会谈时，宾主相对而坐，以正门为准，主人在背门一侧，客人面向正门。主谈人各自居中。涉外会谈中，我国习惯把译员安排在主谈人右侧，但有的国家亦让译员坐在后面，一般应尊重主人的安排。其他人按礼宾顺序左右排列。记录员可安排在后面；如参加会谈的人数少，也可安排在会谈桌就座。如会谈长桌一端面对正门，则以入门的方向为准，右为客方，左为主方。

（4）会见与会谈的礼仪内容

会见与会谈的礼仪内容包括双方简短的致辞、互赠礼品等。互赠礼品后，通常安排合影，随后就座。如需合影，要事先安排好合影图，布置好场地，备好照相设备。合影时主人和主宾居中，并以主人右侧为上，按礼宾次序，主、宾双方间隔排列，第一排既要考虑人员身份，又要考虑场地能否摄入镜头，一般两端均由主方人员把边。合影也可放在会见结束后。会见时所招待的饮料，各国不一。我国一般只备茶水，夏天加冷饮，如会谈时间过长，可适当加上咖啡、红茶和点心。

4）宴会礼仪

宴会是公关活动中一项重要的工作，按照西方和中国现代的礼仪习惯，晚宴最为正式。

（1）确定宴会的目的、规格和种类

一般来说，规格较高、人数较少的宴请采用宴会的形式。如果是人数众多的宴请，安排宴会就不太适宜，通常采用冷餐会和酒会的形式。

（2）时间、地点的选择

要考虑到时间、地点的选择对宴会双方都适宜。应该尽量避免重大的节庆日，还要注意避免和对方组织的重点庆典活动在时间上发生冲突，尤其要注意对方的风俗习惯，避免在对方禁忌的日子里安排宴会。地点不能选在离自己组织较近但离对方组织很远的地方，这样会让对方感觉对他们不够重视。

（3）席位的安排

正式的宴会都有桌次、座次安排。决定餐桌高低次序的原则是：主桌排定以后，其余桌次的高低以离主桌的远近而定，近的为位高者，远的为位低者，平行的以主桌右边的桌子为位高者，以主桌左边的桌子为位低者。座次的安排无论在中餐还是西餐中都有着严格规定；如果草率安排，会引起对方的不满，使宴请达不到预期的效果。

宴请客人时，主宾一般坐在面对房间正门的位置，主人一般坐在主宾的对面。其他宾客的顺序为：2号客人在主宾的右手，3号客人在主宾的左手，4号客人在主人的右手，5号客人在主人的左手，其他可以随意。

（4）出席宴会的礼仪

准时赴宴是最基本的礼貌。如果确实遇到特殊情况而不能出席，应该提前告知主人，并向主人郑重解释、深表歉意，以取得主人的谅解。切忌在宴会即将开始时随便打个电话告知主人，说因事不能参加，这样会让主人感觉你不重视他。

另外，出席宴会前，赴宴者要注意服装整洁和个人卫生，身着得体的服饰。到达宴会地点后，应按照主人事先安排好的桌次和座位入座，如果同桌中有领导、长辈、女性，应该等其就座后自己再坐下，切忌见到座位自己先坐下。

与邻座交谈时，切忌一边嚼食物，一边与人含含糊糊地说话；进餐过程中，不能用餐具指点别人；不要对着其他人或餐桌咳嗽、打喷嚏，若是非打不可的情况可以将头转向一边，用手帕捂住口鼻；当有人提议大家干杯时，要立刻拿起酒杯起身站立，即使你是滴酒不沾者，也要将酒杯举到和眼睛持平的高度，做出喝酒的样子；如果对方向你敬酒，你应该回敬。一般是职位低者先向职位高者敬酒，年龄小者先向年龄大者敬酒，晚辈先向长辈敬酒。

深度剖析 9-1

问题：社交场合排列座次有什么规则呢？

5）舞会礼仪

在公共活动中，舞会是经常开展的一项社交活动。因此，人人都应懂得舞会的基本礼仪。

（1）组织舞会

举办正规的舞会时，必须认真遵守礼仪规范，在时间、场地、曲目、来宾、接待等方面，都必须做好安排和准备。

①举办舞会的时间。一是要“师出有名”，同庆贺活动结合；二是要选择周末、节日、假日；三是要在晚上举行；四是要控制舞会的时间长度，通常约为两小时。

②来宾邀请。一是应提前向客人发出邀请，并说明起止时间，以方便客人安排时间，对已婚者，一般要请夫妇二人；二是人员限量，根据场地大小、接待能力和交往需要，限制邀请人员的数量；三是性别比例，男女客人的人数要大致相等。

③接待工作。一是确定舞会的主持人，做好舞会的主持工作；二是组织招待人员，做好迎送、服务、陪同和邀舞等工作；三是准备好招待茶点；四是注意安全防范。

（2）参加舞会

参加舞会时需要关注自己的行为举止，注意自己的临场表现，重视舞会的礼仪规范。

①仪容要整洁，举止要文明。不要穿短裤、背心、拖鞋跳舞。注意卫生，最好不吃葱、蒜等有强烈刺激气味的食物，也不宜喝酒。当患病、身体不适或感到疲倦时，最好不要勉强参加舞会；否则，由此引起咳嗽、打喷嚏、打哈欠等，对舞伴都是不礼貌的。

②邀人共舞，主动热情。一是只宜邀请异性。二是参加舞会的男女都可以主动邀请别人共舞，但一般是男士向女士主动发出邀请。男士邀请女士共舞时，可到对方面前点头示意并伸出右手请舞或说声：“我可以请您跳舞吗？”女士邀请男士共舞时，可大方地走到男士的面前说声：“请你带带我跳舞，可以吗？”一旦接受邀请，就应同对方跳至一曲终了，不要中途退场。

③拒绝邀舞，态度友好。一般情况下不要拒绝邀请者的要求，无故拒绝是不礼貌的；但是如果确实太累或由于别的原因不想跳，要态度友好、委婉简要地解释。需要注意的是，拒绝一个人的邀请后，通常不应当马上又接受其他人的邀请，尤其不能当着前者的面堂而皇之地那么做；否则，会被理解成有意侮辱对方，引起矛盾和纠纷。

④舞姿标准，表现文明。一是跳舞时要保持良好的风度和正确的舞姿，整个身体要始终保持平、正、直、稳。二是举止得体，保持间距。男方的右手应在女方腰部正中，双方距离两拳。进退移动，都要掌握好身体的重心，不要让身体左右摇晃，胳膊不要大幅度上下摆动。脸部朝正前方，保持微笑，神态自若，声音轻细，给人以美感。三是尊重舞伴，一曲舞毕，要向对方致谢，男士要把舞伴送到原来的位子上。四是行为文明，不生事端。中间休息时，不要乱扔果皮纸屑，不宜高声谈笑、随意喧哗，不要随意穿越舞场，更不要同别人争抢舞伴，要始终做到礼貌谦和、有礼有节。

⑤以舞会友，广泛交际。要正确理解举办和参加舞会的目的，在正规的舞会上，跳舞不是目的，只是交际的手段，因此要珍惜参加舞会的机会，以舞会友，广交朋友。

本章概要

主要概念

人际交往　非语言交往　空间距离　公共关系社交　公共关系礼仪

内容提要

- 本章主要介绍了人际交往的特点与功能、人际交往的原则与艺术、人际交往的技巧、公共关系社交的含义与特征、公共关系社交的作用、公共关系日常社交礼仪、公务活动礼仪等。
- 人际交往是指在人类社会活动中，人与人之间分享信息、传达思想、交流意见、表示态度、联络感情的过程。人际交往的功能有：满足心理需要、获得各种信息、协调人际关系、调节自我意识。
- 人际交往的基本原则是：平等尊重原则、互利互惠原则、诚实守信原则、理解相容原则、自我价值保护原则。
- 增进人际吸引的艺术：接近且相悦、个人特性的相似、心理特性的互补、令人喜欢的个人特质。
- 在交往过程中，人们常常通过面部表情、手部动作等身体姿态来传达各种情绪或意图，这就是非语言交往。非语言交往的方式主要有以下几种：表情、身体态势、空间距离、服饰礼仪等。
- 公共关系社交是指公关人员在公共关系活动中为了满足某种需要或者达到特定的目的而进行的信息交流、联系和相互作用。公共关系社交的特征是：关注公众需求、强化角色意识、明确交往对象、立足长远利益、精心组织活动。公共关系社交的作用是：塑造形象作用、桥梁作用、协调作用、凝聚作用。
- 公共关系社交与人际交往的区别是：行为主体不同、对象不同、目的不同、结构不同、沟通方法不同。

- 公共关系礼仪是指社会组织及其成员在与公众交往的过程中所应具有的合乎社交规范和道德规范的礼节、礼貌、仪式等的总称。公共关系礼仪的功能主要表现在以下几个方面：形象功能、沟通功能、协调功能、制约功能。
- 来访接待的一般礼仪和方法是：热情相迎，确定情况；身份对等，专业对口；有闻必录，以备查询。
- 舞会的礼仪规范是：仪容要整洁，举止要文明；邀人共舞，主动热情；拒绝邀舞，态度友好；舞姿标准，表现文明；以舞会友，广泛交际。

内容结构

本章内容结构如图9-1所示

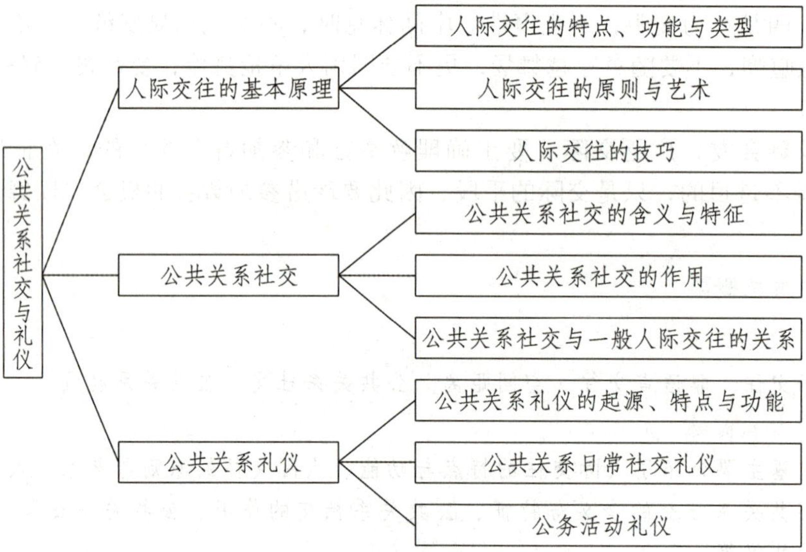

图9-1 本章内容结构

单元训练

传承型训练

▲ 理论题

△ 简答题

1）公共关系礼仪的功能主要表现在哪几个方面？

2）简述公共关系社交的特征。

2）简述公共关系社交的作用。

△ 讨论题

1）哪些因素能促进良好人际关系的建立和维持？

2）公关礼仪是如何产生的？

▲ 实务题

△ 规则复习

1）人际交往的基本原则主要包括哪几个方面？

2）公共关系社交与一般的人际交往有什么样的区别？

△ 业务解析

为什么相似性有助于人际交往？

▲ 案例题

△ 案例分析

“训练目的”“教学方法”“训练任务”同第1章本题型。

【相关案例】

永辉超市的道歉

背景与情境：作为一家曾有着“民生超市、百姓永辉”美誉的老超市，永辉超市承载着太多消费者的信任与期待。福建省市场监督管理局发布的食品安全监督抽检信息公告显示，2021年第一季度，永辉超市在福州、莆田、龙岩等多地多家门店共有15批次食品抽检不合格。其中草鲕、冰鱿鱼、正蟹等水产品抽检不合格次数达8次，确实让人难以接受，让消费者不安。

更让人失望的是，永辉超市董秘张某的一番辩解：“永辉超市每天自测量达3 000多批次，一个季度90天、基本上近30万次的检测中，出现15批次的不合格，你说多不多？”对于企业来说，不合格率也许是个概率问题，但是对于消费者来说，1批次和15批次不合格没有区别，一旦中招，伤害就是100%的。

国内多家媒体对上述事实进行了报道，引起了消费者的广泛关注。中国网财经也同步刊发了“永辉超市多次食品抽检不合格　高速扩张下质量体系存漏洞”的报道。

对这次的食品安全问题，永辉超市第一时间发布声明，并且向大众进行了道歉：公司已经高度关注、高度重视，已成立专项自查小组。公司对出现的食品安全问题向广大消费者、投资者和监管部门致以真诚的歉意，管理层对该事件自查自纠，深刻反省。

事实上，这并非永辉超市首次因食品安全问题“翻车”。自2018年以来，永辉超市多次被检出问题食品，遭到多地市场监管局通报。不仅如此，永辉超市2021年以来还曾因超市工作人员的不当行为和非法收取包装费而引发舆论的发酵。

3月份，有网友发视频爆料，福建一永辉超市的销售人员直接脚踩在冻货上行走，这条视频在网络上传播后，引发了网友的热议。在这条视频中，该工作人员先是很随意地坐在存放食品的冷冻柜上，后来又穿着鞋子踩在海鲜整理柜上，没有丝毫的顾忌，对食品安全漠然无视的态度，让网友们感到特别恶心，此事引起了大家的谴责和愤慨。

对此，超市正式发文道歉，承认他们在经营管理方面的不足，以及对食品安全的忽视，并表示这个柜台里面的产品都已经下架做销毁处理，以后会对他们的员工进行更加严格的管理，确保他们在工作时更加规范，更加符合食品行业的工作标准，避免这样的情况再次发生。

8月，永辉云创科技有限公司被曝出其在运营维护的微信小程序“YH永辉生活+”中，未事先征得消费者同意就对每笔订单收取了1元的包装费。相关部门给出的处罚信息显示，永辉云创此次的违法行为类型为经营者强迫消费者购买商品或者接受服务。相关行政处罚决定书显示，自2021年1月1日起至2021年2月28日，“YH永辉生活+”共对201 480笔订单收取了包装费，违法所得8 059.2元。

面对汹涌而来的舆论，随后永辉也不得不通过社交平台及官方小程序发布道歉声明。永辉官微致歉声明称，高度重视“永辉生活小程序收取1元包装费”问题，对给消费者带来的不便及引发的社会关注，表示诚挚的歉意。

资料来源 福州小鱼网. 永辉发声！一个季度接连被质检部门点名23次！新华网：敷衍如何“永辉”[EB/OL]. [2021-04-17]. https://www.sohu.com/a/461311255_254088. 王晖. 1块钱，绊倒了永辉[EB/OL]. [2021-08-18]. https://www.sohu.com/a/484093565_121095697.

问题：

1）你如何看待永辉超市的道歉？该案例涉及本章的哪些知识点？

2）该案例对企业CEO或公共关系人员有什么启示？

分析要求：参照第1章本题型的“分析要求”。

△ 课程思政

“训练目的”“教学方法”“训练任务”同第1章本题型。

【相关案例】

徽州宴老板娘事件

背景与情境：2021年7月2日，徽州宴老板娘遛狗不拴绳，致使名犬突袭孩子，随即老板娘与孩子的母亲发生口角并动手，老板娘大放厥词：“敢动我的狗，我就弄你孩子，不就要钱吗？老子有钱，老子干了好几个徽州宴，都是我干的，你那小孩还没有我的狗值钱！”从这句话说出来之后，事情就变得一发不可收拾，网友们的激愤情绪和议论一直在蔓延。

事发后的第二天，也就是7月3日，徽州宴公司发布了公告，称当事人行为属于个人言行，和公司无关，并向公众致歉，还称已解除和当事人的聘任合同。但这份致歉并没有让舆论平息下来，反而不少人质疑，这名女子的丈夫是徽州宴大股东，解除合同的说法没有实际意义。短短几天时间，一起邻里纠纷发展成一起社会热点事件。店前聚集着数以千计的人，有的是直播热闹的，有的是来看热闹的，还有的是凑热闹的。有人说，退订的市民排成了队，以至于徽州宴不得不宣布停业。

7月5日，蚌埠市公安局经开分局官方微博发布警情通报称，邹某因遛狗和邻居邵某发生争执和厮打，邹某用语言威胁、恐吓邵某。邹某因殴打他人和语言威胁他人被行政拘留7日，邵某也因殴打他人被行政拘留3日。

这位老板娘嚣张跋扈说出的那些话，触及到了很多普通人内心最脆弱的地方，就像一个无形的巨大的手掌，抓住了人们的尊严，想把它揉碎，所以才有那么多人站出来，要让这位身家亿万的嚣张的老板娘给个说法。

资料来源 FIFI. 徽州宴老板娘，你狂什么狂？[EB/OL]. [2021-07-11]. https://new.qq.com/rain/a/20210711A00B9V00. 蜗牛研究僧. “徽州宴老板娘”：资本正在无情践踏平民的尊严[EB/OL]. [2021-07-07]. https://www.163.com/dy/article/GEAL06R20548B41G.html.

问题：

1）本案例中存在哪些思政问题？

2）试对上述问题做出你的思政研判。

3）对照本教材“附录三”的附表3和网上调研资料，说明你的思政研判所依据的行业规范。

研判要求：参照第1章本题型的“研判要求”。

▲ 实践题

【训练项目】

“公共关系公务礼仪策划与实施”知识应用

【训练目的】

见本章章名页“学习目标”中的“实践操练”目标。

【教学方法】

采用“项目教学法”和“实践教学法”。

【训练准备】

知识准备：

1）本章理论与实务知识。

2）表9-1中各技能点的“参照规范与标准”。

3）本教材“附录四”附表4“职业道德领域”选项的“参照规范与标准”。

指导准备：

1）教师向学生阐明“训练目的”和“训练内容”。

2）教师指导学生制订《实践计划》。

3）教师向学生说明本次实践应该注意的问题。

【训练内容】

专业能力训练：其能力领域、技能点、名称及参照规范与标准见表9-1。

表9-1　**专业能力训练领域、技能点、名称及参照规范与标准**

能力领域	技能点	名称	参照规范与标准
“公共关系公务礼仪策划与实施”知识应用	技能点1	公共关系公务礼仪策划	参照本章内容撰写接待、会见与会谈备忘录
	技能点2	公共关系公务礼仪实施	1)按照接待礼仪的一般方法接待客人 2)按照会见与会谈的一般礼仪安排场所、座位等

职业道德训练：其道德领域、道德范畴、名称、等级、参照规范与标准及选项见表9-2。

表9-2　**职业道德训练选项表**

道德领域	道德范畴	名称	等级	参照规范与标准	选项
职业道德	范畴1	职业观念	认同级	同本教材“附录四”附表4的参照规范与标准	
	范畴2	职业情感	认同级	同本教材“附录四”附表4的参照规范与标准	√
	范畴3	职业理想	认同级	同本教材“附录四”附表4的参照规范与标准	
	范畴4	职业态度	认同级	同本教材“附录四”附表4的参照规范与标准	√
	范畴5	职业良心	认同级	同本教材“附录四”附表4的参照规范与标准	
	范畴6	职业作风	认同级	同本教材“附录四”附表4的参照规范与标准	√
	范畴7	职业守则	认同级	同本教材“附录四”附表4的参照规范与标准	√

【组织形式】【训练任务】【训练要求】同第6章本题型的【组织形式】【训练任务】【训练要求】。

【情境设计】

将学生组成若干实践团队，结合实践训练项目：假如你校最近要有重要的客人（如有重大合作项目的兄弟院校）来访。请从公务礼仪的角度，模拟策划与实施这次来访的接待、会见与会谈。

【训练时间】

本章授课后一周内。

【训练步骤】

1）根据本项目需要，将班级学生组成若干个实践团队，每个团队确定1~2人负责。

2）各团队结合情境设计分配任务，应用“知识准备”中列示的知识研究相关问题，制订《公共关系程序化运作计划》。

3）各团队实施《公共关系程序化运作计划》，系统体验并记录如下技能操作：

（1）依照表9-1“技能点1”的“参照规范与标准”，应用相关知识，撰写接待、会见与会谈备忘录等操作。

（2）依照“技能点2”的“参照规范与标准”，应用相关知识，能够按照接待礼仪的一般方法接待客人，按照会见与会谈的一般礼仪安排场所、座位等。

（3）在“‘公共关系社交与礼仪’知识应用”之“专业能力”的上述基本训练中，融入表9-2“职业道德”（认同级）选项的相关训练。

4）各团队总结本次实训的各项操作体验，分析其成功经验和存在问题，提出改进建议。

5）各团队在此基础上撰写作为成果形式的实践课业。

6）在班级讨论交流、相互点评与修订各团队的实践课业。

【成果形式】

实践课业：撰写《“‘公共关系公务礼仪策划与实施’知识应用”实践报告》

课业要求：

（1）《实践报告》的内容包括：实训团队成员与分工；实训过程；实训总结（包括对“专业能力”各技能点训练的成功与不足之分析说明）。

（2）将《接待、会见与会谈备忘录》全文以“附件”形式附于《实践报告》之后。

（3）其他要求：参照第6章本题型的“课业要求”。

课业范例

范例-1

案例分析-范

△ 案例分析

【训练目的】

运用本书理论与实务知识研究相关案例，对“加多宝的公关”案例情境进行多元表征，体验“公共关系学”中“结构不良知识”的“传承型学习”及其迁移。

【教学方法】

采用“案例教学法”。

【训练任务】

1）体验本章理论与实务知识的具体运用。

2）体验对“附录三”附表3“解决问题”能力“高级”的“基本要求”和各技能点“参照规范与标准”的遵循。

3）体验在“相关案例”的“背景与情境”中分析与解决问题的“结构不良知识”学习过程。

4）撰写、讨论和交流《案例分析报告》。

【相关案例】

加多宝的公关

背景与情境：1997年，主营药品业务的广州医药集团有限公司（简称“广药集团”）无力经营广州羊城药业股份有限公司旗下的王老吉品牌，将其商标使用权租赁给中国香港鸿道集团旗下的加多宝。自此，药品属性的绿盒王老吉属于广药集团，而饮料属性的红罐王老吉属于加多宝。

自2001年开始，加多宝集团就启动了“学子情”公益助学项目；至2013年，已在全国范围内累计资助8 000余名学生顺利进入大学，捐款金额超过4 000万元。加多宝集团坚持致力于公益助学，将资助贫困高考生圆梦大学作为企业的常态公益项目，得到了政府机构、社会公众及媒体的高度认可和赞扬，尤其在百年不遇的汶川地震时，捐出了巨额善款，让全国的老百姓都知道了加多宝。

2010年8月30日，广药集团向鸿道集团发出律师函，申诉时任广药集团总经理的李益民由于收受巨额贿赂而签署的两份补充协议无效。如果根据这两份补充协议，“红罐王老吉”的生产经营权延续到2020年，每年收取商标使用费约500万元。

2010年11月10日，广药集团在人民大会堂召开新闻发布会，宣布“王老吉”商标评估品牌价值为1 080.15亿元，成为中国目前第一品牌。发布会以“广药王老吉，中国第一品牌”为主题，展示了红罐王老吉产品及销售数据。在新闻发布会上，广药集团多次提及“汶川大地震王老吉捐款1亿元”等。

2010年11月15日，红罐王老吉所属的加多宝集团发布声明称，拥有绿盒装王老吉的广药集团借用红罐王老吉的销售数据，其实两家企业毫无关系；广药集团在发布会上宣传红罐王老吉捐款等善举，则是对慈善行为的亵渎和歪曲。由此，王老吉“红绿之争”被踢爆。

2011年4月26日，广药集团向中国国际经济贸易仲裁委员会提出仲裁申请。

2012年5月9日，中国国际经济贸易仲裁委员会做出裁决，广药集团与加多宝母公司鸿道集团签订的《“王老吉”商标许可补充协议》和《关于“王老吉”商标使用许可合同的补充协议》无效，鸿道集团停止使用“王老吉”商标。

2012年5月27日，加多宝在其官网发布声明：已于5月17日向北京市第一中级人民法院提起了撤销该裁决的申请。北京市第一中级人民法院亦已依法立案。

2012年5月28日，广药集团和加多宝选择在同一天召开说明会，隔空开战。上午，广药集团指责加多宝经营王老吉品牌获得75亿元“非法利润”，将索赔；下午加多宝方面在京举行新包装凉茶上市仪式，并再次强调配方的传统性以及经销网络。

2012年6月3日，一直运营绿色利乐包装王老吉的广药集团正式推出红色罐装王老吉凉茶。两版红罐王老吉外包装相似度非常高。加多宝称广药集团推出红罐王老吉为侵权，决定起诉。

2012年6月，加多宝以6 000万元的价格冠名浙江卫视人气节目《中国好声音》，获得巨大品牌认知效益。

2012年7月16日，北京一中院驳回鸿道集团提出的撤销中国贸仲京裁字第0240号仲裁裁决的申请。该裁定为终审裁定。

2012年7月，广药集团将加多宝的两家经销商连同加多宝一同告上法院，称其涉嫌商标侵权；加多宝也还以颜色，指责广药集团生产的凉茶产品抄袭使用其注册的“吉庆时分”，由此在2012年国庆期间，王老吉凉茶被全国50多个地区的工商行政管理部门查封10万余箱。

2012年8月，加多宝与广药集团的业务人员在木渎商城发生械斗，一人脸部被刀划伤；同月，两方又在南昌胜利路步行街发生了群体性肢体冲突。

2012年11月，加多宝以2亿元的天价确定继续独家冠名《中国好声音》第二季。

2012年11月，广药集团宣布要投资数亿元做广告，其中包括央视三套的《开门大吉》，以及湖南卫视年底的三台重磅压轴节目。得知广药集团的计划后，加多宝抢先在湖南卫视2013年广告黄金资源招标会上冠名了湖南台明星跨年演唱会。随后，加多宝以8 600万元拿下2013年央视第一标。

2012年12月27日，广药集团起诉加多宝，要求其立即停止使用“全国销量领先的红罐凉茶改名加多宝”等一类广告语。

2013年1月31日，广州市中级人民法院依据“诉中禁令”裁定加多宝诉中暂时停止使用该广告语。

2013年2月4日，加多宝在官方微博发布了四个“对不起”的文案图片，主要诉求如下：(1) 对不起，是我们太笨，用了17年的时间才把中国的凉茶做成唯一可以比肩可口可乐的品牌；(2) 对不起，是我们太自私，连续6年全国销量领先，没有帮助竞争队友修建工厂、完善渠道、快速成长；(3) 对不起，是我们无能，卖凉茶可以，打官司不行；(4) 对不起，是我们出身草根，彻彻底底的民企基因。

2013年3月12日，加多宝发布“加多宝集团致两会代表委员的一封信”……

问题：

1）本案例中加多宝是如何公关的？该案例涉及本书各章的哪些知识点？

2）从危机公关的角度分析加多宝的策略。

3）本案例中加多宝的公关成功还体现在什么地方？

4）你如何评价加多宝的四则“对不起”的文案图片？

分析要求：参照第1章本题型的“分析要求”。

《加多宝的公关》案例分析报告

1）关于加多宝的公关和本案例相关“知识点”的分析

第一，社会赞助：自2001年开始，加多宝集团就启动了“学子情”公益助学项目，至2013年，已在全国范围内累计资助8 000余名学生顺利进入大学，捐款金额超过4 000万元。尤其是在百年不遇的汶川地震时，加多宝捐出了巨额善款，让全国的老百姓都知道了加多宝。2012年6月，加多宝以6 000万元的价格冠名浙江卫视人气节目《中国好声音》，获得了巨大的品牌认知效益。2012年11月，加多宝以2亿元的天价确定继续独家冠名《中国好声音》第二季。

第二，新闻发布活动：2010年11月10日，广药集团在人民大会堂召开新闻发布会，宣布“王老吉”商标成为中国目前第一品牌。2010年11月15日，红罐王老吉所属的加多宝集团发布声明称，拥有绿装王老吉的广药集团借用红罐王老吉的销售数据，其实两家企业毫无关系。

第三，危机管理：2011年4月26日，广药集团向中国国际经济贸易仲裁委员会提出仲裁申请。

2012年5月28日，广药集团指责加多宝经营王老吉品牌获得75亿元“非法利润”，将索赔；下午，加多宝方面在京举行新包装凉茶上市仪式，并再次强调配方的传统性以及经销网络。

2012年7月，广药集团将加多宝的两家经销商连同加多宝一同告上法院，称其涉嫌商标侵权；加多宝也还以颜色，指责广药集团生产的凉茶产品抄袭使用其注册的“吉庆时分”，由此在2012年国庆期间，王老吉凉茶被全国50多个地区的工商行政管理部门查封10万余箱。

第四，公共关系广告策划：2013年2月4日，加多宝在官方微博发布了四则“对不起”的文案图片，主要诉求如下：(1) 对不起，是我们太笨，用了17年的时间才把中国的凉茶做成唯一可以比肩可口可乐的品牌；(2) 对不起，是我们太自私，连续6年全国销量领先，没有帮助竞争队友修建工厂、完善渠道、快速成长；(3) 对不起，是我们无能，卖凉茶可以，打官司不行；(4) 对不起，是我们出身草根，彻彻底底的民企基因。

由上述分析可见，本案例涉及的知识点主要有社会赞助、新闻发布活动、危机公关、公共关系广告策划等。

2）关于“从危机公关的角度分析加多宝的策略”的分析

首先，2012年5月9日仲裁结果出来后，加多宝方面立即召开新闻发布会。公司最高层亲自面对媒体，向媒体表明公司的重视程度，表明了加多宝的快速反应和勇于承担责任的态度。其次，在商标诉讼失利后强调承诺加多宝自始至终保持了传统凉茶的水平，工艺品质不变，产品本身不变，加多宝凉茶输送出合格安全的正宗凉茶等，坦诚的态度加深了公众对加多宝的认识。最后，加多宝充分利用第三方证言的公关策略，请王老吉凉茶的第五代传人现身媒体力挺加多宝，在消费者心中留下加多宝确实是正宗的印象，增加了加多宝的可信度。

3）关于“本案例中加多宝的公关成功还体现在什么地方”的分析

首先，加多宝的公益助学项目和汶川地震的巨额捐款，以及通过浙江卫视发出“反山寨”的强音，提升了加多宝的美誉度。其次，加多宝携手浙江卫视打造加多宝凉茶《中国好声音》节目，新闻发布会现场请来了刘欢、那英、杨坤、庾澄庆等几位歌手助阵。和《中国好声音》的联手，大大提升了加多宝的认知度。最后，加多宝8 600万元拿下2013年央视第一标，表明了加多宝强强联合的决心与产品定位。

4）关于“你如何评价加多宝的四则‘对不起’的文案图片”的分析

加多宝“对不起”系列很吸引眼球，这种大打悲情牌的方式为它加了不少分。加多宝的悲情牌一经打出，立刻博取大量网民的同情，也一举将输掉官司的负面新闻扭转为成功的公关营销事件。但是按理来说，“对不起”是示弱策略，但加多宝显露出张狂和嚣张；本应针对广药集团一家的，但炮火的覆盖面和打击面太大了：诉求1挑衅的是整个饮料业；诉求2是对凉茶行业的蔑视；诉求3是对中国司法体系的不尊重；诉求4是对国企基因的反讽。

附件范1-1

《加多宝的公关》案例分析提纲

1）关于加多宝的公关和本案例相关“知识点”的分析

（1）小组成员讨论本案例中有哪些方面的内容和加多宝的公关有关。

（2）小组成员分别分析研究本案例涉及的本教材跨章“知识点”。

（3）小组讨论各成员搜集出来的本案例涉及的“知识点”，由组长汇总。

（4）小组讨论：本案例“背景与情境”是如何涉及知识点的。

（5）组长汇总讨论（4）的阶段性成果。

2）关于“从危机公关的角度分析加多宝的策略”的分析

（1）小组成员应用本案例相关“知识点”，能够从危机公关的角度分析加多宝的策略。

（2）小组讨论各成员分析的“从危机公关的角度分析加多宝的策略”，由组长汇总。

3）关于“本案例中加多宝的公关成功还体现在什么地方”的分析

（1）小组成员应用本案例相关“知识点”，能够从不同角度分析加多宝的成功之处。

（2）小组讨论各成员分析的“本案例中加多宝的公关成功还体现在什么地方”，由组长汇总。

4）关于“你如何评价加多宝的四则‘对不起’的文案图片”的分析

鼓励小组成员开动脑筋，积极思考，能提出自己的见解，由组长汇总大家的意见。

5）撰写、讨论与交流《分析报告》

（1）组长组织组员，综合以上阶段性成果，形成《分析报告》。

（2）在班级讨论、交流各组的《分析报告》。

（3）小组修改《分析报告》，提交教师点评。

范例-2

“课程思政”-范

△ 课程思政

【训练目的】

依照相关行为规范对“中石化‘天价酒’事件”案例进行思政研判，促进健全职业人格的塑造。

【教学方法】

采用“案例教学法”。

【训练准备】

1）了解本教材“附录二”的附表2中“形成性训练与考核”的“参照指标”与“训练考核点”。

2）了解本教材“附录四”的附表4中各“道德范畴”及其“参照规范与标准”。

3）了解与本案例“问题1”相关的“思政”行为规范。

【相关案例】

中石化“天价酒”事件

背景与情境：2011年4月11日，天涯论坛出现名为《中石化广东石油总经理鲁广余挥霍巨额公款触目惊心》的帖子，网上贴出了4张购买茅台酒的发票，发票总消费金额约168万元，引发网民议论。

4月13日，中石化广东分公司在接受媒体采访时称，购买高档酒情况属实，但购酒与鲁广余无关，酒品主要是用于“非油品经营业务”，没有向媒体说明事实真相。之后，中石化集团公司成立调查组，赴广东展开调查。

4月15日，调查组宣布了中石化党组的决定：广东分公司总经理鲁广余停职配合调查，中石化油品销售事业部副总经理夏于飞临时主持广东分公司工作。

4月25日，召开通报会回应天价茅台酒事件，中石化决定免去鲁广余广东分公司总经理职务，降职使用，并对鲁广余给予经济处罚。

沸沸扬扬的中石化“天价酒”事件曾经出现过令人意想不到的一幕。“天价酒”事件被曝光之后，中石化广东分公司曾开过3次会，会议主要有两个议题：一是严查“天价酒”泄密人，查出后严惩；二是如何应对媒体，任何人未经同意不准接受采访。

其实，中石化广东分公司“天价酒”事件发生在2010年9月份，10月份就已经有内部人举报、纠察程序，但是不了了之，直到2011年4月份大规模媒体报道引发公众关注之后，中石化内部调查组才突击花了两个星期的时间调查清楚了来龙去脉，“半年”和“两个星期”的时间对比，令人感慨。

问题：

1）本案例中存在哪些思政问题？

2）试对上述问题做出你的思政研判。

3）通过网上或图书馆调研等途径搜集你做思政研判所依据的行业规范。

4）假如你是中石化集团的公关部长，你当初会采取哪种公共关系活动模式来解决这场危机？

研判要求：参照第1章本题型的“研判要求”。

“中石化‘天价酒’事件”善恶研判报告

1）关于本案例中思政问题

本案例暴露了中石化广东分公司管理层“职业作风”腐化和有违诸多“职业守则”等思政问题。

2）关于思政研判与评价

鲁广余挥霍公款购“天价酒”、中石化广东分公司接受媒体采访时掩盖事实真相、“天价酒”被曝光之后中石化广东分公司开会的两个议题等行为，均属恶行。

3）关于“做道德研判所依据的行业规范”分析

挥霍公款购“天价酒”无视“遵纪守法”的行为规范；接受媒体采访时掩盖事实真相，无视“实事求是，注重调查”的行为规范；“天价酒”被曝光之后中石化广东分公司开会的两个议题无视“严于律己，认真负责”等行为规范。凡此种种皆有违“职业守则”。在本事件中，中石化广东分公司领导层的“职业观念”、“职业态度”和“职业作风”也都烙上了“权贵经济”的印记。

4）可能采取的公关活动模式

假如我是中石化集团的公关部长，我会采取“矫正型活动模式”来解决这场危机。

附件范2-1

“中石化‘天价酒’事件”思政研判提纲

1）关于本案例中思政问题

(1) 小组成员分别分析研究本案例中中石化集团的思政问题。

(2) 小组讨论各成员搜集来的本案例中中石化集团所涉及的思政问题，由组长汇总。

2）关于思政研判与评价

各成员提出自己的“思政研判”与评价依据，小组讨论，由组长汇总。

3）关于“做思政研判所依据的行业规范”分析

小组成员分别通过网络及图书馆查找资料，研究“做思政研判所依据的行业规范”，由组长汇总。

4）可能采取的公关活动模式

根据本书第7章“公共关系专题活动”相关内容，选择合适的活动模式。

范例-3

实践训练-范

▲ 实践题

【训练项目】

“公共关系专题活动策划与实施”知识应用

【训练目的】

参加"'公共关系专题活动策划与实施'知识应用"的实践训练。在了解和把握本训练所及能力与"道德领域相关技能点的参照规范与标准"基础上，通过对"知识准备"所列知识的运用，相关"参照规范与标准"的遵循，系列技能操作的实施，相应《实践报告》的准备、撰写、讨论与交流等有质量、有效率的活动，系统体验表范3-1各项技能的"传承型学习"及其迁移；通过践行表范3-2"职业道德"选项的行为规范，体验"职业道德"规范的"传承型学习"及其迁移（认同级），促进健全职业人格的塑造。

【教学方法】

采用"项目教学法"和"实践教学法"。

【训练准备】

知识准备：

1）本章理论与实务知识。

2）表范3-1中各技能点的"参照规范与标准"。

3）表范3-2中各道德范畴的"参照规范与标准"。

指导准备：

1）教师向学生阐明"训练目的"和"训练内容"。

2）教师指导学生设计《实践计划》。

3）教师向学生说明本次实践应该注意的问题。

【训练内容】

专业能力训练：其能力领域、技能点、名称和参照规范与标准见表范3-1。

表范3-1　　专业能力训练领域、技能点、名称及参照规范与标准

能力领域	技能点	名称	参照规范与标准
公共关系专题活动策划与实施	技能点1	活动准备技能	（1）能全面把握公共关系专题活动相关的理论与实务知识 （2）公共关系专题活动的准备活动 （3）选择合适的专题活动模式
	技能点2	活动策划技能	（1）能全面把握公共关系策划的理论与实务知识 （2）能依照较规范的结构、格式和体例撰写《活动策划书》
	技能点3	活动实施技能	（1）能全面把握公共关系评估的理论与实务知识 （2）能依照公共关系策划的程序进行公共关系策划 （3）能选择适当的传播方式
	技能点4	公共关系评估知识应用技能	（1）能全面把握公共关系评估的理论与实务知识 （2）能正确应用评估的程序知识，进行公共关系的有序评估 （3）能正确应用评估的方法知识，结合具体情况，采用适当方法进行公共关系评估

职业道德训练：其道德领域、道德范畴、名称、等级、参照规范与标准及选项见表范3-2。

表范3-2　　职业道德训练选项表

道德领域	道德范畴	名称	等级	参照规范与标准	选项
职业道德	范畴1	职业观念	认同级	同本教材“附录四”附表4的参照规范与标准	
	范畴2	职业情感	认同级	同本教材“附录四”附表4的参照规范与标准	√
	范畴3	职业理想	认同级	同本教材“附录四”附表4的参照规范与标准	
	范畴4	职业态度	认同级	同本教材“附录四”附表4的参照规范与标准	√
	范畴5	职业良心	认同级	同本教材“附录四”附表4的参照规范与标准	√
	范畴6	职业作风	认同级	同本教材“附录四”附表4的参照规范与标准	√
	范畴7	职业守则	认同级	同本教材“附录四”附表4的参照规范与标准	√

【组织形式】【训练任务】【训练要求】同第6章本题型的【组织形式】【训练任务】【训练要求】。

【情境设计】

今年是你所在的学校建校60周年。为此，学校拟举办一次大型的公共关系庆典活动。请你策划这次公关活动，并系统体验相关技能点的操作与“职业道德”选项的融入，分析总结此次公关活动的成功与不足，在此基础上撰写相应《实践报告》。

【实践时间】

本课程授课后一周内。

【训练步骤】

1）根据本项目需要，将班级学生组成若干个实践团队，每个团队确定1～2人负责。

2）各团队结合情境设计分配任务，应用“知识准备”中列示的知识研究相关问题，制订《建校60周年大型庆典活动策划书》。

3）各团队实施《建校60周年大型庆典活动策划书》，系统体验并记录如下技能操作：

（1）依照表范3-1中“技能点1”的“参照规范与标准”，应用相关知识，链接公共关系专题活动的相关知识、公共关系专题活动模式的选择等操作。

（2）依照表范3-1“技能点2”的“参照规范与标准”，应用相关知识，体验《公共关系活动策划书》撰写等操作。

（3）依照表范3-1“技能点3”的“参照规范与标准”，应用相关知识，体验公共关系活动的实施，以及实施过程中方案与目标的落实等操作。

（4）依照表范3-1“技能点4”的“参照规范与标准”，应用相关知识，体验公共关系评估的有序展开和方法采用等操作。

（5）在“‘公共关系专题活动策划与实施’知识应用”之“专业能力”的上述基本训练中，融入表范3-2“职业道德”（认同级）选项的相关训练。

4）各团队总结本次实训的各项操作体验，分析其成功经验和存在问题，提出改进建议。

5）各团队在此基础上撰写作为成果形式的实践课业。

6）在班级讨论交流、相互点评与修订各团队的实践课业。

【成果形式】

实践课业：撰写《建校60周年大型庆典活动实践报告》

课业要求：

(1)《实践报告》的内容包括：实践团队成员与分工；实践过程；实践总结（包括对“专业能力”各技能点训练的成功与不足之分析说明）。

(2)《策划书》全文以“附件”形式附于《实践报告》之后。

(3) 在校园网平台上展示经过教师点评的班级优秀《实践报告》，并将其纳入本课程的教学资源库。

“建校60周年大型庆典活动”实践报告

今年是我校建校60周年。建校60周年大型庆典活动，它寄托着全校师生员工、广大校友以及社会各界的殷切期盼，承载着我校半个多世纪深厚的历史底蕴，负担着向海内外宣传我校的光荣使命。

1）实践团队成员与分工

根据实践项目的要求，我们把全班每7人组成一个小组。其中1～2名学生是项目负责人，全面负责本次校庆活动的策划与实施。

2）实践过程

(1) 小组对建校60周年大型庆典活动的组织准备、费用预算、礼仪规范等问题进行讨论。

(2) 各组将上述讨论的结果形成书面材料——《建校60周年大型庆典活动策划书》，在班级进行全面展示交流。

(3) 现场模拟。由学生模拟主持人，其他学生充当记者提问，教师和两位学生组成评委会进行观看并评分。

(4) 各组对本次实训进行总结，指导教师进行点评。

3）实践总结

周年庆典活动圆满结束了。在此，非常感谢大家在这次活动中的无私参与和积极准备。因为有你们，这次活动才会如此成功！

本次庆典活动得到了学校领导的大力支持。根据学校领导的指示，我们完成了细致周密、科学严谨的庆典方案，包括庆典时间、地点、落实与会人员名单、庆典日程安排、庆典文件和材料准备、其他有关事项（报到、住宿、会场布置、会议工作人员组成等），并将这些细节上的内容安排到人、负责到人。期间，筹备小组多次召集小组成员开会讨论，根据各阶段最新情况安排任务，明确各方面阶段工作任务，使整个准备工作有条不紊开展，各方面工作紧密衔接、配合。

建校60周年大型庆典活动渲染了校庆热烈的喜庆气氛，浓墨重彩地抒写了我校半个多世纪曲折光辉的发展历程，彰显了“厚德载物、自强不息”的校训，场面壮观，气势恢宏。整个庆典活动获得巨大成功，得到社会各界一致好评。

虽然校庆取得了巨大成功，但还存在一些不足之处需要改进。比如，由于经验不足，举办如此大型的活动，考虑问题缺乏全面性，忽略了许多细节；人力资源配置不充足，工作安排缺乏合理性；各个任务组之间缺乏沟通，信息衔接有缺陷；缺乏对本次专题活动的有效评估，等等。

附件范3-1

建校60周年大型庆典活动策划书

××大学创校于××××年，为我国各界培养了大批人才。为了回顾学校历史，展现办学成就，展望美好的未来，扩大知名度，激励师生、校友爱校荣校的精神，增强社会各界关心、支持学校办学的热情，推动学校全面、快速，可持续发展，我校特举办建校60周年大型庆典活动，诚邀海内外校友和各级领导参加我校庆典。

一、活动宗旨

通过本次校庆，实现“弘扬传统、展示成就、联络校友、扩大影响、凝聚人心、促进发展”的总体目标。

二、活动主题

凝聚人心，再铸辉煌。

三、活动内容

1）庆典时间：××××年××月××日。

2）活动地点：校运动场。

3）邀请有关领导、嘉宾、校友和师生员工代表出席。

4）媒体选择：在本市主流媒体发布校庆公告，策划系列宣传报道；建立校庆专题网站，设立信息交流平台，广泛搜集师生和校友对校庆活动的意见和建议。

5）具体活动内容：通过开展丰富多彩的文化艺术活动（书画展、摄影展、电影周、文化艺术节、科技节等），营造热烈、和谐、团结的校庆氛围。

四、经费预算

活动启动与筹备阶段：××××元

庆典阶段：××××元

广告推广费用：××××元

其他：××××元

共计：×××××元

五、活动进度安排

第一个月：成立校庆工作领导小组；确定校庆主题、原则等；与各地校友会联络；建设校庆专题网站；确定庆典晚会策划方案等。

第二个月：启用校庆专题网站；汇总各地校友分会推荐邀请校友名单；确定礼品制作项目；制定校庆宣传画册，制作专题片；确定各级领导、校友、兄弟学校邀请名单等。

第三个月：讨论庆典大会议程，布置有关讲话稿起草工作；制订礼品发放、销售方案初稿；校庆专题片的文案定稿等。

第四个月：初步核实到会嘉宾名单；完成校庆宣传专题片后期制作；完成庆典大会主题报告、晚会主持词等文稿初审等。

第五个月：确定庆典大会会场布置初步方案；庆典晚会彩排；再次核实到会嘉宾名单；会议、晚会等主要活动文稿初步完成 。

活动当月：拟定宣传标语、口号，制作宣传橱窗，初步营造校园校庆氛围；做好会场布置各项准备；纪念品验收；编辑校庆活动指南；制订各工作小组接待详细方案；布置庆典大会会场；迎接嘉宾，安排食、宿、行等。

活动日：上午9：00，庆典大会。12：00，宴会。下午：各学院庆祝活动；各种展览活动。晚上8：00，庆典晚会。

活动日次日：欢送来宾。

六、有关人员职务分配表（略）

七、活动所需的物品与场地（略）

八、附件

与会人员一览表；邀请函、发言稿、主持词；会场布置效果图；工作日程与分工；全体工作人员通讯录。

范例-4

自主学习-范

▲ 自主学习

【训练目的】

自主学习：参加“自主学习-范”的训练。在制订和实施《团队自主学习计划》的基础上，通过阶段性学习和应用其“知识准备”所列知识，整理和综合“公关关系传播与媒介”前沿知识，撰写、讨论和交流《“公共关系危机管理”最新文献综述》和《“自主学习-范”训练报告》等活动，体验自主性学习及其迁移。

【教学方法】

采用“学导教学法”和“研究教学法”。

【训练要求】

1）以班级小组为单位组建学生训练团队，各团队依照本教材“附录三”的附表3“自我学习”（初级）的“基本要求”和各技能点的“参照规范与标准”，制订《团队自主学习计划》。

2）各团队实施《自主学习计划》，自主学习本教材“附录一”的附表1“自我学习”（初级）各技能点的“‘知识准备’参照规范”所列知识。

3）各团队以自主学习获得的“学习原理”、“学习策略”与“学习方法”知识为指导，通过校图书馆、院资料室和互联网，查阅和整理近两年以“公共关系危机管理”为主题的国内外学术文献资料。

4）各团队以整理后的文献资料为基础，依照相关规范要求，讨论、撰写和交流《“公共关系危机管理”最新文献综述》。

5）撰写作为“成果形式”的训练课业，总结自主学习和应用“学习原理”、“学习策略”与“学习方法”知识（初级），依照相关规范，准备、讨论、撰写和交流《“公共关系危机管理”最新文献综述》的体验过程。

【成果形式】

训练课业：《“自主学习-范”训练报告》。

课业要求：

1）《训练报告》内容包括：训练团队的成员与分工；训练过程；训练总结（包括对各项操作的成功与不足的简要分析说明）；附件。

2）将《团队自主学习计划》和《“公共关系危机管理”最新文献综述》作为《“自主学习-范”训练报告》的附件。

3）《“公共关系危机管理”最新文献综述》应符合“文献综述”规范要求，做到事实清楚，论据充分，逻辑清晰。

4）在校园网的本课程平台上展示班级优秀训练课业，并将其纳入本课程的教学资源库。

“自主学习-范”训练报告

一、团队成员与分工

1.团队构成

本小组设小组长1人、小组成员5人，共计6人。

2.任务分工

小组长赵××主要负责训练阶段及时间进度安排，定期组织及主持小组讨论，阶段成果汇总，文献综述成果统合、整理及汇报；李××同学、孙××同学负责“公共关系危机管理”相关学术文献的搜集整理及汇报工作；周××同学负责“公共关系危机管理”相关文献的研究方法及汇报工作。

二、训练过程

1.时间及进度安排

本训练为期3周。第一周完成“训练要求”中第“1）”和“2）”项要求规定的任务；第二周完成“训练要求”中第“3）”和“4）”项要求规定的任务；第三周完成“训练要求”中第“5）”项要求规定的任务。

2.训练实施

（1）训练第一周

在教师指导下，由组长组织团队成员自主学习本教材“附录一”附表1“自主学习”（初级）各技能点“‘知识准备’参照范围”所列知识和“文献综述”相关规范知识，制定了《团队长期学习目标》和《团队长期学习计划》，完成了“训练要求”中第“1）”和“2）”项要求规定的任务。

（2）训练第二周

在教师指导下，团队成员实施《团队长期学习计划》，应用本教材“附录一”附表1“自主学习”（初级）各技能点“‘知识准备’参照范围”所列知识和“文献综述”相关规范知识，完成“训练要求”中第“3）”和“4）”项要求规定的任务。

首先，我们对2017—2020年的“公共关系危机管理”文献进行搜索。通过总结确定“公共关系危机管理”研究总体上呈现的态势。

其次，各团队成员根据各自分工的“公共关系危机管理”研究内容进行文献梳理和综述撰写工作，并经过小组讨论，形成对各部分研究综述的修改和完善意见。

最后，团队成员修改完善相关研究内容的综述撰写工作。形成《“公共关系危机管理”最新文献综述》。本周末组长组织团队讨论，就最终综述成果进行汇报，各成员就本次训练进行经验交流和问题总结。

(3) 训练第三周

组长组织团队成员，总结对落实“训练要求”中第“1)”“2)”“3)”“4)”各项要求的体验，撰写作为最终成果形式的《“自主学习-范”训练报告》。

三、训练总结

1.关于文献搜集

团队成员能够在较短时间内掌握运用网络平台查找国外学术文献的方法，在国外学术期刊上成功搜集到“公共关系危机管理”相关学术文献。但是，由于国外文献(英文文献)缺少统一的数据库和平台，且由于语言的限制，小组成员在国外学术文献查找方面存在错查漏查、主题混淆的现象，需进一步提高针对国外学术文献的阅读能力和查找能力。

2.关于文献分类整理

团队成员能够按发表年份、期刊、研究内容、研究取向、研究方法等对大量文献进行分类整理，并从中总结相关研究的发展特征和趋势。但是，在学术期刊的等级、类别、质量的判断方面存在混淆，需进一步提升对国外学术期刊背景信息的了解程度，能够辨识在公共关系学术研究中具有较大影响力的国外学术期刊。

3.关于文献综述撰写

团队成员能够在文献搜集和整理的基础上，就自己所负责内容的相关研究成果进行综述撰写，并予以评述，但在对具体研究内容的归纳以及有代表性、影响力的学术成果的甄别方面存在不足，需进一步培养学术语言表达能力、归纳能力，培养对核心研究文献的甄别能力。

4.关于“自主学习”融入性训练

《“公共关系危机管理”最新文献综述》从资料搜集、讨论、撰写到交流和修订，始终是在融入“自主学习”这一“通能”之“强化训练”的过程中进行的。

团队全体成员都认识到：在学科知识更新周期大大缩短的今天，相当多在校学习的知识毕业后已经过时。只有在“授之以鱼”的同时“授之以渔”，即通过“学会学习”，导入关于“学习理论”、“学习方法”与“学习策略”的“自主学习”机制，才能赋予自身以应对“从学校到生涯”的“知识流变”之无限潜力。

附件范 4-1

团队长期学习计划

➢学习时间

××××年××月××日——××××年××月××日，为期3周。

➢学习小组成员

小组长赵××及李××、孙××、周××等同学，共计6人。

➢学习阶段

共分3个阶段，每阶段为期一周。第一阶段完成“训练要求”中第“1)”和“2)”项要求规定的任务；第二阶段完成“训练要求”中第“3)”和“4)”项要求规定的任务；第三阶段完成“训练要求”中第“5)”项要求规定的任务。

➢学习困难和变化预估

在学习过程中可能在如何对国外学术论文进行快速有效的阅读、如何对国外学术期刊的背景信息（刊物级别、论文质量）进行准确把握、如何对某一学术问题的研究成果进行清晰归纳、如何运用规范的学术语言对学术成果进行综述撰写等方面存在困难；在小组讨论会的时间确定上可能因小组成员的不同需要予以适时调整。

➢学习计划实施

①三个阶段学习。第一周完成“训练要求”中第“1）”和“2）”项要求规定的任务；第二周完成“训练要求”中第“3）”和“4）”项要求规定的任务，即完成应用“知识准备”所列知识，进行相关文献搜集、分类整理、“文献综述”撰写和修改工作；第三周完成《“自主学习-范”训练报告》的撰写工作。

②四次小组讨论。第一次小组会：组长组织小组讨论，明确训练目标、计划及任务分工。第二次小组讨论：组长于第一周周末组织小组讨论，各成员进行成果汇报，组长统计整理各成员成果。第三次小组讨论：组长于第二周周末组织小组讨论，各成员就撰写内容进行汇报，由小组讨论后组长提出修改及完善意见。第四次小组讨论：组长在本周末组织小组成员讨论，汇报最终综述成果，各组员就本次训练进行经验交流和问题总结。

➢学习进度检查

通过每阶段末的小组会，适时检查各小组成员的学习进度。

附件范4-2

“公共关系危机管理”最新文献综述

一、危机与危机管理

现代公共关系实际上是从危机公关开始的，正是危机公关奠定了公共关系在企业经营管理中的作用。

公共关系危机是指社会组织由于突发事件或重大事故的出现，导致其面临强大的公众舆论压力和危机四伏的社会关系环境，使组织形象严重受损，组织的公共关系处于危机状态。

公共关系危机管理是指公共关系从业人员针对组织自身情况和内外部环境分析预测可能发生的危机，然后制定出针对性措施，一旦发生危机，就能有条不紊地将危机化解，重新恢复信誉和市场的一套机制。

虽然危机状态一直伴随着人类社会的发展，但是作为一门减少危机和处理危机的实证理论研究，危机管理却并不久远。目前，在西方国家，对危机管理的研究已经达到了很高的水平，学者们从各个领域、各个学科的视角建立了很多危机管理的模型，危机管理已经有了量化和制度化的标准。

我国的危机管理研究起步很晚，相关的研究和论文在20世纪90年代初开始逐渐出现。发展到21世纪初期，人们普遍意识到了企业危机管理的重要性，相关的研究也越来越多。

二、国外企业危机管理研究现状

根据对近年来国外文献的追踪和分析，企业危机管理研究可以概括为几个方面。

1.注重可操作的策略研究

研究者更加注重企业在应对危机时可操作策略的研究，即面对内外危机时，不同行业、不同类型的企业如何应对。其代表是旅游业和餐饮业的危机管理研究。Henderson等（2004）讨论了2003年SARS给新加坡旅游业带来的致命危机，以及当地旅店业是如何应对这些挑战的。

随着危机管理的研究日益具体和深入，定量分析和实证研究的方法也越来越受到重视。Lisa（2002）对6 000个受访者进行了在线调查，研究公司是否对危机事件有充分的准备。Laura等（2005）则通过实证分析，证明在危机沟通中采取主动暴露策略对组织和危机评价有正面影响。

2.基于消费者危机反应的视角进行研究

20世纪七八十年代就有学者开始关注消费者视角的研究。近年来，这一方向重新受到一些学者的关注和发展。Ang等（2000）总结了亚洲金融危机期间消费者的反应，指出了共同的策略：整体消费减少、扩大信息搜集范围、消费更便宜的品牌和一般产品等。Joost等（2002）指出，营销者要进行危机处理和管理，首先必须了解消费者为何和如何对危机做出反应。除了外部危机外，当企业自身危机如营销危机、财务危机等发生时，消费者会如何反应，这类研究对企业危机管理和沟通策略的制定尤为重要，但是目前还比较匮乏。

3.危机沟通实践受到关注

近年来，危机管理研究的一个重要领域是危机沟通。危机沟通是组织与公众之间，在负面事件发生前、发生中、发生后所进行的沟通。一些实践导向的著作关注从过程角度研究危机沟通。他们给出关于团队选择、物流支持以及信息流方面的实际建议；对如何对待传闻、进行压力管理等提出建议；强调危机手册的重要性，要时常与内部和外部的关键利益相关者保持沟通。

4.网络成为危机管理和沟通研究的新内容

随着互联网的普及和发展，在线沟通方式对所有组织来说，开始成为一个重要战略。Porter等（2001）指出，几乎1/3的记者喜欢通过E-mail发布新闻；组织应该准备好如何将互联网纳入危机沟通中来，而网民也成为组织在进行危机沟通时不可忽视的一个群体。Sooyoung等（2006）通过对韩国Netian娱乐公司“慰安妇裸照”事件的案例研究，对这起事件持续8天的情况进行了分析，从中确认了一个独特但是有普遍意义的新的情境变量——网民压力，这是以往的权变理论定量研究中未涉及的。

三、国内企业危机管理研究现状

一些国内学者如孙多勇等（2004）、赵景华等（2005）、王满仓等（2004）、周勇生等（2003）、刘茜等（2006）认识到了文献述评这一基础工作的必要性，他们对已有的危机管理理论等进行了较为系统的梳理，这对于推动国内学者的研究具有重要价值。

随着时间的推移和技术的进步，企业的危机管理也出现了不同的状况，总的来说，我国的企业危机管理现状主要集中在以下几个方面：

1.公共关系危机管理的研究

西京学院经济系杨东指出：企业公共关系危机的处理原则遵循一般的企业危机处理原则和方法，但是由于是和利益相关者打交道，也有其独特的地方，除了技术层面的危机处理，最关键的是化解危机对利益相关者价值层面的冲击。这也就决定了在进行危机公关时，需要做到以技术为辅、攻心为上，而且在化解危机的同时，借势大力开展公关活动，重塑企业形象，使企业在管理和制度上能够上一个新的台阶。

2.产品质量危机管理研究

2011年，许多企业陷入了产品质量问题的漩涡，像味千拉面的勾兑汤料、双汇的瘦肉精事件、蓝月亮洗衣液的荧光剂问题等，加强了人们对产品质量的要求和重视。因此，企业必须做好产品的质量管理，以避免产品质量问题给企业带来危机。

3.企业危机管理的预警系统的开发

预测到危机并且将其扼杀在摇篮里是企业危机管理追求的最高目标，然而想要预测到各种危机，企业需要建立起健全完善的预警机制。

其中，研究企业危机预警系统的柳静芳女士认为：企业危机预警系统可以引用BP网络算法来预警危机。这是因为："BP神经网络模拟人的大脑活动，具有极强的非线性逼近、大规模并行处理、自训练学习、自组织和容错能力等优点；同时，BP网络不仅具有神经网络共有的功能，如可以逼近任意复杂的非线性系统、学习方法简单、运行速度快、能恢复受损信息等，还因其结构组成而在功能上具有独特之处。"

四、总结

公共关系危机管理是现代管理领域的一个新的研究课题。现代组织的公共关系人员必须了解公共关系危机产生的原因，树立公共关系危机意识，做好公共关系危机的预防工作，并能根据公共关系危机管理的原则、程序、策略妥善各种危机事件，使组织转危为安。

回顾前人的观点和研究结果可以了解企业危机管理的现状，未来的研究还应该关注到企业如何应对突发危机、如何转危机为机遇、危机管理中道德认识的利用、如何争取政府支持、如何做好危机的善后工作、消费者对企业危机的反应研究等。

参考文献

[1] TSE A C B, SO S, SIN L. Crisis management and recovery: How restaurants in Hong Kong responded to SARS [J]. Hospitality Management, 2006 (25): 3-11.

[2] STAFFORD G, YU L, ARMOO A K. Crisis management and recovery [J]. Cronell Hotel and Restaurant Administration Quarterly, 2002 (10): 27-40.

[3] MAINIERO L A. Action or reaction? Handling businesses in crisis after September 11 [J]. Business Horizons, 2002, 45 (5): 2-10.

[4] SPILLAN J, HOUGH M. Crisis planning in small businesses: Importance, impetus and indifference [J]. European Management Journal, 2007, 21 (3): 398-407.

[5] 严中，贾芳. 我国企业公关危机管理问题浅析 [J]. 产业与科技论坛，2009 (8).

[6] 杨东. 企业化解公共关系危机的探讨 [J]. 中国商贸，2011 (12).

[7] 刘亚文. 基于产品质量问题的企业危机管理 [J]. 现代企业，2007 (7).

[8] 王昊，曹魏. 企业危机信息管理现状与策略 [J]. 中国国情国力，2010 (5).

[9] 柳静芳. 企业危机预警系统实证研究 [J]. 农产品加工（学刊），2011 (3).

范例-5

决策设计-范

▲ 决策设计

【训练目的】

参加“决策设计-范”训练。通过阶段性学习和应用其“知识准备”所列知识，对“‘关于余额宝，阿里巴巴应该如何公关’决策设计”案例进行多元表征，《决策方案》的撰写、讨论与交流，《“决策设计-范”训练报告》的撰写等活动，体验本教材相关知识的“决策学习”（高级）及其迁移。

【教学方法】

采用“学导教学法”、“案例教学法”、“项目教学法”和“创新教学法”。

【训练任务】

1）体验对“知识准备”所列知识的学习和运用。

2）体验对“附录三”附表3“解决问题”能力“高级”各技能点“基本要求”和“参照规范与标准”的遵循。

3）体验对本案例情境进行多元表征和“决策学习”（高级）的过程。

4）撰写《“决策设计-范”训练报告》。

【训练准备】

知识准备：

学生预习或自主学习如下知识：

1）本教材相关理论与实务知识。

2）本教材“附录一”附表1“解决问题”（高级）各技能点的“‘知识准备’参照范围”所列知识。

3）关于“决策理论与方法”的中、高级知识。

4）本教材“附录三”附表3“解决问题”能力“高级”各技能点“基本要求”和“参照规范与标准”。

指导准备：

1）教师向学生阐明“训练目的”和“训练任务”。

2）教师指导学生对“知识准备”所列知识的自主学习。

3）教师指导学生结合本项目进行“决策设计”。

【相关案例】

“关于余额宝，阿里巴巴应该如何公关”决策设计

背景与情境：余额宝自问世以来就顶着各种光环，也引起了各种话题。这一次是央视某频道的一个评论员说它就应该被取缔，“以国家利益的名义”，然后这位评论员个人的看法就被打上“央视”的标签，掀起了一阵“围剿余额宝”和“围剿评论员”的风暴。

基本上舆论是一边倒地站在了余额宝这边。有个调查显示，参与调查的人九成不赞成取缔，其中八成表示会加大投资。此外，还有一大票的“业内专家”都纷纷主动撰文为余额宝辩驳。

阿里巴巴本来的危机公关能力是挺强大的，如2013年的“双11”，天猫商城刷数据结果刷出了“1.5米长内裤”的糗事，天猫使的是“卖萌自黑”这一手段，黑大老板马云的数学不好，这被称为“自黑式公关”之典范。这次，在余额宝这个问题上，阿里巴巴沿用了这样的公关。

评论员的文章出来之后，迅速在社会化媒体上激起了风浪，阿里巴巴的公关团队反应也快，大周末就写出了一段回应文字，通过支付宝的官方微博发了出来。这段文字走的正是此前“大内裤事件”卖萌自黑的套路，黑的还是老板，说老板不顾员工死活，下班之后一个电话要求微博小编就有人要取缔余额宝的事，写两句话回应下，然后小编写出了一篇回应作文《记一个难忘的周末》。文中除了各种哭诉、卖萌之外，还就评论员为的质疑回应了几点。文字的角色设定就是一个阿里巴巴底层员工，文中称评论员为“老师”，有大量新锐网络词汇和表达。单从文案的角度出发，这算是一篇比较成功的文案。然后，阿里巴巴集团旗下包括淘宝、天猫、余额宝，甚至合作的天弘基金，都以进一步卖萌的形式转发了这段文字。

资料来源 佚名. 关于余额宝，阿里公关错在哪［EB/OL］.（2014-02-28）［2021-10-30］. http://www.cnad.com/show/25/233645. html.

问题：

1）你如何看待阿里巴巴的公关能力？本案例涉及本书各章的哪些知识点？

2）阿里巴巴这样的“卖萌式”公关对不对？为什么？

3）针对这次事件，阿里巴巴该用什么样的方式公关？

设计要求：同第2章本题型的“设计要求”。

“关于余额宝，阿里巴巴应该如何公关”决策设计报告

1）关于阿里巴巴的公关能力和“知识点”的分析

阿里巴巴的公关能力一向比较强大，尤其是危机公关能力，比如2013年“双11”的“大内裤事件”。

本决策涉及的跨章知识点有公众舆论、公关传播、公关写作、危机公关等。

2）阿里巴巴这样的“卖萌式”公关对不对？为什么？

本来，以阿里巴巴危机公关的能力，这事基本上就是个可以借以大肆炒作的“机”，而不是“危机”。阿里巴巴就错在卖萌，而且集体卖萌。所以，阿里巴巴这样的“卖萌式”公关显然是不合适的。

首先，余额宝是个新兴的理财产品，是互联网金融创新的代表性产品，金融是一个相对严肃的范畴。而央视评论员质疑的是余额宝最核心的问题，这是一个专业性特别强的话题。对这样的问题的回应也应该以严谨的态度对待。其次，该话题在传播的过程中已经被打上了“央视”的标签，于是事件引发了从专业财经媒体到普通的八卦报纸的普遍关注。对于这样一个分量很重的话题，卖萌再努力也没有用，甚至适得其反。最后，在舆情扩散的过程中，还要考虑到事件中的各个利益相关者的角色，考虑到投资者、监管部门、专业财经媒体等所有这些公众之间的关系对等问题。不同的情境下要用不同的语境，所谓公关也取势。

3）针对这次事件，阿里巴巴该用什么样的方式公关

针对这次事件，阿里巴巴可以选用的公关方式如下：首先，以公司的名义，通过

官方的渠道，也发一篇严肃的公告，表示已关注到相关舆论主体对余额宝的讨论，会积极听取各方意见并表示由衷感谢等。其次，以示弱的策略，把定夺权推给现有的法律框架和监管部门，比如说“符合相关规定”等。再次，大打民意牌，民意如此，监管部门终究会怎么样呢？更何况，总理李克强有一个明确的表态：对市场主体而言，“法无禁止即可为”。最后，请马云或者有分量的人物表明官方态度或发表相对严肃的文章来做呼应。

附件范5-1

“关于余额宝，阿里巴巴应该如何公关”决策设计提纲

1）关于阿里巴巴的公关能力和“知识点”分析

（1）小组成员讨论阿里巴巴的公关能力体现在哪些方面。

（2）小组成员分别分析研究本案例涉及的本教材跨章“知识点”。

（3）小组讨论各成员搜集出来的本案例所及“知识点”，由组长汇总。

（4）小组讨论：本案例“背景与情境”是如何涉及各“知识点”的。

（5）组长汇总讨论（4）的阶段性成果。

2）关于“阿里巴巴这样的‘卖萌式’公关对不对”的分析

小组成员应用本案例相关“知识点”知识，分析余额宝的产品性质、央视权威的财经栏目的特点与“卖萌式”公关的关系，进而判断阿里巴巴这样的“卖萌式”公关是否恰当。

3）关于“阿里巴巴该用什么样的方式公关”的分析

小组成员应用本案例相关“知识点”知识，提出各种可以选择的公共关系活动方式；由组长汇总大家的方案，然后小组讨论。

4）撰写、讨论与交流《决策设计报告》

（1）组长组织组员，综合以上阶段性成果，形成《决策设计报告》。

（2）在班级讨论、交流各组的《决策设计报告》。

（3）小组修改《决策设计报告》，提交教师点评。

范例-6

拓展创新-范

▲ 拓展创新

【训练目的】

参加“拓展创新-范”训练。通过学习和应用其“知识准备”所列知识，系列技能操作的实施，《企业社会责任与公共关系》论文的准备、讨论、撰写、交流与修订，《“拓展创新-范”训练报告》的撰写等活动，体验“企业社会责任与公共关系”中的“创新学习”（高级）及其迁移。

【教学方法】

采用“学导式教学法”、“项目教学法”和“创新教学法”。

【知识准备】

学生通过院资料室、校图书馆和互联网等途径，自主学习如下知识：

1）列入本教材“附录一”附表1“能力领域”各能力，特别是“与人合作”“解

决问题”和“革新创新”（高级）各技能点“‘知识准备’参照范围”的知识。

2）本教材“附录三”附表3“能力领域”各能力，特别是“与人合作”“解决问题”和“革新创新”（高级）各技能点的“基本要求”和“参照规范与标准”。

【训练任务】

1）自主学习“知识准备”所列知识。

2）查阅关于“公共关系产生和发展的社会条件”的各种观点信息。

3）应用“知识准备”所列知识，依照相关要求和“参照规范与标准”，进行“知识创新”强化训练。

4）撰写、讨论和交流训练课业。

【训练要求】

1）体验对“知识准备”所列知识的自主学习过程。

2）体验对“知识准备”所列知识的应用，以及相关“要求”和“参照规范与标准”的遵循。

3）体验将关于“企业社会责任与公共关系”的诸多拓展性观念要素整合为一个内在一致、功能统一的新整体，形成一个带有原创性成分的《企业社会责任与公共关系》论文的知识创新过程。

【训练时间】

本课程教学内容结束后的一周内。

【成果形式】

训练课业：撰写《“拓展创新-范”训练报告》。

课业要求：

1）《“拓展创新-范”训练报告》的内容包括：训练团队成员与分工；训练过程；训练总结（包括对各项操作的成功与不足的分析说明）；附录。

2）将《企业社会责任与公共关系》论文作为《“拓展创新-范”训练报告》的“附件”。

3）论文的创新方法运用正确，观点独到新颖，论据确凿合理，文字简洁准确。

4）在校园网的本课程平台上展示经过教师点评的班级优秀《“拓展创新-范”训练报告》，并将其纳入本课程的教学资源库。

“拓展创新-范”训练报告

公共关系的价值选择问题一直是现代公共关系发展的重要命题。随着现代企业的发展，现实的呼唤要求企业在不断提高企业社会责任的背景下开展公关活动，关注公共关系的企业社会责任问题。因此，本拓展创新有较大的理论和实践意义。

1.训练团队成员与分工

1）将班级同学组成若干“知识创新”项目团队，每队确定一人负责。

2）各团队成员需要进行角色分工。

2.训练过程

1）各团队自主学习“知识准备”所列知识。

2）各团队应用“知识准备”所列知识，并遵循相关“要求”和“参照规范与标准”，系统体验关于本项目的如下技能操作：

（1）通过队内分工与合作，搜集和整理本训练项目中存有争议的关于“企业社会责任与公共关系”的各种观点信息，分析研究、讨论与交流其各自所长与不足。

（2）将关于“企业社会责任与公共关系”的诸多拓展性观念要素整合为一个内在一致、功能统一的新整体，形成一个带有原创性成分的“知识创新”过程。

（3）以相互质疑和答疑的方式，在班级讨论、交流、相互点评其《企业社会责任与公共关系》论文。

（4）根据班级讨论交流结果，各团队修订和完善其《企业社会责任与公共关系》论文。

3）各团队总结本次“创新理论与方法知识应用”训练中的各项技能操作体验，形成作为最终形式的训练课业。

4）在校园网的本课程平台上展出经过修订和任课教师点评的优秀训练课业，供相互借鉴。

3.训练总结（包括对各项操作的成功与不足的分析说明）

通过本次拓展创新训练，开阔了学生的视野，提高了学生学习的积极性和主动性，学生掌握了搜集和整理资料的方法。同时，使学生认识到工作和学习中沟通的重要性，而且只有大家协同工作才能发挥团队的力量。

不足之处：互联网时代，信息的获取更便利，但同时使人更容易变懒、不爱动脑筋等，这导致学生们的课业报告有更大的相似性，从而增加了教师点评的难度。

附件范6-1

企业社会责任与公共关系

国际社会、政府以及社会相关研究部门近年来非常重视企业社会责任。2010年11月1日，国际标准化组织在瑞士日内瓦发布了社会责任的标准ISO 26000，该标准既是社会监督组织行为的工具，也是企业和所有社会组织衡量自身行为的指南。

一、企业社会责任的含义

企业社会责任（corporate social responsibility，CSR）是指企业在创造利润、对股东承担法律责任的同时，还要承担对员工、消费者、社区和环境的责任。企业的社会责任要求企业必须超越把利润作为唯一目标的传统理念，强调要在生产过程中对人的价值的关注，强调对消费者、环境、社会的贡献。

按照国际惯例，企业的社会责任大体有以下几部分内容：企业对投资者或股东的社会责任；企业对消费者的社会责任；企业对政府的社会责任；企业对员工的社会责任；企业在公共设施使用中所承担的社会责任；企业对资源、环境和社会可持续发展的社会责任；企业对社区发展、社会慈善事业和其他公益性事业的社会责任。

科特勒等人在《企业的社会责任》一书中将企业社会责任活动划分为六大类：①公益事业宣传，旨在唤起社区意识以关注与支持某一公益事业；②公益事业关联营销，旨在将产品销售额与公益事业捐款相联系；③企业的社会营销，旨在影响人们改善某种不良的社会行为；④社区志愿者活动，鼓励员工与合作伙伴参与社区某项公益活动；⑤企业慈善活动，指以直接出资捐赠的形式支持社会公益事业；⑥对社会负责的商业行为，指企业通过生产、经营等具体措施和行动来履行对社会责任的承诺。

二、企业公共关系承担社会责任的必然性

企业社会责任这一概念从20世纪70年代兴起到21世纪最初的几年，逐步为众多

的企业所认识，同时经历着理念与形式的不断演变，成为21世纪的一种新型商业模式。在“交流与沟通”的重要性逐渐为人们所认识的当代社会，公共关系对于企业社会责任的作用和意义也逐渐被人们发现，企业社会责任也随之进入一个新的发展阶段。不少《财富》世界500强企业在制定长远发展战略时，已经把社会责任与企业整体发展、生产运营、市场营销、企业文化以及人力资源等方面结合起来进行综合考虑。传统的CSR行为“为了脸面好看而做好事”发展为当今的CSR理念“尽全力去为社会做更多的好事”。企业公共关系承担社会责任的必然性主要表现在以下几个方面：

1.社会环境的变化要求企业公共关系承担社会责任

公共关系作为一门综合性的应用学科，其实践环境在不断变化着。首先，通信技术的不断发展使得沟通方式发生转变。在商业和社会生活的各个领域中，人们不再被动地接收信息，而是获得更多的话语权和主动权，沟通不再停留在“传递”的层次，公共关系也从说服、影响转变为倾向于学习、建立伙伴关系。其次，竞争的白热化与沟通全球化使得企业的内外部环境发生了很大的变化，企业作为社会的一员，不可避免地受到外部环境的持续影响，企业的发展建立在社会整体和谐的基础之上，需要与环境保持良好互动，组织与环境、公众之间的互动要求新的思想注入公共关系中来，这种客观现实为公共关系承担社会责任提供了可能。

2.公共关系主体的责任追求要求企业公共关系承担社会责任

传统经济学中，组织仅仅是一个以营利为目的的生产经营单位，利润最大化是其追求的永恒主题，它没有责任也没有义务去完成本应由政府或社会完成的工作，其行为只要不违法，以何种手段和方式去追求利润都无可厚非。以亚当·斯密为代表的古典经济学派认为，一切从事经济活动的人都是为了满足私利的“经济人”，追求的也都是利润的最大化。之后，新古典经济学将经济行为主体划分为个人与企业，并强调作为主体的企业以利润最大化作为唯一目标。

到了现代社会，这种观念受到了挑战。商品生产的社会化、专业化程度不断提高，企业之间相互依赖的程度前所未有，社会信用的程度对经济影响加剧。组织的任何一种行为都不再是个体行为，都可能对社会、整体经济产生影响。在这种条件下，组织仅以追求利润最大化为终极目标显得过于狭隘和自私，而应当承担一定的社会责任，因为这不仅是一种经济责任，更是一种伦理意识。它可以从一个组织自身对伦理内在必然性的追求作为出发点，即体现了自己的责任及对公众信任的维持，这种责任与信任构成了一个组织公共关系伦理追求的目标，责任也就成为公共关系主体的必然选择。

3.企业公共关系策略的变化要求企业公共关系承担社会责任

许多知名企业认识到，公共关系策略不再是简单地运用产品进行促销，基于传统营销传播观念的公共关系已经远远不能适应时代潮流以及公众对环保的需要，取而代之的应该是企业对社会责任的承诺与行动，它们不但应该融入企业的发展战略，而且应成为公共关系传播的出发点和着眼点。

企业公共关系策略的变化主要体现在两个方面：一是公共关系的管理以对企业利益相关者的责任为核心；二是公关传播活动以宣传企业社会责任为聚焦点。这两者的协同效应，是企业通过与利益相关者建立良好的合作关系并向公众宣传企业的社会责任来树立公众对企业的尊敬与信任，进而提升企业的知名度与美誉度。许多调查表明，当消费者知道自己购买产品所支付的钱将部分用于社会捐赠或公益事业时，他们将更加乐于购买此企业的产品，有时甚至愿意花更多的钱去购买；当政府相关部门了解到一个企业在公益事业上对社会有所贡献时，它们更愿意在政策上扶持这样的企业；当媒体了解到企业为社会公益事业所做的贡献时，它们总是更愿意报道企业社会责任的先进事迹。因此，基于社会责任的公关策略是企业发展的有力工具。通过对社会公益事业的投入与贡献，企业有可能拓展更多的商业机会，并得到更广泛的认可与支持。

三、基于社会责任的企业公共关系策略

在信息化发展的时代，我们应该摒弃“酒香不怕巷子深”的传统观念，采取积极有效的方式，倡导和宣传企业所履行的社会责任，这就为公共关系在企业社会责任中发挥独特的作用打下了很好的基础。

CSR公关策略并不简单指企业的公共关系与企业社会责任之间的那种相辅相成的关系，它主要强调企业重视“道德市场因素”。企业的道德价值观念对员工、消费者、投资者以及政府组织等对其支持度与认同度的影响力日益增加，因而企业的营运活动应以社会责任为原动力，企业的付出和努力就是对公众负责，就是让我们生活的世界变得更加美好。要制定这样的公关策略，企业需要做好以下四个方面的工作：

第一，把“做负责任的企业”视为企业经营的长远战略，这是企业发展战略的精髓，是企业文化的核心基石，更是企业品牌声誉的常青藤。

第二，了解社会变革的迫切需求，研究与“社会责任”相关的系列主题，即“做哪些好事”才有利于公众的利益，同时有利于企业的发展。

第三，将社会责任的主题融入企业生产、营销、传播、公共关系的各个环节中去。

第四，重视开展与社会公益事业相关的公关活动，并适时通过大众媒介向公众展现企业对社会的贡献。将企业社会责任有效地进行社会传播，可以帮助塑造负责任的企业公民形象，维护利益相关者的关系，提升企业品牌的美誉度，为企业发展创造良好的生态环境，促进企业的可持续经营。

主要参考文献

[1] 居延安. 公共关系学 [M]. 5版. 上海：复旦大学出版社，2013.

[2] 莱斯礼. 公关圣经 [M]. 石芳瑜，蔡承志，温蒂雅，等译. 汕头：汕头大学出版社，2004.

[3] 张践. 公共关系学 [M]. 2版. 北京：中国人民大学出版社，2018.

[4] 杜琳. 公共关系原理与实务 [M]. 2版. 北京：清华大学出版社，2015.

[5] 栗玉香. 公共关系 [M]. 6版. 大连：东北财经大学出版社，2019.

[6] 陶应虎，顾晓燕，吴静，等. 公共关系原理与实务 [M]. 北京：清华大学出版社，2006.

[7] 李道平. 公共关系学 [M]. 5版. 北京：经济科学出版社，2014.

[8] 纪华强. 公共关系的基本原理与实务 [M]. 北京：高等教育出版社，2006.

[9] 孔祥军. 发展公共关系学 [M]. 北京：人民出版社，2007.

[10] 巴斯金，阿伦诺夫，拉铁摩尔. 公共关系：职业与实践 [M]. 孔祥军，何镇飚，谢葵，等译. 北京：中国人民大学出版社，2008.

[11] 龚荒. 公共关系——原理·实务·案例 [M]. 2版. 北京：清华大学出版社，2015.

[12] 于朝晖，邵喜武. 公共关系学 [M]. 北京：北京大学出版社，中国林业出版社，2008.

[13] 杨家栋. 现代公共关系 [M]. 北京：中国商业出版社，2006.

[14] 李磊. 公共关系实务 [M]. 北京：中国广播电视出版社，2004.

[15] 张岩松. 公共关系案例精选精析 [M]. 3版. 北京：中国社会科学出版社，2006.

[16] 张亚. 公共关系与实务 [M]. 2版. 北京：科学出版社，2011.

[17] 许春珍. 公共关系学 [M]. 海口：南海出版公司，2002.

[18] 卡特里普，等. 公共关系教程 [M]. 明安香，译. 8版. 北京：华夏出版社，2001.

[19] 奥古斯丁，等. 危机管理 [M]. 北京新华信商业风险管理有限责任公司，译. 北京：中国人民大学出版社，2001.

[20] 萨菲尔. 强势公关 [M]. 梁洨洁，等译. 北京：机械工业出版社，2002.

[21] 温孝卿，吴晓云. 公共关系学 [M]. 天津：天津大学出版社，2004.

［22］屈云波. 公关经理手册［M］. 北京：企业管理出版社，2000.
［23］潘彦维，杨军. 公共关系［M］. 北京：北京师范大学出版社，2011.
［24］李萍，路世云. 公共关系［M］. 北京：中国水利水电出版社，2011.
［25］郎群秀. 公共关系学［M］. 3版. 北京：科学出版社，2016.
［26］杨树森. 公共关系学［M］. 北京：北京师范大学出版社，2013.
［27］刘崇林，邢淑清. 公共关系学［M］. 北京：北京大学出版社，2012.
［28］薛可，余明阳. 公共关系学［M］. 北京：科学出版社，2010.
［29］邸胜男. 公共关系学［M］. 哈尔滨：哈尔滨工业大学出版社，2012.
［30］黄曼青. 公共关系学［M］. 2版. 广州：暨南大学出版社，2015.
［31］邱伟光，阎照武. 公共关系学［M］. 合肥：安徽大学出版社，2011.
［32］黄禧祯，刘树谦. 公共关系学通用教程案例集［M］. 北京：北京理工大学出版社，2012.
［33］曾琳智. 新编公共关系学［M］. 3版. 上海：上海财经大学出版社，2016.
［34］任焕琴. 公共关系学实用教程［M］. 北京：北京大学出版社，2012.
［35］谭昆智，齐小华，马志强. 现代公共关系学导论［M］. 北京：清华大学出版社，2010.
［36］廖为建. 公共关系学［M］. 北京：高等教育出版社，2011.
［37］姚惠忠. 公共关系理论与实务［M］. 2版. 北京：北京大学出版社，2011.
［38］刘军，李淑华. 公共关系学［M］. 3版. 北京：机械工业出版社，2018.
［39］张耀珍. 公共关系学［M］. 2版. 北京：人民邮电出版社，2018.
［40］陈军，李晓，陈有真，等. 公共关系学［M］. 北京：清华大学出版社，2018.
［41］胡百精. 公共关系学［M］. 2版. 北京：中国人民大学出版社，2018.
［42］肖立，陈艳，朱元秀. 公共关系学［M］. 北京：清华大学出版社，2021.
［43］束亚弟，陈小桃. 公共关系学［M］. 2版. 北京：机械工业出版社，2021.
［44］张耀珍. 公共关系学：理论、方法与案例［M］. 3版. 北京：人民邮电出版社，2021.
［45］李雅茹，李占才. 公共关系学概论［M］. 3版. 上海：上海交通大学出版社，2021.
［46］林祖华. 公共关系理论与实践［M］. 2版. 北京：高等教育出版社，2021.
［47］杨加陆. 公共关系学［M］. 2版. 上海：复旦大学出版社，2021.
［48］李欣人，等. 公共关系学［M］. 济南：山东大学出版社，2021.

附 录

附录一 职业核心能力训练“知识准备”参照范围

附表1 **职业核心能力训练“知识准备”参照表**

能力领域	等级	技能点	“知识准备”参照范围
自主学习	初级	确定短期学习目标	激发学习动力的方法;学习的基本原理;学习的认知策略;确定目标的原则和方法;编写学习计划的基本规则;取得他人帮助和支持的方法与技巧
		实施短期学习计划	学习的基本原理;学习的方法和技巧;学习的认知策略;计划落实、控制和调整的方法和技巧;节约时间的诀窍
		检查学习进度	学习方法与学习效果的关系;学习认知策略与学习效果的关系;检查目标进度的方法和技巧(总结、归纳、测量);成功学的基本要求
	中级	确定中期学习目标	学习的基本原理;学习的认知策略和元认知策略;确定目标的原则和方法;编写学习计划的基本规则;取得他人帮助和支持的方法或技巧
		实施中期学习计划	学习基本原理的知识;学习方法与技巧的知识;学习的认知策略和元认知策略知识;计划落实、控制和调整的方法和技巧的知识;关于方法的知识;时间管理诀窍知识
		检查学习进度	成功学的基本要点;学习的认知策略和元认知策略与应用知识;项目目标检查、总结、归纳的方法;学习迁移的原理与应用知识;学习的观察、认知记忆及提高效率的规律;养成良好学习习惯的方法
	高级	确定长期学习目标	搜集和运用的信息方法;学习的认知策略、元认知策略和资源管理策略;有效资源利用的策略;项目论证和测评的方法;编写计划和检查调控计划执行的方法;团队合作的策略和方法
		实施长期学习计划	学习的方法和技巧的知识;学习的认知策略、元认知策略和资源管理策略知识;有关学习与实践关系原理知识;计划落实、控制和调整的方法和技巧知识;思维方法知识;目标管理诀窍的知识
		检查学习进度	成功学的基本要点;项目目标检查、总结、归纳的方法;学习迁移的原理与应用知识;学习的观察、认知记忆及提高效率的规律;养成良好学习习惯的方法

续表

能力领域	等级	技能点	“知识准备”参照范围
信息处理	初级	获取信息	信息的含义、特征与种类；信息搜集的原则、渠道和方式；文献和网络索引法；一般阅读法；计算机和网络相关知识
		整理信息	信息的分类方法与原则；信息筛选方法与要求；信息资料手工存储方法；计算机信息存贮方法；计算机其他相关知识
		传递信息	信息传递的种类与形式；口语和文字符号的信息传递技巧；现代办公自动化技术；计算机和网络相关技术
	中级	获取信息	信息的特征与种类；信息搜集的范围、渠道与原则；信息搜集方法（观察法、询访法）；计算机相关知识；网络相关知识
		开发信息	信息筛选、存储的方法与原则；信息资料的分析、加工的方法；新信息生成或信息预测的方法
		展示信息	口语和文字符号信息展示的技巧；多媒体制作与使用技术；计算机相关应用技术
	高级	获取信息	调查研究的方法和原理；信息搜集的范围、方法（问卷法、检索法、购买法、交换法）和原则；信息搜集方案选择；计算机和网络相关技术
		开发信息	信息资料鉴别方法；信息资料核校方法；信息资料分析方法；信息资料编写方法（主题提炼、标题选择、结构安排、语言组织）；信息资料加工方法；计算机信息生成知识
		展示信息	口语和文字符号的信息表达技巧；多媒体制作技术；科学决策知识；信息反馈方式与要求；网页设计与网络使用知识；知识产权知识
数字应用	初级	采集、解读数据信息	获取数据的方法（测量法、调查法、读取法）；数的意义（整数、小数、分数及百分数）；常用测量器具的功能与使用方法，常用单位，单位的换算；近似的概念与精度；图表（数表扇形统计图、条形统计图、示意图）知识
		进行数字计算	计算方法（笔算、口算、珠算、计算器计算）；整数、分数四则运算；近似计算法；验算（逆算法、估算法、奇偶对应法）
		展示和使用数据信息	评价指标；最大值，最小值；平均值；精度
	中级	解读数据信息	获取数据信息的渠道与方法（测量法、调查法、读取法）；数的意义（整数、分数、正数、负数）；总量与分量，比例；误差、精度、估计；复合单位（如速度、速率等）；图表（数表、扇形统计图、条形统计图、折线图、示意图）知识
		进行数据计算	计算方法（笔算、计算器计算、查表、Excel 等软件）；整式、分式四则运算、乘方、开方；近似计算（误差估计）；验算（逆算法、估算法、奇偶对应法）
		展示和使用数据信息	评价指标；最大值，最小值；平均值，期值，方差；绝对误差，相对误差；图表的制作
	高级	解读数据信息	数据信息源的筛选原则（多样性、代表性、可靠性）；数据的采集方案；图表（数表、坐标、比例尺）；频率、频率稳定性；平均、加权平均；误差分析、估算
		进行数据计算	计算方法（笔算、计算器计算，查表，编程计算，Excel 等软件）；整式、分式四则计算，乘方、开方；函数（幂函数、指数函数、对数函数、三角函数、反三角函数、复合函数）；近似计算（误差分析）；验算（逆算法、估算法）
		展示和使用数据信息	评价指标；最大值，最小值；平均值，期值，方差；绝对误差，相对误差；图表的制作

续表

能力领域	等级	技能点	“知识准备”参照范围
与人交流	初级	交谈讨论	与人交谈主题相关的信息和知识；正确使用规范语言的基本知识；口语交谈方式和技巧；身体语言运用技巧
		阅读和获取资料	资料查询和搜索的方法；一般阅读的方法；文件资料归类的方法；词典类工具书的功能和使用方法；各种图表的功能；网上阅读的方法
		书面表达	与工作任务相关的知识；实用文体的应用；图表的功能和应用；素材选用的基本方法；写作的基本技法；逻辑和修辞初步技法
	中级	交谈讨论	与交谈主题相关的知识和信息；正确使用规范语言的基本知识；口语交谈的技巧；身体语言运用技巧；掌握交谈心理的方法；交谈的辅助手段或多媒体演示技术；会谈和会议准备基本要点
		简短发言	与发言主题相关的知识和信息；当众讲话的技巧(包括运用身体语言的技巧)；简短发言的辅助手段或多媒体演示技术
		阅读和获取资料	资料查询和搜索方法；快速阅读的原理与方法；文件归类的方法；各种图表的功能
		书面表达	与工作任务相关的知识；实用文体的应用；图表的功能和应用；素材选用的基本方法；文稿排版和编辑的技法；写作的基本技法；逻辑和修辞常用技法
	高级	交谈讨论	与会谈主题相关的知识和信息；语言交流的艺术和技巧；交谈的辅助手段或多媒体演示技术；总结性话语运用的技巧；谈判的心理和技巧；会议准备的基本要点；主持会议的相关程序
		当众演讲	与发言主题相关的知识和信息；演讲的技巧和艺术；演讲辅助手段或多媒体演示技术
		阅读和获取资料	资料查询和搜索方法；快速阅读的技巧；各种图表的功能
		书面表达	与工作任务相关的知识；实用文体的应用；图表的功能和应用；素材选用的基本方法；文稿排版和编辑的技法；写作的基本技法；逻辑和修辞技法

续表

能力领域	等级	技能点	“知识准备”参照范围
与人合作	初级	理解合作目标	活动要素的群体性与分工合作的关系；职业团队的概念、特征与种类，组织的使命、目标、任务；自身的职业价值，个人在组织中的作用
		执行合作计划	服从的基本概念，指令、命令的含义；求助的意义，人的求助意识；职业生活的互助性，帮助他人的价值
		检查合作效果	工作进度的概念，影响工作进度的因素；工作进程的检查，调整工作程序；工作汇报的程序和要领
	中级	制订合作计划	聚合型团队、松散型团队和内耗型团队的特征；组织内部的冲突情况，剖析内耗型团队的心理根源；合作双方的利益需求和社会心理需求
		完成合作任务	民族、学历、地域、年龄等差异；人的工作和生活习惯、办事规律；宽容的心态，容忍的方法
		改善合作效果	使他人接受自己意见、改变态度的策略；在会议上提出意见和建议的规则；改变自己的态度，接受他人批评指责的心理准备
	高级	调整合作目标	领导科学与管理方法；组织文化的形成与发展；目标管理与时间管理
		控制合作进程	人际交往与沟通的知识和相关能力；有效激励的方法与技巧；批评的途径、方法和注意事项
		达到合作目标	信息的采集与整理，组织经济效益的统计学知识；员工绩效测评的基本方法和程序；合作过程的风险控制意识和防范
解决问题	初级	分析问题 提出方案	分析问题的方法；归纳问题的方法；对比选择的方法；判断的方法；决策理论与方法；关于相关问题本身的专业知识和发展规律的认识
		实施计划 解决问题	撰写工作计划的相关知识；信息检索、文献查询的有关方法；逻辑判断、推理的相关知识；解决问题的技巧
		验证方案 改进方式	分析和检查问题的方法；跟踪调查的方法；工作总结的规则和写作方法
	中级	分析问题 提出方案	分析问题的方法；归纳问题的方法；对比选择的方法；判断的方法；决策理论与方法；关于相关问题本身的专业知识和变化规律的认识
		实施计划 解决问题	应用写作学中关于撰写工作计划的相关知识；信息检索、文献查询的有关方法；逻辑判断、推理的相关知识；解决问题的技巧；与他人合作的知识和方法
		验证方案 改进计划	分析和检查问题的方法；跟踪调查的方法；工作总结的规则和写作方法
	高级	分析问题 提出对策	决策科学的系统知识；形式逻辑、辩证逻辑思维的系统知识和方法；分析问题的系统知识和技巧；群体创新技法的系统知识；数学建模方法；关于相关问题本身的专业知识和变化规律的认识
		实施方案 解决问题	关于撰写工作计划的系统知识；信息检索、文献查询的系统知识和方法；有关价值工程、现场分析和形态分析的知识；解决问题的技巧；有关进度评估的知识；与人合作的系统知识和方法
		验证方案 改进计划	分析和检查问题的方法；跟踪调查的方法；工作总结的规则和写作方法；创新技法

续表

能力领域	等级	技能点	“知识准备”参照范围
革新创新	初级	揭示不足提出改进	关于思维和创造思维的一般知识；关于思维定式和突破思维障碍的知识；关于相关事物本身的专业知识和发展规律的认识
		做出创新方案	列举类技法和设问类技法的原理、特点、适用范围和具体操作的知识；有关分解类技法、组合类技法、分解组合类技法的原理、特点、适用范围和具体操作方法的知识；搜集信息、案例的知识和方法
		评估创新方案	有关创新成果价值评定的知识；可行性分析的知识；撰写可行性报告的知识
	中级	揭示不足提出改进	有关思维障碍形成的知识；横向、逆向、灵感思维的知识；换向、换位思维的知识；逻辑判断和推理知识；关于相关事物本身的专业知识和发展规律的认识
		做出并实施创新方案	有关类比类技法和移植类技法的知识；有关德尔斐法和综摄法的知识；有关还原法、换向思考类技法的知识
		评估创新方案	有关项目可行性测评的技术；有关最佳方案评估的知识；撰写评估报告的知识
	高级	揭示不足提出改进	创新能力构成和提升的知识；有关事物运动、变化和发展的知识；灵活运用各种思维形式的知识；关于相关事物本身的专业知识和发展规律的认识
		做出并实施创新方案	有关价值工程、现场分析和形态分析的知识；针对不同事物运用不同创新方法的知识；综合运用各种创新方法的知识
		评估创新方案	可持续创新的知识；有关创新原理的知识；有关知识产权的知识；技术预测和市场预测知识

资料来源　劳动和社会保障部职业技能鉴定中心．职业核心能力培训测评标准（试行）[M]．北京：人民出版社，2007.本表参照“资料来源”所列文献相关内容提炼、编制与同步修订。

附录二　案例分析训练与考核参照规范

附表 2　**案例分析训练与考核指标和规范参照表**

参照指标		训练考核点	分项成绩
形成性训练与考核 $\sum 50$	个人准备 $\sum 20$	案例概况；讨论主题；问题理解；揭示不足；创新意见；决策标准；可行性方案	
	小组讨论 $\sum 15$	上课出席情况；讨论发言的参与度；言语表达能力；说服力大小；思维是否敏捷	
	班级交流 $\sum 15$	团队协作；与人交流；课堂互动等方面的满意度；讨论参与的深度与广度	
课业训练与考核 $\sum 50$	分析依据 $\sum 8$	分析依据的客观性与充分性	
	分析步骤 $\sum 8$	分析步骤的恰当性与条理性	
	理论思考 $\sum 8$	理论思考的正确性、深刻性与全面性	
	解决问题 $\sum 8$	理解问题与解决问题能力的达标性	
	革新创新 $\sum 10$	揭示不足与提出改进能力的达标性	
	文字表达 $\sum 8$	文字表达能力的强弱性	
总成绩 $\sum 100$			
教师评语	签名： 20　年　月　日		
学生意见	签名： 20　年　月　日		

附录三 职业核心能力训练与考核参照规范

附表3 **职业核心能力训练考核规范与标准参照表**

能力领域	等级	基本要求	技能点	参照规范与标准
自主学习	初级	具备学习的基本能力，在常规条件下能运用这些能力适应工作和学习要求	确定短期学习目标	能明确学习动机和目标，并计划时间、寻求指导
			实施短期学习计划	能按照行动要点开展工作、按时完成任务，使用不同方式、选择和运用不同的学习方法实现目标，并能对计划及时做出调整
			检查学习进度	能对学习情况提出看法、改进意见和提高学习能力的设想
	中级	主要用理解式接受法，对有兴趣的任务可以用发现法掌握知识信息；在更广泛的工作范围内灵活运用这些能力以适应工作岗位各方面需要	确定中期学习目标	能明确提出多个学习目标，列出实现各目标的行动要点，确定实现目标的计划，并运筹时间
			实施中期学习计划	能开展学习和活动，通过简单的课程和技能训练，提高工作能力
			检查学习进度	能证明取得的学习成果，并能将学到的东西用于新的工作任务
	高级	能较熟练灵活地运用各种学习法在最短时间内掌握急需知识信息；能广泛地搜集、整理、开发和运用信息，善于学习、接受新的事物，以适应复杂工作和终身发展的要求	确定长期学习目标	能根据各种信息和资源确定要实现的多个目标及途径，明确可能影响计划实现的因素，确认实现目标的时限，制定行动要点和时间表，预计困难和变化
			实施长期学习计划	能保证重点、调整落实、处理困难、选择方法，通过复杂的课程和技能训练提高工作能力
			检查学习进度	能汇总学习成果、成功经验和已实现的目标，证明新学到的东西能有效运用于新选择的职业或工作任务

续表

能力领域	等级	基本要求	技能点	参照规范与标准
信息处理	初级	具备进入工作岗位最基本的信息处理能力，在常规条件下能搜集、整理并传递适应既定工作需要的信息	获取信息	能通过阅读、计算机或网络获取信息
			整理信息	能使用不同方法、从多个资源中选择、搜集和综合信息，并通过计算机编辑、生成和保存信息
			传递信息	能通过口语、书面形式，用合适的版面编排、规范的方式展示、电子手段传输信息
	中级	在更广泛的工作范围内获取需要的信息，进行信息开发处理，并根据工作岗位各方面的需要展示组合信息	获取信息	能定义复杂信息任务，确定搜寻范围，列出资源优先顺序，通过询访法和观察法搜寻信息
			开发信息	能对信息进行分类、定量筛选、运算分析、加工整理，用计算机扩展信息
			展示信息	能通过演说传递信息，用文字图表、计算机排版展示组合信息，用多媒体辅助信息传达
	高级	广泛地搜集、深入地整理开发、多样地传递、灵活地运用信息，以适应复杂的工作需要；具备信息处理工作的设计与评估能力，并表现出较强的组织与管理能力	获取信息	能分析复杂信息任务，比较不同信息来源的优势和限制条件，选择适当技术、使用各种电子方法发现和搜寻信息
			开发信息	能辨别信息真伪，定性核校、分析综合、解读与验证资料，建立较大规模的数据库，用计算机生成新的信息
			展示信息	能用新闻方式发布、平面方式展示、网络技术传递，利用信息预测趋势、创新设计，搜集信息反馈，评估使用效果
数字应用	初级	具备进入工作岗位最基本的数字应用能力，在常规条件下能运用这些能力适应既定工作的需要	采集、解读数据信息	能按要求测量并记录结果，准确统计数目，解读简单图表，读懂各种数字，并汇总数据
			进行数字计算	能进行简单计算并验算结果
			展示和使用数据信息	能正确使用单位，根据计算结果说明工作任务
	中级	在更广泛的工作范围内，灵活地运用数字应用能力以适应工作岗位各方面的需要	解读数据信息	能从不同信息源获取信息，读懂、归纳、汇总数据，编制图表
			进行数据计算	能从事多步骤、较复杂的计算，使用公式计算结果
			展示和使用数据信息	能使用适当方法展示数据信息和计算结果，设计并使用图表，根据结果准确说明工作任务
	高级	具备熟练把握数字和通过数字运算来解决实际工作中的问题的能力，适应更复杂的工作需要	解读数据信息	能组织大型数据采集活动，通过调查和实验获取、整理与加工数据
			进行数据计算	能从事多步骤的复杂计算，并统计与分析数据
			展示和使用数据信息	能选择合适的方法阐明和比较计算结果，检查并论证其合理性，设计并绘制图表，根据结果做出推论，说明和指导工作

续表

能力领域	等级	基本要求	技能点	参照规范与标准
与人交流	初级	具备进入工作岗位最基本的与人交流能力，在常规条件下能运用这些能力适应既定工作的需要	交谈讨论	能围绕主题，把握讲话的时机、内容与长短，倾听他人讲话，多种形式回应；使用规范易懂的语言、恰当的语调和连贯的语句清楚地表达意思
			阅读和获取资料	能通过有效途径找到所需资料，识别有效信息，归纳内容要点，整理确认内容，会做简单笔记
			书面表达	能选择基本文体，利用图表、资料撰写简单文稿，并掌握基本写作技巧
	中级	在更广泛的工作范围内，灵活运用这些能力以适应工作岗位各方面的需要	交谈讨论	能始终围绕主题参与，主动把握讲话时机、方式和内容，理解对方谈话内容，推动讨论进行，全面准确传达一个信息或观点
			简短发言	能为发言做准备，当众讲话并把握讲话内容、方式，借助各种手段说明主题
			阅读和获取资料	能根据工作要求从多种资料中筛选有用信息，看懂资料的观点、思路和要点，并整理汇总资料
			书面表达	能掌握应用文体，注意行文格式；组织利用材料，充实内容要点；掌握写作技巧，清楚表达主题；注意文章风格，提高说服力
	高级	在工作岗位上表现出更强的组织和管理能力，通过运用与人交流的能力适应更复杂的工作需要	交谈讨论	始终把握会议主题，听懂他人讲话内容并做出反应，主持会议或会谈，全面准确表述复杂事件或观点
			当众讲演	能为讲演做准备，把握讲演的内容、方式，借助各种手段强化主题
			阅读和获取资料	能为一个问题或课题找到相关资料，看懂资料的思路、要点、价值和问题，分析、筛选和利用资料表达主题
			书面表达	能熟悉专业文书，把握基本要求；有机利用素材，说明内容要点；掌握写作技巧，清楚恰当表达主题；采用适当风格，增强说服力
与人合作	初级	理解个人与他人、群体的合作目标，有效地接受上级指令；准确、顺利地执行合作计划；调整工作进度，改进工作方式；检查工作效果	理解合作目标	能确定合作的基础和利益共同点，掌握合作目标要点和本单位人事组织结构，明确个人在团队中的职责和任务
			执行合作计划	能接受上级指令，准确、顺利地执行合作计划
			检查合作效果	能通过检查工作进展情况，改进工作方式，促进合作目标实现
	中级	与本部门同事、内部横向部门、外部相关部门共同制订合作计划；协调合作过程中的矛盾关系，按照计划完成任务；在合作过程中遇到障碍时提出改进意见，推进合作进程	制订合作计划	能与本部门同事、组织内部横向部门、组织外部相关部门共同制订合作计划
			完成合作任务	能与他人协同工作，处理合作过程中的矛盾
			改善合作效果	能判断合作障碍，表达不同意见，接受批评建议，弥补双方失误
	高级	根据情况变化和合作各方的需要，调整合作目标；在变动的工作环境中，控制合作进程；预测和评价合作效果，达成合作目的	调整合作目标	能发现各方问题，协调利益关系，进行有效沟通，调整合作计划与工作顺序
			控制合作进程	能整合协调各方资源，妥善处理矛盾，排除消极因素，激发工作热情
			达到合作目标	能及时全面检查工作成效，不断改善合作方式

续表

能力领域	等级	基本要求	技能点	参照规范与标准
解决问题	初级	具备进入工作岗位最基本的解决问题能力，在常规条件下能根据工作的需要，解决一般简单和熟悉的问题	分析问题提出方案	能用几种常用的办法理解问题，确立目标，提出对策或方案
			实施计划解决问题	能准备、制订和实施被人认可并具有一定可行性的计划
			验证方案改进方式	能寻找方法，实施检查，鉴定结果，提出改进方式
	中级	在有限的资源条件下，根据工作岗位的需要，解决较复杂的问题	分析问题提出方案	能描述问题，确定目标，提出并选择较佳方案
			实施计划解决问题	能准备、制订和实施获得支持的较具体计划，并充分利用相关资源
			验证方案改进计划	能确定方法，实施检查，说明结果，利用经验解决新问题
	高级	在工作岗位上表现出更强的解决问题能力，在多种资源条件下，根据工作需要解决复杂和综合性问题	分析问题提出对策	在提出解决问题的对策时，能分析探讨问题的实质，提出解决问题的最优方案，并证明这种方案的合理性
			实施方案解决问题	在制订计划、实施解决办法时，能制订并实施获得认可的详细计划与方案，并能在实施中寻求信息反馈，评估进度
			验证方案改进计划	在检查问题、分析结果时，能优选方法，分析总结，提出解决同类问题的建议与方案
革新创新	初级	在常规工作条件下，能根据工作需要，初步揭示事物的不足，运用创新思维和创新技法进行创新活动	揭示不足提出改进	能揭示事物不足，提出改进意见
			做出创新方案	能在采纳各方意见的基础上，确定创新方案的目标、方法、步骤、难点和对策，指出创新方案需要的资源和条件
			评估创新方案	能进行自我检查，正确地对待反馈信息和他人意见，对创新方案及实施做出客观评估，并根据实际条件加以调整
	中级	根据工作发展需要，在更广泛的工作范围内揭示事物的不足，较熟练地运用创新思维和创新技法进行创新活动，并对创新成果进行分析总结	揭示不足提出改进	能在新需求条件下揭示事物的不足，提出改进事物的创新点和具体方案
			做出并实施创新方案	能从多种选择中确认最佳方案，并利用外界信息、资源和条件实施创新活动
			评估创新方案	能按常规方式和专业要求，对创新改进方法和结果的价值进行评估，根据实际条件进行调整，并指导他人的创新活动
	高级	在工作岗位上表现出更强的创新能力，在复杂的工作领域，能根据工作需要揭示事物的不足，熟练运用创新思维和创新技法进行创新活动，对创新成果进行理论分析、论证、总结和评估，并指导他人的创新活动	揭示不足提出改进	能通过客观分析事物发展与需求之间的矛盾揭示事物的不足，提出首创性的改进意见和方法
			做出并实施创新方案	能根据实际需要，设计并实施创新工作方案，并在条件变化时坚持创新活动
			评估创新方案	能按常规方式和专业要求，对创新方法和结果进行检测和预测风险；针对问题调整工作方案，总结经验，指导他人，提出进一步创新改进的方法

资料来源　劳动和社会保障部职业技能鉴定中心．职业核心能力培训测评标准（试行）及训练手册［M］．北京：人民出版社，2007．本表参照“资料来源”所列文献相关内容提炼与编制。

附录四 职业道德训练与考核参照规范

附表4 **职业道德训练考核规范与标准参照表**

道德领域	道德范畴	参照规范与标准
职业道德	职业观念	对职业、职业选择、职业工作、营销人员职业道德和企业营销伦理等问题具有正确的看法
	职业情感	对职业或职业模拟有愉快的主观体验、稳定的情绪表现、健康的心态、良好的心境，具有强烈的职业认同感、职业荣誉感和职业敬业感
	职业理想	对将要从事的职业种类、职业方向与事业成就有积极的向往和执着的追求
	职业态度	对职业选择或模拟选择有充分的认知和积极的倾向与行动
	职业良心	在履行职业义务时具有强烈的道德责任感和较高的自我评价能力
	职业作风	在职业模拟、职业实践或职业生活的自觉行动中，具有体现职业道德内涵的一贯表现
	职业守则	真诚公道，信誉第一；热情友好，宾客至上；不卑不亢，一视同仁；钻研业务，提高技能；锐意改革，勇于竞争

附录五　能力训练考核采分系数参照

附表 5　　能力训练考核采分系数参照表

参照系数	达标程度
90% ~ 100%	能依照全部考核要求，圆满、高质地完成此种能力所属各项技能操作，其效率与稳定性俱佳
80% ~ 89%	能依照多数考核要求，圆满、高质地完成此种能力所属各项技能操作，其效率与稳定性较佳
70% ~ 79%	能依照多数考核要求，较圆满、高质地完成此种能力所属各项技能操作，其效率与稳定性一般
60% ~ 69%	能依照多数考核要求，基本完成此种能力所属各项技能操作，其效率与稳定性一般
60% 以下	只能依照少数考核要求，基本完成此种能力所属各项技能操作，其效率与稳定性较低